Rüdiger Safranski

HÖLDERLIN

Rüdiger Safranski

HÖLDERLIN

Komm! ins Offene, Freund!

Biographie

wbg Edition

Lizenzausgabe
für die Wissenschaftliche Buchgesellschaft

ISBN 978-3-534-27204-4

1. Auflage 2019

Satz: Angelika Kudella, Köln
Druck und Bindung: CPI books GmbH, Leck
Printed in Germany

FSC www.fsc.org
MIX
Papier aus verantwortungsvollen Quellen
FSC® C083411

www.wbg-wissenverbindet.de

INHALT

VORWORT

Göttliches Feuer auch treibet, bei Tag und bei Nacht, / Aufzubrechen. So komm! daß wir das Offene schauen, heißt es in Hölderlins »Brod und Wein«, der schönsten und gewaltigsten Elegie in deutscher Sprache.

Eine Annäherung an Hölderlin wird wohl kaum gelingen, wenn man unempfindlich bleibt für *göttliches Feuer*, wie immer man sich seine Bedeutung zurechtlegen mag.

Was also ist das für ein Feuer, das in Leben und Poesie Hölderlins brennt? Das ist die Frage, der dieses Buch nachgeht.

Wenn Hölderlin später auf sein Leben zurückblickte, kam es ihm so vor, als hätte er schon immer gedichtet. Das poetische Wort war ihm wie Luft zum Atmen. In der Poesie war er ganz für sich und zugleich verbunden mit einem Ganzen, in imaginärer Gemeinschaft. Noch einmal »Brod und Wein«: *Vater Aether! so riefs und flog von Zunge zu Zunge / Tausendfach, es ertrug keiner das Leben allein; / Ausgetheilet erfreut solch Gut und getauschet, mit Fremden, / Wirds ein Jubel ...*

Poesie war für Hölderlin Lebensmittel, im höchsten Sinne und in Einsamkeit und Verbundenheit. Die Mutter konnte das nicht begreifen, sie wollte ihn zum Pfarrer machen. Und der junge Hölderlin ging zunächst brav den dorthin führenden Weg, in Württemberg waren das die Stationen: Klosterschule Denkendorf, dann Maulbronn und schließlich das Tübinger »Stift«.

Dort begeisterte sich der Poet, als der er sich immer schon fühlte, auch für die Philosophie, von der damals eine erregende Aufbruchsstimmung ausging. Hegel, Schelling und Hölderlin bildeten zusammen im »Stift« einen Freundschaftsbund, den sie ihre »unsichtbare Kirche« nannten. Das war keine unbedeutende Episode in der Geschichte der Erfindung des Deutschen Idealismus.

Wenn es 1796 in dem legendären Dokument des gemeinschaftlichen Philosophierens der Freunde – später das »älteste Systemprogramm des deutschen Idealismus« genannt – kühn und jugendlich beschwingt heißt: »wir müssen eine neue Mythologie haben«, dann war das ein Versprechen, das jeder der Freunde auf seine Weise erfüllen wird; doch es war Hölderlin, dem es nicht genügte, über die Mythologie zu philosophieren. Er setzte sein Leben daran, sie poetisch zu schaffen. Dazu aber musste er sich von der Philosophie befreien, die ihn zunächst doch so befeuert hatte. Als Poet ging er über sie hinaus. In den besten Momenten der Inspiration konnte er schreiben: *Was bleibet aber, stiften die Dichter.*

Der Freundschaftsbund mit Hegel und Schelling löste sich auf. Doch Hölderlin blieb nicht allein. Dieser außerordentlich schöne junge Mann war immer von Menschen umgeben, die seine Nähe suchten. Frauen verliebten sich in ihn und Männer. Die Höhepunkte waren die Liebesgeschichte mit Susette Gontard in Frankfurt und die Freundschaft mit Isaak von Sinclair.

Susette und Hölderlin fanden sich, konnten aber nicht beieinanderbleiben. Eine tragische Geschichte, verklärt im Bilde Diotimas im »Hyperion«, Hölderlins einzigem Roman. Sinclair, auch er im »Hyperion« gespiegelt, zog Hölderlin, den begeisterten Republikaner, in seine revolutionären Umtriebe. So geriet auch Hölderlin ins Fadenkreuz staatlicher Ermittlungen. Das hat gewiss seinen geistigen Zusammenbruch am Ende beschleunigt.

Hölderlin, auf der Flucht vor dem Pfarramt, suchte sein Auskommen als Hofmeister und musste immer wieder um finanzielle Unterstützung betteln bei der Mutter, die sein nicht unbeträchtliches, vom Vater geerbtes Vermögen verwaltete. Hätte sie den Sohn ausgezahlt, so wäre Hölderlins Leben sicherlich anders verlaufen. Die innerliche Unabhängigkeit muss ohnehin erkämpft werden, doch mehr äußere Unabhängigkeit hätte ihm manche Demütigung erspart.

Hölderlin blieb als Dichter zeitlebens ein Geheimtipp. Schiller versuchte ihn zu fördern. Goethe war gönnerhaft, mehr nicht. Bevor

Hölderlin Anfang 1802 nach Bordeaux ging, schrieb er einem Freund: *sie können mich nicht brauchen.*

Nach der geheimnisumwitterten Rückkehr aus Bordeaux ein halbes Jahr später verschwand Hölderlin allmählich in sich selbst. Doch es gelangen ihm noch geniale Verse, bis er dann im Herbst 1806 von Homburg nach Tübingen in die Psychiatrie geschafft wurde. Ein Jahr später nahm ihn in Tübingen der Schreinermeister Zimmer in seinem Hause auf, wo er die zweite Hälfte seines Lebens, sechsunddreißig Jahre lang, im Turmzimmer verbrachte, mit einem wunderbaren Blick auf den Neckar, dem er in früheren Tagen ein Gedicht gewidmet hatte.

In den ersten Jahren gab es Anfälle von Raserei, dann wurde er friedlich, war wach, nicht stumpf, redete unablässig mit sich selbst, war auch ansprechbar, wenn es sich um Menschen handelte, bei denen er unbefangene Zuneigung spürte. Seinen Stolz bewahrte er sich. Hölderlin wusste sehr wohl, dass er Hölderlin war, auch wenn er sich bisweilen anders nannte. Manchmal aber war er auch traurig. Dann dichtete er, am Pulte stehend und mit der linken Hand das Metrum klopfend: *Das Angenehme dieser Welt hab' ich genossen, / Die Jugendstunden sind, wie lang! Wie lang! Verflossen, / April und Mai und Julius sind ferne, / Ich bin nichts mehr, ich lebe nicht mehr gerne!*

So lebte er hin, bis 1843.

Seinen großen Durchbruch erlebte er nicht mehr. Der setzte erst um 1900 ein. Seitdem ist Hölderlin im kulturellen Gedächtnis unvergessen. Aber eben als »Klassiker« oder als fast schon mythische Figur. Sehr fern jedenfalls.

Deshalb sei, mit aller Behutsamkeit, diese Annäherung versucht. *Komm! ins Offene, Freund!*

ERSTES KAPITEL

Herkommen. Ehrbarkeit. Hölderlin hält auf sich.
Die Väter sterben, die Mutter bleibt. Götter der Kindheit.
Mutterbeziehung. Köstlin. Wunderkind Schelling.

Friedrich Hölderlin, am 20. März 1770 in Lauffen am Neckar geboren, wuchs auf im Milieu der schwäbischen »Ehrbarkeit«. So nannte sich selbstbewusst die Elite des höheren Mittelstandes, bestehend hauptsächlich aus Beamten des Staates und der evangelischen Landeskirche. Frommer Lebenswandel, wenigstens äußerlich, war hier Pflicht, man achtete untereinander streng darauf. Hier rekrutierte die Kirche ihren Nachwuchs, beaufsichtigt und finanziell gefördert vom Landesherrn. Man blieb gesellschaftlich unter sich, heiratete auch untereinander. So kam es zu weitverzweigten Verwandtschaftsbeziehungen im Milieu, und so konnte man auf eine gemeinsame Geschichte zurückblicken. Die Hölderlins gehörten zu dieser »Ehrbarkeit«, sogar auf besondere Weise. Denn Hölderlins Mutter, eine Pfarrerstochter aus dem Zabergäu, stammte ab von der sogenannten »schwäbischen Geistesmutter« Regina Bardili (1599–1669). Über sie war Friedrich Hölderlin weitläufig verwandt mit Schelling, Hegel, Uhland und Karl Friedrich Reinhard, auch ein ehemaliger Stiftler, der es im revolutionären Frankreich bis zum französischen Außenminister brachte.

In diesen Kreisen förderte man sich gegenseitig, achtete streng auf die Reputation, gab sich zumeist fromm, tüchtig, selbstbewusst und stolz auf die eigene Moral, mit der man sich absetzte von der beargwöhnten Sittenlosigkeit am Fürstenhof.

Der Vater Heinrich Friedrich war, wie schon der Großvater, Klosterhofmeister. Er verwaltete die Güter des säkularisierten Regiswindis-Klosters in Lauffen. Ein angesehener, einträglicher Posten. Schon der

Großvater hatte es in seinem Amt zu einigem Vermögen gebracht, das Heinrich Friedrich, ein geschäftstüchtiger Jurist, zu mehren verstand. Doch viel Zeit hatte er nicht dafür, denn schon 1772, nur zwei Jahre nach Friedrich Hölderlins Geburt, starb dieser heitere, gesellige, den weltlichen Freuden zugewandte und bis dahin offenbar kerngesunde Mann ganz unerwartet an einem Schlaganfall.

Eine wirkliche Erinnerung an diesen frühen Verlust hatte Friedrich wohl nicht, auch wenn er im Knabenalter die Beerdigungsszene melodramatisch heraufbeschwört: *Der Leichenreihen wandelte still hinan, Und Fakelnschimmer schien' auf des Theuren Sarg, ... Als ich ein schwacher stammelnder Knabe noch, O Vater! lieber Seeliger! dich verlohr.*

Die junge Mutter blieb alleine zurück mit drei Kindern, Friedrich, einer einjährigen Schwester, die bald darauf starb, und der kurz nach dem Tod des Vaters geborenen Schwester Maria Eleonora Henrike, genannt Rike.

Die »schöne Witwe«, wie man die Mutter nannte, blieb nicht lange allein. Ein Freund des verstorbenen Vaters, Johann Christoph Gok, warb um sie. Er war Sohn eines einfachen Schulmeisters, zählte also noch nicht zur »Ehrbarkeit«, doch als tüchtiger Amtsschreiber in Lauffen war er auf gutem Weg dorthin. Gok war, wie auch zuvor Hölderlins Vater, eng befreundet mit dem einflussreichen Oberamtmann Bilfinger. Als der nach Nürtingen versetzt wurde, zog Gok nach und begründete dort mit Bilfingers Unterstützung eine Weinhandlung. Zwischen ihm und der »schönen Witwe« spann sich bald eine Beziehung an. Gok war wohl kein berechnender Mensch, er galt als aufrichtig und uneigennützig, und doch wird ihn die Aussicht auf eine sehr gute Partie beflügelt haben, denn die junge Witwe war eine vermögende Frau.

Der Oberamtmann Bilfinger, Taufpate der Hölderlin-Kinder, riet zur Heirat, und die Mutter selbst war nicht abgeneigt. Sie sei, schreibt Hölderlins Halbbruder Karl rückblickend, bewogen worden, »durch die Sorge für die Erziehung ihrer Kinder u. für die Verwaltung ihres Vermögens ... einem bewährten Freunde ihres frühverstorbenen Gatten, dem Kammer Rathe Gock, welcher kurz … vorher nach Nürtingen gezogen war, ihre Hand zu geben«. (Zit. n. Wittkop, 5)

»Kammerrat« war Gok allerdings vor der Heirat noch nicht. Den Titel kaufte ihm die angetraute Witwe. Sie investierte überhaupt einiges Geld in ihren zweiten Mann. Noch vor der Hochzeit erwarb sie ein größeres Anwesen in Nürtingen, den sogenannten »Schweizerhof« mit den dazugehörenden Ländereien. Der Weinkeller wurde reichlich mit Vorräten gefüllt, was sich allerdings als Verlustgeschäft erweisen sollte. Gok kannte sich im Weinhandel noch nicht gut aus; doch so war er eben, unbekümmert, tatendurstig und voller Selbstvertrauen. Der in großen Mengen gelagerte saure Wein verkaufte sich schlecht, was Johanna noch in ihrem späteren Testament tadelnd vermerkte, wie sie überhaupt ihrem zweiten Ehemann vorwarf, dass er zu großspurig mit dem Gelde wirtschaftete, das ihm nicht gehörte.

Mit Bilfingers Unterstützung und gesichert durch Johannas Vermögen, bemühte sich Gok erfolgreich um das Amt des Bürgermeisters von Nürtingen. 1776 wurde er gewählt. Selbstverständlich gab es Neider seines allzu schnellen Aufstiegs in die »Ehrbarkeit«, doch sonst amtete er zur allgemeinen Zufriedenheit. Johanna konnte stolz auf ihn sein. Rang und Ansehen zählten bei ihr viel, und diesen Ehrgeiz gab sie auch an den Sohn weiter, der stolz darauf war, zur »Ehrbarkeit« zu gehören. In der Tübinger Stifts-Zeit schlug er einmal einem sozial unter ihm stehenden Hilfslehrer den Hut vom Kopf, weil der sich geweigert hatte, ihn zuerst zu ziehen, wie es seine standesgemäße Pflicht gewesen wäre. Friedrich Hölderlin hielt sehr auf sich.

In dem weitläufigen, zugleich städtisch und landwirtschaftlich geprägten Anwesen des »Schweizerhofes« erlebte Friedrich eine Kindheit, an die er sich später gerne erinnert, ein Ort der *Knabenfreude*, der *Stunden des Spiels und des Ruhelächelns.* Rückblickend stellte er sich, etwa in dem Vers-Entwurf des »Hyperion«, als verträumten Knaben dar, der von seinen Spielgefährten immer wieder in die Wirklichkeit zurückgeholt werden muss:

Oft sah und hört' ich freilich nur zur Hälfte,
Und sollt' ich rechtwärts gehn, so gieng ich links,
Und sollt ich eilig einen Becher bringen,
So bracht' ich einen Korb, und hatt' ich auch
Das richtige gehört, so waren, ehe noch
Gethan war, was ich sollte, meine Völker
Vor mich getreten, mich zum Rath, und Feinde,
Zu wiederholter Schlacht mich aufzufordern,
Und über dieser größern Sorg' entfiel mir dann
Die kleinre, ...

Diß kostete mich tausend kleine Leiden.
Verzeihlich war es immer, wenn mich oft
Die Klügeren mit herzlichem Gelächter
Aus meiner seeligen Ekstase schrökten, ...
(MA I, 521; Vs. 218–227, 233–236)

Die Gärten der Kindheit um den »Schweizerhof« herum waren für Hölderlin im Rückblick der Ort der ersten Bekanntschaft mit dem Göttlichen:

Da ich ein Knabe war,
Rettet' ein Gott mich oft
Vom Geschrei und der Ruthe der Menschen,
Da spielt' ich sicher und gut
Mit den Blumen des Hains,
Und die Lüftchen des Himmels
Spielten mit mir

O all ihr treuen
Freundlichen Götter!
Daß ihr wüßtet,
Wie euch meine Seele geliebt!

Zwar damals rieff ich noch nicht
Euch mit Nahmen, auch ihr
Nanntet mich nie, wie die Menschen sich nennen
Als kennten sie sich.

Doch kannt' ich euch besser,
Als ich je die Menschen gekannt,
Ich verstand die Stille des Aethers
Der Menschen Worte verstand ich nie.

Mich erzog der Wohllaut
Des säuselnden Hains
Und lieben lernt' ich
Unter den Blumen.

Im Arme der Götter wuchs ich groß.
(MA I, 167f.; Vs. 1–7, 16–32)

Die Worte der Menschen um ihn herum, so erinnerte er sich, empfand er immer schon als zu laut in der *Stille des Aethers*. Ob er aber schon damals den Äther, also die Luft und Atmosphäre, als eine Art göttliche Naturmacht wirklich erlebt hat oder ob es sich hier zwanzig Jahre später um eine Rückprojektion handelt, lässt sich nicht entscheiden. Jedenfalls spielte der moralische Gott des pietistischen Milieus, in dem er aufwuchs, in den verklärenden Kindheitserinnerungen nur eine geringe Rolle. Er sieht sich vielmehr liebevoll behütet von den zahllosen, noch namenlosen Göttern, die eher aus der griechisch-antiken denn aus christlicher Sphäre zu stammen scheinen.

Nürtingen liegt in einer anmutigen sanften Landschaft am Fuße der Schwäbischen Alb, umgeben von fruchtbarem Ackerland, dazwischen Obst- und Blumengärten, an den Neckarauen die Uferweiden mit Pappelalleen; im weiteren Umkreis Wiesenhügel, von denen da und dort Kapellen herabschauen.

Nürtingen hatte Stadtrecht seit dem 14. Jahrhundert. Man war stolz darauf und auf die städtischen Einrichtungen, eine Lateinschule, ein Krankenhaus, landständische Ämter, ein stattlicher Markt und mehrere Kirchen. Doch in der Nacht vom 12. auf den 13. Dezember 1750 hatte ein Großfeuer gewütet, das 133 Gebäude in Schutt und Asche legte. Betroffen war der ganze mittelalterliche Stadtkern. Die Stadt war zügig wiederaufgebaut worden, Hölderlins Nürtingen war also eine weitgehend neu gebaute Stadt. Die Brandkatastrophe ließ den pietistischen Geist, der hier auch zuvor schon lebendig war, aufs Neue mächtig aufflammen. Noch bis in die achtziger Jahre hinein, Hölderlins Schulzeit, waren von den Kanzeln Mahnungen zu hören wie diese: »Was mag wohl Ursach dieses erbärmlichen Straf-Gerichts Gottes gewesen seyn? Gewis, keine andere als diese, weil deine Bürger und Einwohner der Stimme Gottes nicht gehorchet …« (Zit. n. Wittkop, 4) Das geistliche Stadtregiment war damals streng und duldete nur ungern die traditionellen Volksfeste, etwa die »Nürtinger Maitage«, zu denen aus der ganzen Umgebung die Leute strömten. Es gab Musik und Tanz und Theater. Besonders für die Kinder und Jugendlichen ein freudiger Höhepunkt des Jahres. Doch man bemühte sich, das Vergnügen nicht ins Kraut schießen zu lassen. So ließ man die Komödie mit einem Gottesdienst beginnen, was einen zeitgenössischen Beobachter zu der spöttischen Bemerkung veranlasste: »Das Komische des Ganzen kontrastirte sehr mit dem feyerlichen Anfang einer Betstunde …« (Zit. n. Wittkop, 15) In Nürtingen war man fromm, nach außen wenigstens.

In diesem bürgerlich-braven Nürtingen spielte sich Hölderlins gut behütete Kindheit ab. Man ließ den begabten Knaben gewähren, und der Stiefvater war gut zu ihm. An ihn denkt Hölderlin später mit Wehmut zurück und nennt ihn eine *immerheitere Seele.* (MA II, 775)

Den Tod des ersten Vaters hatte er nicht wirklich erlebt, der des zweiten aber war ihm sehr nahe gegangen. Es geschah im März 1779, da war Hölderlin neun Jahre alt. Der Bürgermeister Johann Christoph Gok hatte sich bei einer Überschwemmung, wo er überall helfend zur

Stelle war, so verausgabt, dass er wenige Wochen später an den Folgen einer starken Erkältung starb. Die Erinnerung an diesen Tod blieb schmerzlich. Ein Gedicht des Sechzehnjährigen, »Die Meinige«, ist ihm gewidmet:

Ach als einst in unsre stille Hütte
Furchtbarer! herab dein Todesengel kam,
Und den jammernden, den flehenden aus ihrer Mitte
Ewigteurer Vater! dich uns nahm;
Als am schröklich stillen Sterbebette
Meine Mutter sinnlos in dem Staube lag –
Wehe! noch erblik ich sie, die Jammerstätte,
Ewig schwebt vor mir der schwarze Sterbetag –
(MA I, 22; Vs. 25–32)

In einem Brief vom 18. Juni 1799 an die Mutter führte Hölderlin seinen *Hang zur Trauer* auf diesen Todesfall zurück. Damals sei seine Seele, schrieb er, zum ersten Mal auf jenen *Ernste* gestimmt worden, der ihn seitdem niemals ganz verlassen habe. (MA II, 775)

Nach dem Tod des geliebten Stiefvaters war Friedrich nun gänzlich auf seine Mutter angewiesen. Seine Beziehung zu ihr war merkwürdig und lässt viele Fragen offen. Innig und liebevoll blieb der Ton der Briefe bis etwa 1802, also bis zum ersten Zusammenbruch. Als die Mutter wieder einmal über die räumliche Entfernung des Sohnes klagte, schrieb er ihr: *der fromme Geist, der zwischen Sohn und Mutter waltet, stirbt zwischen Ihnen und mir nicht aus.* (18. Juni 1799; MA II, 774)

Ein *frommer Geist* verband die beiden, wenngleich Hölderlins Frömmigkeit zu diesem Zeitpunkt (1799) eine andere war als die der Mutter. Die war strenggläubig, orthodox, von pietistischer Innerlichkeit. Hölderlin respektierte die Frömmigkeit der Mutter, aber verbarg vor ihr seine ganz persönliche andere Frömmigkeit, die über das Christliche hinausging. Doch gab es hier immerhin eine Möglichkeit zur Verständigung. Die aber gab es nicht bei dem, was für Hölderlin zur Mitte seines Daseins wurde, beim – Dichten. Die Mutter hat es hartnäckig ignoriert und missbilligt, wenn es ihn von den Studien- und Berufspflichten abzubringen drohte. Die Dichter gehörten für sie ganz einfach nicht zu der »Ehrbarkeit«. Ein einziges Mal nur hat sie sich nach Hölderlins literarischen Erzeugnissen erkundigt und den Sohn ausdrücklich gebeten, ihr etwas zu schicken. Als Hölderlin diesem Wunsche nachkam und ihr das Gedicht »An die Parzen« schickte, in dem das Motiv der Todesbereitschaft nach gelungenem Werk anklingt – *Doch ist mir einst das Heil'ge, das am / Herzen mir liegt, das Gedicht gelungen, /.../ Willkommen dann, o Stille der Schattenwelt!* (MA I, 188) –, da schickt er sogleich einen Brief hinterher, der ihre Ängste zerstreuen soll: *Überhaupt, liebste Mutter! muß ich Sie bitten, nicht alles für strengen Ernst zu nehmen, was Sie von mir lesen.* (8. Juli 1799; MA II, 789) Die Mutter hatte keinen Zugang zur Poesie und verstand auch nicht die poetische Leidenschaft ihres Sohnes. Später war sie davon überzeugt, dass letztlich die Poesie ihren Sohn zugrunde gerichtet habe. Hölderlin sollte Pfarrer werden, das war ihr Wunsch, und in diese Richtung drängte sie den Sohn. Frau und Kinder, ein Pfarrhaus mit einem Platz auch für sie im Alter, so wollte sie es haben, und dafür hielt sie das ererbte Geld zusammen.

Trotz der Spannungen und Gegensätze blieb Hölderlin der Mutter lange Zeit tief verbunden, anhänglich und abhängig zugleich. Es fiel ihm schwer, sich selbst zu achten, wenn er sich nicht von der mütterlichen Achtung beschirmt wusste. Dann fürchtete er zu verwildern: *Darf ichs Ihnen einmal sagen? wenn ich oft in meinem Sinn verwildert war, und ohne Ruhe mich umhertrieb unter den Menschen, so wars nur darum, weil ich meinte, daß Sie keine Freude an mir hätten.* (11. Dezember 1798; MA II, 720)

Hölderlin hat fleißig an seine Mutter geschrieben. Der größte Teil seiner Briefe ist an sie gerichtet. Diese Briefe sind herzlich, doch immer auch respektvoll, manchmal auf ängstliche Weise förmlich und verkrampft; auch Taktik ist im Spiel. Er möchte sie nicht beunruhigen, er verharmlost manches, verschweigt vieles. Von seinen Liebesgeschichten schreibt er nichts, doch ständig beteuert er, wie sehr er sie liebe. Er scheut den Konflikt mit ihr. Allerdings wehrt er sich, wenn sie ihm, der selbst seinen *Hang zur Traurigkeit* bekennt, mit ihrer Traurigkeit ein schlechtes Gewissen macht oder ihn sonst wie unter Druck setzt. Er weiß zwar, dass die Mutter manches zu leiden gehabt hatte – zwei Ehemänner und drei Kinder waren ihr gestorben –, und doch kam es vor, dass der Neunzehnjährige sie ein wenig altklug ermahnte, es sei ihre Christenpflicht, sich nicht *der allzugroßen Traurigkeit* zu ergeben, und er empfiehlt ihr, sich *des schönen Frülings* zu erfreuen. (April/Mai 1789; MA II, 450) So wehrte er sich gegen sie und die Bedrückung, die von ihr ausging. Ein anderes Mal schrieb er: *Sie sollten nur nicht in einen geheimen Bund sich mit dem Schmerz einlassen, und nicht zu generos ihn in sich walten lassen.* (10. Juli 1797; MA II, 660)

Doch wie seltsam, die Mutter, die unablässig über das Leben ihres Sohnes gewacht hatte, wird sich daraus nach dem Zusammenbruch fast vollständig zurückziehen. Wahrscheinlich hat sie zwischen 1807 und ihrem Tod 1828 den Sohn im Tübinger Turm niemals besucht. In den ersten Jahren dort überkamen Hölderlin Anfälle von Raserei, wenn ihn jemand auch nur von ferne an Familie und Verwandtschaft erinnerte.

Hölderlin hatte in seiner Hofmeister-Zeit die Mutter immer wieder um Geld anbetteln müssen. Eigentlich aber war es sein eigenes Geld, worum er bat. Beim Tode des Stiefvaters Gok wurde das Erbe aus der ersten Ehe zwischen ihr und den Kindern aus dieser Ehe, also Rike und Friedrich, geteilt. Der Halbbruder Karl geht zunächst leer aus, denn in der zweiten Ehe hatte es keinen Zugewinn gegeben, und Gok selbst hatte kein Vermögen in die Ehe eingebracht. Diese Konstellation wird Hölderlins Verhältnis zu seinem Halbbruder beeinträchtigen, weil der nicht studieren durfte, sondern sich mit einer Ausbildung zum Amtsschreiber begnügen musste. Karl haderte mit seinem Schicksal und musste sich von Friedrich in zahlreichen pädagogisch gemeinten Briefen trösten lassen. Friedrich wollte den sechs Jahre jüngeren Karl an der Welt seines Geistes Anteil nehmen lassen, und Karl wird ihm dankbar dafür sein, doch auch begreifen, dass es besser ist, sich für seine eigene Welt zu entscheiden. Er vollzog diese Wendung mit allem Ernst. Tüchtig wie er war, machte er in seinem Beruf Karriere und brachte es bis zum Domänenrat für die Weingüter um Stuttgart. Eine angesehene Stellung. Er galt als der beste Kenner des württembergischen Weines, verfasste auch ein Buch darüber. 1831 wurde er in den Adel erhoben. Es war Karl Gok, der in den zwanziger Jahren eine Sammlung der Gedichte Hölderlins anregte, die dann Uhland besorgte. Als der Band im Juni 1826 erschien, sandte Karl Gok ihn an den Bruder mit den Worten: *So sind nun die Früchte Deiner trefflichen Dichtung der Welt erhalten, und Dein Angedenken wird in diesen von jedem tief fühlenden gebildeten Menschen stets verehrt werden.* (25.7.1826; MA II, 960) Eine direkte Antwort Hölderlins ist nicht überliefert. Doch als ein Besucher einmal bemerkte, die Gedichte seien gut redigiert, äußerte Hölderlin verärgert, er brauche diese Hilfe nicht, er selbst könne wohl am besten die eignen Werke redigieren.

Nach dem Tode der Mutter 1828 kam es zu einem Erbschaftsstreit, weil Rike darauf drängte, den Anteil Friedrichs zu schmälern, mit der Begründung, dass der langjährige Versorgungsaufwand den Vermögensanteil des Bruders fast aufgebraucht hätte. Das zuständige Gericht folgte dem Antrag allerdings nicht und verwies auf eine Verfügung der Mutter, der zufolge dem Sohn, »wenn er im Gehorsam bleibt«, nichts von den Ausgaben abgezogen werden sollte.

Hölderlin war beim Tode der Mutter, deren Aktivvermögen auf 19 000 Gulden (mehrere Hunderttausend heutigen Geldes) angewachsen war, ein ziemlich vermögender Mann, wovon er aber wohl kaum etwas mitbekam. Er war es eigentlich schon vorher, denn bei der Erbteilung nach dem Tode des leiblichen Vaters 1774 entfielen auf den vierjährigen Friedrich einige Tausend Gulden, die von der Mutter in Pfandbriefe und Darlehen umgewandelt wurden, deren Wert im Laufe der Jahre sehr gewachsen war. Die Mutter war durchaus geschäftstüchtig, doch nicht auf eigene Bereicherung aus. Sie wollte dem Sohn und der Schwester, die zu ihrer Heirat dann ausgezahlt wurde, die Zukunft sichern. Bei Hölderlin war das indes eine Zukunft nach ihrem Wunsche: Er sollte Pfarrer werden. Deshalb verwaltete sie treuhänderisch den Vermögensanteil des Sohnes, weil sie damit Druck auf ihn ausüben und ihn in einer gewissen Abhängigkeit halten konnte. Hölderlin seinerseits aber fehlte der Mut, die freie Verfügung über seinen Vermögensanteil, der ihm zustand, einzufordern. Hätte er es getan, sein Leben wäre anders verlaufen. Er hätte vielleicht die Pfarrerausbildung früh beendet, hätte sich vielleicht auch nicht durch die oft demütigenden Hofmeisterstellen quälen müssen. Er hätte überhaupt freier aufspielen können. Es ist eine tragische Ironie in seinem Lebensschicksal, dass ihm die damals so wichtige finanzielle Unabhängigkeit erst in einem Augenblick zufiel, als er im Tübinger Turm nun wirklich nichts mehr damit anfangen konnte.

Der Schreinermeister Zimmer, Hölderlins treu sorgender Hauswirt in Tübingen, überlieferte das Gerücht, die Mutter habe bei ihrer ersten schwierig verlaufenen Schwangerschaft das Gelübde getan, dass, sollte es ein Sohn werden, er »dem Herrn zu bestimmen« sei (KA 3, 677), dass er also von Anfang an dem geistlichen Beruf geweiht gewesen sei, wogegen sich Hölderlin dann stets gesträubt habe, weil ihn die Theologie nicht anzog. Er hätte, wie Zimmer sich ausdrückt, »zuviel Naturfilosofie« gehabt.

Tatsächlich hatte es die Mutter auf die Theologie bereits abgesehen, als Hölderlin in Nürtingen in die Lateinschule gegeben wurde. Es war die Vorbereitung auf die drei Landesexamen, zuerst für die Klosterschulen Denkendorf und Maulbronn, zuletzt für das Tübinger Stift. Beginnend also bei den Vierzehnjährigen, wurde in Württemberg mit staatlicher Unterstützung und durch zahlreiche Prüfungen streng kontrolliert die Begabungselite für die protestantischen Kirchenämter ausgesiebt.

Die Lateinschule genügte der Mutter nicht, sie bezahlte noch einen Zusatzunterricht durch den Diakon Nathanael Köstlin, was für den heranwachsenden Hölderlin allerdings ein Glücksfall war. Denn der Knabe hing an dem zugleich gelehrten und warmherzigen Mann, der Autorität ausübte, ohne zu bedrücken. Köstlin verbreitete, heißt es in einer zeitgenössischen Schilderung, »einen eigenen Eindruck von Reinheit des Daseyns« und ein »mildes Wohlwollen«, weshalb man ihm »Ehrfurcht« und »Liebe« entgegenbrachte. (Zit. n. Wittkop, 20) Dieser Mann war für Hölderlin auch deshalb von Bedeutung, weil er bei ihm dessen Neffen kennenlernte, das zehnjährige »Wunderkind« Schelling, das bereits mühelos Lateinisch und Griechisch lesen konnte. Schelling wird sich später noch daran erinnern, wie er von älteren Schulkameraden schikaniert wurde und der fünf Jahre ältere Hölderlin die Aufgabe übernahm, ihn zu schützen. Anders als Hölderlin brauchte Schelling Denkendorf und Maulbronn nicht zu besuchen, weil er dort nichts mehr lernen konnte. Der Vater, ein hochgebildeter Pfarrer, unterrichtete ihn einstweilen so lange, bis er die Sondererlaubnis erhielt, als Fünfzehnjähriger ins »Stift« einrücken zu dürfen. Dort traf er dann wieder auf Hölderlin, und die beiden wohnten, zusammen mit Hegel, eine Zeit lang auf derselben Stube.

Für Hölderlin war dieser Nathanael Köstlin, der Onkel Schellings, ein wichtiger Mentor der Jugendjahre. Hölderlin wird sich später immer wieder nach ihm erkundigen, und Köstlin seinerseits wird den Werdegang seines ehemaligen Zöglings mit Anteilnahme verfolgen.

ZWEITES KAPITEL

Denkendorf. Klösterliches. Brief an Köstlin. Pietistische Seelenprüfung. Selbstbehauptung einer Seele gegen das »Weltliche«. Angst vor Selbstverlust. Das liberale Maulbronn. Erste Liebesgeschichte. Pindars Flug und Klopstocks Größe. Als Dichter zur Welt kommen.

Am 1. Oktober 1784 zieht Friedrich Hölderlin nach einem gut bestandenen ersten Landesexamen in die Klosterschule Denkendorf, die zwar nur sieben Kilometer entfernt liegt und doch zu einer in sich abgeschlossenen anderen Welt gehört. Mit den verträumten Götterstunden im Garten war es vorbei, er fühlte sich eingesperrt in die grauen Mauern des alten Klosters und von den strengen Regeln eingeschränkt. Nach Hause durften die Schüler nur in den Ferien, und Familienbesuche im Kloster sah man nicht gerne. Teilnahme am Gottesdienst, mehrmals am Tage, war Pflicht. Wer ihn schwänzte, wurde mit Entzug des Tischweins bestraft. Die Lektüre fand unter Aufsicht statt, selbst bei den erbaulichen Werken wurde vor dem Extravaganten, etwa dem Mystischen oder Hochspekulativen, gewarnt, geistige Erkundungen auf eigene Faust waren nicht gerne gesehen. Am besten las man fleißig in der Bibel, aber auch dort nicht »gewisse« Stellen. »Leichtsinnige« Romane, etwa Goethes »Werther«, waren verboten. Auch sonst hatte man sich keusch und züchtig zu geben. Vor Tee und Kaffee wurde gewarnt, sie regten zu sehr auf. Von den haus- und landwirtschaftlichen Anlagen der Klosterschule sollten sich die Schüler fernhalten, denn der Umgang mit dem Dienstpersonal schickte sich nicht für sie: Schließlich sollten sie auf ihre künftige Standesehre achten. Wirtshäuser waren ebenso tabu wie Kartenspiel, Kegeln, Lärmen und öffentliche Tanzvergnügen. Die Zöglinge aus gut situierten Familien wurden vor »Üppigkeit« gewarnt und durften keine Gegenstände von »unzeitiger Galanterie« oder gar »allerlei eitle Meubel« mitbringen. Es sollte in den Klostermauern karg und bescheiden zugehen, eben nicht »weltlich«. Ein pietistischer Geist war spürbar, dem alles »Weltliche« zunächst einmal verdächtig ist.

Mit alldem wurde die biographische Zäsur betont, die Grenze zu einer Vergangenheit, die man hinter sich zu lassen hatte. Möglichst wenige Erinnerungen an zu Hause, keine sentimentale Anhänglichkeit! Die Pietisten setzten auch sonst auf Bekehrung, es sollte, mit Paulus gesprochen, ein neuer innerer Mensch »angezogen« werden. Damit sollte im Schulkloster begonnen werden. Nicht nur die Lebensweise war mönchisch, auch das äußere Habit, keine »weltförmige Kleidung in und außer dem Closter« (KA 3, 595), befiehlt die Schulordnung. Bisweilen werden die Regeln zwar locker gehandhabt, doch nur hinter dem Rücken des Vorstehers. Die Schüler hingen von der Gnade eines Menschen ab, dessen besondere Merkmale »Geiz, Heimtückigkeit und Unverschämtheit« waren, wie sich ein Mitschüler später erinnerte. Doch auch ohne diesen Tyrannen war die Tageseinteilung tyrannisch: 59 Lehr- und Lernstunden die Woche, peinlich genau geregelter Tageslauf von fünf Uhr morgens bis acht Uhr abends, nur zwei einstündige Pausen, die der Schüler für sich verbringen konnte, sonst lebte man immer in der Gruppe und unter Aufsicht. Unter diesem Mangel an Gelegenheit, einsam vor sich hin zu träumen, hat der junge Hölderlin besonders gelitten und auch daran, dass er hier keinen Lehrer fand, dem er sich hätte öffnen können.

Deshalb war es für ihn ein Glück, dass er sich noch für einige Zeit an den verehrten und geliebten Diakon Köstlin in Nürtingen wenden durfte. Der erste Brief, der sich aus Hölderlins Korrespondenz erhalten hat, ist an ihn gerichtet.

Der junge Hölderlin hat sich Köstlin zum Seelenführer und Beichtvater erwählt. Man merkt dem Brief an, dass Friedrich schon einige Übung in pietistischer Selbstbeobachtung und Seelenerforschung besaß, diese eigentümliche Verbindung von Innigkeit und Misstrauen gegen sich selbst. Er fühle sich, schreibt er, als *rechter Christ*, empfinde auch *viele gute Rührungen*, doch womöglich seien die gar nicht echt, sondern rührten bloß von seiner *natürlichen Empfindsamkeit* her und würden sich deshalb wohl als *unbeständig* erweisen. Auch seinem innigen Naturgefühl könne er nicht trauen. Liebt er die Natur und die Natureinsamkeit nicht gegen die Menschen? Er habe sich dabei ertappt, dass er in solchen schwelgerischen Augenblicken dazu neige, *die Menschheit zu verachten*. Ist solches *menschenfeindliche Wesen* nicht Hochmut? Wenn er dann aber, aus schlechtem Gewissen, sich den gewöhnlichen Menschen gegenüber bemüht freundlich gibt, ist das womöglich auch nicht recht, denn es verbirgt sich darin das Bestreben, *vor den Menschen zu gefallen, aber nicht vor Gott*. So wendet er seine Gefühle hin und her, schon einigermaßen virtuos, so dass man ihm die wirkliche seelische Not eigentlich nicht glaubt. Das Verlangen nach einsamem Selbstgenuss in der Natur und die Scheu gegenüber Menschen sind gewiss aufrichtig empfunden, aber ob er darin tatsächlich eine Sünde sieht, ist fraglich. Denn dieses Schreiben wirkt zu abgeklärt, fast wie ein Probestück pietistischer Seelenerforschung. Er wolle dem verehrten Köstlin, schreibt er, seine Gedanken zu jener kniffligen Frage vorlegen, *wie man doch Klugheit in seinem Betragen, Gefälligkeit und Religion verbinden könne*. (November 1785; MA II, 393)

Wenn in diesem Brief das bei den Pietisten stets auf der Lauer liegende Sündengefühl sich bemerkbar gemacht haben sollte, so war es damit zwei Jahre später vorbei, als er nämlich seinem Freund Immanuel Nast schrieb: *Denn sage mir, Freund, warum soll ich … meine unschuldigste Handlungen für Verbrechen auslegen lassen*. (Januar/Februar 1787; MA II, 398)

Eine Bemerkung im Brief an Köstlin deutet ein Problem an, das Hölderlin auch künftig zu schaffen machen wird: *der kleinste Umstand jagte mein Herz aus sich selbst heraus* (MA II, 393), schreibt er und bekennt damit seine Störanfälligkeit: er muss gegen äußere Umstände und Einflüsse immer wieder um den Selbstbesitz ringen. Die Angst treibt ihn um, er könnte sich verloren gehen. Er glaubt sich gegen

Mächte wehren zu müssen, die ihn aus sich selbst heraustreiben. Aus dieser Gefühlslage entwickelte sich seine Liebe zu den großen Helden der Antike: Sie waren ihm Vorbild, weil sie in sich selbst ruhen. Zwar erleiden sie Schlimmes, doch sie gehen sich nicht verloren. Selbstverlust ist das Schlimmste, das wird für den fünfzehnjährigen Hölderlin zur Gewissheit.

Doch wie bewahrt man seine Seele? Die gewöhnliche pietistische Antwort: in der Zwiesprache mit Gott, im Gebet und in der Christusnachfolge – im Gegensatz zur »Welt« und den sogenannten »Weltleuten«. Die scharfe pietistische Trennung – hier geistlich, dort weltlich – wirkt bei Hölderlin nach, doch es beginnt schon jetzt eine charakteristische Umwandlung: Die Selbstbehauptung der Seele gegen das »Weltliche« wird zunehmend der Poesie übertragen. *Tausend Entwürfe zu Gedichten* beschäftigen ihn, schrieb er 1784 aus Denkendorf. In diesen Gedichten lebte und webte er, hier hatte er seine geistige und einstweilen auch seine geistliche Existenz, die ihn vor den Zumutungen des gewöhnlichen Lebens an diesem als öde empfundenen Ort bewahrte. Nur wenige Gedichte aus dieser Zeit haben sich erhalten. Es geht in ihnen fast immer um Seelenzuflucht, um den Augenblick der Übereinstimmung mit sich, zumeist beim Erlebnis von schöner oder erhabener Natur, fern von der Menschenwelt: *Aus der Welt, wo tolle Thoren spotten, / Um leere Schattenbilder sich bemühn, / Flieht der zu euch, der nicht das schimmernde Getümmel, / Der eitlen Welt, nein! nur die Tugend liebt.* (MA I, 10)

Nach zwei Jahren Denkendorf und nach dem bestandenen zweiten Landesexamen bezog Hölderlin die Klosterschule in Maulbronn. Unter den 29 Schülern seines Jahrgangs – der sogenannten »Promotion« – belegte er den sechsten Platz. Die Bewertung war nicht so gut wie noch in Nürtingen, womöglich eine Folge seines Leidens an den Verhältnissen in Denkendorf.

Auch in Maulbronn waren Schule und Internat in einer ehemaligen Klosteranlage untergebracht. Die Architektur war ehrfurchtgebietend, die Atmosphäre aber war hier freundlicher und liberaler als in Denkendorf. Es gab hier nur neunzehn Lehrstunden auf die Woche verteilt, die übrige Zeit sollte gemäß reformierter Erziehungsgrundsätze für das Selbststudium genutzt werden. Die Kontrolle war nicht sonderlich streng. Lesen konnten die Zöglinge, was sie wollten, wenn sie nur gewitzt genug waren, es sich zu besorgen. Es kursierte die neueste Literatur des »Sturm und Drang«; Hölderlin las zum ersten Mal Schillers »Räuber«. Er hatte sich auch die Vertonung von Karl Moors Lobrede auf den als Tyrannenmörder verehrten Brutus besorgt und wollte sie *zu Schillers Ehre* auf dem Klavier einüben, *so hart es gehen wird mit meinem Geklemper.* (An Nast, Januar 1787, MA II, 396) Bedenkt man, dass der hochberühmte Schiller ein vom Herzog immer noch verfolgter und geächteter Autor war, so kann Hölderlins Bewunderung für ihn und die »Räuber« durchaus als Aufsässigkeit gelten. Hölderlin wusste allerdings nicht, mit welch starken Worten Schiller in der »Rheinischen Thalia« von 1785 mit dem eigenen Stück ins Gericht gegangen war. Er hatte selbstkritisch den mangelnden Realismus als Folge des tyrannisch eingeschränkten Lebens auf der Karlsschule beklagt und allein die feurige »Leidenschaft für die Dichtkunst« sich zugutegehalten. Nur die Mischung aus poetischer Leidenschaft und Ahnungslosigkeit konnte, so Schiller, jene lebensfremden »Ungeheuer« auf die Bühne bringen. Die »Räuber« seien das »Beispiel einer Geburt …, die der naturwidrige Beischlaf der Subordination und des Genius in die Welt setzte«. (Schiller V, 855) Da es im Kloster Maulbronn wohl ähnlich lebensfern zuging wie an der Karlsschule, waren die Schüler von Maulbronn wohl auch so empfänglich für die rebellischen »Ungeheuer« in Schillers Phantasiegeburten.

Der Zeitgeist des »Sturm und Drang« überwand also die Klostermauern von Maulbronn. Hölderlin war dafür besonders empfänglich. Er wurde wegen seiner poetischen Leidenschaft für das Heroische von den Kameraden bisweilen sogar gehänselt, worüber er sich dann bei seinem neuen Freund Immanuel Nast, Schreibergehilfe in Leonberg, bitter beschwerte. Aber er haderte auch mit sich selbst. Wenn er doch nicht nur in der Poesie, sondern auch im wirklichen Leben mehr

Wollust, Hader, Raufsucht hätte, so schrieb er, dann würde er sich besser behaupten können. Die Schwäche im praktischen Leben macht ihm die Liebe zur Poesie verdächtig: *Ja, Bester, gerade das, was mich trösten solte, das liegt am schwersten auf mir.* (Januar/Februar 1787; MA II, 399) Die Poetisierung des Heroischen fungiert als Ersatzhandlung. Angeregt von Klopstocks »Messias«, fühlt er sich in Adramelech ein, einen rebellischen Höllenbewohner, verruchter noch als der Satan selbst – … *verzweifle König der Hölle, / Nur Adramelech bleibt groß.* (MA I, 13f.) Starke Töne finden sich auch in dem »Der nächtliche Wanderer« überschriebenen kurzen Gedicht mit deutlichen Anklängen an eine Szene der »Räuber«:

Hu! Der Kauz! wie er heult,
Wie sein Furchtgeschrei krächt
Erwürgen – ha! du hungerst nach erwürgtem Aas
Du naher Würger komme, komme.

Sieh! er lauscht, schnaubend Todt –
Ringsum schnarchet der Hauf
Des Mordes Hauf, er hörts, er hörts, im Traume hört' ers
Ich irre Würger, schlafe, schlafe. (MA I, 13)

Ungeheuer der Nacht und die Heroen der Hölle auf der einen Seite, auf der anderen Seite die heroischen Lichtgestalten, wie etwa Alexander der Große mit einer Rede an seine Soldaten:

Ihr, Söhne Thraciens, ihr deren Hand
Nur tapfre Waffen eures Sieges kennt,
Seht, wie der Feind von Gold belastet ist,
Euch, Brüder, ziert es besser, denen's nicht
Die Weichlichkeit als Sclaven geben wird,
Euch mahnts an euern Muth, an euren Sieg.
(MA I, 16; Vs. 57–62)

Hier wird verächtlich von sklavischer *Weichlichkeit* gesprochen, von *Weichheit* indes ist in einer Selbstcharakteristik die Rede, die sich etwa zur selben Zeit in einem Brief an Nast findet. Es ist ein Brief, der in tiefer Nacht geschrieben wurde, wie Hölderlin eigens vermerkt, um seine Bedeutung zu unterstreichen. Darin klagte er, wie üblich, über die rohe Welt um ihn herum, doch dann folgt eine luzide Selbstanalyse: *Du darfst Dich auch nicht wundern – wann bei mir alles so verstümmelt – so widersprechend aussieht – Ich will Dir sagen, ich habe einen Ansaz von meinen Knabenjahren – von meinem damaligen Herzen – und der ist mir noch der liebste – das war so eine wächserne Weichheit, und darinn ist der Grund, daß ich in gewissen Launen ob allem weinen kan – aber eben dieser Theil meines Herzens wurde am ärgsten mishandelt so lang ich im Kloster bin … und daher hab ich nebenher einen traurigen Ansaz von Roheit – daß ich oft in Wuth gerathe … wann kaum ein Schein von Beleidigung da ist. O es schlägt nicht dem Deinen gleich – mein Herz – es ist so bös – ich habe ehmalen ein bessers gehabt – aber das haben sie mir genommen – und ich muß mich oft wundern, wie Du drauf kamst – mich Deinen Freund zu heißen. Hier mag mich keine Seele – izt fang' ich an, bei den Kindern Freundschaft zu suchen …* (Januar 1787; MA II, 397)

Er schätzt die *Weichheit* des Herzens, doch er leidet auch an ihr, weil sie ihn so verwundbar macht; zu schnell fühlt er sich beleidigt, braust in jähem Zorn auf, kann sogar bösartig werden, was er sogleich bitter bereut. Dieses Hin und Her, diese Unausgeglichenheit macht ihm keine Freunde. Doch er übertreibt. So allein ist er nicht. Er hat auch in Maulbronn Freunde, wie auch später Männer und Frauen die Nähe dieses schön anzusehenden geistvollen Menschen suchen. Im Tübinger Stift sagte man, es sei, als schreite »Apoll« durch den Raum, wenn Hölderlin im Speisesaal sich das Essen holte.

Es gibt eine Einsamkeit, zu der man verurteilt ist, und eine, die man sucht. Unter der einen leidet man, die andere genießt man. Solchen Genusses wegen zog sich Hölderlin gerne zurück. *Wieder eine Stunde wegphantasirt!*, schrieb er. (An Nast, Februar 1787; MA II, 398) Es ergehe ihm besser in seinem *anderswo*, in der geräumigen Geborgenheit seiner poetischen Träume, dort könne er die anderen Menschen nur *bedauern*, allerdings nur so lange, bis er bemerkt, dass er mit einem Teil seines Wesens doch auch zu dieser gewöhnlichen Welt gehöre.

Immer wieder kommt er auf diese *wächserne Weichheit* zurück. Er schildert, wie er mit warmem Gefühl und Hingabe aus sich herausgeht, um dann auf erkältende Gleichgültigkeit zu stoßen, die häufig nichts weiter als alltägliche Unaufmerksamkeit ist. Wer sich ganz gibt, wird sich von jeder weniger hingebungsvollen Reaktion zurückgestoßen fühlen, auch wenn *kaum ein Schein von Beleidigung da ist.* Zum ersten Mal schildert hier der junge Hölderlin den Kälte-Schock, von dem noch häufig in den Briefen und Gedichten die Rede sein wird. *Ich friere und starre in den Winter, der mich umgiebt*, heißt es in einem der letzten Briefe aus Nürtingen, kurz vor dem Zusammenbruch. (MA II, 596)

Diese luziden Selbstanalysen finden sich in Briefen an den wohl besten Freund der Maulbronner Jahre, Immanuel Nast, Neffe des Klosterverwalters von Maulbronn, ähnlich wie später Hölderlins Halbbruder Karl zum Amtsschreiber ausgebildet, obwohl er gerne studiert hätte. Immanuel schloss sich dem jüngeren Hölderlin an, um mit einer Bildungswelt verbunden zu bleiben, von der er sich sonst zu seinem Leidwesen abgeschnitten fühlte.

Hölderlins Briefe an ihn sind einerseits vertraulich, doch in bestimmter Hinsicht auch unaufrichtig. Denn Hölderlin hatte sich kurz nach seinem Einzug in Louise Nast verliebt, die Tochter des Klosterverwalters und also die Cousine von Immanuel; diese heimliche Beziehung – die Stelldicheins fanden in einem verborgenen Winkel des Klostergartens statt – dauerte bereits ein Jahr, ehe Hölderlin sie dem Freund gestand. Anfangs hatte er ihm sogar eine handfeste Lüge aufgetischt, als er zwei Monate nach dem Beginn der Liebschaft im Januar 1787 an ihn schrieb: *ich bin der einzige – der … kein Frauenzimmer … hier kennt.* (MA II, 397) Erst ein Jahr später, im November 1787, ringt er sich zu einem Geständnis durch: Der Freund werde in Bälde von einem *lieben Mund* erfahren, wo *die Quelle all meiner Freuden, all meiner Leiden, all meiner Klagen* sei. (MA II, 410)

Ob Immanuel gekränkt war, weil Hölderlin ihm seine Liebschaft so spät erst gestand, wissen wir nicht, da dessen Briefe nicht erhalten sind. Auffällig ist allerdings die überschwängliche und auch ostentative Anteilnahme Hölderlins an einer Liebesgeschichte Nasts, so als hätte er etwas gutzumachen.

Vom Briefwechsel zwischen Hölderlin und der um zwei Jahre älteren Louise sind nur einige wenige Schreiben erhalten geblieben. Nach einem gemeinsamen Spaziergang auf einem der Hügel um Maulbronn schrieb er: *Unaussprechlich wohl war mirs, als ich … Deinen Kuß noch auf meinen Lippen fühlte …* (18. April 1788; MA II, 421) Sie verabreden, zur selben Stunde in Schillers »Don Carlos« zu lesen. So sei man sich nahe. Er fließe jetzt von Gedichten über, schreibt er. Bei seinen Spaziergängen habe er eine Schreibtafel dabei, auf der er Verse notiert – und wieder löscht. Einige dieser Louise gewidmeten Verse – »An Stella« – hatte er aber doch aufbewahrt. Es zeigt sich ein von Zweifel geplagter Verliebter: *Du gute Stella! wähnest du mich beglückt, / Wann ich im Thale still und verlassen, und / Von dir vergessen wandle, wann in / Flüchtigen Freuden dein Leben hinhüpft?* (MA I, 41) Ihn quält mithin die Vorstellung, die Geliebte könnte vergnügt sein, ohne dies Glück ihm zu verdanken, später ein Zentralmotiv der unglücklichen Liebe Hyperions zu Diotima. Hier klingt es bereits an, allerdings noch recht undramatisch. Melodramatisch aber geht es zu in einem anderen Gedicht an »Stella«. Todesphantasien werden schwelgerisch ausgesponnen: *Stella! ach! wir leiden viel! wann nur das Grab – / Komme! komme kühles Grab! nimm uns beide!* (MA I, 19) Louise hat sich die Friedhofsromantik gefallen lassen, wird sich aber gleichwohl später als durchaus lebenstüchtig erweisen. Bei Hölderlins Abschied von Maulbronn dichtet sie: »Gott! wie wechseln doch die Stunden / Jezt mit Freuden dan mit Schmerz / … / Lauert schon das bange scheiden, / Wie ein Dieb auf unser Glük«. (MA II, 416)

Zunächst hoffte sie auf eine deutliche Erklärung des Geliebten, sie wünscht eine Art Verlöbnis zur Überbrückung der Zeit der Trennung, die mit Hölderlins Umzug ins Tübinger Stift nahte. In einem Brief wurde sie für ihre Verhältnisse recht deutlich. Nach einem Stoßgebet – »O Gott lieber Vater an Deiner Hand werden sie doch auch vorüber gehen die Jahre der Trennung« (Neujahr 1789; MA II, 435) – kommt der Wink mit dem Zaunpfahl: »nich lange mehr wird wieder ein Paar aus meiner Freundschaft das Band der ewigen Treue knupfen«. Gegen Ende der Maulbronner Zeit, im Herbst 1788, wurde endlich Hölderlins Mutter eingeweiht, die nichts einzuwenden hatte gegen dieses Mädchen aus gutem Hause. Auch die Nasts gehörten ja zur »Ehrbarkeit«.

Einige Briefe gingen nach dem Abschied noch zwischen Maulbronn und Tübingen hin und her. Noch Ende Januar 1789 schrieb Hölderlin: *O lieber Gott! was müssen das für seelige Tage sein, da wir auf ewig vereint so ganz für einander leben.* (MA II, 439) Noch eine Weile träumten beide von einer gemeinsamen Zukunft. Für Louise hatten diese Träume einigen Realitätsgehalt, weil sie sich der Zustimmung von Hölderlins Mutter sicher sein konnte: »Wie michs freute daß Deine liebe gute Mutter o darf ich sagen meine Mutter, so gut von unserer Lage sprach, wirst Dirs denken können liebes Herz.« (März/April 1789; MA II, 445) Doch manchmal befielen sie auch Zweifel, dann ging sie auf den Friedhof und weinte so »manche Träne«.

Ihre düsteren Vorahnungen erwiesen sich als berechtigt. Im April 1789 erhielt sie den Brief, mit dem Hölderlin die Beziehung beendete. Er schickte den Ring, den sie getauscht hatten, und einige ihrer Briefe zurück und schrieb dazu: *es ist und bleibt mein unerschütterlicher Vorsaz, Dich nicht um Deine Hand zu bitten, bis ich einen Deiner würdigen Stand erlangt habe.* (MA II, 446) Gemeint ist damit nicht der bürgerliche Stand, etwa die von der Mutter gewünschte Pfarrstelle. Sein *unbefriedigter Ehrgeiz*, zu dem er sich bekennt, bezieht sich allein auf sein Dichtertum. Darin gründet sein ganzes Selbstgefühl. Der *würdige Stand* wäre erst mit dem Dichterruhm erreicht. Falls dieser *Ehrgeiz* nicht befriedigt würde, könnte er auch mit ihr nicht *ganz heiter, ganz froh, u. gesund* werden. Er würde ihr mit seinen *Klagen über die Welt* nur zur Last fallen. Mit starken Worten warnte er sie vor seiner Unleidlichkeit und empfahl ihr, sich nach einem anderen, einem Würdigeren umzuschauen. Sie solle sich durch die Treuegelöbnisse bloß nicht gebunden fühlen. Er möchte jedenfalls nicht schuld daran sein, wenn sie ihre Chancen nicht nutzte. Und dann malt er ihr auch noch die Szene aus, sie an der Seite ihres künftigen Gatten zu sehen – *u. euer beider Freund zu sein.* (MA II, 446–447)

Die enttäuschte und auch empörte Louise wandte sich an Hölderlins Mutter, die ihrerseits dem Sohn Vorwürfe machte und ihn mit ihrer Traurigkeit, wie üblich, unter Druck setzte. Er verteidigte sich mit dem Argument, es sei doch alles mit Louise abgesprochen gewesen. Weinerlich und zugleich kühl wies er jede Schuld von sich: *Und daß ich von einer Person, die mir so teuer war, über meine Veränderung, die sie selbst für nötig einsah, u. die mich tausend Kämpfe kostete, Vorwürfe hören muß, daß ich denken muß, du machst dem Mädchen traurige Tage – O liebe Mamma! so viel hab' ich doch nicht verdient!!* (Frühjahr 1789; MA II, 451)

Der Mutter verschwieg er seinen unbefriedigten literarischen Ehrgeiz, den eigentlichen Grund der Trennung, doch gewiss hatte Louise ihr davon berichtet, und deshalb konnte Hölderlin darauf anspielen, indem er die Welt der Bücher ausdrücklich als das Einzige hervorhebt, was ihn in dieser misslichen Situation *trösten* kann.

Mit diesem *Ehrgeiz* ist es ihm so ernst, dass er ihn in seinen Gedichten aus dieser Zeit häufig zum Thema macht: *Lebt wohl, ihr gülden Stunden vergangner Zeit, / Ihr lieben Kinderträume von Größ' und Ruhm, / Lebt wohl, lebt wol ihr Spielgenossen, / Weint um den Jüngling er ist verachtet!* (MA I, 79; Vs. 33–36)

Hölderlin hatte, wie so viele Kinder, einst von abenteuerlichen Heldentaten geträumt. Nun träumte er sich in die Rolle des ruhmreichen, lorbeerbekränzten Dichters hinein. Nicht nur als Tagtraum, sondern wie ein Lebensprogramm ist der poetische Ehrgeiz ausgesprochen in dem Gedicht »Mein Vorsaz«.

O Freunde! Freunde! die ihr so treu mich liebt!
Was trübet meine einsame Blike so?
…

Ists heißer Durst nach Männervollkommenheit?
Ists leises Geizen um Hekatombenlohn?
Ists schwacher Schwung nach Pindars Flug? ists
Kämpfendes Streben nach Klopstoksgröße?
(MA I, 43–44; Vs. 1–2, 9–12)

Solange *Pindars Flug* und *Klopstoksgröße* noch nicht erreicht sind, ist ihm das Leben eine Qual, und er kann den Freunden nur bedrückt unter die Augen treten. Erst mit dem gelungenen Gedicht kommt er richtig zur Welt.

Hier klingt ein Motiv an, das in einem späteren Gedicht, »An die Parzen«, sich wundervoll entfaltet:

Nur Einen Sommer gönnt, ihr Gewaltigen!
Und einen Herbst zu reifem Gesange mir,
Daß williger mein Herz, vom süßen
Spiele gesättiget, dann mir sterbe.

Die Seele, der im Leben ihr göttlich Recht
Nicht ward, sie ruht auch drunten im Orkus nicht;
Doch ist mir einst das Heil'ge, das am
Herzen mir liegt, das Gedicht gelungen,

Willkommen dann, o Stille der Schattenwelt!
Zufrieden bin ich, wenn auch mein Saitenspiel
Mich nicht hinab geleitet; Einmal
Lebt ich, wie Götter und mehr bedarfs nicht.
(MA I, 188)

Der junge Hölderlin ließ sich, sosehr ihn der Sturm und Drang animierte, doch nicht für dessen wilden Stil gewinnen, er nahm sich vielmehr Klopstock und vor allem Pindar zum Vorbild, den antiken Dichter der Hymnen und Preisgesänge im hohen Stil. Nicht das Expressive und Subjektive, sondern das Erhabene und Objektive zog ihn an. Mit dem Ausdruck *Pindars Flug* bedient sich Hölderlin eines überlieferten metaphorischen Topos für dessen olympische Höhenlage. Klopstock verkörperte für ihn den Typus des Dichter-Priesters, des Erfinders neuer Psalmen, die neben den alten würdig bestehen können. Für den jungen Hölderlin geht es bei seinem Dichten nicht darum, seelische Unterwelten in sich selbst zu erkunden, sondern sich aufzuschwingen in eine Welt des erhabenen, überpersönlichen Geistes. Das bloß Private ist ihm zu eng. Der junge Poet, der noch im Verborgenen fleißig seine Kladden vollschreibt, imaginiert eine öffentliche Sphäre, wo es um die großen Themen des Menschlichen und Göttlichen geht, rhetorisch ausgeklügelt und im Ornat strenger poetischer Formen, die anknüpfen eben an Pindar und an die von Klopstock wiederbelebte Oden- und Hymnentradition.

Bemerkenswerte poetische Fertigkeiten hatte sich Hölderlin inzwischen angeeignet, er beherrschte komplizierte Reimfolgen, Versmaße, Strophenformen. Auch hier das Strenge, die Hinwendung zum Objektiven, Überpersönlichen. Die Sprache soll nicht einfach leicht und widerstandslos aus subjektivem Befinden herausströmen, sie soll sich brechen am Widerstand verbindlicher Formen. Ausdruck genügt nicht, auf Steigerung kommt es an. Das nimmt der junge Hölderlin von Klopstock auf. »Bey dem Gesange kommen wir außer uns«, las Hölderlin bei Klopstock, »bey dem Liede zerfließen wir in froher Wehmut.« Das Zerfließenwollen entspricht zwar bisweilen seiner Stimmung, doch nicht seinem Bild vom Dichter. Der soll sich vor *Weichlichkeit* hüten, der soll Mann sein. Deshalb zieht der junge Hölderlin im Sinne Klopstocks den »Gesang« dem »Liede« vor. Im Gesange aber, so Klopstock, gehört es für den Dichter zu den »Hauptpflichten, daß er schnell von einem großen Gedanken zum andern forteile. Er fliegt von Gebirge zu Gebirge, und läßt die Thäler, wie schön und blumenvoll sie auch seyn möchten, unberührt liegen.« (Zit. n. Gaier, 25)

Ganz unberührt bleiben bei Hölderlin diese »Thäler« nicht, er lässt sich zu ihnen herab, kostet ihre Schönheit wenigstens für Augenblicke aus, dann zieht ihn wieder das Höhere an: *O ihr seid schön, ihr herrliche Schöpfungen! / Geschmükt mit Perlen blizet das Blumenfeld; / Doch schöner ist des Menschen Seele, / Wenn sie von euch sich zu Gott erhebet.* (MA I, 27; Vs. 17–20)

Der junge Hölderlin fühlte gewiss eine Berufung zum Dichter, doch ob er daraus auch einen Beruf machen könne, fragte er sich und wenig später bei einem Besuch den berühmten Schubart, den württembergischen Freiheitsdichter und Märtyrer der engagierten Poesie, den der Herzog zehn Jahre lang eingekerkert hatte. Bei dieser Frage erkundigte sich Schubart nach den Vermögensverhältnissen und den Einkünften Hölderlins. Von der Poesie könne man nicht leben, man müsse für sie leben, erklärte er dem jungen Poeten, der einigermaßen eingeschüchtert vor ihm stand. Er empfahl, die Pfarrstelle nicht zu scheuen, denn sie würde ihm ein gesichertes Einkommen verschaffen und ihm erlauben, nebenher zu dichten. Schubart sah kein Problem darin, aber Hölderlin. Konnte er wirklich Pfarrer werden, wenn der Gott der protestantischen Kirche, dem er dienen sollte, nicht mehr der seine war? Es kamen ihm große Zweifel.

In den Osterferien 1787 wird er der Mutter zum ersten Mal seinen Widerwillen gegen den Pfarrerberuf gestanden haben, denn im April, wieder zurück in Maulbronn, schrieb er ihr, sie brauche sich keine Sorgen mehr zu machen, er habe sich anders besonnen und sie könne nun sicher sein, *daß mir nie mehr der Gedanke kommen wird aus meinem Stand zu treten – Ich sehe jezt! man kan als Dorfpfarrer der Welt so nüzlich, man kann noch glüklicher sein, als wenn man, weis nicht was? wäre.* (MA II, 404f.)

Er blieb in der Spur und wechselte ein Jahr später ins Tübinger Stift. Die feierliche Promotion fand am 21. Oktober 1788 statt. Zuvor aber, während der letzten Sommerferien, sammelte er die lyrische

Ernte seiner Klosterschuljahre und fertigte von den Gedichten, die vor seinem Urteil bestehen konnten, Reinschriften an. Dieses Manuskriptheft wird ihn von nun an begleiten und ihn daran erinnern, dass der *Dorfpfarrer* wohl doch nicht das Ziel seiner Wünsche und seines Ehrgeizes ist.

DRITTES KAPITEL

Tübinger Stift. Lust zu lernen. Hölderlin studiert Kant und Spinoza. Die Vernunft und die Gründe des Herzens. Religion der Liebe. Der Freundesbund und das »Reich Gottes«. Hegel. Schelling. Revolutionärer Enthusiasmus im Stift. Der »Genius der Kühnheit«.

Am 1. Oktober 1788 bezog Friedrich Hölderlin das Tübinger Stift. Fünf Jahre wird er dort verbringen. In dieser Zeit hörte er nicht auf, mit der Aussicht zu hadern, Pfarrer werden zu müssen, wie es die Mutter verlangte. In dieser Zeit auch entdeckte er die Philosophie und überprüfte und revidierte von ihr aus seine religiösen Überzeugungen, in dieser Zeit wirkten die Ideen der Französischen Revolution auf ihn ein. Die Leidenschaft für Philosophie, Religion und Politik wurde befeuert im Freundschaftsbund mit Hegel und Schelling, den beiden Studiengefährten. Eine neue Liebesgeschichte, ohne sonderliche Nachwirkungen, gab es auch. Die Hauptsache aber war ihm – die Poesie.

Es entstanden die großen hymnischen Dichtungen der Studienzeit und eine erste Skizze für den »Hyperion«-Roman. Zum ersten Mal erschienen 1791 in Stäudlins »Musenalmanach« einige seiner Gedichte im Druck. Ob aus dem Dichten ein Beruf werden könne, daran zweifelt Hölderlin, nicht aber an seiner Berufung.

Im Tübinger Stift war die Elite des theologischen Nachwuchses des Landes beisammen, von Stipendien gefördert, die allerdings zurückgezahlt werden mussten, falls die Studenten aus eigenem Entschluss einen anderen als den theologischen Berufsweg einschlugen. Es bestand ein erheblicher Druck, in der Laufbahn zu bleiben. Auch Hölderlin bekam ihn zu spüren.

Das Stift stand unter der Aufsicht der Universität und des Konsistoriums. Darüber hinaus kümmerte sich der Herzog persönlich um die Verhältnisse im Stift, besonders in den Jahren nach der Französischen Revolution, als bei ihm die Befürchtungen wuchsen, die jungen Leute könnten vom revolutionären Fieber angesteckt werden.

Wie auch in Denkendorf und Maulbronn waren es alte, strenge Statuten, die das Zusammenleben regelten. Verbote oder Einschränkungen bei Tee, Kaffee, Tabak; kein Ausreiten, Schlittenfahren und Waffentragen. Vorgeschriebene Kleidung. Wirtshäuser und Tanzvergnügen waren zu meiden. Doch selbstverständlich wurden nicht alle diese Regeln strikt eingehalten. Der Vorsteher des Stiftes, Professor Schnurrer, war ein liberaler Mann und ließ den »Stiftlern« einigen Freiraum, zum Ärger des Herzogs. In einem herzoglichen Reskript von 1790 wird den Stiftlern zum Vorwurf gemacht: »Geringschätzung der Theologie, Abneigung gegen den Pfarrerberuf, Hang zur Frivolität und Wohlleben, Unbotmäßigkeit und falscher Freiheitssinn, Mangel an Lebensart«. (Zit. n. Böhm, 21) Der Herzog begnügte sich nicht mit dem Tadel, er schritt ein und unternahm Inspektionen, auch solche, die nicht vorher angekündigt waren. Aber das konnte nicht verhindern, dass die Freiräume wuchsen, für manche Ortsansässige zu sehr. »In den Tübinger Schenken«, heißt es in einem zeitgenössischen Bericht, »trifft man die Stiftler zu fünfzigen und sechzigen in ihrem Ordenshabit, in der einen Hand das Bierglas, in der anderen die Tabakspfeife. Eine Partie schiebt Kegel, eine Partie spielt Tarock, eine Partie flucht, eine Partie balgt sich.« (Zit. n. Böhm, 22) So mochte man sich die künftigen Seelenhirten nun auch nicht vorstellen. Hölderlin gehörte eher zu den braven, die sich wenig zuschulden kommen ließen.

Unzufrieden war Hölderlin vor allem mit den äußeren Verhältnissen im Stift. In Briefen an die Mutter klagte er über die kalten, engen, dunklen Räume, über das schlechte Essen und den sauren Wein. Als ein großes Glück schilderte er der Schwester den nach langer Wartezeit endlich erfolgten Umzug in eine geräumige, beheizbare und helle Stube. *Herrlich* sei es hier, schreibt er, und dazu habe er noch Hegel und Schelling zu Zimmergenossen. (MA II, 462)

Nicht nur die äußere Disziplin handhabte man einigermaßen liberal, es gab auch geistige Freiräume, trotz der reglementierten Studiengänge. Dafür sorgten vor allem die »Repetenten«, junge Dozenten, die soeben erst ihr Studium abgeschlossen hatten und die Professorenlaufbahn anstrebten. Mit ihnen hielt der Zeitgeist Einzug im Stift. Die Repetenten, besonders Conz und Diez, brachten Hölderlin die Philosophie, insbesondere Kant, Spinoza und Leibniz, sowie die klassische Antike und ihre Götterwelt nahe. Die Entdeckung dieser geistigen Welten beglückte ihn. Der Schwester schrieb er: *Höre, Rike! es ist ein wunderlich Ding! der Wunsch, was zu lernen, kan jeden andern Wunsch verschlingen!* (MA II, 462)

Der Wunsch zu lernen richtete sich zuallererst auf die Philosophie. Ihr sollten nach dem offiziellen Lehrplan die ersten zwei Jahre des Studiums gewidmet sein. Es wurde jetzt nicht mehr, wie früher, aus den Lehrbüchern einer veralteten Metaphysik vorgelesen, denn die »Revolution der Denkungsart«, welche die Kant'sche Philosophie ausgelöst hatte, machte sich auch in Tübingen bemerkbar. Nicht nur die jungen Repetenten waren von ihr ergriffen, auch der Professor Flatt, die philosophische Autorität bei den Philosophen am Ort, rückte Kant in den Mittelpunkt seiner Lehrtätigkeit, wenn auch zunächst mit kritischem Vorbehalt.

Hölderlin studierte Kant so fleißig, dass der Kommilitone und Freund Neuffer ihn davor warnte, die abstrakten Ideen »ins Gewand der Dichtkunst zu hüllen«. (Hölderlin-Handbuch, 90) Das Tübinger Abgangszeugnis vermerkte, Hölderlin habe die neuere Philosophie, »insbesondere die Kantische … beharrlich gepflegt«. (MA III, 579) Hölderlin näherte sich Kant in der halb neugierigen, halb ängstlichen Erwartung, dass beim Gebäude seiner gewohnten Überzeugungen, besonders den religiösen, wohl kein Stein auf dem anderen bleiben würde.

Tatsächlich, nach Kants Auftritt war nicht nur für Hölderlin, sondern auch sonst im deutschen Geistesleben nichts mehr so wie zuvor. Kants epochaler Angriff richtete sich gegen die erfahrungslosen Spekulationen über Gott und die Welt. Es ging ihm darum, die sogenannten »Aprioritäten« des Denkens in Frage zu stellen, jene Grundsätze, die herkömmlich eine Metaphysik über Gott, die Schöpfung und Ordnung der Welt und die Unsterblichkeit der Seele begründeten. Kant fand zwar auch grundlegende Gewissheiten – Raum, Zeit, Kausalität –, doch, so zeigte er, regeln sie nur unsere empirischen Erfahrungen und können keine Metaphysik mehr begründen. Das war der Paukenschlag, der die Kathedralen der Metaphysik zum Einsturz brachte.

Eine große Entzauberung. Gleichwohl werden die Geheimnisse dort draußen noch geheimnisvoller, denn wir wissen jetzt nicht mehr, ob es Raum und Zeit »an sich« überhaupt gibt. Dasselbe gilt für die Kausalität: Sie ist ein Schema unseres Verstandes, mit dessen Hilfe wir den Erfahrungsstoff organisieren. Ob es Kausalität »an sich« gibt, wissen wir ebenfalls nicht und können es auch gar nicht wissen. Selbstverständlich leugnet Kant nicht die unabhängige Existenz der Außenwelt, aber was sie »an sich« ist, können wir nicht erkennen. Das nennt er das »Ding an sich«.

Mit Kants Nachweis, dass nicht nur Raum und Zeit, sondern auch die Kausalität lediglich ein Prinzip unseres Verstandes ist und keine Auskunft geben kann über die Wirklichkeit »an sich«, zerreißen die über Jahrhunderte prachtvoll geknüpften Argumentationsketten des vernünftigen Gottesbeweises, die alle, am Leitfaden der Kausalität, Gott als die erste Ursache postulierten. Indem Kant eine solche Metaphysik destruierte, war allerdings noch nichts über die Existenz Gottes selbst entschieden, sondern eben nur, dass sie mit den Mitteln der Vernunft nicht zu beweisen und zu erfassen ist.

Diese Passagen über das Scheitern der vernünftigen Gottesbeweise in der »Kritik der reinen Vernunft« hatte Hölderlin studiert, als er der Mutter im Februar 1791 über seinen geistigen Werdegang schrieb: *Ich ahnete nemlich bald, daß jene Beweise der Vernunft fürs Dasein Gottes, und auch für Unsterblichkeit, so unvollkommen wären, daß sie von scharfen Gegnern ganz … umgestoßen werden können.* (MA II, 468) So weit bezieht er sich auf Kant, dann kommt er auf Spinoza zu sprechen, der durch Friedrich Heinrich Jacobis Buch »Über die Lehre des Spinoza in Briefen an den Herrn Moses Mendelssohn« aus der Vergessenheit gezogen und plötzlich wieder in aller Munde war. Auch Hölderlin hatte dieses Buch studiert und exzerpiert. In dem zitierten Brief an die Mutter fährt er fort: *In dieser Zeit fielen mir Schriften über und von Spinoza, einem großen edeln Manne aus dem vorigen Jarhundert, und doch Gottesläugner nach strengen Begriffen, in die Hände. Ich fand, daß man, wenn man genau prüft, mit der Vernunft, der kalten vom Herzen verlassenen Vernunft auf seine Ideen kommen muß, wenn man nemlich alles erklären will.* (MA II, 468)

Hölderlin nennt Spinoza einen *Gottesläugner* aber nur, insoweit er die Perspektive der Mutter einnimmt. Er selbst weiß sehr wohl, dass Spinoza, dieser Spross einer jüdischen Kaufmannsfamilie in Amsterdam, Gott nicht geleugnet, sondern mit der Natur gleichgesetzt hatte. Gott ist Ein und Alles, er ist nicht außerhalb der Welt, er ist in ihr. Er ist, wie Spinoza es nennt, ihre »Substanz«. Man selbst gehört zu dieser Substanz, will es aber nicht wahrhaben, sondern hält sich für einen aparten Teil des Ganzen. Diese Illusion gilt es zu beseitigen, mithilfe des strengen Denkens. Allein dieses Denken, so Spinoza, lässt uns eintauchen in die erhabene Wirklichkeit des Ganzen, die Einheit von Gott und Welt. Das alles ist selbstverständlich weit entfernt von der christlichen Orthodoxie, überhaupt von jeder Offenbarungsreligion. Es ist strenger, rationaler Pantheismus. Hölderlin war fasziniert von der Persönlichkeit Spinozas und seiner Frömmigkeit des streng rationalen Denkens, die der Meister selbst so formuliert hatte: »nachdem die Erfahrung mich gelehrt hatte, daß alles, was den gewöhnlichen Inhalt des Lebens ausmacht, eitel und nichtig ist …, entschloss ich mich endlich zu untersuchen, ob es irgend etwas gebe, das ein wahres Gut sei, … durch das ich … eine beständige und vollkommene Freude auf immerdar genießen könne«. Reichtum, Ehre, Sinnenlust führen nicht zu dem »wahren Gut«, sondern eben nur »die Erkenntnis der Einheit …, die den Geist mit der gesamten Natur verbindet«. (Vorländer, Quellentexte IV, 154)

Hölderlin bewunderte die Kühnheit Spinozas, der für sich selbst stehen und auf den Halt im öffentlichen Glauben und in der religiösen Gemeinschaft verzichten konnte. Die jüdische Gemeinde in Amsterdam verfolgte ihn als Ketzer. Er musste um sein Leben fürchten. Er zog sich zurück und verdiente seinen Lebensunterhalt als Linsenschleifer.

Ist die Erkenntnis der Einheit, die »den Geist mit der gesamten Natur verbindet«, wirklich imstande, das Leben zu tragen und ihm Ruhe und sogar Glück zu geben? Spinoza hatte es gewagt, und deshalb auch nennt ihn Hölderlin einen *großen edeln Mann*. Bei Spinoza ist das Denken und Erkennen wirklich eine Macht, die von Ängsten befreit. Das gab ihm seine suggestive Wirkung, der sich auch der junge Hölderlin nicht entziehen konnte. In der christlichen Metaphysik indes galt in der Regel der Grundsatz, gegen die Weltangst helfe nur die Liebe. Auf die Liebe des Schöpfers gründet das Weltvertrauen. So wie die göttliche Liebe die Welt aus dem Nichts geschaffen hat, so bewahrt die Erfahrung, geliebt und damit bejaht zu sein, vor dem Nichts. Einem solchen Glauben gegenüber ist das Denken dann letztlich sekundär. Spinoza aber verließ sich ganz und gar auf das Denken.

Das genau ist der Punkt, an dem Hölderlin sich von Spinoza trennt. Denn er mochte auf das tragende Gefühl der Liebe nicht verzichten, wenn ihn auch beeindruckte, wie Spinoza die Natur als Einheit von Geist und Materie, Gott und Welt begriff.

In dieser Vision bewahrte Natur noch religiöse Restwärme, die dann auch den Pantheismus des 18. und frühen 19. Jahrhunderts – bei Herder, Goethe, Schelling – ermöglichte. Sie alle haben sich von Spinoza anregen lassen, allerdings gaben sie der Natur das schöpferische Leben zurück, das Spinoza ihr genommen hatte. Bei Spinoza ist alles schon fertig, ein gerundetes Sein, rational geordnet. Die pantheistischen Strömungen bei Herder, Goethe und Schelling betonen indes das Werden. Bei ihnen ist das Sein ein ständiges Werden, bei Spinoza ist das Werden eigentlich ein ruhendes Sein, die zeitliche Entfaltung dessen, was gesammelt immer schon in der Substanz ruht.

Was folgt für Hölderlin aus der Berührung mit der »Revolution der Denkungsart« im Sinne Kants und mit Spinozas pantheistischem Rationalismus?

Nach solchen Gedankengängen bliebe die Einsicht, schrieb er der Mutter, dass das Herz kalt und leer bleibt beim Versuch, alles zu erklären, und fährt dann fort: *Aber da blieb mir der Glaube meines Herzens, dem so unwidersprechlich das Verlangen nach Ewigem, nach Gott gegeben ist, übrig. Zweifeln wir aber nicht gerade an dem am meisten, was wir wünschen? … Wer hilft uns aus diesen Labyrinthen? – Christus. Er zeigt durch Wunder, daß er das ist, was er von sich sagt, daß er Gott ist. Er lehrt uns Dasein der Gottheit und Liebe und Weisheit und Allmacht der Gottheit so deutlich. Und er muß wissen, daß ein Gott, und was Gott ist, denn er ist aufs innigste verbunden mit der Gottheit. Ist Gott selbst.* (MA II, 468f.)

Das Herz hat andere Gründe als der Verstand. Mit dem Herzen glaubte Hölderlin noch an Christus, bekennt er, glaubte er an die Gottheit dieses einzelnen Menschen, der geschichtlich aufgetreten und gewirkt hat. Ein einmaliges Ereignis, das nicht zur metaphysisch konstruierten oder rational berechenbaren Logik des Seins gehört, und deshalb für Hölderlin außerhalb der Reichweite von Kants Erkenntnistheorie oder von Spinozas rationalistischem Pantheismus liegt.

Wodurch erweist sich für Hölderlin die Gottheit dieses Christus? Sie erweist sich durch die *Wunder*, die er gewirkt hat.

Diese Antwort mag von Herzen kommen, sie spiegelt aber auch die damals maßgebliche Tübinger Theologie wider, vor allem die des Gottlob Christian Storr, einer Koryphäe unter den Neutestamentlern, von dem selbst Kant mit höchstem Respekt sprach. Storr deutete, wie Hölderlin im Brief an die Mutter, die Wunder, die von Jesus überliefert werden, als Hinweis auf dessen Göttlichkeit. Doch auch an die Wunder, die ja keine unbestrittene Tatsächlichkeit sind, kann man nur glauben. Durch die Wunder soll man an Jesus Christus glauben, um dann zu bemerken, dass man ja bereits an Christus glauben muss, um an seine Wunder glauben zu können. Ist es dann nicht einfacher, an

Christus zu glauben, nicht weil er fragliche Wunder bewirkt hat, sondern weil er selbst ein Wunder ist, nämlich das Wunder eines gotterfüllten Menschen, der andere Menschen mit seiner Liebe anzustecken und zu verwandeln vermag? Wäre dann nicht diese Ansteckung der Beweis für das Wunder, das Christus selbst ist?

Diese Gedankengänge deutete Hölderlin der Mutter gegenüber vorsichtig an, indem er Christus als Verkörperung der Liebe deutet. Offener und in ausdrücklicher Opposition zur Orthodoxie wurde unter den Freunden Hölderlin, Schelling und Hegel darüber gesprochen, dass es nicht auf die Wunder ankommt, die Christus getan haben soll, sondern auf das Wunder, das er selbst ist als Verkörperung der göttlichen Liebe und damit als Macht der Versöhnung.

Die Freunde hatten ein Losungswort, es hieß »Reich Gottes«. Noch in den Briefen, welche sie nach der Stifts-Zeit wechseln, rufen sie sich dieses Losungswort zu als Mahnung, den Träumen der Jugend treu zu bleiben. Es ging dabei nicht nur um Religiöses, sondern auch um Politisches. Denn »Reich Gottes« war für die Freunde nicht nur Zukunftsvision. Es sollte jetzt schon gegenwärtig sein als Gemeinschaft derer, die vereint sind durch eine Liebe, die durch Christus über die Zeiten hinweg heute die Menschen ergreifen und verwandeln kann und dabei auch zu einer politischen Form findet.

In Hegels frühen Aufzeichnungen finden sich die Spuren dessen, was unter den drei Freunden als Religion der Liebe galt. Was bedeutet diese »Liebe«, die wie ein Magnetismus aus der Ferne von Christus her wirkt, fragt Hegel und antwortet: Sie weckt unsere Freiheit, die sich nicht mehr von den Mächten der Welt fesseln lässt, und öffnet uns den Zugang zum gegenwärtigen Reichtum des Lebens: »Diesen Reichtum des Lebens erwirbt die Liebe in der Auswechselung aller Gedanken, aller Mannigfaltigkeiten der Seele, indem sie unendliche Unterschiede sucht und unendliche Vereinigungen sich ausfindet, an die ganze Mannigfaltigkeit der Natur sich wendet, um aus jedem ihrer Leben die Liebe zu trinken.« (Hegel 1, 248)

Hegel, der schon in der Stifts-Zeit davon träumte, ein großes Buch über Jesus und die Religion der Liebe zu schreiben, verwarf, wie auch Hölderlin und Schelling, den Begriff des Glaubens als minderes Wissen oder als Unterwerfung unter eine Autorität. Glaube ist für ihn freier Geist, der sich mit dem Geglaubten lebendig verbindet. Wie Geist nur Geist erkennen kann, so hat der Göttliches in sich, der an Göttliches glaubt: »In dem, woran er glaubt, findet er seine eigene Natur wieder, wenn er auch nicht das Bewußtsein hat, daß dies Gefundene seine eigene Natur wäre. In jedem Menschen selbst ist das Licht und das Leben. Er wird von einem Licht nicht erleuchtet, wie ein dunkler Körper, der nur fremden Glanz trägt, sondern sein eigener Feuerstoff geräth in Brand und ist eine eigne Flamme.« (Zit. n. Rosenkranz, 58) Die Wirkung des Christusglaubens ist die Selbstentzündung des Göttlichen im Menschen.

So deutlich wie der Freund Hegel sprach Hölderlin diese Idee vom göttlichen »Feuerstoff« im Menschen noch nicht aus, jedenfalls nicht in den Briefen an die Mutter, wo er einen offensichtlichen Bruch mit der offiziellen kirchlichen Glaubenslehre vermied. Doch in dem philosophischen Freundschaftsbund brannte dieses »Feuer«.

Georg Wilhelm Friedrich Hegel war von Stuttgart her, zusammen mit Hölderlin, im Oktober 1788 ins Stift eingezogen. Bei der Bewertung des Jahrgangs, der »Lokation«, rangierte er vor Hölderlin, den das verdross. Gleichwohl freundeten sich die beiden bald an, unternahmen gemeinsame Wanderungen, einmal zur Wurmlinger Kapelle, von der aus man einen bezaubernden Rundblick ins schwäbische Land genießt. Hegel wird sich später gerne daran erinnern. Kleine Erhebungen, große gemeinsame Träume.

Hegel, Sohn eines höheren Verwaltungsbeamten, war am Stuttgarter Gymnasium regelmäßig Jahrgangsbester. Geschichte und antike Literatur interessierten ihn besonders, und hier kannte er sich sehr gut aus. Das aktuelle literarische Leben nahm er kaum wahr, dafür aber das aktuelle politische Geschehen, etwa die Auseinandersetzungen zwischen den Landständen und dem Herzog Er las jedes Zeitungsblatt, das er in die Hände bekam. Sein Lesehunger war berüchtigt. Er gab fast sein ganzes Taschengeld für Bücher aus und besuchte mehrmals die Woche die öffentliche herzogliche Bibliothek, wo er sich auf eigene Faust zahlreiche Wissensgebiete erschloss und ausführliche Exzerpte anfertigte, die er in einem wohldurchdachten System von Kladden aufbewahrte. Er bewahrte diese Schreibmappen, die allmählich zu einer gewaltigen Enzyklopädie anschwollen, bis an sein Lebensende. Schon der Gymnasiast und dann auch der Stiftler verschaffte sich hohes Ansehen durch die Sorgfalt und Systematik seiner Sammelwut auf dem Feld des Wissens.

Der Eindruck, den Hegel auf die Mitstudenten machte, war der eines kameradschaftlichen, wenig eitlen, bedächtigen, in sich ruhenden, ein wenig langsamen Menschen. So hat ihn auch Hölderlin erlebt und ihn als Gegengewicht zur eigenen Unruhe geschätzt. *Du bist so manchmal mein Mentor gewesen*, schrieb er ein paar Jahre nach der Stifts-Zeit, *wenn mein Gemüth zum dummen Jungen mich machte.* (MA II, 635)

Hegel wirkte älter, als er war. Ein Kommilitone malte ihm ins Stammbuch die Karikatur eines gebeugten Mannes am Stock und schrieb dazu, »Gott steh dem alten Mann bei«. Hegel war nicht redegewandt und überließ anderen bereitwillig das Feld, ohne sich zurückgesetzt zu fühlen. Er schätzte die Geselligkeit, auch die anspruchslose. Als er einmal, so wurde erzählt, betrunken von einer Kneiperei zurückkehrte und ihn die Freunde verstecken mussten, damit es keine Strafe setzte, rief ihm der Zimmerälteste zu. »O Hegel, Du saufscht Dir g'wiß noch Dein ganz bißle Verstand vollends ab.« (Zit. n. Gulyga, 17) Diese Anekdote spielt nicht nur darauf an, dass Hegel ganz gerne trank, sondern bringt auch zum Ausdruck, dass man Hegel, diesen ruhigen Patron, intellektuell zunächst eher unterschätzte. Er machte im gewöhnlichen Umgang nicht viel her, und deshalb waren die meisten sehr überrascht von der späteren Karriere ihres einstigen Kommilitonen. Man hatte ihm das einfach nicht zugetraut, wenngleich er ja bei den »Lokationen« stets vordere Plätze belegte. Die Bewertung des Verhaltens sank allerdings von zuerst »gut« über »genügend« bis auf

»schlecht« ab. Das wird wohl auf die häufigen Wirtshausbesuche zurückzuführen sein, denn sonst war er sehr umgänglich und hilfsbereit. Schon damals fiel sein Bemühen um Objektivität auf. Er versuchte sich von eigenen Stimmungen unabhängig zu machen und die Eigenart anderer gelten zu lassen.

Hegels ruhiges, fast schwerfälliges Wesen stach besonders deutlich ab vom Dritten im Bunde, Schelling. Er kam im Herbst 1790 ins Stift, nachdem dieser Wunderknabe, wie schon berichtet, Denkendorf und Maulbronn übersprungen hatte und als Fünfzehnjähriger die Universität mit einer Sondererlaubnis beziehen durfte. Er schloss sich sogleich dem Kreis um Hölderlin und Hegel an, wo gemeinsam Platon und Kant gelesen wurden. Der junge Schelling war zunächst noch nicht für die Philosophie entflammt, er fühlte sich mehr von der Philologie, der Archäologie und der Mythengeschichte angezogen. Doch auch bei ihm schlug Jacobis Spinoza-Buch ein. Das machte ihn zum Philosophen. Noch im Tübinger Stift schrieb er 1794 in der damals sogleich aufsehenerregenden Abhandlung »Vom Ich als Prinzip der Philosophie« über diese leidenschaftliche Wende zur Philosophie und über seinen unbändigen Ehrgeiz: »Ich wünschte mir Platons Sprache oder die seines Geistesverwandten, Jacobis, um das absolute, unwandelbare Seyn von jeder bedingten, wandelbaren Existenz unterscheiden zu können. Aber ich sehe, daß diese Männer selbst, wenn sie vom Unwandelbaren, Uebersinnlichen sprechen wollten, mit ihrer Sprache kämpften – und ich denke, daß jenes Absolute in uns durch kein bloßes Wort einer menschlichen Sprache gefesselt wird, und daß nur selbsterrungenes Anschauen des Intellektualen in uns dem Stückwerk unserer Sprache zur Hilfe kommt.« (Schelling 1, 106)

Nichts Geringeres als das »Absolute« galt es zu erreichen, so unbescheiden war dieser junge Mann. Wie Hegel und Hölderlin glaubte auch er an die Versöhnungsmacht der Liebe, an das »Reich Gottes«, wie bei den Freunden die Formel dafür lautete; auch er trug sich, wie Hegel, mit der Absicht, ein Buch über das Leben Jesu zu schreiben. Er war auch derjenige, der bereits zu diesem frühen Zeitpunkt das größte

Vertrauen in die Philosophie setzte, der er alles zutraute, freilich nur dann, wenn man wirklich selber denkt. Er nennt das das »selbsterrungene Anschauen des Intellektualen in uns«. Gemeint ist damit nicht das Konstruieren, Ableiten, Deduzieren, sondern eher die Intuition, die meditative Versenkung, die Kontemplation. Das waren für ihn die bevorzugten geistigen Haltungen, mit denen er dem Geheimnis des »Seyns« näherkommen wollte; sie passten auch ganz gut zu dem »Reich Gottes«, das die Freunde begründen wollten.

Noch ein paar Bemerkungen zu dieser ominösen Formel. Die Freunde benutzten sie selbstverständlich nicht im Sinne der Orthodoxen, die auf künftige Erlösung und Wiedergutmachung hoffen, sondern im Sinne einer gegenwärtigen Erneuerung. Das »Reich Gottes« sollte in dem Moment beginnen, da der Mensch seine besten Möglichkeiten entdeckt und entfaltet, sei es die der Liebe oder, wie eben beim jungen Schelling, auch die der »intellektualen Anschauung«. Ein Gemeinschaftserlebnis des Absoluten, das viele Bedeutungen annehmen konnte. Freiheit gehörte auf jeden Fall dazu, durchaus auch im politischen Sinne. Das konnte auch nicht anders sein zu einem Zeitpunkt, da die Wirkungen der großen Französischen Revolution sich auch im Stift bemerkbar machten, als Beängstigung und Sorge bei den Vertretern der Macht und als Begeisterung und Hoffnung bei vielen anderen. In diesem politisch erregten Augenblick nahm das »Reich Gottes« für die Freunde eben auch eine politische Bedeutung an. Sie nannten es auch die »unsichtbare Kirche.« »Vernunft und Freiheit bleiben unsre Losung«, schrieb Hegel an Schelling, »und unser Vereinigungspunkt die unsichtbare Kirche.« (Januar 1795; Hegel, Briefe 1, 18)

Es hatte sich am Stift um Hölderlin, Hegel und Schelling herum ein »Club« gebildet, wo französische Zeitungen und politische Autoren gelesen und diskutiert wurden. Der Jüngste in diesem Kreis, Schelling, galt als Rädelsführer, auf den denn auch der Verdacht fiel, die Marseillaise ins Deutsche übersetzt zu haben. Als der alarmierte Herzog eine Inspektion vornahm und Schelling zur Rede stellte, soll der ziemlich abgebrüht geantwortet haben: »Durchlaucht, wir fehlen alle mannigfaltig.« (Tilliette, Schelling, 19) Dass Hegel, Hölderlin und Schelling auf den Neckarauen einen Maibaum errichtet haben, wird zwar mehrfach berichtet, vielleicht aber handelt es sich doch nur um eine gut erfundene Geschichte. Verbürgt ist indes, dass sich Stiftler mit den im benachbarten Rottenburg einquartierten adligen Emigranten prügelten und einen versprengten Soldaten des Revolutionsheeres versteckten.

Die Studenten des Tübinger Stifts lasen jedes Zeitungsblatt, dessen sie habhaft wurden, um die Ereignisse in Frankreich zu verfolgen, im Bewusstsein, dass dort Dinge geschahen, deren weltgeschichtliche Bedeutung außer Frage stand. Es sind Ereignisse, die im Augenblick des Geschehens bereits in mythischem Glanz erstrahlten und als Urszenen der Geburt eines neuen Zeitalters gedeutet wurden. Ereignisse, die, kaum geschehen, schon überall, auch im idyllischen Tübingen, als Welttheater und als buchenswert galten: der Ballhausschwur am 20. Juni, als die Deputierten des Dritten Standes sich als Nationalversammlung konstituierten; die Erstürmung der Bastille am 14. Juli; das Wüten der Lynchjustiz; die ersten Aristokraten an der Laterne; die Bildung der Nationalgarde; am 17. Juli die erste Kapitulation des Königs, der sich vor der Nationalgarde verbeugte und die Kokarde nahm; der revolutionäre Sturm, der dann durch das ganz Land fegte und überall die Staatsgewalt zusammenbrechen ließ; die »große Furcht«, die das Land in Atem hielt; die Emigration des Adels, der »Zierde« des alten Frankreichs; und schließlich auch der König selbst auf der Flucht, seine Gefangennahme und Hinrichtung. Die hochpathetische Verkündigung der allgemeinen Menschen- und Bürgerrechte, gerichtet an die ganze Welt.

Mit dieser Revolution entstand nicht nur in Frankreich fast über Nacht ein neues Politikverständnis. Politik, bisher eine Spezialität der Höfe, ließ sich nun als ein Unternehmen verstehen, das man zur Herzensangelegenheit machen konnte: eine gewaltige Zäsur. Die Sinnfragen, für die zuvor die Religion und allenfalls noch die Philosophie zuständig waren, wurden jetzt an die Politik gerichtet; ein Säkularisierungsschub, der die sogenannten letzten Fragen in gesellschaftlich-politische verwandelte: Freiheit, Gleichheit, Brüderlichkeit waren politische Losungen, die ihre religiöse Herkunft kaum verleugnen konnten, weshalb Robespierre denn auch einen Gottesdienst der politischen Vernunft inszenieren ließ. Dazu passte auch die Bezeichnung »unsichtbare Kirche«, welche die drei Freunde ihrem Bund gaben.

Die Ereignisse von 1789 veränderten die Wahrnehmung von historischen Abläufen. Aus den Geschichten war plötzlich die Geschichte geworden, und sie rückte nahe, bedrohlich oder verheißungsvoll, für Hölderlin verheißungsvoll. In seinen Briefen an Mutter und Schwester, welche die Ereignisse eher als bedrohlich empfanden, deutete er seine revolutionären Sympathien allerdings nur vorsichtig an.

Als im Frühjahr 1792 auf Geheiß des Herzogs die Statuten für das Stift im autoritären Sinne verschärft werden sollten, um der Ausbreitung revolutionärer Sympathien Einhalt zu gebieten, schrieb Hölderlin der Schwester: *Mir sollte laid thun, wenn sie (die Statuten) so eingerichtet wären, daß kein vernünftiger Mensch, one seiner Ehre zu vergeben, sie eingehen könnte.* (Februar/März 1792, MA II, 479) Er sei, wie andere Mitstudenten, entschlossen, das Stift im ungünstigen Falle zu verlassen und sein Brot anderswo im *Schweise meines Angesichts* zu verdienen. Zum ersten Mal deutete er in diesem Brief seine rebellische Gesinnung an mit den pathetischen Worten: *Wir müssen dem Vaterlande, und der Welt ein Beispiel geben, daß wir nicht geschaffen sind, um mit uns nach Willkür spielen zu lassen.* (MA II, 480) Da Hölderlin wusste, dass dieser Brief auch von der Mutter gelesen würde, setzte er hinzu: *Und die gute Sache darf immer auf den Schuz der Gottheit hoffen.* (Ebd.) Die disziplinarische Verschärfung der Statuten erfolgte dann allerdings doch erst ungefähr ein Jahr später, als Hölderlins Zeit im Stift sich ohnehin dem Ende näherte.

Der Erste Koalitionskrieg gegen das revolutionäre Frankreich hatte unter österreichischer Führung am 20. April 1792 begonnen, und in den angrenzenden Ländern, also auch in Württemberg, musste man damit rechnen, in das Kriegsgeschehen hineingezogen zu werden. In dieser Situation schrieb Hölderlin an die Schwester: *Glaube mir ..., wir kriegen schlimme Zeit, wenn die Oestreicher gewinnen. Der Misbrauch fürstlicher Gewalt wird schröklich werden. Glaube das mir! und bete für die Franzosen, die Verfechter der menschlichen Rechte.* (19./20. Juni 1792; MA II, 489) Eine eindeutige Parteinahme für die französische Seite. Als einige Jahre später die französische Außenpolitik imperiale und nationalistische Züge anzunehmen begann, bewahrte er sich trotzdem sein Vertrauen in die einstige revolutionäre Vormacht.

Sogar der Mutter gegenüber ließ er seine Überzeugungen durchblicken, wenn auch vorsichtiger. Die Mutter solle sich, schrieb er, keine Sorgen machen: *Es ist wahr, es ist keine Unmöglichkeit, daß sich Veränderungen auch bei uns zutragen. Aber gottlob! wir sind nicht unter denen, denen man angemaßte Rechte abnemen, die man wegen begangener Gewaltthätigkeit u. Bedrückung strafen könnte.* (November 1792; MA II, 493) Es gilt also: Wer sich nichts hat zuschulden kommen lassen, hat auch nichts zu befürchten. Damit will er sie beruhigen, doch dann schreibt er sich in Rage, und als hätte er die eher mit den Österreichern sympathisierende Adressatin vergessen, rühmt er geradezu martialisch den Heldenmut der Franzosen: *Und wenn es sein muß, so ist es auch süß und groß, Gut u. Blut seinem Vaterlande zu opfern, und wenn ich Vater wäre von einem der Helden, ..., ich würde jeder Träne zürnen, die ich über ihn weinen wollte.* (MA II, 493 f.)

Zu jener Zeit, da Hölderlin in Briefen die revolutionären Helden feierte, entstand ein Gedicht, dem er den Titel gab »Dem Genius der Kühnheit«. Diese Hymne ist in dreimal drei Strophen gegliedert. Die erste Strophengruppe rühmt die kühnen militärischen Taten: *Wie nun in jugendlichem Kriege / Heroënkraft mit der Natur sich maß! / Ach! wie der Geist vom wunderbaren Siege / Berauscht, der armen Sterblichkeit vergaß!* (MA I, 151; Vs. 17–20)

Den Helden der Tat werden dann aber in einer zweiten Strophengruppe die Helden des Wortes ebenbürtig zur Seite gestellt. Auch sie können Kühnheit beweisen:

Oft hör' ich deine Wehre rauschen,
Du Genius der Kühnen! und die Lust,
Den Wundern deines Heldenvolks zu lauschen,
Sie stärkt mir oft die lebensmüde Brust;
Doch weilst du freundlicher um stille Laren,
Wo eine Welt der Künstler kühn belebt,
Wo um die Majestät des Unsichtbaren
Ein edler Geist der Dichtung Schleier webt.
(Ebd.; Vs. 25–32)

Große Dinge geschehen, und darum muss man auch groß dichten, denkt Hölderlin. Es war für ihn die Zeit der Hymnen gekommen.

VIERTES KAPITEL

Philosophische Thronerhebung der schöpferischen Einbildungskraft. Selbstermächtigung. Der Dichterbund. Magenau. Neuffer. Stäudlin. Frühe Hymnen, allzu erhaben. Literatur und Leben. Hölderlin kein Romantiker. Die Gräkomanie, Schillers »Die Götter Griechenlands« und Hölderlins Antike. Wiederkehr der Götter? »Hyperions« Beginn.

Das Studium Kants hatte Hölderlins poetische Leidenschaften nicht gedämpft. Im Gegenteil, die Philosophie jener Jahre hatte nichts weniger als eine Rangerhöhung des Dichtens und der Kunst überhaupt zur Folge gehabt. Tatsächlich hatte Kant mehr getan, als nur den geregelten Geschäftsgang des Verstandes zu analysieren und vielleicht auch zu beaufsichtigen. Und dieser Überschuss hatte im geistigen Leben entfesselnd gewirkt.

Diese ganze von Kant rokokohaft konstruierte Spieluhr unseres Wahrnehmungs- und Erkenntnisvermögens – schon sie wirkte bereits als ästhetisches Konstrukt – mit den vier verschiedenen Urteilsarten, an denen dann die Greifarme der jeweils drei Kategorien befestigt sind, am Qualitätsurteil beispielsweise die Kategorien »Realität, Negation, Limitation« und so fort (Kant wollte sogar noch feinere Räderwerke installieren, jedenfalls hat er damit gedroht, als er erklärte, dass er nach Belieben »den Stammbaum des reinen Verstandes völlig ausmalen« könne) – dieser ganze Apparat bedarf der lebendigen Energie, um den Erfahrungsstoff bearbeiten und neu zusammensetzen zu können. Die Bestimmung dieser Energie ist ein Herzstück der Philosophie Kants. Er nennt sie – und das muss heute jeden überraschen, der in Kant nur den Maschinisten des Verstandes sieht – die »produktive Einbildungskraft«. »Daß die Einbildungskraft«, schreibt er, »ein notwendiges Ingredienz der Wahrnehmung sei, daran hat wohl noch kein Psychologe gedacht.« (Kant 3, 149) Kant betont in diesem Zusammenhang die schöpferische »Spontaneität« dieser Einbildungskraft, die nicht wie die sinnliche Wahrnehmung rein rezeptiv ist, sondern etwas hervorbringt, wodurch überhaupt erst ein Bild des Wirklichen vor uns entstehen kann. Dieser Gedanke Kants ist in der künstlerischen Welt in einem Sinne verstanden worden, der sich auf die Formel bringen lässt: Wir dichten, wenn wir erkennen. Einen Schritt weitergedacht – und in der Romantik ging man diesen Schritt – wird die Einbildungskraft dann verstanden als weltbildende Macht, als Natur und Menschengeist vereinigendes Grundprinzip.

Die Thronerhebung der Einbildungskraft ist also nicht nur das Werk des Sturm und Drang und später der Romantik. Kant selbst hatte sie besorgt, und bedenkt man sein öffentliches Ansehen, so war er wohl der wirkungsvollste Königsmacher. Für Hölderlin jedenfalls ist die Rangerhöhung der Einbildungskraft durch Kant das schönste Geschenk, das die Philosophie der Poesie machen konnte.

Dieses schöpferische Prinzip, das den rezeptiven Vorgängen wie Wahrnehmen und Erkennen zugrunde liegt, nannte Kant also »Einbildungskraft«. Er hatte auch noch schwierigere Begriffe dafür erfunden. Er sprach, ohne Scheu vor Wortungetümen, von der »transzendentalen Synthesis der Apperzeption« oder einfacher vom »reinen Selbstbewußtsein« und nannte dies den »höchsten Punkt, an dem man allen Verstandesgebrauch, selbst die ganze Logik und nach ihr die Transzendentalphilosophie heften« könne. (Kant 3, 136) Diesen höchsten Punkt kann man einfach auch Selbstbestimmung oder Freiheit nennen, womit man im Handumdrehen aus der Wüste der Abstraktionen ins Lebendige gelangt. So wirkten diese subtilen Manöver der Begriffsarbeit bei den jungen Leuten im Stift und eben auch bei Hölderlin: als schöpferische Selbstermächtigung.

Eigentlich brauchte Hölderlin diese philosophische Unterstützung nicht, denn seine Leidenschaft war stark genug, und außerdem waren da auch zwei Kommilitonen, Christian Ludwig Neuffer und Rudolf

Magenau, die einen Dichterbund begründet hatten, dem Hölderlin beitrat. Sie nannten sich, nach einer Wortprägung Klopstocks, die »Aldermänner«. Man traf sich mindestens einmal im Monat, bisweilen auch häufiger, und auf jeder Sitzung sollte jeweils ein Mitglied ein eigenes Gedicht vortragen, das dann kritisch besprochen wurde. Auch Aufsätze über poetologische Themen wurden diskutiert und förmlich in einem Archiv gesammelt. Außerdem rezitierte man die Lieblingsdichter, an denen man sich maß, Klopstock, Stollberg, vor allem aber Schiller. Bisweilen ging es bei den »Aldermännern« auch feuchtfröhlich zu. Hölderlin freilich war um einen feierlichen Ton bemüht. Magenau schilderte später eines dieser Treffen: »Ein niedliches Gartenhäußgen nahm uns da auf, und an Rheinwein gebrach es nicht. Wir sangen alle Lieder der Freude nach der Reihe durch. Auf die Bole Punsch hatten wir Schillers Lied an die Freude aufgespart. Ich gieng sie zu hohlen. Neuffer war eingeschlaffen, da ich zurükkahm, und Hölderlin stand in einer Ecke u. rauchte. Dampfend stand die Bole auf dem Tische. U. nun sollte das Lied beginnen, aber H(ölderlin) begehrte, daß wir erst an der kastalischen Quelle uns von allen unsern Sünden reinigen sollten. Nächst dem Garten flos der sogenannte Philosofen Brunnen, das war H(ölderlins) kastalischer Quell; Wir giengen hin durch den Garten, u. wuschen das Gesicht u. die Hände; Feierlich trat Neuffer einher, diß Lied von Schiller, sagte Hölderlin, darf kein Unreiner singen! Nun sangen wir; bei der Strofe ›dieses Glas dem guten Geist‹ traten helle klare Thränen in H(ölderlins) Auge, voll Glut hob er den Becher zum Fenster hinaus gen Himmel, und brüllte ›dises Glas dem gut. G(eist)‹ ins Freie, daß das ganze Nekkar Thal widerschol.« (MA III, 573)

Drei Gedichte von Hölderlin sind im sogenannten Bundesbuch der »Aldermänner« verzeichnet, das »Lied der Freundschaft«, das »Lied der Liebe« – als einziges erschien es, leicht überarbeitet, zu Hölderlins Lebzeiten im Druck – und »An die Stille«.

Am »Lied der Liebe« ist auffällig, wie keusch es sich seinem Thema nähert. Da wallen *Engelfreuden*, da *kosen* Lüftchen *mit den Blumen auf der Au*, da schwingt die Liebe ihren *Seraphsflügel.* (MA I, 89f.) Von

Liebe ist hier die Rede in einem weiten, kosmischen und ätherischen Sinne, doch nicht im engeren, heißen, auch körperlichen Sinne. Das Gedicht »An die Stille« variiert dieses Motiv der All-Liebe, allerdings erscheint denn doch, fast schüchtern, eine Braut: *Wie ein Traum verfliegen Ewigkeiten / Schläft der Jüngling seiner Braut im Arm.* (MA I, 92) Das Freundschaftslied ist situationsbezogener; es feiert in hohen Tönen die Geselligkeit um den Weinpokal herum: *Feurig Arm in Arm geschlungen / Trunken von Begeisterungen / Singen wir der Freundschaft Lied.* (MA I, 92) Man fühlt sich als verschworene Gemeinschaft – gegen den *eitlen Tand* der Welt gerichtet, man hat Besseres, Heroisches im Sinne: Es gilt, Gott und Vaterland zu ehren, vielleicht gar sich ihm zu opfern, allerdings ist noch nicht abzusehen, wofür genau und gegen welche Feinde. Tränenselig und mit Wehmut wird einer Zukunft gedacht, wo die Freunde getrennt sein werden und jeder durch die *Winterstürme* des Lebens allein sich seinen Weg bahnen muss. Doch man wird sich hoffentlich nicht loslassen. In der Schlussstrophe schwelgt der Sänger in der Vorstellung, wie die Freunde sich nach seinem Tode am Grab versammeln, *Wo sein Bund den Kranz ihm flicht / In den Lokken seiner Brüder / Säuselt noch sein Geist hernieder / Lispelt leis: vergeßt mich nicht.* (MA I, 94)

Magenau und Neuffer verließen zwei Jahre vor Hölderlin das Stift. Die Verbindung zu Magenau, der die vorgezeichnete Pfarrerlaufbahn einschlug, verlor sich danach sehr bald. Magenau war trotz seiner poetischen Spielereien ein nüchterner, robuster Mensch, der stets eine ironische Distanz wahrte zu dem überschwänglich der Poesie ergebenen Hölderlin. Einmal machte er einen holprigen Spottvers über ihn: »Nur hie und da erschallt der Ochsenstall von Holzens (= Hölderlin) Centaurähnlichen Poeten Schritt, wenn allenfalls aufs Wörtchen:

Fluch Tal:
Der schwere Reim ihm noch gebricht …
… gen Himmel schaut er, ob
ihm nicht des Gottes Salbung möcht hernider fließen.«
(Michel, 58)

Als Magenau später in eine attraktive Pfarrstelle einheiratete und damit aus Sicht des Freundes ein Sakrileg beging – er selbst hatte ein solches Ansinnen empört zurückgewiesen –, da verlor Hölderlin jedes Interesse an ihm.

Die Freundschaft mit Neuffer hielt länger. Hölderlin öffnete sich ihm, gestand seine Seelenqualen, erörterte poetologische Themen, tauschte Gedichte. Einige seiner bedeutendsten Briefe waren an Neuffer gerichtet, dem Hölderlin für eine gewisse Zeitspanne volles Vertrauen schenkte. Auch Neuffer wurde schließlich doch Pfarrer, indes blieb er der Literatur treu, gab Almanache heraus und veröffentlichte gelegentlich eigene Gedichte. Die Freundschaft zwischen den beiden hielt bis 1800. Im letzten Brief Hölderlins an Neuffer findet sich ein Hinweis, weshalb die Beziehung schließlich endete. Hölderlin nämlich schien endlich bemerkt zu haben, dass die hohen, letztlich religiösen Ansprüche, die er mit der Poesie verband, von Neuffer kaum verstanden, auf jeden Fall aber nicht geteilt wurden. In diesem letzten Brief vom 4. Dezember 1799 findet sich die Bemerkung: *Ich will Dirs auch nur gestehn, daß ich ein wenig mit Dir gezürnt habe, über die ziemlich leichten Äußerungen, die Du mich diesen Sommer einmal … hören ließest in Betreff der Poësie.* (MA II, 849) Neuffer hatte in einem nicht erhaltenen Brief den Freund vermutlich ermahnt, den Publikumsgeschmack bloß nicht aus dem Auge zu verlieren. (MA II, 791) Mit solchen Bemerkungen, die er freilich oft zu hören bekam, konnte man Hölderlin tief kränken. In einem Gedicht aus dieser Zeit, »Menschenbeifall«, heißt es: *Ach! der Menge gefällt, was auf den Marktplaz taugt, / Und es ehret der Knecht nur den Gewaltsamen, / An das Göttliche glauben / Die allein, die es selber sind.* (MA I, 191) Für Hölderlin hatte Neuffer wohl doch zu wenig von diesem *Göttlichen* in sich.

Durch Neuffer hatte Hölderlin den umtriebigen Gotthold Friedrich Stäudlin in Stuttgart kennengelernt. Der war Kanzleiadvokat und ein Mittelpunkt des schwäbischen Literaturlebens. Er führte ein offenes Haus, wo man sich gerne einfand, auch der schönen Töchter wegen. Er betätigte sich als Rezensent und Pamphletist und förderte die jungen Dichter, indem er ihnen in seinen literarischen Almanachen eine Veröffentlichungsplattform bot. In Stäudlins »Musenalmanach fürs Jahr 1792« wurden zum ersten Mal Gedichte Hölderlins, Hymnen aus der Tübinger Zeit, veröffentlicht.

Hölderlin hatte Stäudlin Ostern 1789 während eines Besuches bei Neuffer in Stuttgart kennengelernt und fühlte sich dem zwölf Jahre Älteren nach kurzer Zeit so verbunden, dass er ihm 1793 das Gedicht »Griechenland« widmete, worin er der träumerischen Vorstellung nachhängt, um wie viel inniger die Freundschaft mit Stäudlin gewesen sein würde, wäre man sich in antiker Zeit unter griechischem Himmel begegnet: *Hätt' ich da, Geliebter! dich gefunden, / Wie vor Jahren dieses Herz dich fand! // Ach, wie anders hätt' ich dich umschlungen!* (MA I, 149)

Wenn Hölderlin gelegentlich mit dem Gedanken spielte, die Pfarrerausbildung abzubrechen und ins juristische Fach zu wechseln, dann nahm er sich Stäudlin zum Vorbild. Dem gelang es ja offenbar, mit seinem juristischen Brotberuf ein Leben für die Literatur zu finanzieren: immer dann eine verlockende Vorstellung für Hölderlin, wenn er daran zweifelte, ob ihn die poetische Leidenschaft jemals würde ernähren können.

Stäudlin, ein enthusiastischer Fürsprecher der Französischen Revolution, suchte auch die politische Öffentlichkeit. Er führte die Schubart'sche »Chronik« fort, deren demokratische Tendenz er noch radikalisierte, mit der Folge, dass dies Journal 1793 verboten und Stäudlin außer Landes gewiesen wurde. Diese Vertreibung überlebte der in seiner Heimat tief verwurzelte Mann nicht. Nach einem vergeblichen Versuch, sich außerhalb des Landes eine journalistische Existenz aufzubauen, nahm er sich 1796 im Rhein bei Straßburg das Leben.

In den Tübinger Jahren verstärkte sich bei Hölderlin die Tendenz, die Poesie aus den unmittelbaren Lebensverwicklungen zu lösen und sie, nach Schillers Vorbild, aufs Hochplateau der Gedankenarbeit zu heben. Es entstanden vielstrophige, metrisch streng gebaute und oft auch gereimte Hymnen, in denen idealistische Ideen in feierlichem Ton beschworen und umspielt werden. Solche Ideen aber gewinnen

Leben nur dann, wenn sie, wie bei Schiller, mit Willens- und Handlungsimpulsen eines im Gedicht hervortretenden Akteurs verbunden werden. Wenn aber ein Ideenkonstrukt als solches gefeiert wird, bleibt es abstrakt, wie etwa in der »Hymne an die Muse«, wo Hölderlin für die Darstellung seiner ästhetischen Ideen Maß nimmt an Schillers Gedicht »Die Künstler«. Dort wird, anders als bei Hölderlin, das künstlerische Schaffen mit seinen Aufschwüngen und Anfechtungen dargestellt, wodurch eine Anschaulichkeit und Dynamik erreicht wird, die bei einer bloß feierlichen und rhetorischen Beschwörung der Muse als Personifikation ästhetischer Ideen natürlich fehlen muss.

Das Problem der mangelnden Anschaulichkeit und Konkretion hatte Hölderlin in seiner Magisterarbeit von 1790 durchaus reflektiert. *Nun aber würkt kein Gegenstand auf unser Empfindungs- und Begehrungs-Vermögen*, heißt es dort, *außer unter einer Totalvorstellung. Wo wir zergliedern, wo wir deutliche Begriffe haben, empfinden wir schlechterdings nicht.* (MA II, 35) Eine solche Total-Vorstellung, die vor aller zergliedernden Begriffsarbeit auf die Empfindung wirkt, ist für ihn die *Personifikation*, die er in der griechischen Mythologie am Werke sieht. Auf solche Personifikationen greift er nun auch zurück. Statt, wie Schiller, das künstlerische Tun darzustellen, verschweben die Musen in feierliche Höhen: *Wo der Forscher Adlersblike beben, / Wo der Hoffnung küner Flügel sinkt, / Keimet aus der Tiefe Lust und Leben, / Wenn die Schöpferin vom Throne winkt.* (MA I, 105)

Die Hymnen der Tübinger Zeit sind so hoch angesiedelt, dass sie weder gedankliche Deutlichkeit noch sinnhafte Anschaulichkeit gewinnen und das lyrische Ich ohne Lebensbezüge erscheint. Das gilt zum Beispiel für den »Hymnus an die Göttin der Harmonie«, worin der Leibniz'sche Gedanke von der prästabilierten Harmonie das Thema ist. Angerufen wird – als Personifikation eines gedanklichen Prinzips – die Göttin Urania, die in der griechisch-römischen Mythologie zuständig ist für die kosmische Ordnung. Sie wird gepriesen, weil sie das drohende Chaos besiegt und zu schöpferischer Potenz umgestaltet. *Thronend auf des alten Chaos Woogen, / Majestätisch lächelnd wink-*

test du, / Und die wilden Elemente flogen / Liebend sich auf deine Winke zu. (MA I, 112) Der Hymnus preist das segensreiche Wirken der Göttin, bis dann ihr selbst das Wort gegeben wird und sie den Menschen, ihr Geschöpf, anspricht. Die gefeierte Göttin feiert nun ihrerseits den Menschen. Das Feiern nimmt kein Ende, von unten nach oben und von oben nach unten: *Herrlicher mein Bild in dir zu finden, / Haucht' ich Kräfte dir und Künheit ein, / Meines Reichs Geseze zu ergründen, / Schöpfer meiner Schöpfungen zu sein.* (MA I, 113) Hoch geht es hinauf, der Hader bleibt unten: *Unsrer Wünsche Kampf ist ausgerungen, / Himmelsruh errang der heiße Streit.* (MA I, 114f.)

Schön wäre es. Doch es klafft ein Abgrund zwischen Poesie und Leben. Der macht sich wieder einmal schmerzlich bemerkbar, als Hölderlin seinem Freund Neuffer einen Brief voller Klagen über das alltägliche Leben und die eigene Mutlosigkeit schreibt. Am Ende dieses Lamentos heißt es dann: *Du wirst lachen, daß mir … neulich der Gedanke kam, einen Hymnus an die Künheit zu machen. In der That, ein psychologisch Rätsel!* (September 1792; MA II, 492) Wie lässt es sich lösen? Vielleicht so, dass diese Hymnen nicht nur die Kühnheit zum Thema haben, sondern ihrem Autor helfen sollen, sich zu erkühnen in einer Situation, in der es ihm zurzeit an allem fehlt, an Freunden, Wärme, Verständnis, Anregung, gutem Essen und eben auch – Kühnheit. Mit anderen Worten: Die Hymnen feiern zwar geistige Welten und Ideen weit oberhalb der persönlichen Lebenssituation, sie sind aber auch autosuggestive Sprachhandlungen. Das ist ihr existentieller Bezug. Das Gedicht über die Kühnheit erkühnt seinen Autor.

Hölderlin hat später mit einigem Unbehagen auf die Hymnen der Tübinger Zeit zurückgeblickt. An den Bruder schrieb er im Februar 1798: *Ich hatte offenbar zu früh … nach etwas Großem getrachtet* (MA II, 680), und in dem bereits zitierten Gedicht »Menschenbeifall« blickte er auf eine Lebensphase zurück, da er *wortereicher und leerer war.* (MA I, 191)

Erstaunlich, wie Hölderlin sich ins Abstrakt-Rhetorische emporschwingt, wo es kaum Expressivität und Subjektivität gibt – ausgerechnet in einer Epoche, die seit Werthers »Ich gehe in mich selbst zurück und finde eine Welt!« gelernt hatte, literarisch lustvoll »ich« zu sagen.

Literatur und Leben begannen damals eng zusammenzurücken. Die Autoren wollten, nach dem Vorbild Rousseaus, ihr Innerstes ausdrücken, und die Leser fahndeten im Gelesenen nach dem Leben des Autors, der plötzlich mit seiner Biographie interessant wurde. Auch das gehört zum Hintergrund des Geniekults, der damals aufblühte. Die Literatur war dabei, sich grundlegend zu verändern. War sie zuvor eher lehrhaft, repräsentativ, rhetorisch, so wurde sie nun persönlich, intim, expressiv.

Indem man einerseits das Leben in der Literatur suchte, ließ man sich umgekehrt von der Literatur Lebensmuster vorgeben. Der Grenzverkehr zwischen Leben und Literatur war rege – in beide Richtungen. Man versuchte zu leben, was man gelesen hat. Man zog Werthers Sperlingsfrack an oder gebärdete sich wie Schillers Karl Moor. Man setzte auf Erlebnisse nach dem literarischen Drehbuch, das schon die Rollen verteilt, die Atmosphäre bezeichnet und die Handlung festgelegt hat. In dieser Epoche der Subjektivität ging von der Literatur eine das Leben inszenierende Kraft aus. Was der großen Literatur recht war, konnte der sogenannten Unterhaltungsliteratur, etwa den Lafontaine'schen Familienromanen, den Räubergeschichten des Goethe-Schwagers Vulpius und den Geheimbundromanen eines Grosse (und Schiller) nur billig sein. Auf beiden Niveaus war Literarisierung des Lebens möglich. Die Identifikation mit literarischen Mustern versprach, aus dem in alltäglichen Ritualen verrinnenden Lebensstrom bedeutungsvolle Momente herausheben zu können. Autoren wie Leser wollten das Leben im Spiegel der Literatur aufwerten, ihm eine Dichte, eine Dramatik und eine Atmosphäre geben. Man wollte, lesend oder schreibend, eine Existenz zur Sprache gebracht sehen, die sonst im Grau des Alltagslebens ungreifbar bleibt. Literatur als Selbststeigerung.

Nur in einem solch literaturbesessenen Milieu, wo sich Literatur und Leben wechselseitig durchdrangen, konnten sich wenig später die hochfliegenden theoretischen Konzepte der Frühromantiker entwickeln. Die genialischen jungen Leute in Jena, deren Anfänge Hölderlin erleben wird, waren von einem Geist inspiriert, mit dem sie sich und andere verzaubern wollten: Die Literatur soll das Leben zum Tanzen bringen. Die Jenaer trieben es weit mit ihren Lockerungsübungen, sie wollten die Scheidewände zwischen Literatur und Leben vollends niederreißen. Friedrich Schlegel und Novalis prägten für dieses Geschäft den Begriff des »Romantisierens«. Jede Lebenstätigkeit soll sich mit poetischer Bedeutsamkeit aufladen, eine eigentümliche Schönheit zur Anschauung bringen und eine Gestaltungskraft offenbaren, die ebenso gut ihren »Stil« hat wie das Kunstprodukt im engeren Sinne. Überhaupt galt ihnen Kunst weniger als Produkt denn als Ereignis, das immer und überall stattfinden kann, wo Menschen ihre Tätigkeit mit gestalterischer Energie und vitalem Schwung verrichten. Novalis war davon überzeugt, dass sich auch »Geschäftsarbeiten« poetisch behandeln lassen. Für Friedrich Schlegel war die heitere Geselligkeit verwirklichte »Universalpoesie«. Man soll das Leben mit Poesie anstecken. Wie macht man das? Am besten mithilfe der romantischen Verfremdungstechnik, die Tieck so beschrieb: »Wir sollten es nur einmal versuchen, uns das Gewöhnliche fremd zu machen, und wir würden darüber erstaunen, wie nahe uns so manche Belehrung, so manche Ergötzung liegt, die wir in einer weiten, mühsamen Ferne suchen. Die wunderbare Utopie liegt oft dicht vor unsern Füßen, aber wir sehn mit unsern Teleskopen darüber hinweg.« (Tieck 1, 75)

Ein solches »Teleskop« waren Hölderlins Tübinger Hymnen, die über die eigene Existenz und die Wunder des Alltäglichen hinwegsahen. Hölderlin war also in den ersten Wirbeln der Romantik dezidiert kein Romantiker. Er dichtet die großen Themen an: Freiheit, Unsterblichkeit, Weltharmonie und Menschheit. Doch vom Menschen, wie er steht und geht, ist nicht die Rede, schon gar nicht von dem Menschen Hölderlin. Ein wenig unbehaglich war ihm dabei schon. Es genüge nicht, die Menschheit zu lieben, schrieb er einmal seinem Bruder, man brauche auch einzelne Menschen, die man lieben könne, und nicht zuletzt auch mit sich selbst müsse man sich innig verbinden. Und an Schiller schrieb er später (1795) einen Satz, der die Lebensferne der Tübinger Hymnen ganz gut zu erklären vermag: *Das Mißfallen an mir selbst und dem was mich umgiebt hat mich in die Abstraction hineingetrieben.* (MA II, 595)

Wenn also die individualisierend-expressiven Tendenzen des Zeitalters für Hölderlin einstweilen noch nicht maßgeblich waren, ganz unberührt davon blieb er allerdings auch nicht, und wenn er ihnen nachgab, entstanden eindringliche Gedichte, zum Beispiel *»Ich duld' es nimmer …«*, das so beginnt: *Ich duld' es nimmer! ewig und ewig so / Die Knabenschritte, wie ein Gekerkerter / Die kurzen vorgemeßnen Schritte / Täglich zu wandeln, ich duld es nimmer!* (MA I, 75)

Ein Gedicht mit dem Titel »Ich hasse mich …« brach er ab und ließ es unvollendet liegen:

Ich hasse mich! es ist ein ekles Ding /
Des Menschen Herz, so kindischschwach, so stolz,
So freundlich …
Und doch so hämisch wieder! weg! ich hasse mich!
So schwärmerisch wenn es des Dichters Flamme wärmt,
Und ha wenn sich ein freundeloser Junge
An unsre Seite schmiegt, so stolz so kalt!
So fromm wenn uns des Lebens Sturm
Den Naken beugt,
(MA I, 78)

Hätte Hölderlin die Evokation seiner Widersprüche fortgesetzt, wäre vielleicht auch jener Widerspruch zur Sprache gekommen, der ihm zunehmend zu schaffen machte, nämlich der zwischen dem herkömmlichen christlichen Glauben, in dem er aufgewachsen war, und der antiken Geisteswelt, die für ihn zunehmend religiöse Bedeutung gewann. Dieses Ernstnehmen der religiösen Bedeutung der Antike wird Hölderlin zunehmend von den Zeitgenossen unterscheiden, für die

die Antike nur ein Bildungserlebnis war. Für Hölderlin wurde sie zur Religion.

Die Antike war ja, seit Winckelmann, in Mode; sie wurde philologisch akribisch erforscht, Herder hatte ihr einen hohem Rang in der Menschheitsgeschichte der Kultur eingeräumt; sie war stilbildend in Architektur und den darstellenden Künsten; bei Wilhelm von Humboldt wurde sie zum Erziehungsideal, und Goethe entwickelte daraus für das Weimarer Theater seine klassische Dramaturgie; Romantiker trieben mit antiker Philosophie und Mythologie ihr geistvolles Spiel – es galt ihnen alles als belebende Poesie. Novalis rühmte die »vivifizierende« Kraft der Antike. Wilhelm Heinse, dem die Griechenlandbegeisterung überhaupt zu keusch war, hob das Erotische hervor, das Sinnenfrohe, Wilde, Entfesselte, gar Orgiastische – ausdrücklich gegen Winckelmanns »edle Einfalt, stille Größe«. Heinses freizügiger Roman »Ardinghello und die glückseligen Inseln« machte damals wegen der zahlreichen Nacktszenen und der lasziven Gespräche Skandal und wurde gerade deshalb viel gelesen.

Die Antike war bei dem gebildeten Publikum so beliebt, dass Schiller, der ja selbst mit der »Braut von Messina« ans antike Theater angeknüpft hatte, vor dem hitzigen Fieber der Gräkomanie warnte. Die Antike war in Mode, aber als artistisches, keinesfalls als religiöses Phänomen. Fast keiner nahm die griechische Götterwelt im religiösen Sinne ernst. Die Mythen waren zwar ein Thema, das mythische Bewusstsein jedoch hatte man noch nicht wiederentdeckt.

Bei Hölderlin ist das anders. Er ist dabei, die griechische Antike für sich zu entdecken, und zwar nicht als Thema der Bildung, sondern als mythisch-religiöse Geistesart, die zunehmend existentielle Bedeutung für ihn gewinnen wird.

Im Jahr 1788 erregte Schillers Gedicht »Die Götter Griechenlands« Aufsehen. Es war eines der wirkungsmächtigen Gedichte dieser Epoche, bei den Literaten, Philosophen und Theologen und Kirchenmännern, die darin eine Verleumdung der christlichen Religion sahen. Auch auf Hölderlin machte dieses Gedicht großen Eindruck. Es half ihm, den Unterschied zu erkennen zwischen der eigenen Antikenbegeisterung und der sonstigen »Gräkomanie«.

Schillers Beschwörung der griechischen Götterwelt hat durchaus etwas Gelehrtes. Doch die fast enzyklopädische Breite kann nicht die existentielle Obsession verdecken, mit der Schiller hier dem mythischen Bewusstsein nachspürt, um dort eine verschwundene Lebensmacht begreifen und womöglich ergreifen zu können. Denn nicht antikisierende Gelehrsamkeit, sondern dieser von Nietzsche später »dionysisch« genannte Weltentwurf ist Schillers eigentliches Thema. Es handelt sich um jene Lebensmacht, die dem Sein die Fülle des Festlichen zurückgibt, in der Liebe, der Freundschaft, der Politik und in der Natur. Der mythische Sinn erlaubt dem Menschen, mit allen seinen Sinnen in der Welt heimisch zu bleiben. Damit aber – auf diesen Kontrast kommt es Schiller an – ist es in christlicher Zeit und dann in der säkularisierten Moderne vorbei. Was bei Hölderlin später *Götternacht* heißen wird, beschreibt Schiller so: »Müßig kehrten zu dem Dichterlande / Heim die Götter, unnütz einer Welt, / Die, entwachsen ihrem Gängelbande, / Sich durch eigenes Schweben hält.«

Es ist Schillers origineller Gedanke, dass womöglich ein Zusammenhang besteht zwischen christlichem Monotheismus und der Herrschaft der abstrakten Vernunft in der Moderne. Der christliche Monotheismus hat Gott in ein unsichtbares Jenseits und in eine ebenso unsichtbare Innerlichkeit versetzt und hat die Welt damit erkalten lassen. »Alle jene Blüten sind gefallen / Von des Nordes winterlichem Wehn. / Einen zu bereichern, unter allen, / Mußte diese Götterwelt vergehn.«

In diesem Gedicht wird die Erinnerung an die griechischen Götter zur kühnen Abrechnung mit dem christlichen Gott. Die Eigenschaften des christlichen Gottes, die Schiller hervorhebt, sind Eigenschaften, die der Angst und der Sinnenfeindschaft entspringen: ein Gott des Gewissens, der die Menschen zum fruchtlosen Selbstbezug anstiftet und sie allzu inwendig und darum einsam macht. Am Schuldgefühl, nicht an der Daseinsfreude packt er die Menschen. Dieser Gott teilt nicht, wie die griechischen Götter, die irdischen Vergnügungen mit den Menschen, er ist kein Gott der ekstatischen Lebensfreude.

Das Gedicht handelt also von der Gigantomachie zwischen mythischem und modernem Bewusstsein. Die griechische Götterwelt mit ihrem mythischen Bewusstsein ist untergegangen. Ein Rest ist in die Poesie geflüchtet: »Ach nur in dem Feenland der Lieder / Lebt noch deine fabelhafte Spur«. (Schiller, 1,164)

Das ist zwar besser als nichts, doch Hölderlin wird allmählich bewusst, dass er noch mehr will. Schillers großes Gedicht hatte ihm den Verlust so deutlich vor Augen gestellt, dass er sich mit der »fabelhaften Spur« nicht zufriedengeben wollte. Dieses Göttliche mag in der Poesie einen Ort haben, doch es sollte, so sein dringliches Verlangen, einen Ort im Leben bekommen. Könnte es nicht seine Mission sein, fragt er sich in kühnen Momenten, die Wiederkehr der Götter mithilfe seiner Poesie zu bewirken? Dann auch wird er gegen die *scheinheiligen Dichter* angehen: *Ihr kalten Heuchler, sprecht von den Göttern nicht! / Ihr habt Verstand! ihr glaubt nicht an Helios, / Noch an den Donnerer und Meergott; / Todt ist die Erde, wer mag ihr danken?* – (MA I, 193)

Schillers Gedicht hat Hölderlin die Problematik der entzauberten Welt vor Augen geführt und ihn bei seinen Versuchen der Wiederbelebung des mythischen Bewusstseins und der Rückgewinnung des Göttlichen inspiriert. Hölderlin wird durch Schiller und über ihn hinaus eine lyrische Sprache suchen für die mythische Erfahrung, voll Trauer darüber, dass wir die Alltäglichkeit dieser Erfahrung verloren haben. Ihm wird bewusst, dass jene Dimension verschwindet, worin das Wirkliche dem Blick und Erleben erst richtig aufgehen kann. Deshalb *sieht* man die Erde nicht mehr, *hört* nicht mehr den Vogellaut, und die Sprache zwischen den Menschen ist *verdorrt*. Weil wir uns in *dürftiger Zeit* befinden, in der *Götternacht*, drängt sich die *Scheinheiligkeit* vor, mit der mythologische Themen und Namen zum bloß artistischen Spiel missbraucht werden.

Im Juli 1793 schilderte Hölderlin in einem Brief an Neuffer zum ersten Mal seine *Götterstunden, wo ich aus dem Schoose der beseeligenden*

Natur, oder aus dem Platanenhaine am Ilissus zurükkehre, wo ich unter Schülern Platons hingelagert, dem Fluge des Herrlichen nachsah, wie er die dunkeln Fernen der Urwelt durchstreift, oder schwindelnd ihm folgte in die Tiefe der Tiefen, in die entlegensten Enden des Geisterlands, wo die Seele der Welt ihr Leben versendet in die tausend Pulse der Natur, wohin die ausgeströmten Kräfte zurükkehren nach ihrem unermeßlichen Kreislauf, oder wenn ich trunken vom Sokratischen Becher, und sokratischer geselliger Freundschaft am Gastmahle den begeisterten Jünglingen lauschte, wie sie der heiligen Liebe huldigen mit süßer feuriger Rede, und der Schäker Aristophanes drunter hineinwizelt, und endlich der Meister, der göttliche Sokrates selbst mit seiner himmlischen Weisheit sie alle lehrt, was Liebe sei – da, Freund meines Herzens, bin ich dann freilich nicht so verzagt, und meine manchmal, ich müßte doch einen Funken der süßen Flamme, die in solchen Augenbliken mich wärmt, u. erleuchtet, meinem Werkchen, in dem ich wirklich lebe u. webe, meinem Hyperion mitteilen können … (MA II, 499)

»Hyperion« also – dieses Werk erwächst ihm aus der Konversion zum Griechentum, ein lichterloher Augenblick seines Lebens. Mit den ersten Entwürfen zu »Hyperion« im Gepäck wird er einige Monate später Tübingen und das Stift verlassen. Sie werden ihn noch einige Jahre begleiten, bis er, nach manchem Zögern und Verzweifeln, das Werk endlich vollenden kann.

FÜNFTES KAPITEL

Die Zeit im Stift geht zu Ende. Politische Unruhen. Renz. Besser ein Hofmeister als ein Prediger. Charlotte von Kalb. Hölderlin bei Schiller in Ludwigsburg. Elise Lebret. Abschied und Aufbruch nach Waltershausen.

Ich zäle die Augenblike, bis ich erfare, daß und wenn ich in die Welt hinaus darf (MA II, 510), schrieb Hölderlin im Herbst 1793 an Neuffer. Ein Abschlussexamen der Theologie hatte er im Juni erfolgreich, wenn auch nicht glänzend bestanden. Das mit einem Festakt verbundene sogenannte »Parade-Examen« und das Konsistorialexamen in Stuttgart bei der Kirchenbehörde sowie die Prüfungspredigt standen noch aus, doch war das Ende der Tübinger Zeit abzusehen. Die letzten Wochen brachte er so zu: *Schlag vier bin ich Morgens auf, und koche meinen Koffee selbst u. dann an die Arbeit. Und so bleib ich meist in meiner Klause bis Abends; oft in Gesellschaft der heiligen Muse, oft bei meinen Griechen; jezt gerade wieder in HE. Kants Schule.* (An Neuffer, Mai 1793; MA II, 496)

Doch so gänzlich nach innen gekehrt verlief das Leben denn doch nicht, dafür waren die äußeren politischen Entwicklungen, an denen man im Stift lebhaft Anteil nahm, zu aufregend. Die Französische Revolution war in ihre terroristische Phase übergegangen, die Polarisierung zwischen den radikalen Jakobinern und den gemäßigten Girondisten machte sich auch im Stift bemerkbar. Hölderlin galt als Jakobiner – immerhin hatte er die Hinrichtung des Königs gebilligt –, wenngleich er natürlich der Mutter gegenüber den Gemäßigten herauskehrte. Als aber Charlotte Corday den radikalen Jakobiner Marat, der zu den berüchtigten Septembermorden 1792 aufgehetzt hatte, in der Badewanne erstach, begrüßte er die Tat. Marat war ihm, bei aller Sympathie für die Jakobiner, zu weit gegangen. Der *schändliche Tyrann* sei von der

Nemesis des Volkes heimgesucht worden, schrieb er seinem Bruder. (MA II, 501)

Die Unterschiede zwischen den Radikalen und den Gemäßigteren spielten allerdings für den Herzog, der mit zunehmender Beunruhigung das politische Treiben am Stift beobachtete, kaum eine Rolle. Für ihn war das unterschiedslos ein abscheulicher »Demokratismus«, den man nicht dulden dürfe, und er forderte von der Leitung des Stiftes ein schärferes Durchgreifen. Im September 1793 kam es bei dem feierlichen Parade-Examen zum Eklat. Karl Christoph Renz, in den letzten Jahren stets der Primus, sollte in Anwesenheit des Herzogs auch diesmal wieder den Preis erhalten. Doch Renz verweigerte die Teilnahme. Offiziell begründete er seine Weigerung mit der Kant'schen Pflichtethik, die ihm ein Verhalten verbiete, »als ob mich kleinlichte äußere Vortheile zu desto besserer Ausübung meiner Pflichten bestimmen könnten«. (MA III, 793) Man war beeindruckt von diesem moralischen Rigorismus, doch es war jedem klar, dass es sich dabei auch um einen politischen Protest gegen den Herzog handelte. Das Ansehen von Renz war allerdings so groß, dass man nicht gegen ihn vorging.

Einige Bemerkungen über diesen eigenartigen und eindrucksvollen Menschen, über den wir sonst so wenig wissen, sind hier noch am Platze. Renz war, wie gesagt, die Jahre über immer unangefochten der Primus gewesen, unerreichbar auch für Hegel, Schelling und Hölderlin. Sie erwarteten große Dinge von ihm. In ihrer Korrespondenz nach der Stifts-Zeit findet sich regelmäßig die Frage: Und was macht unser Renz? »Hat er sein Pfund vergraben«, schrieb Hegel Weihnachten 1794 an Schelling, »es wäre gewiß der Mühe wert, ihn zu veranlassen oder aufzumuntern, daß er seine gewiß gründlichen Untersuchungen über wichtige Gegenstände zusammentrüge.« (Hegel, Briefe 1, 12) Man müsse ihn anstacheln, schrieb Hegel wenig später wieder an Schelling, »es scheint in seinem Charakter etwas Mißtrauisches zu sein, das sich nicht gern mitteilt, nur für sich arbeitet, andere nicht der Mühe wert hält, für sie etwas zu tun, oder das Übel für zu unheilbar hält. Vermöchte es Deine Freundschaft nicht über ihn, ihn zur Tätigkeit aufzufordern, gegen die jetzt lebende Theologie zu polemisieren?« (Ebd., 18) Schelling antwortete, mit Renz sei es zum Verzweifeln, er rühre sich nicht, dabei liege so vieles bei ihm brach, und brächte man ihn dazu, aus sich herauszugehen, dann wäre eine Kraft gewonnen, neue Geister zu erwecken.

Offensichtlich wurde Renz von den Freunden zu ihrer verschworenen Gemeinschaft gezählt, die sich zutraute, das geistige Leben zu erneuern. Er gehörte zur »unsichtbaren Kirche«. Doch Renz zog die gewöhnliche Unsichtbarkeit vor. Er blieb als Vikar, dann Diakon und Pfarrer in der Provinz. Als die Universität Tübingen ihm einen Lehrstuhl anbot, lehnte er ab. Schelling ließ Renz jedoch nicht aus dem Auge. Noch 1812, den alten Freund Hölderlin hatte er da schon längst vergessen, setzte sich Schelling für die Berufung von Renz auf einen Lehrstuhl in Würzburg ein. (Vgl. Tilliette, Schelling, 258) Doch auch das konnte Renz nicht mehr aus seinem Versteck locken.

Keine Zeile ist von diesem rätselhaften Trabanten des später berühmten Dreigestirns überliefert, und es ist reizvoll, sich vorzustellen, dieser Hochbegabte hätte doch im Verborgenen etwas ausgebrütet und man würde es schließlich entdecken und darüber staunen. Renz war immer der Beste gewesen, vielleicht wäre er es dann wieder? Renz – der Kaspar Hauser oder gar der heimliche König der Philosophie? Jedenfalls ein Romanthema. Demnächst mehr. Hoffentlich.

Renz, Neuffer, Magenau verschwanden in ihren Pfarreien, und Hölderlin, der für sich selbst die Entscheidung gegen den Pfarrerberuf bereits getroffen hatte, musste nun der Mutter schonend beibringen, dass ihre Hoffnungen einstweilen enttäuscht würden. Hegel, der auch den Pfarrerberuf scheute, hatte eine Hauslehrerstelle in der Schweiz gefunden, und dorthin wäre auch Hölderlin gerne gegangen. Er fühle sich *tüchtiger zum Erzieher als zum Predigtamt*, schrieb er der Mutter. (MA II, 647) Es gab eine vage Aussicht dorthin. Er äußerte aber auch den Wunsch, in Jena das Studium der Philosophie fortzusetzen. Er bereitete die Mutter darauf vor, dass er demnächst einiges Geld aus seinem Vermögensanteil beanspruchen müsste für die Reise, sei es in die Schweiz oder nach Jena. *Weder Jena, noch die Schweiz haben Krieg zu befürchten*, sollte der Krieg aber doch näher rücken, *so ist natürlich, daß ich meine Familie nicht verlasse, und bleibe.* (MA II, 505) Die Mutter griff dieses Angebot sogleich auf und bat ihn, einstweilen noch in Nürtingen zu bleiben, darauf antwortete Hölderlin, wie unlieb ihm das wäre, denn *die Leute* würden sagen, *er verzehrt seiner Mutter das Brod, und nüzt ihr auf der Welt nichts.* (MA II, 506) Auch könnte es geschehen, dass, wenn er untätig zu Hause herumsitze, das Konsistorium ihn *bei'm Kopf kriegen* würde und ihn in eine Pfarrei *hinzwingen* könnte. (Ebd.)

Hölderlin äußerte der Mutter gegenüber seine Ablehnung des Pfarrerberufs sehr deutlich, doch machte er, wie aus Angst vor der eigenen Courage, immer wieder halbe Rückzieher. Im selben Brief, wo er seine Hofmeisterpläne entwickelt, erwähnt er eine Predigt, die ihm gelungen sei, und da habe er sich gesagt, *hast du nur ein Fünkchen mer Menschenliebe und herzliche thätige Theilnehmung erwekt, so bist du ein glüklicher Mensch.* (MA II, 505) Er macht der Mutter wieder Hoffnung, er könnte sich denn doch mit dem Pfarrerberuf aussöhnen. *O wenn ich sonst keinen ausgebreiteten Nuzen stiften kann in der Welt, so bleibt mir doch diß, mit brüderlichem Herzen einst eine Gemeinde zu belehren und zu ermahnen.* (MA II, 505)

Dem Bruder schrieb er gleichfalls über seine Ambitionen, die Menschen *zu belehren und zu ermahnen*, doch nicht in der Rolle des Predigers, sondern des Schriftstellers und Poeten: *Ich hange nicht mer so warm an einzelnen Menschen. Meine Liebe ist das Menschengeschlecht, … Ich möchte ins Allgemeine wirken, … Besserung des Menschengeschlechts.* (MA II, 507f.)

Die Aussichten in die Schweiz zerschlugen sich. Im Spätsommer 1793 kam über Stäudlin eine Anfrage, die Hölderlin entzückte, denn kein anderer als Schiller suchte für Charlotte von Kalbs Sohn einen Hofmeister im thüringischen Waltershausen. Welche Aussicht! Er würde dort bei Charlotte von Kalb, die allgemein als enge Vertraute und Freundin Schillers galt, dem Meister nahe sein. Auch war Jena nicht weit. Womöglich ließen sich beide Vorhaben verbinden, eine Hauslehrersteller, die Verdienst einbrachte, und die Möglichkeit, in Jena die Universität zu besuchen, sei es als Student oder vielleicht sogar schon als Dozent. Hölderlin begann zu träumen.

Charlotte von Kalb hatte sich den Ruf erworben, die Muse großer Schriftsteller zu sein, von Schiller bis Jean Paul. Auch Hölderlin wird sich in ihren Bann ziehen lassen, und Charlotte ihrerseits war, wie ihre Briefe zeigen, dem nur wenige Jahre Jüngeren bald auch sehr zugetan.

Charlotte, hochgebildet und schwärmerisch in Träumen und Phantasien versunken, war eine geborene Freiin Marschalk von Ostheim. Die früh Verwaiste reichte man bei Verwandten herum, wo sie auf Schlössern und in Gutshäusern lebte, recht einsam und in sich gekehrt. Sie war von melancholischer Gemütsart. In ihren Erinnerungen erzählt die hochbetagte und inzwischen blinde Frau von ihrer Großmutter, die bei ihrer Geburt ausgerufen habe: »Du sollest nicht dasein.« Dieses Wort habe ihr Leben bestimmt, schreibt sie. Sie hatte einige Schicksalsschläge hinzunehmen: Der bewunderte und geliebte Bruder war plötzlich gestorben; ihre Schwester hatte einen bürgerlichen Mann geliebt, war aber gegen ihren Willen mit einem vornehmen Herrn verheiratet worden und starb kurz darauf an Kummer; zwei Schwestern starben früh, beide in einer unglücklichen Ehe. Auch Charlotte war in eine Ehe mit einem Mann gegeben worden, den sie sich nicht ausgesucht hatte. Dieser, Heinrich von Kalb, hatte als Offizier in französischen Diensten in Nordamerika unter Lafayette gegen die Engländer gekämpft. Die Kalbs lebten in den achtziger Jahren eine Weile in Landau und Mannheim, als Schiller auch dort war. Charlotte verliebte sich in den schon berühmten Dichter. Sie trieb einen Kult um ihn. Als sie ihren ersten Sohn zur Welt brachte und Komplikationen auftraten, war Schiller zugegen und sorgte für ärztliche Hilfe. Seitdem sah Charlotte in Schiller den Retter ihres Sohnes, der nun der Zögling des Hofmeisters Hölderlin werden sollte.

Zwischenzeitlich war die Verbindung Charlottes zu Schiller abgerissen. Es war zu seinem Skandal gekommen. Als Schiller sich verheiratete, erlitt Charlotte einen seelischen Zusammenbruch. Sie machte bei einer Geselligkeit in Weimar Schillers Braut eine schlimme Szene, die großes Aufsehen erregte. Danach brach sie für eine Weile die Verbindung zu Schiller ab, forderte von ihm ihre Briefe zurück und vernichtete die seinen. Als sie Schiller nun um die Vermittlung eines Hofmeisters bat, war es erst ein gutes Jahr her, dass die beiden ihre Freundschaft wieder hatten aufleben lassen. Schiller wird ihr einige Jahre später, auf die gemeinsame Mannheimer Zeit zurückblickend und um ein gerechtes Urteil bemüht, schreiben: »Damals trugen Sie das Schicksal meines Geistes an Ihrem Herzen und ehrten in mir ein unentwickeltes, noch mit dem Stoffe unsicher kämpfendes Talent.« (Schiller, Briefe, 525) Charlotte hatte damals in Schillers Anfängen bereits den großen Autor gesehen, so wird sie nun auch von ihrem Hofmeister Hölderlin große Dinge erwarten.

Schiller hatte bei seiner Reise nach Schwaben im Spätsommer 1793 zu Stäudlin, den er noch von früher kannte und der ihm als Almanach-Herausgeber eher als ein Konkurrent erschienen war, wieder Verbindung aufgenommen. Dabei war auch die Hofmeister-Frage zur Sprache gekommen. Erstaunlich, dass er sich darum überhaupt kümmerte, denn er hatte ganz andere Sorgen. Er wollte seine alten Eltern vor ihrem Tod noch einmal sehen und ihnen seine Frau vorstellen. Doch ob er überhaupt nach Stuttgart würde hineinkommen können, war fraglich, denn formell bestand immer noch der Haftbefehl gegen ihn, falls er das Land wieder betreten würde, aus dem er vor dem Herzog einst geflohen war. Schutz gewährte einstweilen die freie Reichsstadt Heilbronn.

Ende August 1793 bat Schiller den Herzog Karl Eugen förmlich um die Erlaubnis, württembergischen Boden betreten zu dürfen. Der Herzog antwortete nicht, doch verlautete aus dem Schloss, Schiller würde ignoriert werden. So wagt Schiller am 8. September die Übersiedlung nach Ludwigsburg. Dort empfing er den Besuch Friedrich Hölderlins.

Ganz unbekannt war ihm dieser schöne junge Mann nicht, der da schüchtern im Zimmer stand, weil er sich nicht getraute, Platz zu nehmen. Er hatte einige Gedichte von ihm in Stäudlins »Schwäbischem Musenalmanach« gelesen. Der junge Magister sei »nicht ohne poetisches Talent«, schrieb er an Charlotte von Kalb, »ich … glaube daß Ihnen sein Aeußeres sehr wohl gefallen wird. Auch zeigt er vielen Anstand und Artigkeit. Seinen Sitten giebt man ein gutes Zeugniß; doch völlig gesetzt scheint er noch nicht, und viele Gründlichkeit erwarte ich weder von seinem Wissen noch von seinem Betragen.« (MA III, 578)

Hölderlin war sehr angespannt bei dieser ersten Begegnung. Die Verehrung, die er seinem Idol entgegenbrachte, machte ihn befangen. Auch fürchtete er, seine Hymnen könnten Schiller epigonenhaft vorgekommen sein. Hölderlin selbst hat diese erste Begegnung nicht ausführlich geschildert und hat nur gesprächsweise einmal bemerkt, dass ihn die Nähe dieses *großen Mannes sehr ernst* gemacht habe. (Zit. n. Borcherdt, 113)

Auf Schillers Fürsprache hin nahm Charlotte von Kalb den jungen Hölderlin als Erzieher ihres zehnjährigen Sohnes an. Hölderlin war sehr glücklich darüber, vor allem weil er in die Nähe Schillers kommen würde und er sich davon Förderung versprach. Bei der ersten Begegnung hatte er noch nicht den Mut gehabt, entsprechende Wünsche zu äußern. Erst ein halbes Jahr später wagte er es. Einem ausführlichen Brief, worin er in der Hauptsache Rechenschaft ablegte über seine erzieherischen Bemühungen, legte er sein während der Reise nach Waltershausen verfasstes Gedicht »Das Schiksaal« bei, zur Beurteilung und Veröffentlichung in der »Neuen Thalia«. Schiller nahm es zur Veröffentlichung an, und es erschien Ende 1794 zu einem Zeitpunkt, als es Hölderlin selbst gar nicht mehr gefiel und er sich dessen fast schämte. Hölderlin hatte in diesem Gedicht den eigenen Aufbruch zu neuen Ufern, den Umzug von Tübingen nach Waltershausen, im Geschick des Herakles gespiegelt, eine Überhöhung, die ihm inzwischen peinlich war:

Im heiligsten der Stürme falle
Zusammen meine Kerkerwand,
Und herrlicher und freier walle
Mein Geist in's unbekannte Land!
Hier blutet oft der Adler Schwinge;
Auch drüben warte Kampf und Schmerz!
Bis an der Sonnen lezte ringe,
Genährt vom Siege, dieses Herz.
(MA I, 148; Vs. 81–88)

Als Hölderlin bei Schiller vorsprach, ahnte er nicht, dass er es mit einem schwer leidenden Menschen zu tun hatte. Es war kurz nach diesem Besuch, dass Schiller an seinen Freund Körner schrieb: »Ein so hartnäckiges Uebel, als das meinige, … müßte endlich auch einen stärkeren Muth, als der meinige ist, überwältigen. Ich wehre mich dagegen mit meiner ganzen Abstractionsgabe, und wo es angeht, mit der ganzen Fruchtbarkeit meiner Einbildungskraft; aber immer kann ich doch nicht das Feld behalten. … Gebe nur der Himmel, daß meine Geduld nicht reiße, und ein Leben, das so oft von einem wahren Tode unterbrochen wird, noch einigen Werth bei mir behalte.« (Schiller/Körner, Briefwechsel II, 104/05)

Die Qualen, die er litt, ließ er sich nicht anmerken, auch nicht bei der Begegnung mit Hölderlin, auf den Schiller den Eindruck eines entschlossenen, konzentrierten, körperlich durchaus nicht hinfälligen Menschen machte. So sah er ihn vor sich auch ein gutes Jahr später in Jena, wo er vertrauter mit ihm wurde. Ein Gefühl von Einschüchterung blieb allerdings. Hölderlin wird im Umgang mit Schiller nie frei aufspielen können.

Im November 1793 erreichte Hölderlin die Zusage aus Waltershausen. Er war erleichtert, musste er doch, solange er noch keine Stelle hatte, immer den Zugriff des Konsistoriums befürchten. Er begann seine Abschiedstour, bei den Verwandten, bei der Schwester und den Freunden in Tübingen und Stuttgart, bei Stäudlin, Neuffer, Renz,

Schelling und dem damals berühmten Lyriker Matthisson, dem er, wie Magenau berichtet, »vor dem Bette sitzend, ohne Weste und Stiefel« seine Hymne »Dem Genius der Kühnheit« vortrug und der sich daraufhin in »sympathetischem Feuer« Hölderlin in die Arme warf. (KA 1, 577)

Am Ende noch der Abschied von Elise Lebret, der Tübinger Liebschaft. Eine bedeutende Geschichte war es nicht gewesen. Elise war die von den Studenten heftig umworbene Tochter des Universitätskanzlers und Theologieprofessors Lebret. Hölderlin hatte sich in seinem zweiten Tübinger Jahr in sie verliebt. Ein halbes Jahr schmachtete er, dann erst kamen sie sich näher. Hölderlin hatte eine Reihe von Konkurrenten, und das ließ Elise ihn spüren. Natürlich litt er darunter. Als er schließlich bei Elise zum Favoriten aufstieg, ergoss sich die Freude in einige Gedichte an »Lida«, wo sogleich die ganze Welt umarmt wird: *Lida, siehe! zauberisch umwunden / Hält das All der Liebe Schöpferhand, / Erd' und Himmel wandeln treu verbunden, / Laut und Seele knüpft der Liebe Band* (MA I, 102) – und so geht das noch endlose neun Strophen weiter. Die Gefühle kühlten bald ab. Doch der Sieg über die Nebenbuhler bewirkte immerhin, dass sich die Beziehung noch eine Weile hinzog, wenngleich ohne Feuer. Die Mutter, die eingeweiht war, sah die Verbindung gerne, Elise stammte ja aus einem höchst respektablen Haus und wäre eine gute Partie gewesen. Die Mutter hatte ihm damit wohl in den Ohren gelegen, aber Mitte Juni 1791, das war bereits in der Abkühlungsphase, schrieb Hölderlin an seine Mutter: *Bei Gelegenheit muß ich Ihnen sagen, daß ich seit Jar und Tagen fest im Sinne habe, nie zu freien.* (MA II, 473) Die Gründe sind dieselben, die er auch bei der Trennung von Louise Nast genannt hatte: die Stimmungsschwankungen, der auf Dichterruhm gerichtete Ehrgeiz, die nicht näher bestimmten *Projekte* und nicht zuletzt der Widerwille gegen Ehe und Häuslichkeit überhaupt.

Im Dezember 1793 nahm Hölderlin also Abschied. Für ihn hatte die Geschichte kaum Nachwirkungen, für Elise offenbar auch nicht, denn sie fand bald Trost bei einem Nachfolger, den sie 1798 schließlich auch heiratete. Bei dieser Gelegenheit forderte sie, über den Bruder Karl, ihre Briefe von Hölderlin zurück. In seiner Antwort auf Karls Anfrage schilderte Hölderlin recht ausführlich, wie sich ihm die Geschichte mit Elise inzwischen darstellt, und vor allem, welche Rückschlüsse auf den eigenen Charakter sich daraus für ihn ergeben: *Die Briefe, die ich Dir schiken sollte, nach dem Auftrage, den Du hattest, müssen wohl in Nürtingen in Verwahrung liegen. Hier hab' ich keine. Ich kenne mein Herz und weiß, daß es so kommen mußte, wie es kam. Ich hab' in meiner schönsten Lebenszeit so manchen lieben Tag vertrauert, weil ich Leichtsinn und Geringschäzung dulden mußte, so lange ich nicht der einzige war, der sich bewarb. Nachher fand ich Gefälligkeit und gab Gefälligkeit, aber es war nicht schwer zu merken, daß mein erster tieferer Antheil in dem unverdienten Leiden, das ich duldete, erloschen war. Mit dem dritten Jahre meines Aufenthaltes in Tübingen war es aus. Das Übrige war oberflächlich.* Es folgt eine Bemerkung, die rätselhaft bleibt: *ich hab' es genug gebüßt, dass ich noch die zwei lezten Jahre in Tübingen in einem solchen interesselosen Interesse lebte. Ich hab' es genug abgebüßt durch die Frivolität, die sich dadurch in meinen Karakter einschlich, und aus der ich nur durch unaussprechlich schmerzliche Erfahrungen mich wieder loswand.* (12. Februar 1798; MA II, 682)

Hölderlins *Frivolität*? Sie war für Karl sicherlich ein neuer, überraschender Aspekt, den er an seinem Bruder, der sich ihm gegenüber ja immer sehr brav und pädagogisch gegeben hatte, bisher wohl noch nicht bemerkt hatte. Was es mit dieser *Frivolität* auf sich haben könnte, darüber gibt es die Spekulation, wonach Hölderlin auf die Affäre mit Wilhelmine Kirms anspiele, der Gesellschafterin Charlottes in Waltershausen, der er angeblich ein Kind gemacht habe. Dazu später mehr.

Von der Mutter reichlich ausstaffiert, machte sich Hölderlin Mitte Dezember auf den Weg, zuerst zu Fuß bis Stuttgart, von dort ging am 22. Dezember 1793 die Postkutsche nach Nürnberg ab. Unterwegs, so schrieb er an Neuffer und Stäudlin, habe er die Augen geschlossen gehalten *und ließ euch, und was mir sonst lieb ist, vor mir erscheinen.* (30. Dezember 1793; MA II, 513) In Nürnberg verbrachte er ein paar fröhliche Tage, traf dort Ludwig Schubart, den Sohn des großen Schubart, ein preußischer Legationssekretär und dilettierender Literat mit guten Verbindungen. Da Hölderlin mit Stäudlin verabredet hatte, bei der Fortsetzung der inzwischen verbotenen Schubart'schen »Chronik« zu helfen, ergriff er die Gelegenheit, mit dem Sohn dieses Projekt zu besprechen, allerdings ohne dass sich daraus etwas Konkretes ergeben hätte. Von Nürnberg ging es über Erlangen nach Bamberg. Das war ein gefährlicher Weg *wegen der Diebsbanden*, die hier herum ihr Unwesen trieben. Ein Husar begleitete die Postkutsche. Auch politische Unruhen machten sich bemerkbar, *in den fränkischpreußischen Landen* sollten für den Krieg gegen das revolutionäre Frankreich *60 000 Mann ausgehoben werden*. Deshalb kam es zu Krawallen. In Coburg wurde Hölderlin Zeuge, wie aufgebrachte Bürger *die Miliz* verprügelten, wie Vorratsspeicher geplündert und dann angezündet wurden. Im Reisebericht an die Mutter ist von alledem nicht die Rede, doch in den Briefen an die Freunde geht er mit einiger Sympathie ins Detail und schildert, wie man *den Patriziern etwas vom Aufhängen zu verstehen gegeben* habe. (MA II, 514)

Abends, am 28. Dezember, kam Hölderlin in Waltershausen an. Das Anwesen der Kalbs lag auf einer Anhöhe, das kleine Dorf zu Füßen. Man hatte den neuen Hofmeister noch nicht erwartet. Charlotte war noch in Jena und hatte versäumt, Hölderlins Ankunft zu melden. Der Major begrüßte Hölderlin freundlich, dem es nur unangenehm war, dass sein Vorgänger auch noch da war. *Der Major tröstet mich so gut er kann über die gespannte Lage* (ebd.), heißt es in dem Brief an Neuffer. Der Mutter gegenüber aber wird alles in rosigen Farben geschildert: eine herrliche Landschaft, ein schönes Haus, sein Zimmer bequem und elegant eingerichtet, die thüringische Küche über Erwarten wohlschmeckend, das *trefliche Bier* lasse den *Nekarwein* vergessen; in der Nähe eine kleine, schmucke Kirche, ein zutraulicher Pfarrer, der ihn predigen lasse, damit er es nicht verlerne; ein zuvorkommender Major, ein Zögling, den man *liebhaben* müsse. (MA II, 515) Ihm tue die ländliche Ruhe gut. Sein Tageslauf: *Morgens zwischen 7 und 8 Uhr wird mir mein Koffee aufs Zimmer gebracht, wo ich dann mir selbst leben kann bis 9 Uhr. Von 9 Uhr bis 11 geb' ich Unterricht. Nach zwölf wird zu Mittag gespeist … Nach dem Essen kann ich, wie auch Nachts bei dem Major bleiben oder nicht, mit dem Kleinen ausgehen oder nicht, arbeiten oder nicht, wie ich will. Von 3 bis 5 Uhr geb' ich wieder Unterricht. Die übrige Zeit ist mein.* (3. Januar 1794; MA II, 515)

So viel Zeit für sich hatte Hölderlin seit Denkendorf eigentlich noch nie gehabt. Das wird seine neue Herausforderung, denn es kommt nun darauf an, mit dieser Freiheit etwas anzufangen.

SECHSTES KAPITEL

Waltershausen. Aus der Ferne die Freundschaften erneuern. Liebesgeschichten ohne Belang. Marianne Kirms. »Hyperion«. Das erste Fragment. Griechenland hat Konjunktur und die Romanform. Hölderlin sucht den Erfolg beim Publikum. Vorrede zu »Hyperion«. Exzentrizität und Sündenfall. Suche nach dem erfüllten Sein. Ekstatische Augenblicke, doch nicht von Dauer.

Bis Mitte des Jahres 1794 war in fast jedem der Briefe, die Hölderlin aus Waltershausen schrieb, von der wohltuenden Ruhe die Rede, die es ihm erlaube, zur Besinnung zu kommen. Im Rückblick kam es ihm so vor, als habe er sich bisher allzu sehr zerstreuen lassen und sein Leben noch nicht richtig als das seine ergriffen. Das sollte, so versprach er sich, in der Abgeschiedenheit von Waltershausen anders werden. Es wuchs das Verlangen nach einer deutlichen Zäsur. Er wollte vor sich selbst Rechenschaft ablegen, auch über seine Freundschaften. An wem will er festhalten? An Hegel zum Beispiel, bei dem er sich seit einiger Zeit nicht mehr gemeldet hatte. *Ich bin gewis*, schrieb er ihm, *daß Du indessen zuweilen meiner gedachtest, seit wir mit der Loosung – Reich Gottes! von einander schieden.* Er nennt ihn seinen *Genius*, er brauche ihn, um sich über das Gewöhnliche und Alltägliche hinaus zu schwingen. Er bewundere ihn seines gelassenen Selbstbezugs wegen: *Du bist mer mit Dir selbst im Reinen, als ich*, schrieb er und beteuerte, er sei der *Ewigkeit unserer Freundschaft gewis.* (MA II, 540)

Der andere *Herzensfreund*, an dem er unbedingt festhalten wollte und dem er das in deutlichen Worten mitteilte, war Neuffer. *Geister und Herzen* würden übereinstimmen und hätten mit dem *Schiksaal* einen Bund gestiftet, *der schwerlich je zerreißen kann* (Anfang April 1794; MA II, 522), heißt es in einem Brief, mit dem Hölderlin der alten

Freundschaft neues Leben einhauchen möchte. *Der Zauber der Neuheit ist längt bei uns verschwunden*, Grund genug, um ihn zu erneuern. Dieser Brief sollte dabei helfen. Einige Monate später, im Sommer 1794, wurde bei Neuffers Braut die Schwindsucht im fortgeschrittenen Stadium festgestellt. Man gab ihr nur noch wenige Wochen. Neuffer war verzweifelt und äußerte mehrfach die Absicht, sich das Leben zu nehmen. Jetzt konnte sich die erneuerte Freundschaft bewähren. Hölderlin tröstete den Freund, indem er an dessen Selbstachtung appellierte, die sich vom Schicksal nicht beugen oder gar zerbrechen lassen sollte. Durch den überstandenen Schmerz *reift der Mensch zum Manne*, schreibt er, *das königliche Bewustsein, namenlosen Schmerz bezwungen zu haben, wird Dich geleiten.* (25. August 1794; MA II, 546)

In diesem Brief machte Hölderlin dem Freund ein bemerkenswertes Geständnis: *Ich war nie glüklich durch Liebe, weis nicht, ob ich es je werden werde, aber ich war oft unaussprechlich glüklich durch Dich.* (MA II, 547)

Nie glüklich durch Liebe – dieser Eindruck drängt sich tatsächlich auf bei den Liebschaften mit Louise Nast in Maulbronn und Elise Lebret in Tübingen. Die Beziehungen gingen nicht sonderlich tief, und es war wenig Glück dabei, solange sie dauerten, und als sie endeten, wenig Unglück – wenngleich Schuldgefühle zurückblieben. Er war jedenfalls erleichtert, als die beiden einen anderen Partner fanden.

Die Geschichte mit Louise war ganz vorbei. Elise, die am Anfang zögerlich war, hielt zu einem Zeitpunkt, als sich Hölderlin bereits innerlich von ihr getrennt hatte, noch an ihm fest. Sie wollte sogar etwas für Hölderlins berufliches Fortkommen tun und, wie sie gehofft haben mochte, damit auch für sich selbst. Als die Mutter im Sommer 1794 das Angebot einer recht lukrativen Pfarrstelle übermittelte, war Hölderlin überzeugt, dass Elise dahintersteckte, die womöglich ihren Vater, den einflussreichen Theologieprofessor und Universitätskanzler, eingespannt hatte. Hölderlin konnte deshalb auch das Angebot mit Hinweis auf fragwürdige »Vetterleswirtschaft«, wie man in Schwaben sagt, ablehnen. Es sei gegen seine Grundsätze, *auf solchem Wege in eine*

Stelle der bürgerlichen Gesellschaft einzutreten. (MA II, 536) Die Mutter hatte ihm wohl wegen dieser Ablehnung ein schlechtes Gewissen zu machen versucht, denn er antwortete ihr: *Sie sagen mir, daß Sie die L(ebret) bedauren. Ich denke aber, wenn sie mir im Ernste gut ist, so kann sie nichts wünschen, was wider meinen Karakter ist. War es ihr aber nur so halb Ernst, nun so wird sie sich trösten.* (Ebd.)

Was er der Mutter schrieb, wollte er Elise selbst so nicht sagen. Die Mutter sollte das tun, oder sie sollte ihr mitteilen, er sei verreist und komme nicht zum Schreiben. Er wich also aus. Am liebsten wollte er mit der ganzen Angelegenheit nichts mehr zu tun haben. Ein paar Wochen später schickte die Mutter einige eingeschlossene Briefe Elises an ihn. Er bemerkte, daß sie vordatiert waren, warum auch immer. *Ich kann so eine Falschheit nicht leiden, und auch die Briefe sind etwas leer,* schrieb er der Mutter und schloss mit Sätzen, die sie beruhigen sollten: *Es ist aber übrigens gut, daß ich so zuweilen durch die Erinnerung an meine alten Thorheiten, die doch auch ihr Gutes hatten, vor neuen gewarnt werde, wiewol in diesem Eremitenleben die Gelegenheit gänzlich mangelt.* (30. Juli 1794; MA II, 543)

Das stimmt wohl nicht so ganz. Denn da war in Waltershausen noch Charlottes 22-jährige Gesellschafterin, Wilhelmine Marianne Kirms. Sie war dort in Stellung, seit sie sich 1792 aus einer unglücklichen Ehe befreit hatte. Sie machte auf Hölderlin einen starken Eindruck, den er seiner Schwester schilderte, wobei er diese Schilderung mit diversen Jagdgeschichten und der koketten Bemerkung verknüpfte, er habe noch keinen Hasen geschossen: *Die Gesellschafterin der Majorin … ist eine Dame von seltnem Geist und Herzen, spricht französisch und Englisch, und hat so eben die neuste Schrift von Kant bei mir gehohlt. Überdiß hat sie eine ser interessante Figur.* (3. Januar 1794; MA II, 518) Launig zerstreut er mögliche Bedenken der Schwester. Er, das *reizbare Brüderchen*, sei inzwischen *klüger geworden* und die hübsche Gesellschafterin sei *noch viel klüger*, da sie anderweitig *versprochen* sei. Womöglich benutzte Hölderlin hier den so hervorgehobenen Ausdruck *klüger* im Sinne des französischen »sage«, sexuell zurückhaltend. (Ebd.)

Was genau zwischen den beiden geschehen war, wissen wir nicht. In den Briefen wird die Gesellschafterin mit der *interessanten Figur* und dem Interesse an Kant sonst nur noch einmal erwähnt, im Brief an Neuffer aus Jena vom 19. Januar 1795. In Jena würden ihn *die Mädchen und Weiber eiskalt* (MA II, 566) lassen, ganz anders als zuvor in Waltershausen, wo es *eine Freundin* gegeben habe, die er *ungerne verlor.* Er verspricht, *ein andermal mehr* darüber zu schreiben, was aber nicht geschieht. Dann gibt es noch die rätselhafte, bereits zitierte Briefstelle, wo er dem Bruder gegenüber von der *Frivolität* seines Charakters spricht, die aus der Gewöhnung an oberflächliche Liebesverhältnisse in der Vergangenheit entstanden sei. (MA II, 682) Das schrieb er, als er in Frankfurt womöglich mit dem damals in Waltershausen kursierenden Gerücht konfrontiert wurde, es habe eine Affäre mit der Kirms gegeben, aus der sogar ein Kind hervorgegangen sei. Tatsache ist: Ein Bekannter aus der Waltershausener Zeit hatte Hölderlin 1797 in Frankfurt getroffen, und der berichtet, er habe lange mit Hölderlin gesprochen, »nur nicht von der Kirms. Ich glaube ohne dies, daß er mich vielleicht, wenn er vermutet, daß ich etwas davon weiß, lieber 10 Meilen weiter gewünscht hat.« (Zit. n. KA 3, 859) Es gab in diesem Zusammenhang also etwas, was Hölderlin lieber verbergen wollte, was ihn belastete und dem er auswich. Mehr wissen wir nicht.

Wilhelmine Marianne Kirms verließ Ende 1794, fast gleichzeitig mit Hölderlin, das Kalb'sche Haus und zog nach Meiningen. Dort brachte sie im Juli 1795 eine Tochter zur Welt, die nach einem Jahr starb. Einen Monat vor der Geburt hatte Hölderlin überstürzt Jena verlassen. Vielleicht gibt es auch da einen Zusammenhang. Von Hölderlin jedoch kein Wort dazu. Wilhelmine Kirms verheiratete sich erneut, lebte in Dresden und Naumburg und schließlich in Triest, wo sich ihre Spur verliert.

Das Verhältnis zu Wilhelmine mag innig und erotisch gewesen sein, jedenfalls gehörte in Waltershausen diese junge Frau von *seltnem Geist und Herzen* zu jener geistig und emotional anregenden Umgebung, die Hölderlin in eine schöpferische Stimmung versetzte, die er in einem Brief an den Bruder Karl vom 21. Mai 1794 so schildert: *Du weist es, Bruder! welch' ein Werth darinn liegt, daß man sich durch nichts zerstreut. … Wenn einem auch nur Eine Stunde vom Tage übrig bleibt, zu freier Thätigkeit des Geistes, wo man seine angelegentlichsten edelsten Bedürfnisse besorgen kann.* (MA II, 532)

Hölderlins *angelegentlichste* Bedürfnisse bezogen sich in den ersten Monaten in Waltershausen auf die Philosophie, insbesondere studierte er Platons »Phaidros«, dieses Werk über den Zusammenhang von Eros und Schönheit; Kants Ästhetik, die »Kritik der Urteilskraft«, und Schillers Aufsatz »Über Anmut und Würde«, über den er mit Bewunderung sagt, er habe noch nie etwas gelesen, *wo das beste aus dem Gedankenreiche, und dem Gebiete der Empfindung und Fantasie so in Eines verschmolzen gewesen wäre.* (MA II, 527)

Diese gelungene Verschmelzung von poetischem Geist und philosophischem Gedanken stand ihm als Ideal vor Augen bei seinem zweiten *angelegentlichen* Bedürfnis, nämlich der Arbeit an dem »Hyperion«-Roman, den er im Sommer 1792 begonnen hatte. Es war allerdings noch mehr als ein *angelegentliches Bedürfnis*, es war das Thema seines Lebens, das ihn die nächsten Jahre umtreiben wird. In Verkennung dessen, was dieses Vorhaben von ihm fordern würde, glaubte er, es in der Stille von Waltershausen zum Abschluss bringen zu können. Das gelang ihm nicht. Mehr als ein Fragment brachte er in diesem Jahr nicht zustande. Das lag auch daran, dass Poesie und Philosophie sich bei ihm zwar wechselseitig befruchteten, doch auch bisweilen behinderten. Hölderlin verfolgte im »Hyperion«-Roman bestimmte philosophische Ideen, doch er merkte, dass sie nicht vorherrschen durften, wenn er sich frei der poetischen Eigenwelt und ihrer Dynamik überlassen wollte: *besonders kann ich mich nicht leicht*, schrieb er einmal an den Bruder, *aus dem Raisonnement in die Poësie heraus finden.* (MA II, 728) Als er endlich wieder tief eingetaucht war in seinen Roman, schrieb er Neuffer, er sei jetzt *von der Region des Abstracten* (MA II, 527) zurückgekehrt – als hätte ihn die Philosophie zuvor gestört –, was Neuffer dann zu der erstaunten Bemerkung veranlasste, für ihn sei Hölderlin allemal poetisch am besten *in jenen Stunden des philosophischen Priesterthums.* (MA II, 533)

Begonnen hatte Hölderlin mit dem »Hyperion«-Roman, wie gesagt, im Spätsommer 1792. Damals schrieb Magenau an Neuffer, Hölderlin arbeite an einem Roman, in dessen Mittelpunkt »ein freiheitsliebender Held, u. ächter Grieche, voll kräftiger Principien« (MA III, 577) stünde. Das passt nicht ganz auf die späteren Versionen der Titelfigur. Dort ist Hyperion gerade nicht dieser robuste Held mit kräftigen Prinzipien, sondern ein bei aller Freiheitsliebe zarter Geist, zwischen Euphorie und Verzweiflung schwankend, grüblerisch, reflektierend. Vom ersten Entwurf des Romans ist nichts erhalten, vielleicht war dort Hyperion wirklich eine Figur von robuster Art, und vielleicht hatte er gerade deshalb diese Anfänge aufgegeben. Wie auch immer, jedenfalls gilt, wie es in einem Brief heißt: *Fast keine Zeile blieb von meinen alten Papieren.* (MA II, 550)

Die ersten Pläne zu diesem Roman entstanden in der Atmosphäre allgemeiner Anteilnahme am griechischen Befreiungskampf gegen die osmanische Herrschaft, der 1770 begonnen hatte und jeden, der sich von Winckelmann zur griechischen Antike hatte bekehren lassen, in seinen Bann zog. Auch Hölderlin. Aufsehen erregt hatte der Versuch einer gegen die Osmanen operierenden russischen Flotte, vom Peloponnes her einen Aufstand der Griechen anzuzetteln. Es wurden einige Geschütze und Soldaten an Land gebracht und den örtlichen griechischen Verschwörergruppen Unterstützung zugesagt. Aus einigen Städten wurden die osmanischen Machthaber zwar für kurze Zeit vertrieben, doch der Aufstand selbst artete in Plünderungen aus, und als die Osmanen eine albanische Miliz gegen die Aufständischen mobilisierten, flohen die Aufständischen und überließen die Bevölkerung dem osmanisch-albanischen Massaker.

Man verfolgte die Ereignisse auch im fernen Deutschland. In der philhellenischen Öffentlichkeit begann man deutlicher als zuvor zu unterscheiden zwischen dem Mythos des klassischen Griechenland und der gegenwärtigen griechischen Realität. Die Nachfahren eines großen

Geschlechtes galten nun als degeneriert, ohne Zusammenhalt, unpatriotisch, feige, räuberisch. Wenn man weiterhin Sympathie hegte für die griechische Befreiung von osmanischer Herrschaft, so nicht aus Solidarität mit den Griechen der Gegenwart, sondern aus Ehrfurcht vor dem Mythos Griechenland. Davon ließ sich auch Hölderlin leiten bei der Wahl seines Romanthemas.

War schon das Thema populär, die literarische Gattung des Romans war es ebenfalls. Das wusste Hölderlin, und auch deshalb wählte er diese Form, weil er endlich auch einmal bei einem größeren Publikum ankommen wollte, denn viele Gedichte waren noch unveröffentlicht und die anderen nur in kleinen Zeitschriften und Musenalmanachen erschienen. Das wird so bleiben. Hölderlin war ein Autor des Nachruhms. Das gehört zu seiner Tragödie.

»Hyperion« war also ein Versuch, auch publizistisch ins Offene zu kommen. Unverhohlen sprach er das aus: *Ich fand bald, daß meine Hymnen mir doch selten in dem Geschlechte, wo doch die Herzen schöner sind, ein Herz gewinnen werden, u. diß bestärkte mich in meinem Entwurfe eines griechischen Romans.* (An Neuffer, 21./23.Juli 1793; MA II, 499)

Hölderlin wollte also die damals beginnende Konjunktur des Romans beim wachsenden Lesepublikum nutzen.

Tatsächlich wurden gegen Ende des Jahrhunderts in bürgerlichen und kleinbürgerlichen Kreisen so viele Romane gelesen, dass Pädagogen, Kulturkritiker und Kirchenleute über den befürchteten Kontrollverlust zu klagen begannen. Was geht nicht alles im Lesenden vor! Da gibt es Erregungen, Phantasien im Verborgenen. Das lesende Frauenzimmer auf dem Sofa, Romane verschlingend, überantwortet es sich nicht verhüllten Exzessen? Und die lesenden Gymnasiasten, nehmen sie nicht teil an Abenteuern, von denen ihre Erziehungsberechtigten sich nichts träumen lassen? Zwischen 1750 und 1800 verdoppelte sich die Zahl derer, die lesen konnten. Ein knappes Viertel der Bevölkerung gehörte am Ende des Jahrhunderts zum potentiellen Lesepublikum. Es vollzog sich auch ein Wandel im Leseverhalten: Man las nicht mehr ein Buch mehrmals, sondern viele Bücher ein einziges Mal. Die Autorität der großen, wichtigen Bücher – die Bibel, Erbauungsschriften, Kalender –, die mehrfach gelesen und studiert wurden, schwand, man verlangt nach einer größeren Masse von Lesestoff, nach Büchern zum Verschlingen. Zwischen 1790 und 1800 erschienen 2500 Romantitel, genauso viele wie insgesamt in den neunzig Jahren zuvor. Das wachsende Angebot wollte bewältigt sein. Man lernte die Kunst des schnellen Lesens und verlängerte die Lesestunden in die Nacht. Der Absatz von Kerzen wuchs. Nicht nur die Aufklärung, auch die Lesewut verlangte nach mehr Licht.

Die Vielleser riefen die Vielschreiber auf den Plan, Autoren, die es verstanden, fürs schnelle Lesen zu schreiben. Sogar Schiller hatte sich mit seinem Kolportageroman »Der Geisterseher« daran versucht. Von Lafontaine, der weit über hundert Romane verfasste, sagte man spöttisch, er könne unmöglich alle seine Romane gelesen haben. »Wieviel die Menschen schreiben, davon hat man gar keinen Begriff«, seufzte Goethe im »Wilhelm Meister«. Jean Paul, durchaus ein Roman-Bestsellerautor damals, parodierte diese Entwicklung in seinem »Schulmeisterlein Wutz«. Wutz lässt sich regelmäßig den »Meßkatalog« kommen und, da er knapp bei Kasse ist, schreibt er die dort angekündigten Romane selbst. Dabei nimmt er allmählich die Meinung an, seine Schreibbücher wären die eigentlichen Originale. Als er dann, wohlhabender geworden, die eigentlichen Originale kennenlernt, hält er sie allesamt für verfälschte Nachdrucke. Literaturkritiker trieb diese Romanflut zur Verzweiflung. »Unter den zahlreichen Romanen«, schrieb Friedrich Schlegel 1797, »welche mit jeder Messe unsre Bücherverzeichnisse anschwellen, vollenden die meisten den Kreislauf ihres unbedeutenden Daseins so schnell, um sich dann in die Vergessenheit und den Schmutz alter Bücher in den Lesebibliotheken zurückzuziehen, daß der Kunstrichter ihnen ungesäumt auf den Fersen sein muß, wenn er nicht den Verdruß haben will, sein Urteil auf eine Schrift zu verwenden, die eigentlich gar nicht mehr existiert.« (F. Schlegel, »Kritische Schriften«, 23)

Diese neue Kurzlebigkeit mochte Hölderlin zunächst wenig schrecken, denn es kam ihm ja darauf an, überhaupt erst einmal einen wirklichen Auftritt zu haben. Vom Lorbeer des Ruhms hatte er seit langem geträumt. Neuerdings musste er wohl oder übel auf dem Literaturmarkt errungen werden. Hölderlin war durchaus bereit, es mit den gängigen Marktprodukten aufzunehmen. Es sei nicht ausgemacht, schrieb er an Neuffer, *ob mein Hyperion nicht vieleicht einmal ein Pläzchen ausfüllen dürfte, unter den Helden, die uns doch ein wenig besser unterhalten, als die wort- und abenteuerreichen Ritter.* (MA II, 499) Das wird nicht leicht sein. Denn die grellen und exotischen Abenteuerromane waren eine starke Konkurrenz.

Das lag auch an den besonderen gesellschaftlich-politischen und geographischen Bedingungen in Deutschland. Der Mangel an bedeutenden städtischen Mittelpunkten des geselligen Lebens begünstigte die Vereinzelung und Beschränkung. Deutschland besaß keine die Phantasie beflügelnde politische Macht, keine große, geheimnisvolle Hauptstadt, keine Kolonien, die den Sinn für Ferne und Abenteuer in der äußeren Welt erregten. Alles war zersplittert, eng und klein. In Jena lagen die Hauptquartiere von Romantik und Klassik nur einen Steinwurf voneinander entfernt. All das Außerordentliche, was die englischen Seefahrer und Entdecker, die Pioniere in Amerika, die Matadore der Französischen Revolution vollbrachten, erlebte das deutsche Publikum in der Regel bloß im Nachvollzug und in der Ersatzform der Literatur. In einem Brief an Merck stellte Goethe lapidar fest, dass »das ehrsame Publicum alles außerordentliche nur durch den Roman kennt«. (11. Oktober 1780)

Das Außerordentliche im »Hyperion« sollte die Geschichte eines *exzentrischen* Lebensversuches sein. In einer Vorbemerkung gibt Hölderlin eine Erläuterung dieser Exzentrizität und damit zugleich des ganzen philosophisch hochambitionierten Romankonzeptes: *Es giebt zwei Ideale unseres Daseyns: einen Zustand der höchsten Einfalt, wo unsre Bedürfnisse mit sich selbst, und mit unsern Kräften, und mit allem, womit wir in Verbindung stehen, durch die bloße Organisation der Natur, ohne unser Zuthun, gegenseitig zusammenstimmen, und einen Zustand der höchsten Bildung, wo dasselbe statt finden würde bei unendlich vervielfältigten und verstärkten Bedürfnissen und Kräften, durch die Organisation, die wir uns selbst zu geben im Stande sind. Die exzentrische Bahn, die der Mensch, im Allgemeinen und Einzelnen, von einem Puncte (der mehr oder weniger reinen Einfalt) zum andern (der mehr oder weniger vollendeten Bildung) durchläuft, scheint sich, nach ihren wesentlichen Richtungen, immer gleich zu seyn. Einige von diesen sollten, nebst ihrer Zurechtweisung, in den Briefen, wovon die folgenden ein Bruchstük sind, dargestellt werden.* (MA I, 489)

Exzentrisch ist die Bahn, weil sie vom Zentrum, also der vollkommenen Übereinstimmung mit sich selbst, wegführt. Im Zustand der exzentrischen Selbstentfremdung ist die Dissonanz, die Nichtübereinstimmung unserer Kräfte, die Zerrissenheit und innere Gegensätzlichkeit bestimmend. Es ist dies nicht nur die Entfremdung von sich selbst, sondern auch von der ursprünglichen Natur. Der Zustand der Nicht-Entfremdung wird als *Einfalt* charakterisiert, als unmittelbare Natürlichkeit ohne störendes Bewusstsein. Mit dem Erwachen des Bewusstseins jedoch beginnt der exzentrische Lauf, weg von dem kindlichen oder Kind gebliebenen Zustand, als noch die *Organisation der Natur* für die innere Zusammenstimmung unserer Kräfte sorgte. Das zum Bewusstsein erwachte Wesen aber muss nun selbst, also mit Freiheit, diese Übereinstimmung herstellen – eben durch die *Organisation, die wir uns selbst zu geben im Stande sind.* Diese neu geschaffene Ordnung ist nicht die wiederhergestellte ursprüngliche. Der Freiheitsgewinn durch Bewusstsein soll nicht preisgegeben werden. Also keine Regression, keine Ursprungssehnsucht, die auf Freiheit verzichtet, sondern eine höhere Ordnung der Übereinstimmung aus Freiheit.

Dieser Weg von der ursprünglich-natürlichen Einheit durch die Selbstentfremdung hindurch zur neuen selbstgeschaffenen Einheit lässt sich auf die individuelle Entwicklung des Einzelnen beziehen, doch auch auf die Gattungsgeschichte. Dabei geht es dann um das anthropologische Spannungsverhältnis zwischen Natur und Kultur. In dieser doppelten Hinsicht, individuell und gattungsgeschichtlich, ist der Mensch ein »exzentrisches« Wesen, entfremdet von seinem Zentrum und bestrebt, es in einer höheren, zivilisatorischen Ordnung wieder zu erreichen.

In genau diesem Sinne nennt der moderne philosophische Anthropologe Helmut Plessner, wie vormals Hölderlin, den Menschen ein »exzentrisches Wesen«, das ohne hinreichende Instinktsteuerung seine Mitte und damit seine Selbstzentrierung immer aufs Neue erringen muss. Er ist von Natur aus darauf angewiesen, sich eine Kultur wie eine Schutzhülle zu schaffen, um überleben zu können. Seine Natur drängt ihn auf den exzentrischen Weg der Zivilisation.

Das Gedankenkonzept der »Hyperion«-Vorrede greift nicht nur auf die Moderne voraus, sondern knüpft auch an eine philosophische Tradition an. Seit Rousseau nämlich stand die Frage im Raum, wie die Entfremdung von der Natur infolge von Freiheit und Bewusstsein mit genau diesen Kräften auf einer neuen höheren Stufe der Einheit überwunden werden kann. Das ist ein Thema in Schillers Abhandlung »Über Anmut und Würde«, eine Schrift, die Hölderlin gerade las, als er an seinem »Hyperion« arbeitete. Für Schiller war Anmut jener Aspekt der Schönheit, die sich nicht mit einer bewussten Absicht verträgt. Anmut endet, wenn man sich ihrer bewusst wird, dann verliert sie ihre Natürlichkeit. Schiller setzt, wie Hölderlin, solche Natürlichkeit gleich mit »Einfalt«, und wie Hölderlin träumte auch schon Schiller davon, mit Freiheit und Bewusstsein eine höhere »Einfalt« zu gewinnen.

Schillers Reflexionen über »Anmut und Würde« und Hölderlins Philosophie der Exzentrizität leben und weben im Umkreis der Philosophie des Deutschen Idealismus von Kant bis Hegel, wo in originellen Varianten das Sündenfallmotiv – Vertreibung aus dem Paradies durch Erkenntnis – als Chance gedeutet wird; so bei Kant, der den rückwärtsgerichteten Traum von der paradiesischen natürlichen Einheit verächtlich abtut und erklärt, die bewusstseinsbedingte »Zwietracht« erst habe die Menschheit vorangebracht; so bei Hegel, der die Karriere des Geistes mit dem Sündenfall beginnen lässt und diese Deutung in dem prägnanten Satz zusammenfasst, der das ganze Programm seiner Philosophie enthält,: »Erkennen heilt die Wunde, die es selber ist«; so bei Kleist in seinem Aufsatz »Über das Marionettentheater«, wo die Idee von der Gefährdung von Anmut und Grazie durch das reflektierende Bewusstsein fortgesponnen wird. Auch bei Kleist ist, wenige Jahre nach Hölderlins »Hyperion«-Fragment, vom Verlust des natürlichen Mittelpunktes, von der Exzentrizität also, die Rede. Wo sich »die Seele in irgendeinem anderen Punkte befindet, als in dem Schwerpunkt der Bewegung«, heißt es bei Kleist, da ist nicht nur die »natürliche Grazie« zerstört, da beginnt überhaupt das Drama der Selbstentfremdung, und diese sei »unvermeidlich, seitdem wir von dem Baum der Erkenntnis gegessen haben. Doch das Paradies ist verriegelt und der Cherub hinter uns: wir müssen die Reise um die Welt machen, und sehen, ob es vielleicht von hinten irgendwo wieder offen ist ... So findet sich ... wenn die Erkenntnis gleichsam durch ein Unendliches gegangen ist, die Grazie wieder ein ... Mithin ... müßten wir wieder von dem Baum der Erkenntnis essen, um in den Stand der Unschuld zurückzufallen? – Allerdings.« (Kleist 3, 559, 563)

Zum zweiten Mal vom Baum der Erkenntnis essen, um die verlorene Einheit wiederzufinden – das nannte Hölderlin die *höhere Aufklärung*, welche *den Widerstreit zwischen dem Subjekt und dem Object, zwischen unserem Selbst und der Welt* zu schlichten vermag. (MA II, 614f.)

Die Schilderung dieses Widerstreites und die Versuche seiner Überwindung sowie die *Zurechtweisung* (MA I, 489) bei den Irrgängen – das sind die Themen der ersten fragmentarischen Version des »Hyperion«-Romans.

Die Romanform verlangt narrative Konkretion. Der Widerstreit, die Auflösung und die Irrgänge können im Erzählen aus der abstrakten, philosophisch reflektierenden Sphäre herausgeführt werden und zeigen sich dann in den Lebensverwicklungen, im Empfinden und Handeln der Protagonisten. Ganz gelingt das noch nicht, jedenfalls nicht so, dass der erhoffte Erfolg bei einem größeren Publikum erreicht werden könnte. Es wird zu wenig erzählt, dafür mehr reflektiert und lyrisch evoziert. Hölderlin wählte die Briefform und wird daran auch in der endgültigen Fassung festhalten, nachdem er es zwischenzeitlich mit anderen Erzählformen versucht hatte.

Hyperion, ein Grieche der Gegenwart, schreibt seinem Freund Bellarmin Briefe, in denen er ihm aus seinem Leben erzählt und darüber reflektiert, aber nicht so wie beispielsweise Goethes Werther. Dessen Briefe reagieren unmittelbar auf die jeweilige Gegenwart, auf ein Geschehen, in das der Schreiber verwickelt ist. Ganz anders beim »Hyperion«-Fragment. Hier ist alles Vergangenheit. Die Situation des Briefschreibers ist die des Eremiten. Er ist allein. Eigentlich geschieht jetzt nichts mehr. Hyperion hat eine Geschichte hinter sich, und es gibt nur noch die Nachwirkungen. Es dominiert ein elegischer Ton. Hyperion beginnt mit der Klage, dass sich ihm die Wahrheit, verstanden als erfüllte Einheit mit dem Leben, entzieht, und endet im letzten Brief mit derselben Klage. Die Beschwörung eines Dämmerzustandes am Anfang und am Ende.

Der Briefschreiber schildert Veränderungen in der Vergangenheit, doch in der Gegenwart des Briefschreibens gibt es solche Veränderungen nicht. Das wird in der vollendeten Fassung des »Hyperion« anders sein. Dann werden zwei Geschichten erzählt, eine vergangene und eine gegenwärtige. Dazu später mehr.

Hyperion erzählt seinem Freund die Geschichte dreier Begegnungen, in denen die ersehnte Einheit aufscheint und wieder verschwindet. Der griechische Befreiungskampf spielt im Fragment noch keine Rolle, nur an einer Stelle ist vom *Verdruß über die izige Lage der Griechen* (MA I, 494) die Rede. Man ahnt, dass es sich um die Ereignisse von 1770 und ihre Folgen handelt, die erst in der endgültigen Fassung des Romans entfaltet werden.

Hyperions Briefe beginnen mit der Schilderung seiner früheren Verzweiflung. Der Grund war, dass ihm die *Verbrüderung mit Menschen* (MA I, 490) nicht gelang. Der *heilige Tausch* (ebd.), wie er die innige Geselligkeit nennt, hatte nicht stattgefunden. Alles betrug sich kalt und gleichgültig gegeneinander. Schließlich wagte er nicht mehr, *das Auge … aufzuschlagen vor den Menschen.* (MA I, 491) Eine starre Leblosigkeit überkam ihn, nur gelegentlich unterbrochen von einer aufflackernden Belebung, die sich bis zur Begeisterung steigern konnte. Solche euphorischen Zustände währten jedoch nicht lange. Es war wohl nur der *Stolz*, vermutet Hyperion, der sich gegen die *Allmacht* (ebd.) der Verzweiflung rührte. Doch dann brach in seine *Finsterniß* der Frühling ein, gegen die *Allmacht* der Verzweiflung nun also die *Allmacht der Natur*. Es genügte, dass *ein lindes Wehen* seine Wangen streichelte, und schon blickten die Gesichter herzlicher, und es kam eine Fest-Stimmung auf. Das war nur das Vorspiel einer Epiphanie: Melite erscheint, die *Priesterin der Liebe*! (MA I, 492) Ein bedeutender Moment: *Gewiß, er ist das höchste und seeligste, was die unerschöpfliche Natur in sich faßt, ein solcher Augenblik der Befreiung! Er wiegt Aeonen unsers Pflanzenlebens auf! Todt war mein irrdisches Leben, die Zeit war nicht mehr, und entfesselt und auferstanden fühlte mein Geist seine Verwandtschaft und seinen Ursprung.* (MA I, 493)

Das ist einer dieser Augenblicke, in denen Hyperion plötzlich aus der exzentrischen Bahn ins Zentrum zurückgeführt wird und die große paradiesische *Einigkeit* sich auftut. Doch das Problem ist: Dieser Augenblick, der in sich ein Ewigkeitsversprechen enthält, dauert nicht. Im Nu ist er vorbei. Es gibt nur Erinnerungen, mit denen man allein bleibt. *Ach! der Gott in uns ist immer einsam und arm.* (Ebd.)

Der selige Augenblick ist der Zeit unterworfen und vergeht. Was sich aus diesem Augenblick ergibt? Auch die Liebesbeziehung dauert nicht, sondern wird durch argwöhnische und selbstbezogene Reflexionen zersetzt. Nur im seligen Augenblick der Unmittelbarkeit geschieht die vollkommene Hingabe, ohne störenden Selbstbezug. Der Liebende geht in der Liebe auf. Indem aber ein Selbstbewusstsein wieder erwacht, das argwöhnisch und selbstquälerisch auf Kränkung lauert, ist es mit der Hingabe vorbei. Die Vollkommenheit Melites ist Hyperion unerträglich, und ihre Selbstgenügsamkeit verletzt ihn. *Sie mußte ja über mich kommen, diese Verzweiflung, daß das Herrliche, was ich liebte, so herrlich war, daß es mein nicht bedurfte.* (MA I, 496)

Melite braucht ihn nicht, sie verkörpert ein selbstgenügsames Sein, das ihn ausschließt – das ist die erste Kränkung. Die zweite Kränkung ergibt sich daraus: Er ist nichts, sie ist alles. Nur die Berührung mit ihr bewahrt ihn davor, in jenes Nichts zu stürzen, das er selbst ist. Statt Hingabe das Gefühl vollkommener Abhängigkeit. Das Bewusstsein, das ihn auf sich selbst zurückgeworfen hat, öffnet einen Abgrund des Misstrauens bis zur Verfeindung. Er kann es ihr nicht verzeihen, dass er sie braucht und dass er nichts ist ohne sie. Das hält er nicht aus. Der Ausweg für eine *gemeine Seele* ist das Ressentiment, in den Worten Hyperions: *Wie die gemeinen Seelen, sucht' ich darinn Trost für mein Nichts, daß ich das Große verkleinerte.* (MA II, 501) Diese Verkleinerungssucht kehrt sich gegen ihn selbst, und es bleiben nur Selbstvorwürfe, schlechtes Gewissen und schließlich Rückzug.

Aus dieser Selbstabschließung befreit ihn die Einladung, an einer Gedenkfeier für Homer teilzunehmen. Hier endlich öffnet sich wieder ein größeres Ganzes, der Geist der Antike, der die Versammelten, und unter ihnen Hyperion, ergreift. Wieder ein erlösender Augenblick der Teilhabe an einem umfassenden Sein, das die Grenzen des Selbst sprengt. *Wir sprachen kein Wort, wir berührten uns nicht, wir sahen uns nicht an, so gewiß von ihrem Einklang schienen alle Gemüther in diesem Augenblike, so über Sprache und Äußerung schien das zu gehen, was jezt in ihnen lebte.* (MA I, 503)

Zum zweiten Mal fühlt sich Hyperion verwandelt, so wie bei der Epiphanie Melites. Diesmal springt aus geschichtlicher Ferne der Funke der Begeisterung auf ihn über, und er spürt wieder die Zugehörigkeit zu einem lebendigen Ganzen. In diesem Zusammenhang kehren die programmatischen Formulierungen der Vorrede wieder: *Die Einfalt und Unschuld der ersten Zeit erstirbt, daß sie wiederkehre in der vollendeten Bildung.* (MA I, 506) Es bezaubert ihn die Ahnung der Wiedergeburt der Antike als *errungenes Eigentum der Menschheit.* Allerdings blitzt im »Fragment« das Motiv der sinnerfüllenden Wiederkehr der Antike und ihrer Götter nur kurz auf. Erst im späteren Werk wird es sich mächtig entfalten.

Doch auch dieser erfüllte Augenblick geht vorbei. Ein Versuch, ihn zu verlängern, ist die Reise zu den vermeintlichen Schauplätzen der »Illias«. Das ist zwar mehr als eine Ablenkung, doch ein Genügen gewährt es letztlich nicht, denn bei der Rückkehr fehlt – Melite. Bleibt auch wieder nur das Ausharren in dürftiger Zeit.

Dann der dritte Augenblick. Unter den Platanen, in der Nähe das Meer, an einem lauen Abend, bei großer Stille, *Da ward ich, was ich jezt bin. Aus dem Innern des Hains schien es mich zu mahnen, aus den Tiefen der Erde und des Meers mir zuzurufen, warum liebst du nicht mich?* (MA I, 508f.)

Hyperion hatte bisher ganz selbstverständlich aus der Natur gelebt, mit dem Rücken zu ihr gewissermaßen. Nun ergeht an ihn die Aufforderung, sich umzudrehen, sich ihr bewusst zu werden, sie zu lieben. Das wäre, wenn es gelingt, jene gesteigerte Natürlichkeit, die in der Vorrede *Bildung* genannt wird. Gesteigert ist dieser Naturbezug gerade weil er nicht selbstverständlich und weil er nicht nur unbewusst ist, sondern durchs Bewusstsein vermittelt, doch in Liebe ergriffen. Natur ist ihm, so Hyperion, *heiliger geworden, aber geheimnisvoller.* (MA I, 509)

Hyperion schildert also drei Ekstasen: in der Begegnung mit Melite, mit der wiedergekehrten Antike und mit der Natur. Doch jedes Mal entziehen sich diese Momente der beglückenden Übereinstimmung. *Es war mir unmöglich, sie festzuhalten, ruhig fortzusinnen.* (Ebd.) Er muss weiter nach *Wahrheit* suchen, nach einer Wahrheit nicht nur der Erkenntnis, sondern des Lebens. Gesucht wird das gelingende Leben. Und nur weil es Hyperion bei der Wahrheitssuche genau darum geht, kann er an Bellarmin am Ende schreiben: *Ich fand nichts, als dich. … Du fandest ja auch nichts, als mich.* (Ebd.)

Das ist schön, aber es genügt nicht. Darum verlässt er sein *Vaterland, um jenseits des Meeres Wahrheit zu finden.* (Ebd.) Er wird sie auch dort nicht finden. Und zurückgekehrt, beginnt er diese ganze Serie der Briefe, die rückblickend erzählen, wie er wurde, was er jetzt ist, während er die Briefe an Bellarmin schreibt. Und was ist er, wie steht es mit ihm?

Er selbst empfindet sich als ein Wesen der *Dämmerung*, zwischen Licht und Finsternis. In dieser Zwischenwelt ließe es sich aushalten, wenn nur nicht diese Unruhe wäre. Hyperions letzter Brief endet mit der Schilderung einer Szene, die ihm wie eine Parabel des eigenen Lebens erscheint:

> *Da sah' ich neulich einen Knaben am Wege liegen. Sorgsam hatte die Mutter, die ihn bewachte, eine Deke über ihn gebreitet, daß er sanft schlummre im Schatten, und ihm die Sonne nicht blende. Aber der Knabe wollte nicht bleiben, und riß die Deke weg, und ich sah wie er's versuchte, das freundliche Licht anzusehn, und immer wieder versuchte, bis ihm das Auge schmerzte und er weinend sein Gesicht zur Erde kehrte.*
>
> *Armer Knabe! dacht ich, andern ergehts nicht besser, und hatte mir beinahe vorgenommen, abzulassen von dieser verwegnen Neugier. Aber ich kann nicht! ich soll nicht!*
>
> *Es muß heraus, das große Geheimniß, das mir das Leben giebt oder den Tod.* (MA I, 509f.)

Was könnte das *Geheimnis* sein? Erinnert man sich der Vorrede, liegt die Vermutung nahe, dass sich das Geheimnis in jenem Zentrum befinden muss, von dem die *exzentrische Bahn* unserer gewöhnlichen Lebensverläufe wegführt, um irgendwann auf Umwegen vielleicht wieder darauf zu treffen. Dieses Zentrum ist in der Vorrede durch den Ausdruck *zusammenstimmen* definiert.

Das »Hyperion«-Fragment erzählt also die Geschichte eines Protagonisten, der an der Dissonanz leidet und nach der großen Zusammenstimmung strebt, suchend und wartend wie auf eine Gnade, teils im Handeln, teils in der Hingabe.

Doch was ist es, das die ersehnte Zusammenstimmung so erschwert oder gar verhindert? Liegt es an Hyperion oder an der Welt, mit der er es zu tun hat? Muss er etwas an sich selbst ändern, oder muss sich dort draußen etwas ändern? Kann er dabei helfen, und was müsste er tun?

Oder ist das Sein überhaupt so beschaffen, dass es nur in den seltensten Momenten jene ersehnte Erfüllung und Einheit gewährt? Ist es mithin ein metaphysisches Geschick, dem Hyperion unterworfen ist? Diese Fragen bleiben offen, sie geben jedoch den weiteren Bearbeitungen eine Richtung vor.

Diese Suche nach dem erfüllten Sein mit seinen Komplikationen bleibt der Grundzug der »Hyperion«-Geschichte bis zur letzten Fassung. Allerdings wird auf dem Wege der Vollendung erst noch der ganze Reichtum persönlicher Erfahrungen und philosophischer Reflexionen in diese vorerst noch schemenhafte Geschichte verwoben.

SIEBTES KAPITEL

Schiller veröffentlicht das »Hyperion«-Fragment. Schwierigkeiten mit dem Zögling. Das Onanie-Problem. Trennung vom Hause Kalb. Jena. Schillers »liebster Schwabe«. Misslungene Begegnung mit Goethe. Fichtes »Ich« und Hölderlins Suche nach dem Sein. »Urtheil und Seyn«. Umarbeitungen des »Hyperion« unter philosophischem Einfluss.

Charlotte von Kalb hatte von Hölderlin gesprächsweise einiges erfahren über die »Hyperion«-Arbeit, auch einige Passagen daraus gelesen. Sie war so beeindruckt, dass sie etwas dafür tun wollte. Sie bat Schiller, das Manuskript zu begutachten, und nachdem Hölderlin das Manuskript an ihn geschickt hatte, gab sie Schillers Frau den Wink, bei ihrem Mann darauf hinzuwirken, dass er »mit einiger vorliebe das Bruchstück in die Hand nehme« (MA III, 581); sie selbst zweifle zwar nicht an der Qualität des Werkes, Hölderlin jedoch sei sehr unsicher. Sie hoffe, Schillers Urteil über diesen Versuch möge »gerecht aber auch gütig« ausfallen.

Hölderlin wird solche Fürsprache durchaus willkommen gewesen sein, denn Schiller gegenüber fühlte er sich nicht frei. Der Brief an Schiller, den Hölderlin seinem »Hyperion«-Manuskript beilegte, ist nicht erhalten, er wird wohl ähnlich verkrampft gewesen sein wie jene Sätze, mit denen er einige Monate zuvor um den Abdruck seines Gedichtes »Das Schiksaal« in der »Thalia« gebeten hatte: *Ich nehme mir die Freiheit, ein Blatt beizulegen, dessen Unwerth in meinen Augen nicht so ser entschieden ist, daß ich es mir zur offenbaren Insolenz anrechnen könnte, Sie damit zu belästigen, dessen Schäzung aber eben so wenig hinreicht, mich aus der etwas bangen Stimmung zu sezen, womit ich dieses niederschreibe.* (MA II, 526)

Hölderlin wartete ängstlich auf Schillers Reaktion und war erleichtert über dessen günstiges Urteil. Schiller gefiel der noch fragmentarische »Hyperion« auf Anhieb so gut, dass er den Abdruck in der nächsten Ausgabe der »Thalia«, Anfang November 1794, anbot. Für Hölderlin war das ein Lichtblick, denn inzwischen hatten sich die Verhältnisse in Waltershausen wegen der Schwierigkeiten mit seinem Zögling Fritz von Kalb eingetrübt.

Die ersten Briefe aus Waltershausen waren noch voll des Lobes für den Knaben. Ein *guter gescheider schöner Bube* (an die Mutter, 30. Dezember 1794; MA II, 515), die *bildsame Natur des Knaben* (an Schiller, April 1795; MA II, 525) sei zu rühmen, und die *junge schöne Seele hat meine ganze Liebe.* (20. April 1795; MA II, 531) Zu diesem Zeitpunkt aber waren die Probleme bereits aufgetreten, die in der Folgezeit eskalierten. Er verschwieg sie zunächst der Mutter, um sie nicht zu beunruhigen. Neuffer gegenüber machte er im Oktober erste Andeutungen. *Mein jeziger äußerer Beruf wird mir oft ser schwer*, schrieb er, und das sei verursacht *durch die ser mittelmäsigen Talente meines Zöglings, und durch eine äußerst fehlerhafte Behandlung in s. frühern Jugend, u. andere Dinge, womit ich Dich verschonen will.* (10. Oktober 1794; MA II, 549) Über diese *anderen Dinge* wird er erst einigermaßen offen sprechen können, nachdem er die Hofmeisterstelle aufgegeben und damit seine Leidensgeschichte beendet hatte. In einem Brief an die Mutter vom 16. Januar 1795, der mit dem Eingeständnis beginnt, bisher nicht offen gewesen zu sein, schilderte er die ganze Misere mit dem Knaben und die eigenen Misserfolge. Er klagte über die *höchste Stumpfheit und Trägheit* des Knaben und kam dann auf seine *Verstoktheit* zu sprechen. (MA II, 560f.) Er habe sie zunächst zurückgeführt auf die Prügelmethoden seines Vorgängers, bis er vom Major auf das *Laster* des Knaben aufmerksam gemacht worden sei. Hölderlin deutete behutsam an, dass es sich um häufiges Onanieren handelte, von dem man damals die schlimmsten Wirkungen befürchtete, von Schwachsinn bis zum tödlichen Schwund des Rückenmarks. Hölderlin war noch über die damals üblichen Befürchtungen hinaus so alarmiert, dass er von nun an den Knaben Tag und

Nacht beobachtete, wie ein Krankenwärter: *Ich lies ihn keinen Augenblik beinahe von der Seite, bewachte ihn Tag und Nacht aufs ängstlichste.* Das half nichts. Die *Verstoktheit* des Knaben nahm zu *bis zu einem Grade, der mir beinahe auch meine Gesundheit, alle Heiterkeit, und so auch meinen Geisteskräften ihre gehörige Tätigkeit raubte.* (Ebd.)

Charlotte, die das sogenannte Laster des Knaben gelassener nahm, war weniger über den Knaben als über Hölderlin beunruhigt. »Ich vermuthe«, schrieb sie an Schiller, »H(ölderlin) ist – etwas überspannt – u so sind auch vielleicht seine Foderungen an das Kind.« (MA III, 582) Im nächsten Brief an Schiller vermutete sie sogar, dass womöglich eine zeitweilige »Verworrenheit des Verstandes« dem geradezu hysterischen Verhalten Hölderlins zugrunde liegen könnte. (MA III, 583) Es konnte nicht ausbleiben, dass heutige Psychiater von Hölderlins »Onaniephobie« sprechen und die Vermutung äußern: »Indem er dessen (des Zöglings, R. S.) Onanie bekämpft, bekämpft er auch seine eigene.« (Peters, 149) Stützen kann man sich dabei nur auf Wilhelm Waiblinger, der am 9. Juni 1823 im Tagebuch notierte: »Auch Onanie trug zu seiner Versunkenheit bey.« (St. A. 7.3, 11)

Charlotte von Kalb wollte zunächst an Hölderlin festhalten. Sie beschloss, ihm zusammen mit dem Knaben einen Ortswechsel nach Jena zu gewähren, vielleicht würde das Entspannung bringen.

So reiste Hölderlin Anfang November 1794 zusammen mit seinem Zögling nach Jena, wo er im Gartenhaus eines Buchhändlers einquartiert wurde, der ihn für die nächsten Wochen mit den neuesten Veröffentlichungen auf poetischem und philosophischem Gebiet versorgte. Obwohl ihn die Probleme mit seinem Zögling auch weiterhin belasteten, war er doch auch offen für die neuen Eindrücke in Jena, von denen er in seinem abgelegenen Waltershausen nur hatte träumen können. *Ich hab jezt den Kopf und das Herz voll von dem, was ich durch Denken und Dichten … hinausführen möchte*, schrieb er an Neuffer im ersten Brief aus Jena. *Die Nähe der wahrhaft großen Geister, und auch die Nähe wahrhaft großer selbsttätiger mutiger Herzen schlägt mich nieder und erhebt mich wechselsweise.* (November 1794; MA II, 552)

Zwei Monate, November und Dezember 1794, verbrachte er mit seinem Zögling in Jena. Mit dem Knaben wurde es nicht besser, er verzweifelte an seiner Erziehungsaufgabe und wollte sie beenden. Charlotte suchte bei Schiller Rat, der empfahl, noch einen Versuch bis zum Frühjahr 1795 zu wagen. Da Charlotte inzwischen in Weimar war, sollte dieser Versuch ebendort unternommen werden. Die ersten beiden Januarwochen hielt Hölderlin in Weimar bei dem Jungen aus, dann entschied sich auch Charlotte dafür, Hölderlin von seiner Aufgabe zu entbinden. Sie zeigte sich sehr entgegenkommend, zahlte ihm das Gehalt für das nächste Vierteljahr und versprach, ihre Beziehungen für Hölderlins literarisches Fortkommen zu nutzen, was sie beim »Hyperion«-Fragment bereits getan hatte, und sie äußerte nachdrücklich den Wunsch, die freundschaftliche Verbindung fortzusetzen. Sie hatte Gefallen an ihrem Hofmeister gefunden, das merkt man auch ihren Briefen an Schiller an, dem sie immer wieder den »Holderlin« ans Herz legte. Er möge ihm doch »Arbeiten« verschaffen, die sein Auskommen sichern, doch ihm den Kopf freihalten für eigenes Schaffen. »H. scheint mir eine unwiederstehl. Neigung u auch Talent zu selbst Componirten Arbeiten zu haben«, schrieb sie einmal. (MA III, 581) Sie suchte Hölderlins Mutter zu beruhigen. Hölderlin trage keine Schuld an dem Desaster. Ihr Sohn Fritz sei wenig begabt und es lohne sich ganz einfach nicht, dass »ein junger Mann, so ausgezeignet durch Kenntnisse und Geistes Kräfte« (MA III, 585) die beste Zeit seines Lebens an ihn verschwende. Hölderlin hatte Charlotte wohl einiges über die manchmal auch lästige Fürsorglichkeit der Mutter berichtet und dass er, der doch Ansprüche auf sein väterliches Erbteil hatte, von der Mutter in die Rolle des Bittstellers gedrängt werde, denn Charlotte spielt in ihrem Brief an die Mutter darauf an: »Aber entfernen Sie alle kleinliche Sorgen von ihn – das keine unnüze bekümmernis – seine Zeit trübe, u seine Bildung verzögere! – Das Pfund welches Sie ihn jetzo von seinen Eigenthum geben wird tausendfältig wuchern.« (MA III, 586)

Mit Charlottes Geld ausgestattet, kehrte Hölderlin Mitte Januar 1795 nach Jena zurück, wo er bis Ende Mai bleiben wird. Er lebe sehr *zurückgezogen*, schrieb er der Mutter, was aber nicht zutraf, denn er mied durchaus nicht die geselligen Kreise, die sich ihm boten; beim ehemaligen Stiftler Niethammer, wo Fichte, die Schlegels, Novalis, Tieck, Wilhelm von Humboldt verkehrten; der Kreis der »Freien Männer«, die sich um Fichte scharten, und vor allem der Kreis um Schiller, der ihn *mit Freundschaft und recht väterlicher Güte überhäuft.* (MA II, 575) Schiller pflegte seinen Freunden und Bekannten Hölderlin mit den Worten vorzustellen: »das ist mein liebster Schwabe.« (St. A. 7.2, 30) Auch im Salon der Hofrätin Schütz, der Gattin des einflussreichen Herausgebers der »Allgemeinen Literaturzeitung«, verkehrt Hölderlin, ebenso im Hause der »Grazie von Jena«, der gleichaltrigen Schriftstellerin Sophie Mereau. Man munkelte sogar etwas von einer Romanze zwischen Hölderlin und der außerordentlich schönen Frau, die später Clemens Brentano heiraten wird.

Und dann war da noch Isaak von Sinclair, der in Hölderlins Leben noch eine bedeutende Rolle spielen wird. Sinclair und Hölderlin waren sich bereits in Tübingen begegnet, doch erst in Jena begann die Freundschaft. Er habe eine »Legion von Bekannten« verloren, schrieb Sinclair am 26. März 1795 an seinen Mentor Franz Wilhelm Jung, doch habe er nun »einen Herzensfreund instar omnium erhalten, den M(agister) Hölderlin … seine Bildung beschämet mich, und giebt mir zur Nachahmung einen mächtigen Reiz; mit diesem strahlenden, liebenswürdigen Vorbild werde ich künftigen Sommer auf einem einsamen Gartenhaus zubringen.« (MA III, 588) So kam es auch. Die beiden lebten einige Wochen zusammen in Sinclairs Gartenhaus, idyllisch gelegen an einem Berghang über der Saale.

Sinclair war fünf Jahre jünger als Hölderlin und stammte aus einer Familie mit Wurzeln im schottischen Adel. Der Vater war Prinzenerzieher am Hessen-Homburgischen Hof, wohin Isaak nach seinem Jurastudium zurückkehrte und in kurzer Zeit zum höchsten Regierungsbeamten aufstieg. Er war zunächst radikal jakobinisch gesinnt, bedauerte die Hinrichtung Robespierres und träumte von Umsturz und Tyrannenmord auch in deutschen Landen. Dieser Aristokrat und höfische Beamte wird ein paar Jahre später des Hochverrats gegen den württembergischen Herzog beschuldigt werden und Hölderlin eher fahrlässig als absichtsvoll in diese gefährliche Angelegenheit hineinziehen. Schon in Jena war der junge Mann in die Unruhen und Krawalle der Studentenorden verwickelt und wurde deshalb auch kurz nach Hölderlins Weggang der Universität verwiesen. Er bewegte sich gerne in konspirativen Kreisen. Politik und Philosophie waren seine Leidenschaft, doch verfasste er auch Gedichte und Theaterstücke, ohne hier einen besonderen Ehrgeiz zu entwickeln. Sein Ideal war die allseits gebildete Persönlichkeit. Er fühlte sich auch im Literarischen geschmackssicher, zu Recht, denn er war einer der Ersten, die Hölderlins Genie erkannten. Er liebte Männer, und gewiss war er auch in Hölderlin verliebt, weshalb ihm auch so viel daran lag, Hölderlin in sein Gartenhaus zu ziehen. Auch später, als Hölderlin in Homburg lebte, wünschte Sinclair ein Zusammenleben in seinem Haus, dem sich Hölderlin allerdings verweigerte, vielleicht weil er das enge Zusammenleben im Gartenhaus nicht in bester Erinnerung hatte.

Hölderlins erster Besuch in Jena galt Schiller. Das war im November 1794, während Hölderlins erstem Aufenthalt in Jena. Es ergab sich eine Situation, an die er sich noch lange mit gemischten Gefühlen erinnern wird. Seinem Freund Neuffer schilderte er die Szene. In Schillers Empfangszimmer hielt sich im Hintergrund ein ihm unbekannter Mann auf. Er bemerkte ihn kaum, obwohl er ihm vorgestellt wird. Er hatte den Namen nicht verstanden, er ist eben *einzig im Inneren und Äußeren mit Schillern beschäftigt.* Als Schiller für einen Moment den Raum verließ, blieb Hölderlin schweigsam, während der Fremde in der auf dem Tisch liegenden »Neuen Thalia« blätterte, worin soeben Hölderlins »Hyperion«-Fragment erschienen war. Hölderlin wurde verlegen. Bei den Versuchen des Fremden, ein Gespräch anzuknüpfen, blieb er einsilbig. Als Schiller zurückgekehrt war, sprach man angeregt über das Theater, und *der Fremde ließ ein paar Worte fallen, die gewichtig genug waren, um mich etwas ahnden zu lassen.* Später im Professorenclub erfuhr er, dass es kein anderer war als Goethe, dem er soeben begegnet war: *Der Himmel helfe mir, mein Unglük, u. meine dummen Streiche gut zu machen.* (MA II, 553 f.)

Die erste Begegnung mit Goethe verlief also niederschmetternd, erhebend aber wirkte auf ihn Fichte, neben Schiller und Goethe das dritte geistige Großereignis in Jena. Für den Augenblick war es sogar das für ihn bedeutsamste. *Fichte ist jezt die Seele von Jena. Und gottlob! daß ers ist*, heißt es im Brief an Neuffer, *einen Mann von solcher Tiefe und Energie des Geistes kenn' ich sonst nicht.* (MA II, 553)

Fichte war, als er nach Jena kam, schon ein berühmter Mann. Angefangen hatte seine Karriere mit einem Ereignis, das noch in aller Munde war, als Hölderlin den neuen Stern am Philosophenhimmel erlebte.

Der 1762 als Sohn eines Handwerkers geborene Johann Gottlieb Fichte hatte sich, nach einem Studium der Theologie und Jurisprudenz, zunächst als Hauslehrer durchgeschlagen. Ein Schüler wünschte, von ihm in die Philosophie Kants eingeführt zu werden. Fichte nahm sich die »Kritik der reinen Vernunft« vor, die ihn bisher wegen ihrer Kompliziertheit abgeschreckt hatte, und war davon so hingerissen, dass er sogleich im Sommer 1791 nach Königsberg reiste, um den großen Philosophen aufzusuchen, der ihn zunächst aber auf Abstand hielt, denn ihm wurden die inzwischen zahlreichen Bewunderer lästig. Fichte aber blieb hartnäckig. Er zog sich für fünfunddreißig Tage in Klausur zurück und verfasste in fieberhafter Eile eine Schrift, mit der er sich beim Meister empfehlen wollte: »Versuch einer Kritik aller Offenbarung«. Kant war davon so beeindruckt, dass er den Verfasser nicht nur zum Mittagessen einlud, sondern ihm auch einen Verleger besorgte. Im Frühjahr 1792 erschien das Buch, gegen den Willen Fichtes anonym, und wurde sogleich für Kants lange erwartetes religionsphilosophisches Hauptwerk gehalten. Tatsächlich argumentiert die Schrift ganz im religionsphilosophischen Sinne Kants, wonach nicht die Religion die Sittlichkeit, sondern umgekehrt die Sittlichkeit die Religion begründet. Sollte die Offenbarung der Religion davon abweichen, könnte sie nicht als wahre Offenbarung gelten. Die Autonomie des sittlichen Ichs ist der Prüfstein der Wahrheit.

Kant nun erklärte, er sei nicht der »erhabene Verfasser«, diese Ehre gebühre dem bislang noch unbekannten Fichte. Damit war Fichte über Nacht in Deutschland zu einem berühmten Philosophen geworden.

Diese Geschichte lag, wie gesagt, erst zwei Jahre zurück, als Hölderlin im November 1794 Fichtes eindrucksvollen Auftritt in Jena erlebte. Der las vor einem Auditorium von fünfhundert Studenten – das waren vier Fünftel aller Studierenden – über die »Bestimmung des Gelehrten«, eine Art populäre Nutzanwendung der »Wissenschaftslehre«. Diese Vorlesung hörte Hölderlin, er studierte aber auch die weitaus schwierigere Abhandlung »Grundlage der gesamten Wissenschaftslehre«, die in einzelnen Bogen seit dem Winter 1794/95 zu erscheinen begann und sogleich unter den Gebildeten in Jena zirkulierte. Auch Goethe und Schiller hatten sich die Schrift besorgt. Schiller studierte sie mit Verständnis und Goethe ohne. Doch auch er war fasziniert von der willensstarken, entschiedenen, von philosophischer Leidenschaft bewegten Persönlichkeit Fichtes. Beim Antrittsbesuch bei Goethe hatte Fichte seinen Mantel einfach von sich geworfen. Schon das hatte Goethe beeindruckt.

Nach der ersten Bekanntschaft mit Fichtes Werk und dem Erlebnis seines Auftritts schrieb Hölderlin an Neuffer: *Einen Mann von solcher Tiefe und Energie des Geistes kenn' ich sonst nicht. In den entlegensten Gebieten des menschlichen Wissens die Prinzipien dieses Wissens … aufzusuchen und zu bestimmen, und mit gleicher Kraft des Geistes die entlegensten künsten Folgerungen aus diesen Prinzipien zu denken, und troz der Gewalt der Finsternis sie zu schreiben und vorzutragen, mit einem Feuer und einer Bestimtheit, deren Vereinigung mir Armen one diß Beispiel vieleicht ein unauflösliches Problem geschienen hätte, – diß, lieber Neufer! ist doch gewis viel, und ist gewis nicht zu viel gesagt von diesem Manne. Ich hör' ihn alle Tage. Sprech' ihn zuweilen.* (November 1794; MA II, 553)

An *Feuer* fehlte es Hölderlin nicht, das wusste er; doch es fehlte ihm an *Bestimmtheit*, an Entschiedenheit und an dem Willen, das Eigene konsequent und, wenn nötig, mit einer gewissen Rücksichtslosigkeit durchzusetzen. Das alles fand er bei Fichte, und dafür bewunderte er ihn. Doch auch die *Prinzipien* für das Denken und Handeln, die Fichte entwickelte, gaben Hölderlin zu denken. Es kamen ihm zwar allmählich Bedenken, doch zunächst stand er in ihrem Banne.

Fichtes *Prinzipien*: Fichte radikalisierte die von Kant ausgelöste »Revolution der Denkungsart«. In seiner »Wissenschaftslehre«, die Fichte zum ersten Mal in Jena vortrug, zog er aus dem Kant'schen Satz »das ›ich denke‹ muß alle meine Vorstellungen begleiten können« den Begriff eines allmächtigen Ichs heraus, das die Welt lediglich als trägen Widerstand oder als möglichen Stoff seiner »Tathandlungen« erfährt. So hatte bisher noch keiner das lebendige Ich in den Mittelpunkt des Denkens gestellt. Der romantische Naturphilosoph Henrik Steffens schilderte in seinen Lebenserinnerungen einen Auftritt Fichtes, der dessen originelle Methode deutlich werden ließ: »Meine Herren, denken Sie die Wand«, sagte Fichte und dann: »Nun, meine Herren, so denken sie denjenigen, der die Wand gedacht hat« (Steffens, 70); sie sollten also bedenken, dass es kein Objekt gibt ohne ein wahrnehmendes und denkendes Subjekt und dass dieses »Subjekt« etwas grundlegend anderes ist als alle möglichen Objekte, dass es überhaupt nichts Dingliches ist. Die Studenten sollten also ihr eigenes Ich als etwas Lebendiges und von allen Wänden dieser Welt Verschiedenes entdecken. Dieses Wandexperiment, an dem wahrscheinlich auch Hölderlin teilgenommen hat, verlief nicht immer erfreulich. Die Studenten, die in hellen Scharen in die Vorlesungen Fichtes drängten, starrten doch allzu oft ratlos auf die Wand, wo ihnen nichts auffiel, weil ihnen das eigene Ich nicht einfiel. Fichte, der mit diesem Wandexperiment das gewöhnliche Bewusstsein aus seiner Selbstversteinerung und Selbstverdinglichung lösen wollte, war immer aufs Neue überrascht von dem trägen Widerstand, auf den er stieß. Der Mensch sei, pflegte er zu sagen, leichter dahin zu bringen, sich für ein Stück Lava vom Mond als für ein lebendiges Ich zu halten.

Aber nicht alle saßen ratlos vor der Wand. Das hinreißende Rednertalent Fichtes versetzte auch viele in Begeisterung, auch Hölderin. So hatte man noch niemals über das Wunder des eigenen Ichs, seiner schöpferischen Kraft, seiner geradezu überwältigenden Freiheit sprechen gehört. Ich bin, wozu ich mich gemacht haben werde, erklärte Fichte. Er war der Sartre seiner Zeit. Und wie auch bei diesem ging von Fichtes schwierigen Erkundungen ein Zauber aus, weil das Abenteuer der Freiheit immer im Spiel blieb – aller dunklen Begriffsarbeit zum Trotz. Hölderlin spricht in seinem Brief von der *Gewalt der Finsternis*, die dem Genie Fichtes nicht standhält.

Es war offensichtlich, dass Fichte über bloße Erkenntnistheorie, also über Kants Regelwerk des Verstandes hinaus ins Geheimnis des Seins vordringen wollte. Das »Ding an sich«, das Kant auf sich beruhen ließ, es ließ Fichte keine Ruhe, und mit seiner Philosophie eines Ichs wollte er es ergreifen. Er wollte die Grenzen des bloß »Transzendentalen« sprengen und ins »Transzendente« gelangen, und das war ihm das »Ich«. Hölderlin hatte seinen Kant hinreichend studiert, um diese für Kant unerlaubte Grenzüberschreitung zu bemerken. *Anfangs hatt' ich ihn ser im Verdacht des Dogmatismus*, schreibt er am 26. Januar 1795 an Hegel, *er scheint, wenn ich mutmaßen darf auch wirklich auf dem Scheidewege gestanden zu seyn, oder noch zu stehn – er möchte über das Factum des Bewußtseins in der Theorie hinaus, … und das ist eben so gewis, und noch auffallender transcendent, als wenn die bisherigen Metaphysiker über das Daseyn der Welt hinaus wollten – sein absolutes Ich (= Spinozas Substanz) enthält alle Realität.* (MA II, 568)

Für Hölderlin hatte Fichtes Grenzüberschreitung zur Transzendenz durchaus etwas Anziehendes, weil ihm die Erfahrung des Göttlichen nicht fremd war. Aber er bemerkt auch seine Differenz zu Fichte, wobei er sie zunächst eher ahnte, als dass er sie begrifflich scharf bestimmen konnte. Es geht dabei um die Frage, wie weit das Denken trägt. Führt es überhaupt in die Sphäre des Absoluten? Doch wohl nicht, gibt Hölderlin Hegel gegenüber zu bedenken. Denn das Denken kann den Objektbezug nicht vermeiden. Es wird immer »etwas« gedacht. Damit aber ist immer schon ein Objekt, also eine Begrenzung gegeben. Und damit hört das vermeintlich Absolute auf, ein Absolutes zu sein, denn Begrenzung und Absolutheit schließen sich aus. Soll

Fichtes absolutes Ich wirklich absolut sein, so dürfte es darin folglich kein Bewusstsein geben. Nur das Bewusstlose ist grenzenlos. Scharfsinnig folgert Hölderlin: *als absolutes Ich hab ich kein Bewußtsein, und insofern ich kein Bewußtsein habe, insofern bin ich (für mich) nichts, also das absolute Ich ist (für mich) Nichts.* (MA II, 569)

Wenn aber die Substanz, also die Einheit von Subjekt und Objekt, das Absolute mithin, nicht von einem denkenden Bewusstsein erfasst werden kann – wie dann? Hölderlin ist überzeugt: Wir haben einen Zugang. Es ist aber nicht das Denken, auch nicht in seiner kraftvollen, bohrenden Intensität, wie Hölderlin es bei Fichte so faszinierend vorgeführt bekam.

Ein anderer Zugang eröffnet sich ihm: Es ist ein intuitives Empfinden der Natur, das dann im poetischen Wort nicht nur festgehalten, sondern zu seinem ganzen Reichtum entfaltet wird, wie etwa in den Naturschilderungen des »Hyperion«-Fragments: *Ich weis nicht, wie mir geschieht, wenn ich sie ansehe, diese unergründliche Natur; aber es sind heilige seelige Thränen, die ich weine vor der verschleierten Geliebten. Mein ganzes Wesen verstummt und lauscht, wenn der leise geheimnisvolle Hauch des Abends mich anweht. Verloren ins weite Blau, blik' ich oft hinauf an den Aether, und hinein ins heilige Meer, und mir wird, als schlösse sich die Pforte des Unsichtbaren mir auf und ich vergienge mit allem, was um mich ist.* (MA I, 509)

Hier löst sich das Gegenständliche auf. Das Ich stößt nicht, wie bei Fichte, auf den Widerstand eines Nicht-Ichs. Das Gefühl von Selbstbehauptung schwindet in den Wonnen des Hinübergleitens in das bergende Sein der Natur. Eine erotisch getönte Vereinigung. Ein Eintauchen ins *heilige Meer*, ein Hinübergehen durch die *Pforte des Unsichtbaren*. Doch auch wenn das »Ich« in solchen Ekstasen verschwindet, es bleibt doch erhalten wenigstens als Bühne dieser grandiosen Vermählung mit der Natur. Und so kam es, dass auch die Überwindung Fichtes in seinen Grenzen blieb. Mit Fichtes »Ich« ins Geheimnis der Welt vordringen: So verfuhr nicht nur Hölderlin, sondern auch die Romantiker, die jetzt nach und nach in Jena eintrafen.

Sie brachten das Kunststück fertig, mit Fichte und über ihn hinaus, das absolute Ich als Universalschlüssel zu nutzen. Sie projizierten die tief erfahrene Dynamik des eigenen Inneren ins Weltganze, in die Natur. Hölderlins Freund Schelling ging dabei eher systematisch vor. Novalis, mit dem Hölderlin bei Niethammer zusammentraf, eher intuitiv. »Nach innen geht der geheimnisvolle Weg«, schrieb Novalis, und: »Zur Welt suchen wir den Entwurf: dieser Entwurf sind wir selbst.« Novalis kontrastierte den »äußeren Blick« in die Natur, der Kausalitäten entdeckt, mit dem »inneren Blick«, dem sich »Analogien« erschließen. Diese »innere« Denkweise, die Logik der Analogie, ist genau das, was Hölderlin die *poetische Empfindung* nennt. Und auch bei Novalis wird, wie bei Hölderlin, die herzlose Analytik der Naturerkenntnis überwunden zugunsten einer Erotik des Naturumgangs.

Man konnte viel anfangen mit Fichtes Ich-Philosophie, gerade wenn man über sie hinausging, weshalb Friedrich Schlegel Fichtes Philosophie neben der Französischen Revolution und Goethes »Wilhelm Meister« zu den Haupttendenzen des Zeitalters rechnete.

Mit einem gewissen Wohlgefallen beobachtete Goethe das muntere Treiben der neuen Generation. Für ihn waren das genialische Leute, ein bisschen überspannt, sie stehen »auf der Kippe«, meint er, es könne mit ihnen schlimm enden, es würde ihm leidtun. Goethe hatte ein richtiges Gespür für die Gefahren des neuen Ich-Kults, und manche Romantiker sahen es ähnlich. Clemens Brentano notiert 1802: »Wer mich zu mich selbst weist, tötet mich …«

So empfand auch Hölderlin. Er spürte zwar den Aufwind des Ich-Kultes, und doch mochte er nicht nur auf sich selbst verwiesen werden. Sein Verlangen richtete sich noch auf etwas anderes als nur das eigene Ich: die Natur, die Antike mit ihren Göttern, die Geliebte. Etwas Größeres, Tieferes, als was man in sich selbst findet. Die Labyrinthe des Bewusstseins genügen nicht, es kommt auf das Sein an. Hölderlin ist auf der Suche nach einer anderen Erfahrung des – Seins.

In einem kurzen, fragmentarischen, unveröffentlichten Text, dem die Herausgeber den Titel »Urtheil und Seyn« gegeben haben, erkundet Hölderlin, in Auseinandersetzung mit Fichte, jenen Seins-Bezug, der vom reflektierenden Bewusstsein verfehlt wird. Für die andere, nicht objektivierende Annäherung ans Sein wählt er den Begriff der *intellectualen Anschauung.* (MA II, 49) Dieser Begriff kommt zwar schon bei Kant vor, doch wird er erst bei Schelling zentral, wobei sich Schelling möglicherweise von Hölderlin hat anregen lassen. »Intellectuale Anschauung« bedeutete bei Schelling, und eben auch bei Hölderlin, das gefühlsstarke, intuitive und poetisch bedeutsame Erfassen von Wirklichkeit, das anders als die sonstige Gegenstandserkenntnis eins wird mit dem Erkannten. Für Hölderlin gilt, dass nur die *intellectuale Anschauung* die Verbundenheit mit dem Sein gewährt: *Wo Subject und Object schlechthin … vereiniget ist …, da und sonst nirgends kann von einem Seyn schlechthin die Rede seyn, wie es bei der intellectualen Anschauung der Fall ist.* (MA II, 49) Selbstverständlich hat das Subjekt stets Bezug zum Sein, doch in der Weise des Getrenntseins. Es geht um die als Erlösung empfundene Erfahrung der aufgehobenen Trennungen. Darum ringt Hölderlin im praktischen Leben: in der Liebe, der Politik, der Freundschaft; darum geht es aber auch in der Poesie. Sie ist die Sprache des Trennungsschmerzes, der Sehnsucht nach Einheit und der selten gelingenden Versöhnung.

Im Gegensatz zu solcher Einheitserfahrung, so argumentiert der Text, steht das *Urtheil.* Hölderlin übernimmt von Fichte die im Wintersemester 1794/95 vorgetragene (falsche) Etymologie, wonach im Urteil die Ur-teilung steckt. Das Urteil rückt ab von dem, was es beurteilt. Hölderlin demonstriert das an Fichtes Satz »Ich bin Ich«.

Dieser Satz, ein klassischer Urteilssatz, hat zwar die Form des Identitätssatzes A = A, drückt aber doch keine Identität aus, weil das Ich, das im Selbstbewusstsein sich selbst gegenübertritt, nie zur Einheit mit sich selbst kommt. Wer über sich selbst urteilt, ist in dieser Selbstzerteilung immer auch ein anderer und nicht er selbst. Er befindet sich in einem Zustand des »unendlichen Mangels an Sein«, wie Schellings Ausdruck dafür lautet. Bei Hölderlin heißt es lakonisch: *Also ist die Identität* (Ich bin Ich, R. S.) *nicht = dem absoluten Seyn.* (MA II, 50)

Für Hölderlin ist das mehr als eine abstrakt-philosophische Überlegung, es verbirgt sich darin ein existentielles Problem. In guten Momenten fühlte er sich stark, mit Leben erfüllt, in einem euphorischen Sinne seinsverbunden; dann aber spürte er alles Leben aus sich entweichen, er entgleitet sich selbst, und er fühlt sich als Nichts, was ihn mit einem Gefühl der Panik zu lebensrettendem Widerstand anstachelt. Dieses Auf und Ab schilderte er einmal seinem Bruder: *Je angefochtener wir sind vom Nichts, das, wie ein Abgrund, um uns her uns angähnt, oder auch vom tausendfachen Etwas der Gesellschaft und der Thätigkeit der Menschen, das gestaltlos, seel- und lieblos uns verfolgt, zerstreut, um so leidenschaftlicher und heftiger und gewaltsamer muß der Widerstand von unsrer Seite werden.* (2. November 1797; MA II, 668f.) Es sind eher die erfüllten Momente, die ihn zur Poesie, und die krisenhaften, die ihn zur Philosophie bringen. *Das Mißfallen an mir selbst ... hat mich in die Abstraction hineingetrieben* (MA II, 595), schrieb er im September 1795 an Schiller, auf die philosophische Zeit in Jena zurückblickend.

Weil Hölderlin sich immer wieder vom Nichts oder von Erstarrung durch Kälte bedroht fühlte, war er für Fichtes Philosophie auch so empfänglich, denn sie hatte jenseits ihrer logischen Subtilitäten etwas Mitreißendes; Fichte ermunterte zur energischen Selbstergreifung ohne Wenn und Aber. Dass dabei dem Nicht-Ich, worunter bei ihm die ganze Natur rechnet, der Kampf angesagt wird, steht auf einem anderen Blatt und veranlasste Hölderlins kritische Einwände.

Hölderlin nahm während seiner Fichte-Studien weitere Umarbeitungen am »Hyperion« vor, in sie gingen seine Auseinandersetzungen mit Fichte ein. Im Anfang 1795 entstandenen Prosa-Entwurf zu einer geplanten metrischen Fassung bezichtigt sich Hyperion etwa einer Rücksichtslosigkeit gegen die Natur: *Ich achtete der Hülfe nicht, womit die Natur dem großen Geschäfte der Bildung entgegenkömmt ..., denn ich wollte sie beherrschen.* (MA I, 511) Doch ist dieser Hyperion immer noch insoweit von Fichtes grandiosem Subjektivismus angesteckt, als er den geistigen Gehalt der Natur ganz auf die Rechnung des Subjektes setzt. Was die Natur dem Menschen ist, das ist sie nicht von sich aus, objektiv, sondern dadurch, dass er sie selbst beseelt, also subjektiv. *Ich weis, daß nur Bedürfnis uns dringt, der Natur eine Verwandschaft mit dem Unsterblichen in uns zu geben und in der Materie einen Geist zu glauben, aber ich weis, daß dieses Bedürfnis uns dazu berechtigt. Ich weiß, daß wir da, wo die schönen Formen der Natur uns die gegenwärtige Gottheit verkündigen, wir selbst die Welt mit unserer Seele beseelen, aber was ist dann, das nicht durch uns so wäre wie es ist?* (MA I, 513)

Das ist noch reiner Transzendentalismus: Die höhere Bedeutung kommt noch nicht vom Objekt her, sondern vom Subjekt, auch und gerade das Göttliche. Doch ist der Drang, aus subjektiver Enge ins Offene zu kommen, stets spürbar. Das Göttliche mag sich im Menschen zeigen, es ist aber nicht einfach nur Einbildung. Es ist etwas Objektives, das es gibt und dem wir begegnen können. Darum kreist das poetische Werk Hölderlins bis zum Ende: Was ist es, das uns fehlt, wonach wir uns sehnen, das uns in erfüllten Augenblicken begegnet und das man dann »das Göttliche« nennen kann? Gibt es das, erfinde ich es nur oder wo dazwischen hat es seine Wirklichkeit?

Bei Fichte, diesem großen Anreger Hölderlins in diesen Monaten, liegt der Schwerpunkt eindeutig im Subjekt – alles geht von ihm aus und läuft auch darauf zurück. »Aller Realität Quelle ist das Ich«, erklärt er, und folglich: »alle Realität des Nicht-Ich ist lediglich eine aus dem Ich übertragene.« Monströs erscheinen diese Überlegungen, wenn unterstellt wird, es würde hiermit eine Außenwelt geleugnet und ein absoluter Solipsismus behauptet werden. Das aber ist bei Fichte nicht der Fall. Selbstverständlich gibt es auch für ihn »Außenwelt«. Obwohl es eine Welt von sehr wirklichen Dingen gibt, erinnert Fichte unablässig daran, dass es eine vom Ich modellierte Welt ist. Damit will er vor der Selbstverdinglichung warnen, die den äußeren Dingen und Vorkommnissen ein Zuviel an Macht erteilt, die sie nicht hätten, wenn das Ich sich seiner selbst bewusst würde. Ein mutloses Ich verleiht der äußeren Wirklichkeit zusätzliche Macht. Dieser aufmunternde Gedanke Fichtes wirkt im Hintergrund, wenn Hölderlin dem Bruder schreibt: *Aber wer erhält in schöner Stellung sich, wenn er sich durch ein Gedränge durcharbeitet, wo ihn alles hin und her stößt? Und wer vermag sein Herz in einer schönen Gränze zu halten, wenn die Welt auf ihn mit Fäusten einschlägt?* (2. November 1797; MA II, 668)

Fichte wirkte polarisierend. Die einen riss er mit, die anderen empörten sich gegen ihn, und die dritte Gruppe, zu der Hölderlin gehörte, war hin- und hergerissen. »Es war eine gefährliche Zeit für Jünglinge von Geist«, erinnert sich später der Zeitzeuge Henrik Steffens, »heftig aufgeregt und angezogen … bewegte sich das Leben zwischen lauter Extremen …« (Steffens, 63) Kein Wunder, dass man für jeden Extremismus folglich Fichtes Ich-Philosophie verantwortlich machte. Da nützte es wenig, dass sich Fichte gegen das Missverständnis verwahrte, als rechtfertige seine Ich-Philosophie Rücksichtslosigkeit und Egoismus. Deshalb legte er sich auch mit den randalierenden Studentenorden in Jena an, die sich zum Teil auf ihn beriefen. Er machte sich bei ihnen verhasst, und sie bewarfen sein Haus mit Steinen. Er floh nach Oßmannstedt, und Schiller schrieb an Goethe, es gebe zurzeit wenig aus Jena zu vermelden, »denn mit Freund Fichte ist die reichste Quelle von Absurditäten versiegt«. (15. Mai 1795; Goethe 8.1, 77)

Die neue Lust, ein Ich zu sein, bekam durch Fichte einen mächtigen Auftrieb. Er begünstigte den Jugendkult der neuen Wilden, der Goethe in »Faust II« zu spöttischen Versen anregte, die er damals notierte: »Hat einer dreißig Jahr vorüber, / So ist er schon so gut wie todt. / Am besten wär's, euch zeitig todtzuschlagen«. (Goethe 18.1, 175)

Der Sturm und Drang hatte solchen Stimmungen vorgearbeitet. In dieser Tradition lernte man einen trotzigen Selbstbezug, der sich gegen die Konventionen der Gesellschaft auflehnte. Die Fanfarenstöße von Rousseaus berühmten, epochemachenden Sätzen klangen noch nach: »Ich alleine. Ich lese in meinem Herzen und kenne die Menschen. Ich bin nicht wie einer von denen geschaffen, die ich gesehen habe« (Rousseau, Bekenntnisse), und auch Goethes Antwort darauf im »Werther« war noch nicht vergessen: »Ich kehre in mich selbst zurück, und finde eine Welt!« (Goethe 1.2, 203) So wollte man auch sein, so reich nach innen und so mächtig auf die Welt ausstrahlend.

Bei Fichte bekam das Wort »Ich« ein großes Bedeutungsvolumen, wie später – durch Nietzsche und Freud – das »Es«. Der popularisierte Fichte wurde zum Kronzeugen für ein »Ich«, das sich viel zutraut und deshalb euphorisch stimmt.

Diese Euphorie wirkte im Hintergrund, als Hölderlin, Hegel und Schelling ein Jahr später die Umrisse einer neu zu stiftenden Mythologie skizzieren. Solches trauten sich die drei durchaus zu. Später nannte man diese Skizze, die in Hegels Handschrift erhalten ist und nach heutiger Forschungsmeinung als Gemeinschaftsprodukt der Freunde gilt, »Das älteste Systemprogramm des deutschen Idealismus«. Von dieser Schrift wird im nächsten Kapitel die Rede sein.

Hölderlin sah in Fichte, wie Hegel an Schelling schrieb, einen »Titanen, der für die Menschheit kämpfe«. (MA III, 584) Doch war Hölderlin Fichte gegenüber durchaus nicht unkritisch, wie wir gesehen haben. Er suchte Wege mit ihm und über ihn hinaus. Doch die Anregungen, die von ihm ausgingen, griff er begierig auf. Noch zwei weitere Gedanken Fichtes seien genannt, die auch Eingang in die »Hyperion«-Umarbeitungen fanden.

Zum einen der Gedanke, dass es im Menschen einen Trieb zur unendlichen Expansion gibt, eine Kraft, die erst zu Bewusstsein kommt, wenn sie sich am Widerstand bricht. Bewusstsein wäre dann also zu verstehen als Urschmerz. Das Erwachen des Bewusstseins ist verbunden mit dem Leiden an der wachsenden Einschränkung, die innere Unendlichkeit stirbt. Im Prosaentwurf zur metrischen Fassung des »Hyperion« findet Hölderlin für diesen Gedanken Fichtes die folgende Formulierung: *Nun fülen wir tief die Beschränkung unseres Wesens, und die gehemmte Kraft sträubt sich ungeduldig gegen ihre Fesseln, und doch ist etwas in uns das diese Fesseln gerne behält – denn würde das Göttliche in uns von keinem Widerstande beschränkt, so wüßten wir von nichts außer uns, und so auch von uns selbst nichts, und von sich nichts zu wissen, sich nicht zu fülen, und vernichtet seyn, ist für uns Eines.* (MA I, 513) Wir brauchen, heißt das, die Grenze, um das Grenzenlose überhaupt erfahren zu können. Würden wir im Grenzenlosen vollkommen aufgehen, würden wir es gar nicht bemerken können. Es wäre ein Sein ohne Bewusstsein. Die Polarität ist also nötig.

Ein weiterer Gedanke Fichtes, der bei Hölderlin eingeschlagen hatte, ist der folgende: Es gibt, nach Fichte, eine innere Polarität zwischen dem »reinen Ich« und dem empirischen, von außen geprägten Ich. Die Lebensarbeit des Menschen besteht nun darin, diese beiden Ichs in Übereinstimmung zu bringen, was nur in unendlicher Annäherung gelingen kann. Ebendeshalb ist unser innerstes Wesen auch auf Unendlichkeit hin angelegt. (Vgl. Fichte, Von den Pflichten ..., 7)

An diesem Gedanken gewinnt Hölderlin eine wichtige Idee für die weitere Umgestaltung seines »Hyperion«. Er wird nämlich in der endgültigen Fassung die Geschichte Hyperions ausrichten am Modell der unendlichen Annäherung. Hyperion wird, statt zu verzweifeln, weiter auf der Suche bleiben. Das »reine Ich« gibt die Richtung an. Diese Orientierung nennt Hölderlin in einem Brief an seinen Bruder das *heilige Gesez unserer Moralität.* (MA II, 577)

Das deckt sich nicht mit dem schlichten kategorischen Imperativ Kants. Denn das reine Ich, das wie ein Gewissen wirkt, ist bezogen auf eine jeweilige Individualität. Es ist die reine Form genau dieser Individualität, ihr inneres Telos. Das *heilige Gesez* ist das individuelle Gesetz des Selbstwerdens: *keinem*, so schreibt er seinem Bruder, *kann der Gebrauch seiner Kräfte oder ihrer Producte auf eine Art streitig gemacht werden, die ihn mehr oder weniger hinderte, seinem Ziele, der höchstmöglichen Sittlichkeit, näher zu kommen.* (Ebd.) Diese *höchstmögliche Sittlichkeit* aber hat eine durchgehend individuelle Gestalt.

Dass Fichte indes das reine Ich nicht als das individuelle, sondern als das allgemeine versteht, das steht auf einem anderen Blatt. Hölderlin ist frei genug, sich seinen Fichte so zurechtzulegen, wie er ihn braucht. Für ihn jedenfalls bedeutet die Annäherung ans reine Ich höchste Individualisierung im Sinne von: Werde, der du bist.

ACHTES KAPITEL

Plötzliche Abreise aus Jena. Schillers Nähe gesucht und geflohen. In die Philosophie verstrickt. Quälende Widersprüche. Philosophie der Freiheit und der junge Schelling. Philosophie oder Poesie. »Das älteste Systemprogramm des deutschen Idealismus«. Die Stiftung einer neuen Mythologie und die Schönheit.

Irgendwann zwischen Ende Mai und Anfang Juni 1795 verließ Hölderlin plötzlich Jena. In einer später gestrichenen Verszeile des »Heidelberg«-Gedichtes, die auf diesen überstürzten Aufbruch anspielt, nennt er sich einen *vertriebenen Wandrer / der vor Menschen und Büchern floh.* (KA 1, 669)

Angedeutet hatte sich eine solche Flucht nicht. Noch am 22. Mai hatte er an die Mutter geschrieben, er sei *zufrieden* mit seiner *Eingezogenheit und zuweilen* sei er sogar *fröhlich.* (MA II, 588) Es sind zahlreiche Vermutungen geäußert worden, etwa die, Hölderlin habe von der baldigen Niederkunft Wilhelmine Kirms' erfahren und sei deshalb in Panik abgereist, um den damit verbundenen Verwicklungen aus dem Weg zu gehen. Bezeugt ist allerdings nur seine Befangenheit, vielleicht auch sein schlechtes Gewissen, wenn er später auf Bekannte aus der Waltershausener Zeit traf, so als gäbe es da ein delikates Geheimnis.

Oder die, dass ihm das gemeinsame Leben im Gartenhaus unerträglich wurde der homoerotischen Nähe wegen, die Sinclair suchte. Richtig ist, dass Hölderlin später in der Homburger Zeit das Angebot Sinclairs, bei ihm Wohnung zu nehmen, ausschlug, vielleicht weil er das gemeinsame Wohnen in unguter Erinnerung behalten hatte. Doch sonst scheint es keine Trübung der Freundschaft gegeben zu haben, jedenfalls keinen Grund für eine überstürzte Abreise. Denn nur vier Monate später rühmte Hölderlin dem neu gewonnenen Freund Johann Gottfried Ebel gegenüber Sinclair in den höchsten Tönen: Bewundernswert sei bei ihm nicht nur die *Reife des Verstandes*, sondern vor allem die *unbestechliche Reinigkeit des Gemüths.* (MA II, 599) Nicht auszuschließen ist allerdings, dass der im Praktischen eher zurückhaltende Hölderlin Probleme bekam mit dem umtriebig-aufrührerischen Wesen Sinclairs. Der war Mitglied eines Studentenordens, der sich an Krawallen beteiligte. Als Hölderlin Jena verließ, war auf Sinclair bereits ein Verdacht gefallen, er stand unter Beobachtung. Es könnte sein, dass Hölderlin vermeiden wollte, in die Geschichte hineingezogen zu werden, und deshalb abreiste, ehe die Lage eskalierte. Und wirklich wurde nur wenige Wochen nach Hölderlins Abgang Sinclair als Rädelsführer zusammen mit einigen anderen der Universität verwiesen. Wäre also Hölderlin abgereist, um nicht in solche Geschichten verwickelt zu werden, wäre das ein Vorspiel gewesen zu dem Hochverratsprozess gegen Sinclair, in den Hölderlin dann wirklich hineingezogen wurde. Doch das sind, wie gesagt, nur Vermutungen. In Hölderlins Briefen aus der Jenaer Zeit finden sich keine Anhaltspunkte dazu.

Weiterhin gibt es da noch die These vom Scheitern des »Jena-Projektes«. Als Hölderlin, von Fichte angeregt, intensive philosophische Studien betrieb, hatte er eine Weile mit dem Gedanken gespielt, sich um eine philosophische Privatdozentur in Jena zu bewerben. Er hatte der Mutter das Vorhaben angekündigt, damit sie ihn nicht weiterhin mit Angeboten von Pfarrstellen überhäufte. So ganz ernst gemeint aber waren seine Pläne wohl doch nicht, denn schon am 12. März 1795 signalisiert er der Mutter, er hänge *nicht leidenschaftlich an dem Gedanken, hier mich etabliren zu können* (MA II, 575), und dem Bruder gegenüber betonte er, an dem *Professorstitel* liege ihm gar nichts und überhaupt sei die *Professorsbesoldung* in Jena sehr unbeträchtlich und manche Lehrkräfte bekämen gar keine. (13. April 1795; MA II, 579) Es würde ihm also finanziell gar nicht helfen, wenn er versuchen würde, sich hier zu etablieren. Das waren Überlegungen, die bei Hölderlin allmählich reiften und deshalb schlecht zur überstürzten Abreise passen. Anderes musste da noch dazugekommen sein.

Da war die Geschichte mit Schiller. Hölderlin war in seinem Hause häufiger zu Gast und fühlte sich von ihm freundschaftlich, sogar *väterlich* behandelt. Schiller förderte ihn, veröffentlichte seine Gedichte und das »Hyperion«-Fragment, gewann Cotta als Verleger für den Roman und betraute ihn, auch um ihn finanziell zu unterstützen, mit Übersetzungsarbeiten, die gut honoriert wurden. Zuletzt war es die »Phaeton«-Geschichte aus Ovids »Metamorphosen« für den »Musenalmanach«. Es lässt sich darüber spekulieren, warum Schiller ihm gerade diesen Text für die Übersetzung angeboten hatte, vielleicht war sogar eine erzieherische Absicht im Spiel und er wollte den jungen Dichter vor dem Schicksal Phaetons warnen, der zu hoch hinauswollte und der Sonne zu nahe gekommen und dann abgestürzt war. Wie auch immer, Hölderlin machte sich zunächst mit Lust ans Werk: *ich bin noch von keiner Arbeit mit solcher Heiterkeit weggegangen, als bei dieser*, schrieb er an Neuffer. (28. April 1795; MA II, 583) Doch die Heiterkeit hielt nicht an. Schiller hatte ihm die Strophenform der Stanzen empfohlen, während Hölderlin Hexameter bevorzugte. Vielleicht wäre er besser seinem Stilempfinden gefolgt, so aber tat er sich schwer. In einem Brief an den Bruder wirft er Schiller später sogar vor, ihn mit einem *albernen Probleme* (MA II, 617) gequält zu haben. Während er sich noch mit dem Problem herumschlug, war er allerdings nicht imstande, Schiller Vorwürfe zu machen. Das geschah erst im Rückblick. Aus dem Augenblick heraus nahm er alle Schuld am Scheitern auf sich. *Aber man findet doch immer bald wieder, wie schülerhaft man in manchem ist* (22. Mai 1795; MA II, 588), heißt es in einem Brief an die Mutter kurz vor der Abreise.

Hölderlin brach die inzwischen nur noch lustlos ausgeführte Übersetzung ab und war verzweifelt, seinen Mentor doppelt enttäuscht zu haben, einmal mit der gescheiterten Übersetzung, zum anderen mit dem immer noch unfertigen »Hyperion«-Roman, für den Schiller den Verleger Cotta gewonnen und dem er den baldigen Abschluss versprochen hatte. Hölderlin plagte ein schlechtes Gewissen und die Scham, vor seinem Meister versagt zu haben.

Erst einige Wochen nach der Abreise hatte sich Hölderlin so weit gefangen, dass er am 23. Juli 1795 Schiller von Nürtingen aus seine Abreise erklären konnte: *Es ist sonderbar, daß man sich sehr glüklich finden kann unter dem Einfluß eines Geistes ... blos durch seine Nähe, und daß man ihn mit jeder Meile, die von ihm entfernt, mehr entbehren muß. Ich hätt' es auch schwerlich mit all' meinen Motiven über mich gewonnen, zu gehen, wenn nicht eben diese Nähe mich von der andern Seite so oft beunruhiget hätte. Ich war immer in Versuchung, Sie zu sehn, und sah Sie immer nur, um zu fühlen, daß ich Ihnen nichts seyn konnte. ... weil ich Ihnen so viel seyn wollte, mußt' ich mir sagen, daß ich Ihnen nichts wäre.* (23. Juli 1795; MA II, 589f.)

Hölderlin hatte die Nähe Schillers gesucht, sie dann aber nicht ertragen, und deshalb war er aus Jena geflohen – das ist im Kern die Aussage eines Briefes voller quälender Reflexionen über die Art seiner *Anhänglichkeit* an Schiller. Sie soll nicht unterwürfig erscheinen wie bei einem *Hofdienst*, doch einen Umgang von Gleich zu Gleich empfindet er anmaßend. Wie das Verhältnis zu Schiller in ein Gleichgewicht kommen könnte, darüber denkt Hölderlin in diesem Brief nach, ohne zu einem Ergebnis zu kommen, denn das Versprechen, *gut hauszuhalten* mit Schillers Anregungen, setzt immer noch voraus, dass er seinerseits dem Meister nichts zu geben habe.

Schiller antwortete nicht, vielleicht machte ihn die Befangenheit Hölderlins ebenfalls befangen; vielleicht war er auch wirklich enttäuscht, sogar gekränkt darüber, dass der »liebste Schwabe« sich so ohne Vorankündigung entzog, denn er hatte ja mit Hölderlin noch einiges vorgehabt, zum Beispiel wollte er ihn in die Redaktion der »Horen« aufnehmen.

Schillers Schweigen war für Hölderlin schwer zu ertragen. Deshalb schrieb er ihm wenige Wochen später noch einmal, am 4. September 1795, traurig und elegisch: *Ich fühle nur zu oft, daß ich eben kein seltner Mensch bin. Ich friere und starre in dem Winter, der mich umgiebt. So eisern mein Himmel ist, so steinern bin ich.* (MA II, 596)

In diesem Brief findet sich das für Hölderlins Verhältnis zum Philosophieren höchst aufschlussreiche Bekenntnis: *Das Mißfallen an mir selbst … hat mich in die Abstraction hineingetrieben.* (MA II, 595) Ähnlich heißt es in einem Brief an Neuffer, er habe *wieder zu Kant* seine *Zuflucht genommen, wie immer, wenn ich mich nicht leiden kan.* (MA II, 602) Auch dem Philosophen Niethammer bekennt er seine Neigung, sich in *Abstractionen* verstricken zu lassen immer dann, wenn er mit sich selbst *uneins* sei. (MA II, 614)

Nun waren die letzten Monate in Jena ganz der Philosophie gewidmet, das wäre demnach eine Periode der Selbstentfremdung gewesen, die er am Ende nicht mehr ausgehalten hätte. Die Flucht aus Jena also eine Flucht vor der Philosophie? Vor einer Philosophie aber, die ihn im doppelten Sinne fesselt: Sie zieht ihn an und raubt ihm die Freiheit. Niethammer gegenüber sprach er es deutlich aus: *Die Philosophie ist eine Tyrannin, und ich dulde ihren Zwang mehr, als daß ich mich ihm freiwillig unterwerfe.* (MA II, 614)

Wenn Hölderlin vor der Philosophie geflohen war, so nicht deshalb, weil er sich von ihr abgestoßen gefühlt hätte, sondern weil sie ihn nicht losließ. Er konnte sich von den Gedanken, die in seinem Kopfe so widersprüchlich herumgingen, nicht so einfach verabschieden. Sie gingen ihn zu viel an. Er konnte nicht von ihnen lassen, doch auch nicht ihre Spannungen auflösen. *Verschiedene Linien verschlingen sich in meinem Kopf, und ich vermag sie nicht zu entwirren*, heißt es in einem Brief an Niethammer, worin er seinen verwirrten Zustand zu beschreiben versuchte. (MA II, 614)

Was hat sich da in seinem Kopf so verwirrt, dass er es in Jena bei den Philosophen offenbar nicht mehr aushielt? Es sind philosophische Probleme, die von der kantischen »Revolution der Denkungsart« aufgeworfen werden, die für Hölderlin nicht nur von akademischer, sondern von existentieller Bedeutung sind.

Es sind zwei miteinander verknüpfte Fragen, die ihn umtreiben und mit denen wir uns im vorausgehenden Kapitel bereits bekannt gemacht haben: Wie bekomme ich, erstens, eine Verbundenheit mit dem umfassenden Sein, zu dem ich gehöre und von dem ich mich doch eigenartig getrennt fühle; und reicht, zweitens, die von Fichte mächtig entwickelte Vertiefung ins Ich, also in den subjektiven Pol, aus, um die prekär gewordene Seins-Verbundenheit wiederherzustellen?

Vergegenwärtigen wir uns noch einmal die damalige philosophische Situation, aus der heraus sich diese Fragestellungen und auch die Vorschläge zur Auflösung der Spannungen ergeben.

Kant hatte in der »Kritik der reinen Vernunft« die Möglichkeit der Naturerkenntnis genau analysiert, doch zugleich deutlich gemacht, dass wir nicht wissen können, was die Natur »an sich« ist. Wir wissen immer nur, was sie »für uns« ist. Dieses Unerkennbare und ebendarum Geheimnisvolle hatte Kant als »Ding an sich« bezeichnet. Mit dem »Ding an sich« war eine neuartige Transzendenz am Horizont erschienen; keine Transzendenz des alten Jenseits, sondern eine immanente Transzendenz als das schlechthin Unerkennbare. Kant hatte mit großer Gelassenheit das erkenntnistheoretische »Ding an sich« auf sich beruhen lassen. Doch zu dieser königsbergischen Gelassenheit war man in den nun anbrechenden wilden Jahren der Philosophie nicht aufgelegt. Man wollte das »Ding an sich« enthüllen, ins Herz der Welt vorstoßen. Das konnte man von zwei Seiten aus, von der subjektiven Seite, also vom Geist her, oder von der objektiven Seite, von der Materie her. Der erste Weg führte zum Idealismus, der zweite zu Materialismus und Naturalismus. Beide Male suchte man Zugänge zu dem, was die Welt zuinnerst zusammenhält, Vorstöße ins Geheimnis des Seins, Vorschläge zur Erneuerung der Seins-Verbundenheit. Das eine Mal vergeistigt man die Natur, das andere Mal naturalisiert man den Geist, das eine Mal entfacht man das Feuer der Freiheit, das andere Mal verschwindet die Freiheit in Determinismus und Kausalität. Man sieht den Menschen dann als rundum bedingt und nimmt ihn, wie Schelling sagt, als »Ding unter Dingen«.

Schelling, der als Jahrgangsjüngster noch im Stift ausharren musste, war es, der in seiner 1795 verfassten genialen Schrift »Vom Ich als Prinzip der Philosophie oder über das Unbedingte im menschlichen Wissen« diese Alternative von Idealismus und Naturalismus so klar benannte. Für den subjektiven Pol setzte Schelling Fichte, für den objektiven Spinoza. Für den einen ist das Subjekt das Absolute, für den anderen das Objekt.

Dieses Absolut-Setzen des Subjekts oder des Objekts überwindet die Kluft zwischen dem Subjektiven und dem Objektiven nur so, dass die jeweilige andere Seite eliminiert oder an den Rand gedrängt wird. Eine wirkliche Versöhnung des Gegensatzes ist das nicht. Auf Versöhnung aber kam es dem jungen Schelling an, und auf Versöhnung kam es auch Hölderlin an.

Der junge Schelling hatte in dieser Schrift, die Hölderlin noch im Jahr ihres Erscheinens, 1795, mit viel Zustimmung und einigem Vorbehalt las, den Versuch unternommen, sich so ins Ich hineinzudenken, dass von dorther ein Übergang gefunden werden könnte in die innere Dynamik der Natur. Der junge Schelling folgte dabei einer Spur, die letztlich auch wieder zu Kant zurückführte. Es war die Spur der Freiheit.

Kant hatte ja nicht nur das »Ding an sich« als das schlechthin Unerkennbare bestimmt, er hatte auch mit einer beispiellos kühnen Wendung dieses »Ding an sich« von der Außenwelt in die eigene Innenwelt verlegt. Wir sind für uns selbst ein unerkennbares »Ding an sich«. So verwandelt sich die ehemals erhabene Transzendenz in den blinden Fleck unserer Existenz, in das Dunkel des gelebten Augenblicks. Das hat eine dramatische Konsequenz. Denn wenn wir uns selbst als äußere Realität erklären, zeigen sich nur Kausalitäten. Von innen aber erleben wir die Freiheit. Hinterher und von außen werden wir dann die Freiheit wieder wegerklären können, was das Geschäft der erklärenden Wissenschaften ist. Es ist wie auf einer Drehbühne: derselbe Vorgang, auf der einen Seite als Freiheit erlebt, von der anderen Seite als Notwendigkeit erklärt. In jedem Augenblick des Handelns zerreißt das Universum des notwendigen Seins. Im Augenblick der Freiheit kann man seine Synapsen und Gene nicht fragen, was man tun und wie man sich entscheiden soll. Kant erläutert diesen fundamentalen Dualismus zwischen innerer Erfahrung und äußerer Wahrnehmung an einem trivialen Beispiel: »Wenn ich jetzt … völlig frei, und ohne den notwendig bestimmenden Einfluß der Naturursachen von einem Stuhle aufstehe, so fängt in dieser Begebenheit, samt deren natürlichen Folgen ins Unendliche, eine neue Reihe schlechthin an.« (Kant 4, 432) Hinterher, wenn ich dann aufgestanden sein werde, lässt sich alles erklären, dann gibt es nur noch Kausalität und nicht mehr das Ereignis der Freiheit.

Der Mensch lebt in zwei Welten. Einerseits ist er, in Kant'scher Terminologie, ein »Phainomenon«, ein Element der sinnlichen Welt, das nach deren Gesetzen existiert; andererseits ist er ein »Noumenon«, ein »Ding an sich« – ein lebendiges Etwas. Das niemals zureichend objektiviert werden kann, weil es zugleich das Subjekt jeder Objektivierung ist. Beim Versuch, sich zu begreifen, bleibt ein blinder Fleck. Das inwendige »Ding an sich« ist das Mysterium der Freiheit. Jeder lebt aus ihr, kaum einer begreift sie. Sie lässt sich auch nicht begreifen, man kann nur auf sie hinweisen.

Was der junge Schelling nun auf seine genialische Weise unternimmt, ist Folgendes: Er löst das von Kant entdeckte Mysterium der Freiheit, die man erfahren, aber nicht erklären kann, aus dem dualistischen Kontext. Die Freiheit, die ich so überwältigend als Spontaneität erlebe, als schöpferische Kraft, als unendliche innere Bewegung, als das nicht Fixierbare, als das, »was schlechterdings nicht zum Ding gemacht werden kann« – diese Freiheit also deutet er, zunächst in tastenden Versuchen, später naturphilosophisch explizit, als Weltprinzip. Freiheit wird in die Natur projiziert. Dann erscheint das Ganze nicht mehr als Mechanismus, sondern als ein Universum der schöpferischen Spontaneität. Es komme darauf an, schreibt Schelling, »den Widerstreit zwischen Freiheits- und Naturgesetzen in einem höheren Prinzip zu vereinigen, in welchem Freiheit selbst Natur und Natur Freiheit ist«. (Schelling 1, 131)

Der überbegabte junge Schelling konnte virtuos mit Begriffen spielen, doch sein Spiel war angetrieben vom existentiellen Verlangen, den Einheitspunkt des Lebendigen zu finden und damit den Dualismus zwischen dem gelebten und dem erkannten Leben zu schlichten. Wie kein anderer vor ihm hat Schelling die Freiheit als vereinigendes Moment nicht nur zum Thema, sondern zum Ausgangspunkt des Philosophierens gemacht. Er lässt nämlich die Philosophie nicht mit irgendwelchen Grundsätzen, Übereinkünften, Schulweisheiten beginnen, sondern mit einem freien Impuls. Der philosophische Akt, mit dem das Philosophieren beginnt, ist schöpferische Spontaneität. Der ganze Zweck seiner Schrift, schreibt Schelling, sei »zu beweisen, dass wahre Philosophie nur mit freien Handlungen beginnen könne«. (Schelling 1, 132) Eine freie Handlung aber braucht man nicht zu beweisen, man muss sie nur vorführen.

Als Hölderlin diese Sätze Schellings über das freie Handeln der Philosophie im Frühjahr 1795 las, regte sich bei ihm das Bedürfnis, den Freund wieder einmal zu treffen. Und als er ihn dann nach seiner Flucht aus Jena im Spätsommer 1795 in Tübingen besuchte, werden sie gewiss auch darüber gesprochen haben, denn Hölderlin erlebte Philosophie zurzeit durchaus nicht, wie Schelling, als ein freies Handeln, sondern er fühlte sich unter ihrem Zwang, sie war ihm, wie er an Niethammer schrieb, *eine Tyrannin*, freilich eine, die ihn zugleich faszinierte und nicht losließ.

Doch das war ihm inzwischen, auch in der philosophischen Selbstprüfung, zur Gewissheit geworden: Das wirklich »freie Handeln« geschieht bei ihm woanders, nämlich in der Poesie. Poesie ist nicht an die Wirklichkeit gefesselt, sie schafft neue Wirklichkeiten; sie ist nicht einfach nur weltabbildend und welterklärend, sondern sie ist im eminenten Sinne weltschaffend.

Die Vorrede zur vorletzten Fassung des »Hyperion«, der letzte Text vor dem Abgang aus Jena, entwickelt hochphilosophisch die Überlegenheit der Poesie über die Philosophie beim Versuch, die Trennungen zu überwinden und die Seins-Verbundenheit zu erreichen. Dieser Text enthält das unverhohlene Bekenntnis zur erlösenden Kraft der Schönheit: *Die seelige Einigkeit, das Seyn, im einzigen Sinne des Worts, ist für uns verloren und wir mußten es verlieren, wenn wir es erstreben, erringen sollten. Wir reißen uns los vom friedlichen Hen kai Pan der Welt, um es herzustellen, durch uns Selbst. Wir sind zerfallen mit der Natur, und was einst, wie man glauben kann, Eins war, widerstreitet sich jezt … Jenen ewigen Widerstreit zwischen unserem Selbst und der Welt zu endigen, den Frieden alles Friedens, der höher ist, denn alle Vernunft, den wiederzubringen, uns mit der Natur zu vereinigen zu Einem unendlichen Ganzen, das ist das Ziel all' unseres Strebens, wir mögen uns darüber verstehen oder nicht. Aber weder unser Wissen noch unser Handeln gelangt in irgend einer Periode des Daseyns dahin, wo aller Widerstreit aufhört, wo Alles Eins ist … Wir hätten auch keine Ahndung von jenem unendlichen Frieden, von jenem Seyn, im einzigen Sinne des Worts, wir strebten gar nicht, die Natur mit uns zu vereinigen, … wenn nicht dennoch jene unendliche Vereinigung, jenes Seyn, im einzigen Sinne des Worts vorhanden wäre. Es ist vorhanden – als Schönheit; es wartet, um mit Hyperion zu reden, ein neues Reich auf uns, wo die Schönheit Königin ist.* (MA II, 558f.)

Dies Bekenntnis zur Schönheit umfasst den rezeptiven und produktiven Aspekt. Zum einen handelt es sich um das, was in Natur und Kunst in der Wahrnehmung als schön empfunden wird. Zum anderen gibt es die Schönheiten, die man selbst hervorbringt. Diesen Aspekt hat der Poet Hölderlin besonders im Auge. Was bedeutet jene angestrebte *Vereinigung* für den schöpferisch-künstlerischen Prozess des Dichtens? Sie bedeutet, dass die Kräfte des Empfindens, der Sinnlichkeit, der »inneren Natur« des Menschen also, wie man das damals nannte, sich verbinden mit Verstand und Vernunft, mit den intellektuellen Kräften also. Im künstlerischen Schaffen ist, anders als beim reinen Denken und Erkennen, der ganze Mensch beteiligt. Das ganzheitliche Zusammenwirken der menschlichen Wesenskräfte, ihr freies Spiel, eröffnet die Möglichkeit der Schönheit.

Anders gesagt: Das Wahrnehmen von Schönheit lässt ein versöhntes Sein ahnen – noch aus der Distanz. Doch wenn man Schönheit schafft, erfährt man ganz unmittelbar etwas von diesem versöhnten Sein. Man wird Teil davon. Solche Seins-Verbundenheit wird man nicht ergrübeln können, die erfährt man eben nur im schöpferischen

Tun. Der philosophische Gedanke kann zwar auf diese Erfahrung verweisen, bleibt aber diesseits von ihr.

So weit ungefähr war Hölderlin mit seinem philosophischen Nachdenken über sein poetisches Tun gekommen, als er Schelling im Spätsommer 1795 in Tübingen traf.

Auch Schelling, der noch bis in den Sommer 1795 in Tübingen mit seinen diversen Examina beschäftigt war und gleichzeitig in der philosophischen Szene bereits als großer Name gehandelt wurde, wollte Hölderlin wieder einmal treffen. Er war ein wenig gekränkt, dass Hölderlin bisher noch nichts hatte von sich hören lassen. »Hölderlin?«, schrieb er Anfang 1795 an Hegel. »Ich vergeb' es seiner Laune, daß er unsrer noch nie gedacht hat.« (Hegel, Briefe I, 13) Hegel antwortete sofort, versprach, Hölderlin zu ermahnen. Er schilderte dessen Begeisterung für Fichte und beruhigte den um die Fortdauer der Freundschaft besorgten Schelling: »Daraus, daß er (Hölderlin) Dir nicht schreibt, darfst Du nicht auf Kälte in der Freundschaft schließen.« (Ebd.)

Als Hölderlin Schelling in Tübingen besuchte, hatte er offenbar die Niedergeschlagenheit kurz nach der Flucht aus Jena bereits überwunden. Magenau, der ihn damals unmittelbar nach dem Eintreffen in der Heimat traf, war alarmiert gewesen. Er schilderte Hölderlin als einen Menschen, der gar nicht mehr sprechen wollte, »er war abgestorben allem Mitgefühl mit seines Gleichen, ein lebender Todter!«. (MA III, 589) Dieser Zustand war überwunden, als Hölderlin einige Wochen später die Freundschaft mit Schelling in intensiven philosophischen Gesprächen erneuerte. Hölderlin war wieder bei Kräften und fühlte sich auch ein wenig geschmeichelt, weil Schelling ihn spüren ließ, dass er philosophisch große Stücke auf ihn halte. Das war ungewöhnlich, denn Schelling war ein außerordentlich selbstbewusster, stolzer Charakter, der selten Anerkennung bekundete. Da ihm die meisten geistig weit unterlegen waren, pflegte er mit freundlicher Ironie zu reagieren, wenn ihn etwas nicht sonderlich anging. War es ihm wichtig, sparte er nicht mit scharfen Bemerkungen. Das angemaßt Herrische reizte ihn, und er scheute sich nicht, solchem Verhalten die Stirn zu bieten, auch wenn er hochgestellten Herren gegenübertrat. Etwas Herrisches hatte er selbst. So lehnte er es ab, bei der Dissertation, wie üblich, die Thesen des Professors zu verteidigen, und legte dafür eigene Thesen vor. Er war durch nichts einzuschüchtern. Er war jedoch nicht unnahbar. Manchmal schätzte er auch anspruchslose Geselligkeit. Als Schelling einige Jahre später in Jena war, pflegte er das Kartenspiel mit Schiller, der sich dann darüber ärgerte, die Gelegenheit zum Gespräch mit diesem jungen Genie nicht besser genutzt zu haben.

Schelling war, als ihn Hölderlin besuchte, begierig, etwas von Fichte zu hören, und Hölderlin soll zu ihm gesagt haben: »Sei du nur ruhig, du bist grad so weit als Fichte, ich hab ihn ja gehört.« (Zit. n. Tilliette, 36) Beide führten intensive Gespräche, teils im Stift, teils bei Spaziergängen am Ufer des Neckars. Dass Schelling durch Hölderlin auf die Idee der versöhnenden Macht der Schönheit gebracht wurde, lässt sich zwar nicht beweisen, doch ist es auffällig, dass Schelling erst nach der Wiederbegegnung mit Hölderlin ähnliche Gedanken zu entwickeln begann.

Das zweite Mal trafen sich die beiden Ende Dezember 1795 in Stuttgart. Hölderlin hatte inzwischen über Ebel die Hofmeisterstelle im Hause des Bankiers Gontard in Frankfurt erhalten und bereitete seine Reise dorthin vor. Schelling, der ebenso wie Hölderlin die Pastorenlaufbahn mied, hatte zwischenzeitlich ein Unterkommen als Hauslehrer in Stuttgart gefunden, ehe er die jungen Barone Riedesel, sechzehn und siebzehn Jahre alt, nach Frankreich begleiten sollte, eine für Schelling außerordentlich verlockende Aussicht. Daraus wurde allerdings nichts, denn bei den adligen Vormündern fürchtete man die revolutionäre Ansteckung. Dafür durfte Schelling im Jahr darauf mit den Baronen nach Leipzig übersiedeln, wo er deren Studien überwachte, eine bequeme Aufgabe, die ihm Zeit für seine eigenen naturwissenschaftlichen Studien ließ. Im Frühjahr 1796 auf dem Weg nach Leipzig kam es in Frankfurt dann zu einem dritten Treffen mit Hölderlin, der inzwischen bei den Gontards seine Hofmeisterstelle angetreten hatte.

Zwischen dem Spätsommer 1795 und dem Frühjahr 1796 gab es also drei Treffen der beiden, jedes Mal mit intensivem philosophischen Austausch. Irgendwann in diesem halben Jahr, vielleicht bei einem dieser Treffen oder kurz danach, wurde wohl jener genialische, kühne Text verfasst, der in Hegels Handschrift vorliegt. Vorausgesetzt, Hegel war nicht der Verfasser, handelt es sich bei dem Text um eine Anfang 1797 angefertigte, nur fragmentarisch erhaltene Abschrift eines etwa ein Jahr zuvor entstandenen Textes, der verloren gegangen wäre. Der fragmentarische Text von Hegels Hand tauchte 1913 bei einer Auktion auf und wurde von Franz Rosenzweig 1917 veröffentlicht unter dem Titel »Das älteste Systemprogramm des deutschen Idealismus«. Seitdem also wird in der Fachwelt darüber gestritten, wer als ursprünglicher Verfasser dieses Textes zu gelten habe: Hegel, Schelling oder Hölderlin. Einig ist man sich aber, dass, wer auch immer letztlich der Verfasser ist, jeder der drei Ideen beigesteuert hat und dass es sich in diesem Sinne um eine Art Gemeinschaftswerk handelt.

Der schwungvolle und stolze Ton dieses Dokumentes verweist, meiner Ansicht nach, vor allem auf Schelling, auch der Appell, die gemeinsame »Sache« kühn in der Öffentlichkeit zu vertreten, lässt vor allem an Schelling denken, der in Briefen an Hegel sich schon zuvor einige Male in diesem Sinn geäußert hatte. So schreibt er fast wie ein Verschwörer an Hegel: »Es kommt darauf an, daß junge Männer, entschieden, alles zu wagen und zu unternehmen, sich vereinigen, um von verschiedenen Seiten her dasselbe Werk zu betreiben, nicht auf einem, sondern auf verschiedenen Wegen dem Ziel entgegenzugehen … und der Sieg ist gewonnen. Es wird mir alles zu enge hier – in unserem Pfaffen- und Schreiberland.« (Januar 1796; Hegel, Briefe 1, 36) So schreibt jemand, der sich seiner Sache ziemlich sicher ist und als Rädelsführer eine Art Aufruhr des freien Geistes in der philosophischen Welt bewirken will. So liest sich aber auch dieses ominöse Textfragment, nämlich als leidenschaftlicher, lodernder Aufruf, einen neuen geistigen Anfang zu wagen. Es beginnt mit einem Fanfarenstoß: »Die erste Idee ist natürlich die Vorstellung von mir selbst als einem absolut freien

Wesen. Mit dem freien, selbstbewußten Wesen tritt zugleich eine ganze Welt – aus dem Nichts hervor – die einzig wahre und gedenkbare Schöpfung aus Nichts.« (Hegel 1, 234) Das ist das Pathos von Schelling, genau solche Sätze finden sich in seiner Schrift über das Ich als Prinzip der Philosophie. Vom naturphilosophisch ambitionierten Schelling stammen gewiss auch die Überlegungen, die daran anschließen. Man müsse das »freie Wesen« auch in der Natur entdecken: »Ich möchte unserer langsamen, an Experimenten mühsam schreitenden Physik einmal wieder Flügel geben.« (Ebd.)

Das freie Wesen, so heißt es weiter, müsse auch das Nachdenken über den Staat und schließlich den Staat selbst ergreifen. Man habe ihn bisher wie eine »Maschine« konstruiert, eine solche Staatsmaschine aber »muß freie Menschen als mechanisches Räderwerk behandeln; und das soll er nicht; also soll er aufhören.« Diese Idee, dass die Gesellschaft den mechanischen Staat in sich zurückzunehmen und aus sich heraus als lebendigen, organischen Staat neu hervorzubringen habe – das war eine Idee, die Hegel im fernen Bern gerade entwickelte. Die staatspolitischen Gedanken des Textes ließen sich also Hegel zuschreiben.

Dann geht es gegen die Pfaffen. »Umsturz alles Afterglaubens, Verfolgung des Priestertums, das neuerdings Vernunft heuchelt, durch die Vernunft selbst.« Ebenso aufrührerisch, fast mit denselben Worten, hatten sich Hegel und Schelling in ihrem Briefwechsel zuvor schon geäußert.

Was ist nun aber mit Gott, gibt es ihn, und wenn ja, wo findet man ihn? Diese drei Stiftler, die nicht Pfarrer werden wollen, geben im »Systemprogramm« auf die Gottesfrage die Antwort, man dürfe »weder Gott noch Unsterblichkeit außer sich suchen«. Das verweist auf die Formel »Gott in uns« – das Losungswort der »unsichtbaren Kirche«, in der die Freunde sich vereinigt fühlten.

Schließlich kommen in einem ausführlichen Passus Kunst, Poesie und Schönheit zur Sprache. Die hier entwickelten Gedanken lassen sich Hölderlin zuordnen: »Zuletzt die Idee, die alle vereinigt, die Idee der Schönheit ... Ich bin nun überzeugt, daß der höchste Akt der Vernunft ... ein ästhetischer Akt ist und daß Wahrheit und Güte nur in der Schönheit verschwistert sind.«

Wahrscheinlich war es Hölderlin, der, wie wir gehört haben, unter dem Joch der Philosophie manchmal auch seufzte, auf die folgenden Sätze gedrungen hat: »Der Philosoph muß ebensoviel ästhetische Kraft besitzen als der Dichter. Die Menschen ohne ästhetischen Sinn sind unsere Buchstabenphilosophen. Die Philosophie des Geistes ist eine ästhetische Philosophie.«

Gegen Ende des Textes noch einmal ein Fanfarenstoß. Der stammt kaum vom eher bedächtigen und vorsichtigen Hegel und wohl auch nicht vom feinen, zurückhaltenden Hölderlin. Nur dem kühnen Schelling kann man solche Sätze zutrauen: »Zuerst werde ich hier von einer Idee sprechen, die, soviel ich weiß, noch in keines Menschen Sinn gekommen ist – wir müssen eine neue Mythologie haben, diese Mythologie aber muß im Dienste der Ideen stehen, sie muß eine Mythologie der Vernunft werden.«

Die Ideen zu einer solchen neuen Mythologie lagen damals allerdings durchaus in der Luft, seit Herder darüber nachgedacht hatte. Herder war kühn genug gewesen, das Christentum selbst als Mythos anzusehen, doch nicht, um es herabzusetzen, sondern um es als die höchste Ausdrucksform der mythischen Energien gelten zu lassen, die freilich nicht unter einem leeren Himmel abgefackelt werden sollten. Für Herder gibt es, bei allem Spinozismus, mit dem er liebäugelt, durchaus noch den persönlichen Gott, und der wird nicht erfunden, sondern gefunden. Dabei hilft der Mythos.

Wie aber verhält es sich mit der ominösen »Mythologie der Vernunft« des »Systemprogramms«? Welcher Gott wirkt in oder mit der Vernunft? Keinesfalls der Gott der Kirchen. An Hegel hatte Schelling geschrieben: »Für uns sind die orthodoxen Begriffe von Gott nicht mehr.« (4. Februar 1795; Hegel, Briefe 1, 22) Ist bei der »neuen Mythologie« vielleicht an Hölderlins alte griechische Götter gedacht? Wohl eher nicht. Es ist überhaupt nicht so genau zu klären, woran da gedacht ist. Wahrscheinlich waren sich die drei jungen Leute zu diesem Zeitpunkt selbst nicht darüber im Klaren. Nur so viel steht fest: Es soll wieder, so fordern sie, ein einigendes geistiges Band geben zwischen den Menschen, denn das hat sich in der bürgerlichen Konkurrenzwelt gelockert und ist in den offiziellen christlichen Kirchen erstarrt. Der Sinnzusammenhalt ist zu stärken in der kritischen Situation transzendentaler Obdachlosigkeit. Die neue Sinnerfüllung müsste zwar die Vernunft, doch auch die Sinne ansprechen. Nicht nur die »Geistigen«, auch das »Volk« gilt es zu erreichen. Dazu passt, dass Hölderlin ungefähr zur selben Zeit in Briefen an den Bruder über Volkserziehung nachdenkt; auch Schelling und Hegel äußern sich in Briefen in diesem Sinne.

Die Neue Mythologie, was immer sie im Einzelnen bedeuten mag, soll als Idee, als Narrativ, als Kunst eine verbindende Kraft entfalten. »Dann herrscht ewige Einheit unter uns. Nimmer der verachtende Blick, nimmer das blinde Zittern des Volks vor seinen Weisen und Priestern … Dann herrscht allgemeine Freiheit und Gleichheit der Geister!« (Hegel 1, 236)

Soll das von unten her, aus dem natürlichen, empirischen Verstande und aus der gewöhnlichen Phantasie herausgesponnen werden? Wohl doch nicht. Ein neuerlicher Einbruch der Transzendenz wird nicht ausgeschlossen. Deshalb schließt der Text mit dem lichterlohen Satz: »Ein höherer Geist, vom Himmel gesandt, muß diese neue Religion unter uns stiften, sie wird das letzte größte Werk der Menschheit sein.«

NEUNTES KAPITEL

»An die Natur« – von Schiller abgelehnt. Die Liebesgeschichte mit Susette beginnt. Idylle von Bad Driburg. Der Erotiker Wilhelm Heinse als Aufsichtsperson. »Ardinghello und die glückseligen Inseln«. Französischer Vormarsch. Politische Enttäuschung und Hoffnung auf die deutsche Kulturnation. Selbstbehauptungsträume. »Die Eichbäume« – von Schiller angenommen.

Da ich noch um deinen Schleier spielte,
Noch an dir, wie eine Blüthe hieng,
Noch dein Herz in jedem Laute fühlte,
Der mein zärtlichbebend Herz umfieng,
Da ich noch mit Glauben und mit Sehnen
Reich, wie du, vor deinem Bilde stand,
Eine Stelle noch für meine Thränen,
Eine Welt für meine Liebe fand.
(MA I, 156; Vs. 1–8)

Nein, das ist noch nicht eines jener Gedichte, die Hölderlin seiner Susette, der »Diotima«, gewidmet hatte. Dies Gedicht entstand noch vor der Übersiedlung nach Frankfurt und trägt den Titel »An die Natur«. Erst allmählich, Strophe für Strophe, enthüllt sich, dass es eben die Natur ist, die den Platz der Geliebten einnimmt. Doch es ist eine verflossene Geliebte; sie wird elegisch beschworen, und was bleibt, ist eine wehmütige Erinnerung und die gegenwärtige Öde.

Da zur Sonne noch mein Herz sich wandte,
Als vernähme seine Töne sie,
Und die Sterne seine Brüder nannte

Und den Frühling Gottes Melodie,
Da im Hauche, der den Hain bewegte,
Noch dein Geist, dein Geist der Freude sich
In des Herzens stiller Welle regte,
Da umfiengen goldne Tage mich.
(MA I, 157; Vs. 9–16)

So geht das noch einige Strophen weiter, bis zum unheilvollen Bruch: der Vertreibung aus dem Paradies der Kindheit.

Seid geseegnet, goldne Kinderträume,
Ihr verbargt des Lebens Armuth mir,
Ihr erzogt des Herzens gute Keime,
Was ich nie erringe, schenktet ihr!
O Natur! an deiner Schönheit Lichte,
Ohne Müh' und Zwang entfalteten
Sich der Liebe königliche Früchte,
Wie die Erndten in Arkadien.

Todt ist nun, die mich erzog und stillte,
Todt ist nun die jugendliche Welt,
Diese Brust, die einst ein Himmel füllte,
Todt und dürftig, wie ein Stoppelfeld;
Ach! es singt der Frühling meinen Sorgen
Noch, wie einst, ein freundlich tröstend Lied,
Aber hin ist meines Lebens Morgen,
Meines Herzens Frühling ist verblüht.

Das erfuhrst du nicht in frohen Tagen,
Daß so ferne dir die Heimath liegt,
Armes Herz, du wirst sie nie erfragen,
Wenn dir nicht ein Traum von ihr genügt.
(MA I, 158; Vs. 41–56, 61–64)

Hölderlin hatte dieses Gedicht im Herbst 1795 von Nürtingen aus an Schiller geschickt, um nach dem überraschenden Weggang aus Jena die Verbindung zum Meister nicht abreißen zu lassen. Schiller nahm das Gedicht nicht in seinen »Musenalmanach« auf. Er war unsicher gewesen und hatte es Wilhelm von Humboldt zur Prüfung vorgelegt, der dem Gedicht »poetisches Verdienst« bescheinigte, doch bemängelte, dass es allzu sehr an Schillers »Götter Griechenlands« erinnere. (Schiller/Humboldt, Briefwechsel 1, 166) Tatsächlich ist der Schiller-Ton in diesem Gedicht noch unüberhörbar. Bei Schiller heißt es: »Schöne Welt, wo bist du? Kehre wieder / Holdes Blütenalter der Natur!« (Schiller 1, 164), bei Hölderlin: *Seid geseegnet, goldne Kinderträume, / … Was ich nie erringe, schenktet ihr!*

Hölderlin war enttäuscht über Schillers Ablehnung, doch bemerkenswert ist, wie selbstbewusst er Neuffer im März 1796 davon berichtete. Schiller habe, schrieb er, zwar *nicht Unrecht gethan*, doch es komme nicht darauf an, *ob ein Gedicht mehr oder weniger von uns in Schillers Allmanache steht. Wir werden doch, was wir werden sollen.* (An Neuffer, März 1796; MA II, 617) Die Zurückweisung drückte ihn offenbar nicht nieder wie sonst. Kein Wunder, denn er war gegenwärtig von Hochgefühlen beschwingt: Die Liebesgeschichte seines Lebens hatte begonnen: *so leben ja die seeligen Götter.* (MA II, 616)

Hölderlin hatte Ende des Jahres 1795, durch Vermittlung Sinclairs und dessen Freundes Johann Gottfried Ebel, die Hofmeisterstelle im Hause des Frankfurter Bankiers Gontard übernommen. Hölderlin hatte Ebel auf dem Weg von Jena nach Nürtingen in Heidelberg besucht und sich sogleich mit ihm angefreundet. Ebel war Arzt, Publizist und bekennender Republikaner. Als Hausfreund der Gontards hatte er das Angebot an Hölderlin in die Wege geleitet und ihm empfohlen, es anzunehmen. Hölderlin ging gerne darauf ein, denn er musste wieder einmal befürchten, das Konsistorium könnte ihn zum Pfarrdienst einziehen.

Im Januar 1796 trat er sein Amt bei Gontards an. Zwei Wochen nach der Ankunft schrieb er an Neuffer, er werde für das Schöne in seinem Leben wohl selbst sorgen müssen und könne es nicht *vom Schiksaal* erwarten. (MA II, 611) Doch dann war die Schönheit in sein Leben getreten, in Gestalt von Susette Gontard, der Herrin des Hauses und Mutter der Kinder, die ihm zur Aufsicht anvertraut waren. In den Briefen finden sich zunächst nur Andeutungen dieser großen Liebesgeschichte, etwa wenn er dem Bruder schrieb: *Du hast mich in bösen Tagen gesehn und Geduld mit mir gehabt, ich wollte nun auch, Du könntest die fröhlichere Periode mit mir theilen.* (11. Februar 1796; MA II, 612)

In den Briefen an Verwandte, besonders die Mutter, blieb es bei solchen Andeutungen. Nur Neuffer gegenüber wurde er deutlicher. Ihm schilderte er Ende Juni 1796, welches Glück ihm inzwischen widerfahren sei, ohne freilich die Person zu nennen, die das ausgelöst hat. *Ich wollt' es gienge Dir, wie mir. Ich bin in einer neuen Welt. Ich konnte wohl sonst glauben, ich wisse, was schön und gut sey, aber seit ich's sehe, möcht' ich lachen über all' mein Wissen. Lieber Freund! es giebt ein Wesen auf der Welt, woran mein Geist Jahrtausende verweilen kann und wird, ... Lieblichkeit und Hoheit, und Ruh und Leben, u. Geist und Gemüth und Gestalt ist Ein seeliges Eins in diesem Wesen. ... Du weist ja, ... wie ich ohne Glauben lebte, wie ich so karg geworden war mit meinem Herzen, und darum so elend; konnt' ich werden, wie ich jezt bin, froh, wie ein Adler, wenn mir nicht diß, diß Eine erschienen wäre, und mir das Leben, das mir nichts mehr werth war, verjüngt, gestärkt, erheitert, verherrlicht hätte, mit seinem Frühlingslichte? ... Es ist auch wirklich oft unmöglich, vor ihr an etwas sterbliches zu denken und eben deßwegen läßt so wenig sich von ihr sagen ...* (MA II, 624)

Susette, Tochter des angesehenen und vermögenden Hamburger Kommerzienrats und Lustspieldichters Borkenstein, war 1786 als siebzehnjähriges Mädchen ihrem Vetter zweiten Grades, dem Frankfurter Bankier Jacob (genannt »Cobus«) Friedrich Gontard, angetraut worden. Die Familien hatten es so beschlossen. Liebe war, wie häufig in solchen Fällen, wohl nicht im Spiel. Einer Freundin gegenüber hatte Susette schon bald über Vereinsamung geklagt. Drei Töchter und einen Sohn, Henry, hatte sie zur Welt gebracht. Der 1787 geborene Henry war es, um den sich Hölderlin vor allem zu kümmern hatte und den er sogleich lieb gewann.

Susette hatte von zu Hause die Liebe zur Literatur mitbekommen, ihrem Ehemann bedeutete sie nichts. Er war tüchtig in seinen Bankgeschäften, vermehrte das Firmenvermögen in wenigen Jahren (1795 betrug es 500 000 Gulden), gab in seinem repräsentativen Stadthaus prächtige Gesellschaften, ließ sich sonst aber wenig im eigenen Hause blicken. Die Börse, das Kaufhaus und die Clubs in der Nähe – das waren die Orte, wo er vor allem anzutreffen war. Überliefert wird von ihm der Ausspruch: »den Börsencours versteh ich aufs Haar, aber wie die Kinder geleitet werden sollen oder was sie lernen müssen, das ist nicht meine Sache; dafür muß die Mutter sorgen.« (St.A. 7.2, 65) Er galt als gutmütig, sofern es nicht ums Geschäft ging. In diesem Fall aber konnte er sehr reizbar und kalt sein. Herzliche Freundschaften schloss er selten. Dem neuen Hofmeister Hölderlin gegenüber gab er sich freundlich, doch gleichwohl behandelte er ihn als Dienstboten, zunächst unter höflichen Formen verborgen und später, als sich die Krise zuspitzte, unverhohlen.

Susette galt als eine auffallende Schönheit der guten Frankfurter Gesellschaft. Noch ehe Hölderlin sie zu seiner Diotima machte, rühmte man an ihr das antike Profil, die weiße Haut, das schwarz glänzende lange Haar und die dunklen Augen. Es gab einige, die sich in die verheiratete Frau verliebten, zum Beispiel ein gewisser Ludwig Zeerleder, ein Berner Patrizier, der Susettes wegen eine Weile in Frankfurt blieb und »halbverzweifelt« von der »Vollkommenen« schied, als er wieder nach Bern zurückkehren musste. (Hölderlins Diotima, 295) Hölderlin scheint auf ihn eifersüchtig gewesen zu sein, denn als er sich wieder einmal in Frankfurt blicken ließ, musste Susette ihren Hölderlin beruhigen: »Ich beteure Dir noch einmal: Er war mir nie mehr als Bruder, und Freund! Und kann mir nie mehr werden.« (Ebd., 296)

Als im Jahre 1796 der Erste Koalitionskrieg wieder aufflammte und im Sommer 1796 eine französische Armee gegen Frankfurt vorrückte, geriet die Stadt zwar in eine bedrohliche Lage, doch für das Liebespaar ergaben sich günstige Gelegenheiten. Gontard schickte nämlich die Familie, um sie in Sicherheit zu bringen, nach Hamburg zu den dortigen Verwandten. Die Gesellschafterin Marie Rätzer und der Hofmeister Hölderlin waren die Begleiter. Gontard selbst blieb in der Stadt, die nach heftigem Bombardement am 14. Juli 1796 kapitulierte und den Franzosen die Tore öffnete. Zu diesem Zeitpunkt hielt sich die Familienkarawane gerade in Kassel auf, wo man die berühmten Gemäldesammlungen auf der Wilhelmshöhe besuchte. *Die Gemäldegallerie und einig Statuen im Museum machten mir wahrhaft glükliche Tage*, schrieb Hölderlin an den Bruder. (MA II, 627)

Man genoss diese Flucht, die eher eine Reise war. In Kassel war ein Freund der Familie, der durch seinen »Ardinghello«-Roman berühmte Wilhelm Heinse, zur Gruppe gestoßen. Heinse machte als Kenner der italienischen Renaissance-Malerei und der antiken griechisch-römischen Bildhauerei den Cicerone. Geboren 1746, war er ein älterer Herr, der aber immer noch mit seiner erotischen Versiertheit kokettierte. Bei manchen galt er sogar als Libertin und als Verfasser anonymer pornographischer Werke. Als Aufseher – sollte ihm diese Rolle zugedacht gewesen sein – war er also wahrscheinlich ungeeignet. Er wird wohl eher befördert haben, was er da zwischen Susette und Hölderlin sich entwickeln sah. Hölderlin jedenfalls schätzte seine Anwesenheit. *Es ist wirklich ein durch und durch treflicher Mensch. Es ist nichts schöners, als so ein heitres Alter, wie dieser Mann hat.* (An den Bruder, 6. August 1796; MA II, 627)

Heinse hatte sich einen Namen gemacht als Antipode von Winckelmann. Wie dieser liebte er die antike Kultur über alles und tat viel, um sie populär zu machen. Doch anders als Winckelmann, der ihre »edle Einfalt und stille Größe« rühmte, betonte er ihre bis zur Wildheit gesteigerte sinnlich-erotische Kraft. Die italienische Renaissance galt ihm als die legitime Erbin dieser antiken Vitalität und Freizügigkeit. Das war auch das Thema des beim Publikum erfolgreichen Romans »Ardinghello und die glückseligen Inseln« (1786), dessen Hauptfigur ein Renaissance-Künstler ist, der sich vom christlichen

Moralismus durch Identifikation mit der Antike befreit. Ardinghello ist eine Kraft-Natur, wie sie nur im Buche steht. Er vermag alles – als Dichter, Maler, Philosoph, Pirat und am Ende sogar als Gründer eines utopischen Idealstaates auf den »glückseligen Inseln«. Sein Freund, der Erzähler, glaubt bei der Begegnung mit ihm »einen Gott reden zu hören«, und was dann über weite Strecken in Briefform erzählt wird, ist die Geschichte einer grandiosen Enthemmung, farbig, bisweilen schlüpfrig und mit einigem weltanschaulichen Furor. Das Bild eines von dionysischem Lebensgefühl beherrschten Griechenlands hatte Hölderlin in diesem Roman gefunden und sich angeeignet, auch wenn er vor Heinses ästhetischem Immoralismus zurückschreckte. Doch die erotisch getönte pantheistische und polytheistische Naturmystik kam ihm entgegen. Auch für Heinse war Spinozas Formel »Ein und Alles« verbindlich. Was daraus folgt, wird in einem philosophischen Gespräch am Ende des Romans entwickelt: Die Welt-Substanz entfaltet sich in zahllosen Einzelheiten, die dann jeweils ihren Mittelpunkt in sich selbst haben. So entsteht ein Universum von verstreuten Einzelheiten, die lauter Kraftzentren sind, die zueinanderstreben und sich wieder trennen. Dabei ist die Trennung der eigentliche Akt der Freiheit. (Heinse, 311) Jedes Einzelne ist darauf aus, sich zu genießen, und zwar auf dem Umweg über andere Einzelheiten. Selbstgenuss ist die treibende Energie, sie treibt auch als eine Art Verdoppelung das Bewusstsein hervor. Selbstbewusstsein ist die höchste Form des Selbstgenusses. Ein bizarres Bild der Naturevolution des Genusstriebes.

Heinse nennt diese ursprüngliche Substanz, aus der alles hervorgeht und in die es wieder zurückkehrt: »Vater Äther, aller Lebensgeber«. (Heinse, 304) Diese Bezeichnung für die allverbindende Macht wird Hölderlin später übernehmen, etwa in »Brod und Wein«: *Vater Aether! so riefs und flog von Zunge zu Zunge / Tausendfach, es ertrug keiner das Leben allein; / Ausgetheilet erfreut solch Gut und getauschet, mit Fremden, / Wirds ein Jubel.* (MA I, 376)

An einer Stelle seines »Hyperion«-Romans, an dem Hölderlin im Sommer 1796 wieder zu arbeiten begann, übernahm Hölderlin fast wörtlich eine Formulierung von Heinse. Über die ekstatische Entgrenzung heißt es bei Heinse: »Eins zu sein und Alles zu werden, was uns in der Natur entzückt« (Heinse, 309), und im »Hyperion«: *Eins zu seyn mit Allem, was lebt, in seeliger Selbstvergessenheit wiederzukehren ins All der Natur.*

Der griechische Polytheismus drückt für Heinse wie auch für Hölderlin die Vergöttlichung des Individuellen aus, mag es sich nun um Personen oder Situationen handeln. Die gesteigerte Intensität macht das Göttliche aus. Es gibt zwar das Eine, das sich in die Mannigfaltigkeit entfaltet, doch eben nicht den Einen Gott, der von einem Jenseits her als personales Gegenüber die Welt beherrscht.

Wilhelm Heinse hat den ersten Band des »Hyperion«, als er 1797 erschien, mit Vergnügen gelesen, doch auch kritisch angemerkt, zwar sollte man »bei einem angehenden Schriftsteller nicht strenge sein«, doch sei der Verfasser eben doch »an Komposition der Wahrscheinlichkeitscharaktere ... noch ein ziemlich ungelecktes Bärlein«. (Zit. n. Chronik, 228) Heinse, der immerhin einige Wochen bei der Reisegruppe war, erwähnt in seinem Tagebuch kein einziges Mal Hölderlin. Dem berühmten und erfolgsverwöhnten Autor scheint der noch unbekannte junge Dichter keine Bemerkung wert gewesen zu sein. Susette immerhin firmiert als »Dame Gontard in dem einen schönen Tizianischen Teint«. (St.A. 7.2, 78) Hölderlin hielt an seiner Verehrung für Heinse, den er »Meister« nannte, fest. Die schönste seiner großen Elegien, »Brod und Wein«, wird er ihm widmen.

Einen Monat, bis zum 8. August, blieb man in Kassel, dann zog die Gesellschaft weiter in das nahe gelegene Bad Driburg. Man wollte dort das Heilwasser zu sich nehmen und die berühmten Parkanlagen genießen. Das eigentliche Fluchtziel Hamburg hatte man schon längst aufgegeben. Inzwischen war der Weg das Ziel. Heinse war weiterhin mit von der Partie. *In unserem Bade*, berichtete Hölderlin dem Bruder, *lebten wir sehr still, machten weiters keine Bekanntschaften, brauchten auch keine, denn wir wohnten unter herrlichen Bergen und Wäldern und machten unter uns selbst den besten Circel aus.* (13. Oktober 1796; MA II, 628)

Man war nicht nur im *Circel* beieinander, Susette und Hölderlin konnten auch für sich bleiben, ohne Anstoß zu erregen. Man lebte in beträchtlicher Freiheit über mehrere Wochen, unternahm ausgedehnte Spaziergänge, besuchte in der Gegend des Knochenbergs die Stätten, wo Hermann der Cherusker die römischen Legionen geschlagen haben soll. Man genoss von den Höhen aus den Rundblick bis hinüber zum Brocken. Abends saß man im kleinen Kreis beisammen bei Pfänderspielen; es wurde auch musiziert und gesungen. Manchmal las Hölderlin aus eigenen Werken vor. Susette wünschte sich immer wieder »Hyperion«. Das war die Idylle von Bad Driburg.

Mitte September ging es wieder zurück nach Kassel, wo man noch einmal zwei Wochen blieb. Ende September kehrte man nach Frankfurt zurück.

An diese gemeinsame Reise, die ja eigentlich als Flucht begonnen hatte, wird das Liebespaar sich später mit Wehmut erinnern: Es war wie ein Besuch auf Ardinghellos »glückseliger Insel«.

Eine Weile hält das Glück auch nach der Rückkehr noch an. Susette richtete es so ein, dass sie bei den Unterrichtsstunden, die Hölderlin dem Knaben gab, zugegen war. Bisweilen konnten sich die beiden in ein kleines Kabinett zurückziehen, auch gemeinsame Spaziergänge waren möglich. Wenn keine Gesellschaftsabende im Hause stattfanden, saß man oft abends beisammen, Gontard zog sich dann in der Regel zurück, und Hölderlin las etwas vor, und bisweilen wurde auch musiziert. Hölderlin hatte sich schon bald nach seiner Ankunft in Frankfurt von der Mutter seine Flöte schicken lassen.

Im Februar 1797 schrieb er an Neuffer: *Noch bin ich immer glüklich, wie im ersten Moment. Es ist eine ewige fröhliche heilig Freundschaft mit einem Wesen, das sich recht in diß arme geist- u. ordnungslose Jahrhundert verirrt hat! Mein Schönheitssinn ist nun vor Störung sicher. Er orientirt sich ewig an diesem Madonnenkopfe. Mein Verstand geht in die Schule bei ihr, und mein uneinig Gemüth besänftiget, erheitert sich täglich in ihrem genügsamen Frieden. Ich sage Dir, lieber Neuffer! Ich bin auf dem Wege, ein recht guter Knabe zu werden. Und was mich sonst betrift, so bin ich auch ein wenig mit mir zufriedner. Ich dichte wenig und philosophire beinahe gar nicht mehr. Aber was ich dichte, hat mehr Leben und Form; meine Phantasie ist williger, die Gestalten der Welt in sich aufzunehmen, mein Herz ist voll von Lust; und wenn das heilige Schiksaal mir mein glüklich Leben erhält, so hoff' ich künftig mehr zu thun, als bisher.* (16. Februar 1797; MA II, 649)

Gerne würde er noch mehr erzählen von diesem glücklichen Leben, doch er verzichtet darauf, denn *es ist auch immer ein Tod für unsre stille Seeligkeit, wenn sie zur Sprache werden muß.* (Ebd., 650) Er legte diesem Brief ein *Gedicht an Sie* bei, es handelte sich um die mittlerweile vierte Fassung der »Diotima«-Hymne.

In allen Fassungen ist es ungefähr derselbe Ablauf, beginnend mit der Schilderung eines Frühlingserwachens, bewirkt durch das Erscheinen Diotimas; Rückblick auf die Zeit des Elends und der Erstarrung; Erinnerung an die Jugendträume und Ahnungen künftigen Glücks; Begegnung mit Diotima als Wiedererkennung; dann die gemeinsame Entrückung in himmlische Sphären und schließlich Rückkehr ins gewöhnliche Leben, doch erfüllt mit neuer Kraft.

Die früheren Fassungen waren um einiges länger, Hölderlin hatte sich um Verknappung bemüht, wie ihm Schiller das empfohlen hatte. Hölderlin hatte die vorletzte Fassung, die doppelt so lang war, im Juli 1796 von Kassel aus an Schiller geschickt, der nach einigen Monaten endlich antwortete, allerdings erst nachdem Hölderlin ihn nochmals fast flehentlich um Antwort gebeten hatte: *Haben Sie Ihre Meinung von mir geändert? Haben Sie mich aufgegeben? … Eine Anhänglichkeit an Sie, gegen welche ich oft vergebens angieng, wenn sie Leidenschaft war, eine Anhänglichkeit, die noch immer mich nicht verlassen hat, nöthigt solche Fragen mir ab.* (20. November 1796; MA II, 636)

Darauf endlich antwortete Schiller umgehend, mit freundlichen Ratschlägen im Allgemeinen und einer Kritik am »Diotima«-Gedicht im Speziellen: »Auch vor einem Erbfehler deutscher Dichter möchte ich Sie noch warnen, der Weitschweifigkeit nehmlich, die in einer endlosen Ausführung und unter einer Fluth von Strophen oft den glücklichsten Gedanken erdrückt. Dies thut Ihrem Gedicht an Diotima nicht wenig Schaden. Wenige bedeutende Züge in ein einfaches Ganzes verbunden, würden es zu einem schönen Gedicht gemacht haben.« (24. November 1796; MA II, 641)

Schiller hatte recht: Die Verknappung, die Hölderlin in der letzten Fassung vornahm, kommt der poetischen Prägnanz zugute. In der vorletzten Fassung beispielsweise wird Diotima allzu überschwänglich in einer Folge von sieben Versen angerufen:

Diotima! seelig Wesen!
Herrliche, durch die mein Geist,
Von des Lebens Angst genesen,
Götterjugend sich verheißt!
Unser Himmel wird bestehen,
Unergründlich sich verwandt,
Hat sich, eh wir uns gesehen,
Unser Innerstes gekannt.
(MA I, 173; Vs. 17–24)

Daraus wird in der letzten Fassung: *Diotima! edles Leben! / Schwester, heilig mir verwandt! / Eh' ich dir die Hand gegeben, / Hab' ich ferne dich gekannt.* (MA I, 223; Vs. 13–16)

Schiller mochte allerdings auch die gekürzte Version der »Diotima«-Hymne nicht in seinen »Musenalmanach« aufnehmen. Offenbar war sie ihm immer noch zu lang. Sie erschien dann erst später im »Taschenbuch für Frauenzimmer von Bildung«, Susette aber bewegte sie in ihrem Herzen all die Jahre, die sie noch zu leben hatte.

Leuchtest du wie vormals nieder,
Goldner Tag! Und sprossen mir
Des Gesanges Blumen wieder
Lebensathmend auf zu dir?
Wie so anders ists geworden!

Manches, was ich trauernd mied,
Stimmt in freundlichen Akkorden
Nun in meiner Freude Lied;
Und mit jedem Stundenschlage
Werd' ich wunderbar gemahnt
An der Kindheit stille Tage,
Seit ich Sie, die Eine, fand.
(Ebd.; Vs. 1–12)

Die Idylle von Bad Driburg und die Monate danach in Frankfurt bildeten einen Kontrast zu den Kriegsereignissen, die der in seine Liebesgeschichte eingesponnene Hölderlin gleichwohl mit wachem politischen Sinn aufnahm. Zunächst verfolgte er den Vormarsch der Franzosen mit Sympathie, was er allerdings bei den Gontards, wo man von Revolution und Republik wenig hielt, wohl nicht zu erkennen gab. Doch dem Bruder gegenüber konnte er sich offen äußern: *Dir, mein Karl, kann die Nähe eines so ungeheuern Schauspiels, wie die Riesenschritte der Republikaner gewähren, die Seele innigst stärken.* (6. August 1796; MA II, 626) Nachdem sich herausgestellt hatte, dass die französischen Truppen nicht als Befreier gekommen waren, schrieb er dem Bruder: *Du wirst mich weniger im revolutionären Zustand finden, wenn Du mich wieder siehst … Ich mag nicht viel über den politischen Jammer sprechen. Ich bin seit einiger Zeit sehr stille über alles, was unter uns vorgeht.* (13. Oktober 1796; MA II, 629)

Johann Gottfried Ebel, der die Stelle bei den Gontards vermittelt und mit dem sich Hölderlin angefreundet hatte, war im Sommer 1796 nach Paris gereist, um sich dort ein Bild von der politischen Situation zu machen. Er war nicht nur ein Anhänger der Revolution, er hatte auch fundierte Kenntnisse der politischen Lage. Eine Grundschrift der Französischen Revolution, die Abhandlung des Abbé Sieyès über den Dritten Stand, hatte er ins Deutsche übersetzt. Ebel nun schrieb Hölderlin im Oktober 1796 einen Brief, der nicht erhalten ist, von dem Susette ihrem Mann nur so viel berichtete: »Der Docktor Ebel hat dem Hoelderlin einen sehr kläglichen Brief von Paris geschrieben … er ist äußerst unzufrieden und in allen seinen Erwartungen betrogen worden, und würklich zu bedauren.« (St. A. 7.2, 79)

Hölderlin nahm seine Antwort auf diesen Brief zum Anlass, über die eigenen politischen Sympathien und Vorstellungen nachzudenken. *Es ist fast nicht möglich, unverhüllt die schmutzige Wirklichkeit zu sehen, ohne selbst darüber zu erkranken* (10. Januar 1797; MA II, 642), schrieb er. Diese Bemerkung bezieht sich einerseits auf Ebels Schilderung der politischen Verhältnisse während der Herrschaft des Direktoriums, das sich immer weiter von seinen revolutionären Ursprüngen entfernte. Sie bezieht sich andererseits auf die üblen Erfahrungen, die man in Frankfurt und in Südwestdeutschland mit den französischen Truppen gemacht hatte. Da die Französische Republik nicht willens oder finanziell außerstande war, die durch die allgemeine Wehrpflicht aufgebotenen Massenheere aus eigener Kraft, also durch mitgeführte Magazinbestände, zu unterhalten, so verfuhren sie nach dem Prinzip, dass der Krieg den Krieg ernähren müsse: Die Truppen lebten plündernd von den Ländern, durch die sie kamen. Dabei ging jegliche Disziplin verloren. Auf der Suche nach Geld, Frauen, Nahrungsmitteln und Alkohol versetzten die marodierenden Soldaten die Bevölkerung in Angst und Schrecken. Ebel war in Paris desillusioniert worden, Hölderlin in Frankfurt durch das Auftreten der französischen »Befreier«. Das war nicht mehr das ungeheure Schauspiel der *Riesenschritte der Republikaner*, wovon Hölderlin ein halbes Jahr zuvor geschwärmt hatte. Man mache sich Illusionen, so Hölderlin an Ebel, *wenn der beobachtende Verstand vom Herzen … bestochen wird.* Soll man sich einen Vorwurf daraus machen? Besser nicht. Enttäuschungen bleiben einem nicht erspart, doch könne man sich mit der Vorstellung trösten, *daß das Herz zu edel sei für sein Jahrhundert.* Man sollte also seine Träume von Freiheit, Republik und Menschenrechten nicht aufgeben. Einstweilen aber heißt es Abschied nehmen von den Hoffnungen, die sich auf die Französische Republik gerichtet hatten. Stattdessen sollte man auf Deutschland schauen, hier bereiten sich ungeheure Dinge vor, zwar noch nicht unmittelbar politisch, doch geistig. *Ich glaube an eine künftige Revolution der Gesinnungen und Vorstellungsarten, die alles bisherige schaamrot machen wird.* (MA II, 643) Es folgt eine Ruhmesrede auf Deutschland und die Deutschen, der Stoff auch für den später entstandenen »Gesang des Deutschen« sowie für die Hymne »Germanien«. Deutschland, schreibt er an Ebel, könne Entscheidendes beitragen zu dieser künftigen Revolution der Gesinnungen, gerade weil es noch *still* sei. Gemeint ist damit, dass Deutschland seine besten Kräfte nicht in oberflächlichen politischen Erregungen verbrauche, sondern sie im Stillen für die kulturelle Entwicklung wirken lasse.

Das genau ist die Idee von der deutschen Kulturnation, mit der Hölderlin wohl zuerst bekannt geworden war bei Schiller, der sie wenig später in den Entwürfen zum Gedicht »Deutsche Größe« notiert hat. Es sei kein großes Unglück, so Schiller, dass Deutschland nicht in der großen Politik vertreten ist, denn seine »Würde« zeigt sich in der Kultur. Die Entwicklung der Kultur aber dauert länger als die Eroberung von politischer Macht, und darum kommen die Deutschen verspätet in der Geschichte an. Doch der Nachteil der Verspätung wird zum Vorteil: Man wird nicht vorzeitig in der Arena der politischen Machtkämpfe zerschlissen. Während andere sich in Tageskämpfen aufreiben, auch wenn sie von Sieg zu Sieg eilen, arbeitet Deutschland am »ewigen Bau der Menschenbildung«. (Schiller 1, 738)

Bei Hölderlin liest sich dieser Gedanke im Brief an Ebel so: *Je stiller ein Staat aufwächst, um so herrlicher wird er, wenn er zur Reife kommt. Deutschland ist still, bescheiden, es wird viel gedacht, viel gearbeitet, und große Bewegungen sind in den Herzen der Jugend … Viel Bildung, und noch unendlich mehr! bildsamer Stoff!* (MA II, 643)

Es mag in Deutschland alles länger dauern, das Ergebnis aber, Freiheit, Republik und Menschenrechte, würde dafür nachhaltiger sein, glauben Schiller wie Hölderlin. Beide aber haben sich nicht träumen lassen, dass aus der Verspätung der Nation statt demokratischer und kultureller Reife besondere Hysterien und Ressentiments entspringen würden, dass die langsam gewachsene Kultur und Bildung nicht kräftig genug sein würden, um Barbarei zu verhindern, und dass die Kultur sich würde instrumentalisieren lassen für die Zwecke der Barbarei.

Bis zum nächsten Aufflackern revolutionärer Stimmungen heißt es für Hölderlin zunächst einmal *Abschied nehmen* von den Blütenträumen politischer Hoffnungen. Doch zum Glück gibt es auch etwas anderes als Politik, daran erinnert Hölderlin sich und seinen enttäuschten Freund: *Aber man hat sich selbst, und wenige Einzelne, und es ist auch schön, in sich selbst und wenigen Einzelnen eine Welt zu finden.*

Als Hölderlin diese Sätze schrieb, entstand das Gedicht »Die Eichbäume«. Darin klingt jener Gedanke des Briefes an, dass nämlich der Einzelne, wenn er nur in sich selbst seinen Mittelpunkt und seine je eigene Welt gefunden hat, sich selbst genügen kann. Die Eichbäume geben das Naturbild für solch herrliche Selbstständigkeit. Sie werden als Gefährten angesprochen:

Aus den Gärten komm' ich zu euch, ihre Söhne des Berges!
Aus den Gärten, da lebt die Natur geduldig und häuslich,
Pflegend und wiedergepflegt mit den fleißigen Menschen zusammen.
Aber ihr, ihr Herrlichen! steht, wie ein Volk von Titanen
In der zahmeren Welt und gehört nur euch und dem Himmel,
Der euch nährt' und erzog und der Erde, die euch geboren.
Keiner von euch ist noch in die Schule der Menschen gegangen,
Und ihr drängt euch fröhlich und frei, aus der kräftigen Wurzel,
Unter einander herauf und ergreift, wie der Adler die Beute,
Mit gewaltigem Arme den Raum, und gegen die Wolken
Ist euch heiter und groß die sonnige Krone gerichtet.
Eine Welt ist jeder von euch, wie die Sterne des Himmels
Lebt ihr, jeder ein Gott, in freiem Bunde zusammen.
Könnt' ich die Knechtschaft nur erdulden, ich neidete nimmer
Diesen Wald und schmiegte mich gern ans gesellige Leben.
Fesselte nur nicht mehr ans gesellige Leben das Herz mich,
Das von Liebe nicht läßt, wie gern würd' ich unter euch wohnen!

(MA I, 180f.)

Warum kann der Mensch nicht auch so ein *Gott* und so stolz für sich selbst sein, und wenn er sich zur Gemeinschaft versammelt, dann nur *in freiem Bunde*? Die Antwort geben die letzten beiden Verse des Gedichtes: Es ist die *Liebe* und nicht nur die Not und die Ängstlichkeit, die ans gesellige Leben fesseln und einen der stolzen Unabhängigkeit berauben.

Es gibt viel Gutes und Schönes über die Liebe zu sagen, und Hölderlin hat es in seinem »Hyperion«, an dem er nun wieder zu arbeiten beginnt, auch getan, doch ist sie auch eine Macht, die *fesselt* und somit unfrei werden lässt. Für diese schöne Unfreiheit der Liebe muss man offenbar in der *zahmeren Welt* der Menschen den unabhängigen Gott der Eichbäume fahren lassen. Deshalb ist dieses Gedicht – das schönste, das Hölderlin bis dahin gelungen ist – auch eine Art Elegie, ein Abschied vom Traum, *überzugehn in's unndliche Seyn der schönen Welt, in die Arme der ewigjugendlichen Natur.* (An den Bruder, 2. Juni 1796; MA II, 621)

Die Natur ist hier nicht nur ein Spiegel der Sehnsucht, etwas, worin man sich sanft auflösen möchte, sondern eine titanische Macht, die den Menschen seine Grenzen erfahren lässt, ihn jedoch auch zur Unabhängigkeit aufruft. Menschenwelt und Naturwelt treten auseinander, jede für sich machtvoll, doch gleichwohl so innig aufeinander bezogen, dass sogar ein Gespräch mit Bäumen möglich erscheint. Man erfährt den Zuspruch der Natur nur, wenn man sich nicht in ihr verliert.

Es ist vielleicht kein Zufall, dass erst im Moment des Abschieds vom Traum der Auflösung in die Natur diese überhaupt erst so prachtvoll konkret erscheinen kann und nicht, wie bisher, durch lyrische Rhetorik in die Abstraktion verflüchtigt wird. Schiller, der selbst an dieser Schwäche der Abstraktion litt, hat wohl die neue, unerhörte Qualität dieses Gedichtes bemerkt, denn er ließ es sogleich in den »Horen« abdrucken.

ZEHNTES KAPITEL

»Hyperion« – die endgültige Fassung. Was dazugekommen ist. Der politische Kampf, die Enttäuschung. Alabanda und Sinclair. Diotima und Susette. Neues Selbstbewusstsein. Die Schimpfrede gegen die Deutschen. Das Göttliche. Hölderlins Verzückungsspitzen. »Hyperion« als Roman über die Geburt eines Dichters. Goethe und Schiller beraten sich über Hölderlin. Krise im Hause Gontard. Hölderlins Abgang.

Im Sommer 1796, als die Liebesgeschichte mit Susette noch ungetrübt war, begann Hölderlin wieder mit der Arbeit am »Hyperion«. Dem Verleger Cotta hatte er im Jahr zuvor ein Manuskript des auf zwei Bände angelegten Romans geschickt, und der hatte um Kürzungen gebeten. So entschloss sich Hölderlin, *das Ganze in Einen Band zusammenzudrängen* (15. Mai 1796; MA II, 618), und bat darum, ihm das Manuskript zurückzuschicken. Er hatte offenbar keine Abschrift davon genommen, und das *Concept* war, wie er schrieb, *verloren gegangen*. Von dieser vorletzten Fassung des Romans ist nichts erhalten geblieben außer der philosophischen Vorrede, aus der bereits zitiert wurde. Hölderlin versprach Cotta, mit der Umarbeitung in etwa zwei Monaten fertig zu sein. Daraus wurde aber ein gutes halbes Jahr, und vor allem, zur gelinden Enttäuschung Cottas, gelang es Hölderlin nicht, das Ganze zu kürzen. Im Gegenteil, es wurden nun doch wieder zwei Bände daraus, die aber nicht gleichzeitig erscheinen konnten, weil Hölderlin mit dem zweiten Band nicht fertig wurde. Der erschien dann erst anderthalb Jahre später, Ende 1799.

Wie vom Verleger und auch Hölderlin selbst befürchtet, wurden dadurch die Erfolgsaussichten des Romans erheblich geschmälert. Hölderlins vorsorgliche Bemerkung in der Vorrede zum ersten Band – *Ich bedaure, daß für jezt die Beurtheilung des Plans noch nicht jedem mög-*

lich ist. Aber der zweite Band soll so schnell, wie möglich, folgen (MA I, 611) – konnte auch nichts daran ändern: Der Roman, der erste wie später der zweite Band, fand nur eine geringe Resonanz. Das lag allerdings nicht nur daran, dass nach dem ersten Band der *Plan* des Ganzen noch undurchsichtig bleiben musste – das allein hätte ja womöglich die Spannung sogar erhöhen können. Für den populären Geschmack war der Roman zu gedankenreich, zu philosophisch. Eine lyrische, rhythmisierte Prosa, wunderbare Naturbilder, idealtypische Figuren statt wirklicher Charaktere, eine schemenhafte Handlung, geringe Detailgenauigkeit. Zwar ist für äußere Ereignisse gesorgt, beispielsweise kommen Schlachten vor, deren flüchtige Schilderung aber verrät, dass der Autor möglichst schnell damit fertig werden wollte. Er habe, wie Hölderlin einmal an Neuffer schrieb, *keine Gaabe dazu*, bei der Beschreibung der äußeren Welt und der Handlungen mehr zu geben als den bloßen *Totaleindruk*. (28. April 1795; MA II, 583) Das war für das Publikum zu wenig. Diesem Roman kam es eben nicht auf die äußeren, sondern auf die innerlichen Abenteuer des Herzens an oder, abstrakt gesprochen, auf die *Auflösung der Dissonanzen in einem gewissen Charakter.* (MA I, 611) In der Vorrede zum Thalia-Fragment des »Hyperion« war von der *exzentrischen Bahn* die Rede. Das bedeutet im Kern dasselbe: Entfernung vom Zentrum des Lebens und Rückkehr dorthin: *Die seelige Einigkeit, das Seyn, im einzigen Sinne des Worts, ist für uns verloren.* (Vorrede, vorletzte Fassung; MA I, 558)

Hyperion erzählt in seinen Briefen an Bellarmin also die Geschichte seiner Versuche, die *Einigkeit, das Sein* wieder zu erreichen.

Im Thalia-Fragment waren es, wie bereits dargestellt, drei Erfahrungsbereiche, in denen Hyperion die ekstatische Seins-Verbundenheit sucht und vorübergehend findet, das pantheistische Verschmelzen mit der Natur, das Eintauchen in die Welt der Antike und die Liebe. Diese drei Stationen bleiben in der endgültigen Romanfassung erhalten. Hinzu kommt mit der Figur des Alabanda der politische Freiheitskampf, wo es eben auch um die letzten Fragen der Auflösung der Lebensdissonanzen geht.

Die Thematik der Liebe wird nun reicher entfaltet, auch dank der Erfahrungen mit Susette, deren Idealbild Diotima ist. Hölderlin schrieb ihr in den ersten Band die Widmung: *so finden edle Naturen nicht sich selbst, aber zerstreute Spuren ihrer Vortrefflichkeit in den mannigfaltigen Gestalten und Spielen des Künstlers.* (MA III, 316) Zum Erscheinen des zweiten Bandes notiert er in einem Briefentwurf: *Hier unsern Hyperion, Liebe! Ein wenig Freude wird diese Frucht unserer seelenvollen Tage Dir doch geben. … Liebste! alles, was von ihr und uns, vom Leben unseres Lebens hie und da gesagt ist, nimm es wie einen Dank, der öfters um so wahrer ist, je ungeschikter er sich ausdrükt.* (MA II, 833)

Nach einem wechselvollen Leben zunächst in Smyrna, dann auf einer ägäischen Insel, auf dem Peloponnes, in Athen und zuletzt in Deutschland kehrt Hyperion wieder nach Griechenland zurück, auf den *lieben Vaterlandsboden*, um hier in der Nähe von Korinth seine Tage als Eremit zu beschließen. Doch noch hat er nicht die nötige innerliche Ruhe gefunden, noch hadert er mit seinem Schicksal, das ihn in ein spätes, dem herrlichen griechischen Altertum so ferngerücktes Jahrhundert wie in einen *Sumpf* geworfen hat. Wir befinden uns in der ersten Periode des gescheiterten griechischen Befreiungskampfes gegen die Osmanen im 18. Jahrhundert. Keine Spur mehr von dem einst starken Geschlecht der Griechen. Er schämt sich fast, ein Grieche zu sein. Nur die Landschaft tröstet ihn, sie erglänzt wie von einem *siegenden Halbgott* gesegnet. So schildert Hyperion seine zunächst froh stimmende, dann aber deprimierende Rückkehr nach Griechenland in dem ersten Brief an den Freund Bellarmin (MA I, 613), dem er in den folgenden Briefen die Geschichte seines Lebens erzählt. Diese Geschichte ist voller Wandlungen, zwischen Hochgefühlen und Verzweiflung. Doch auch bei dem briefeschreibenden Hyperion vollzieht sich eine Wandlung. Der Hyperion, der den letzten Brief an Bellarmin schreibt, ist nicht mehr derselbe wie der, welcher den ersten schrieb. Indem er seine Geschichte erzählt, reflektiert er sich Schritt für Schritt aus ihr hinaus und wird ein anderer. Eine solche Entwicklung gab es im Thalia-Fragment des »Hyperion« noch nicht.

Die rückblickend erzählte Geschichte des Hyperion: Es beginnt mit dem Paradies der Kindheit. *Ja! Ein göttlich Wesen ist das Kind, … Es ist ganz, was es ist, und darum ist es so schön.* (MA I, 616) Es folgt eine Schilderung dieser ersten noch kindlichen Erfahrung der wonnevollen Verschmelzung mit den Naturerscheinungen, wenn *das Leben in ihnen in ewiger müheloser Ordnung durch den Aether sich fortbewegte.* (MA I, 617)

In die frühe Jugend tritt Adama, der Erzieher und Lehrer, der den Knaben in die *Heroënwelt* (MA I, 620) der Alten einführt und ihn zum Träumen bringt. Er macht ihn auch bekannt mit der Bedeutung seines Namens: Sonnengott. Er führt ihn nach Delos, auf die Insel des Sonnengottes. *Sei, wie dieser!* (MA I, 621), ruft ihm Adama zu, als beide vom Apollonhügel Cynthus aus die Sonne aufgehen sehen. Eine Initiation.

Adama verlässt den Jüngling, der sich auf den Weg nach Smyrna macht. Noch ganz erfüllt vom ekstatischen Bergerlebnis, versucht er in der Stadt sein Glück zu bewahren, indem er das, was er *von der Schönheit der Natur erbeutet*, darauf verwendet, die *Lüken des Menschenlebens damit auszufüllen* (MA I, 627), als ließe sich so die Entfremdung zwischen den Menschen beheben. Doch er stößt nur auf abweisende Kälte. Um sich nicht demütigen zu lassen, treibt er seine Verurteilung ins Große und Ganze: *Die Unheilbarkeit des Jahrhunderts war mir … sichtbar geworden.* (MA I, 628)

Der hingebungsvolle junge Mann muss nun lernen, sich zu bewahren. *Mein Herz verschloß jetzt seine Schäze, aber nur, um sie für eine bessere Zeit zu sparen.* (Ebd.) Er zieht sich zurück, doch der innere Reichtum lässt sich so nicht bewahren. *Das macht uns arm bei allem Reichtum, dass wir nicht allein seyn können.* (MA I, 622) Da begegnet ihm Alabanda, ein kühner, von Kraft und Tatendurst strotzender Jüngling. Er kämpft mit seinen Genossen für die griechische Freiheit und holt Hyperion aus der Einsamkeit heraus, erinnert ihn daran, dass er sein Leben an Ziele knüpfen sollte, die über ihn selbst hinausgehen, und vor allem, dass er vom Schwelgen in Gedanken und Empfindungen endlich zur Tat kommen sollte. Hyperion lässt sich vom Schwung des neuen Freundes mitreißen, der selbst eben erst eine Phase der Verzagtheit und Verzweiflung überwunden hat. *Wir begegneten einander, wie zwei Bäche, die vom Berge rollen, und die Last von Erde und Stein und faulem Holz und das ganze träge Chaos, das sie aufhält, von sich schleudern, um den Weg sich zu einander zu bahnen, und durchzubrechen bis dahin, wo sie nun ergreiffend und ergriffen mit gleicher Kraft, vereint in Einen majestätischen Strom, die Wanderung in's weite Meer beginnen.* (MA I, 631)

In diesem emphatisch geschilderten Zusammenwirken mit Alabanda spiegelt sich Hölderlins Beziehung mit Sinclair, dem revolutionär gesinnten und ihn politisch herausfordernden Freund im benachbarten Homburg, in dessen Nähe Hölderlin nach Verlassen des Hauses Gontard Zuflucht suchen wird.

Zunächst wird noch nicht zur Tat geschritten. Es wird noch diskutiert, was dem Autor Gelegenheit gibt, die eigene Position im Streit der Meinungen zu finden. Alabanda zeigt sich als Etatist, er strebt die Eroberung des Staates an, um von dort aus die allgemeine Verwirklichung der Freiheit zu betreiben. Hyperion argumentiert dagegen. Er warnt vor dem Staat als *Sittenschule* und formuliert dann einen Satz, der sich ähnlich auch in einem Brief Hölderlins findet: *Immerhin hat das den Staat zur Hölle gemacht, daß ihn der Mensch zu seinem Himmel machen wollte.* (MA I, 636)

Man sollte, so Hyperion, auf die innere Entwicklung und Umwandlung der Menschen setzen, welche ihre innere Freiheit entdecken und lieben lernen. Hyperion zeigt sich überzeugt, dass diese elementare Freiheitsbewegung, die tiefer greift als das bloß politische Geschehen, bereits in vollem Gange ist. Er nennt sie den *Frühling der Völker.* (MA I, 637) In diesem Zusammenhang taucht dann auch der Ausdruck auf: *die neue Kirche*, erinnernd an jene kämpferische Losung des Freundschaftsbundes Hölderlin, Hegel und Schelling: *die unsichtbare Kirche.*

Es geht um mehr als bloß um politische Freiheit, erklärt Hyperion.

Der noch in sich verschlossene Geist, das Göttliche im Menschen will durchbrechen. Noch liegen wir gebunden und schlafend *in unsern Krankenhäusern*, doch die Stunde des *Erwachens* ist nahe. (Ebd.)

Hier kommt es zum Widerspruch zwischen den Freunden. Alabanda nennt Hyprion mit spöttischem Lächeln einen *Schwärmer*, und darauf Hyperion: *Geh! …, du bist ein kleiner Mensch!* (Ebd.) Die Gegensätze verschärfen sich in dem Augenblick, da Alabandas Gefährten ins Spiel kommen, finstere Gestalten, ruppig, gewaltbereit. Das äußerste Mittel, kühne Entschlossenheit, Gewalt und Zerstörung, ist ihnen das Ziel. Was davor zurückscheut, nennen sie Feigheit, Weichlichkeit und Schwärmerei. Man muss das *Unkraut* rücksichtslos ausjäten.

Für Hyperion haben diese Burschen das eigentliche Ziel – die Befreiung – aus dem Auge verloren. Gewalt und Terror sind Selbstzweck geworden. Er wendet sich mit Abscheu von ihnen ab. Doch was Alabanda betrifft, so möchte er am Freundschafts-Bund festhalten, doch er fühlt sich wie eine *Braut, wenn sie erfährt, daß ihr Geliebter insgeheim mit einer Dirne lebe.* (MA I, 640) Zwar trennt sich Hyperion zunächst von Alabanda, doch er wird nicht von ihm loskommen. Als später die wirklichen Kämpfe beginnen und Alabanda ihn ruft, eilt er an die Seite des Freundes, um mitzukämpfen.

Solches Schwanken spiegelt ziemlich genau Hölderlins eigenes Verhalten zu den politischen Ereignissen. Er verurteilt den jakobinischen Terror, zeigt sich erleichtert bei der Hinrichtung Robespierres, ist entsetzt vom Wüten der französischen Soldaten, die so gar nicht als Freiheitskämpfer auftreten – und verfolgt doch mit Sympathie das Vordringen der französischen Truppen und kämpft bei Rückschlägen mit den Tränen. In einem Briefentwurf an Susette schildert Hölderlin, wie Muhrbeck, ein gemeinsamer Freund von Sinclair und ihm, auf sein Zimmer kam mit der Nachricht, die Franzosen seien in Italien geschlagen worden. Beide sind entsetzt, und dann diese Szene: *»Wenns nur gut mit uns steht«, sagt' ich ihm, »so steht es schon gut in der Welt«, und er fiel mir um den Hals … und unsre weinenden Augen begegneten sich.* (MA II, 780) Hölderlins Herz schlägt also immer noch, trotz aller Enttäuschungen, für die revolutionäre Sache, und in diesem Sinne entwirft er 1798 sogar einen Hymnus auf Buonaparte. (MA I, 185)

Zurück zum Roman. Hyperion trennt sich, nach diesem Zwist, erneut von Alabanda, verzweifelt. Es ist ihm alles öde und leer. Das Nichts droht. In den Briefen an Bellarmin – vergessen wir nicht, es wird rückblickend erzählt – kann Hyperion aus der Distanz dieses Elend schildern mit dem Eingeständnis, dass er damals wohl keine Worte dafür gefunden hätte. Jetzt aber kann er es wortreich zur Sprache bringen: *O ihr Armen …, die ihr auch so durch und durch ergriffen seid vom Nichts, das über uns waltet, so gründlich einseht, daß wir geboren werden für Nichts, daß wir lieben ein Nichts, glauben an's Nichts, uns abarbeiten für Nichts, um mälig überzugehen in's Nichts … Bin ich doch auch schon manchmal hingesunken in diesen Gedanken, und habe gerufen, was legst du die Axt mir an die Wurzel, grausamer Geist? und bin noch da.* (MA I, 649f.)

Ja, er ist noch da. Er hat den Tiefpunkt durchlebt und rafft sich auf und fährt zur Insel Salamis hinüber. Dort nun kommt es zur Begegnung mit Diotima, wodurch sich alles verändert. Eine Epiphanie. Eben noch das Versinken ins Nichts und nun die Erhebung zum Göttlichen. *Ich hab' es Einmal gesehn, das Einzige, das meine Seele suchte, und die Vollendung, die wir über die Sterne hinauf entfernen, die wir hinausschieben bis an's Ende der Zeit, die hab' ich gegenwärtig gefühlt. Es war da, das Höchste, in diesem Kreise der Menschennatur und der Dinge war es da!* (MA I, 657)

Es finden sich Briefstellen bei Hölderlin, wo er Susette und die Wirkung, die sie auf ihn ausübt, ähnlich beschreibt, etwa in einem Brief an Neuffer: *konnt' ich werden, wie ich jezt bin …, wenn mir nicht diß, diß Eine erschienen wäre, und mir das Leben, das mir nichts mehr werth war, … verherrlicht hätte …* (MA II, 624)

Im Roman füllt die Schilderung des Lebens mit Diotima fast die Hälfte des ersten Bandes. Im Thalia-Fragment stürzt die Vollkommenheit Melites, der Geliebten, Hyperion in Selbstzweifel, weil er sich unwürdig fühlt. Solche Selbstzweifel spielen diesmal keine Rolle. Hyperion fühlt sich von Diotima so erhoben – wie ein *Adler*, heißt es in dem zitierten Brief an Neuffer. Er fühlt sich ihrer würdig, nur beschleicht ihn machmal Wehmut und Trauer über die Trennung, die er ahnt.

Als Verkörperung der *Schönheit* tritt ihm Diotima entgegen. Damit ist nicht nur die körperlich schöne Erscheinung gemeint, sondern auch die Vollkommenheit ihres inneren Wesens, die Harmonie von Empfindung, Geist und Anstand. In ihrer Gegenwart spürt er den Reichtum des Seins. Hyperion gesteht der Geliebten: *ich brauche die Götter und die Menschen nicht mehr. Ich weiß, der Himmel ist ausgestorben, entvölkert, und die Erde, die einst überfloß von schönem menschlichem Leben, ist fast, wie ein Ameisenhaufe, geworden. Aber noch giebt es eine Stelle, wo der alte Himmel und die alte Erde mir lacht. Denn alle Götter des Himmels und alle göttlichen Menschen der Erde vergeß' ich in dir.* (MA I, 691)

Diotima weist das zurück. Hyperion darf sich nicht auf eine *seelige Insel* zurückziehen, während draußen der *Schiffbruch der Welt* (ebd.) geschieht. Er soll wirken, nicht nur genießen, er hat eine Verantwortung: *mich deucht*, sagt sie zu ihm, *du bist zu höhern Dingen geboren.* (Ebd.) Deshalb führt sie ihn nach Athen, damit er dort begreife, dass es noch eine ganz andere Schönheit gibt als die ihre. Schönheit ist auch die Vollkommenheit einer gesellschaftlichen, politischen und kulturellen Ordnung, wenn also, wie es Platon in der »Politeia« schildert, das Gemeinwesen wie ein einziger wohlgestalteter, organisch trefflich zusammenstimmender Körper gebaut ist. Darum ist Schönheit das Höchste, denn in ihr vereinigen sich alle Kräfte: Politik, Religion und Philosophie sind ihr dienstbar, und die Poesie ist es, die eine Ahnung von solchem Gelingen gibt und dazu anspornt. Es mag ja sein, sagt sie zu ihm, dass du in unserem Beisammensein vom Göttlichen erfüllt bist, doch das genügt nicht: *du must erleuchten, wie Apoll, erschüttern, beleben, wie Jupiter, sonst bist du deines Himmels nicht werth.* (MA I, 692)

Diotima bestimmt Hyperion zum Dichter. Er soll helfen, für das gegenwärtige Griechenland die vergangene große Epoche wieder heraufzubringen: *Du wirst Erzieher unsers Volks … seyn.* (MA I, 693)

Damit endet der erste Band, der zweite beginnt mit dem Ruf Alabandas zur Tat, dem Hyperion nicht widerstehen kann. Eben noch hat sich Hyperion von Diotima mit dem hohen Amt des Dichtertums betrauen lassen, da stößt er das alles von sich: *Worte sind, wie Schneefloken, unnüz*, und die *Zaubersprüche* sind vielleicht *für die Frommen, aber die Ungläubigen hören* sie *nicht. – Ja! Sanft zu seyn, zu rechter Zeit, das ist wohl schön, doch sanft zu seyn, zur Unzeit, das ist häßlich, denn es ist feig!* (MA I, 699) Diotima hält dagegen, sie erinnert Hyperion an eine andere Art des Handelns, für die er bestimmt sei. Im *wilden Kampf* nämlich würde er sein Bestes verlieren – die *schöne Seele*. (MA I, 700)

Doch Hyperion will sich nicht bewahren, und als er auch bei Diotima eine Veränderung bemerkt, so als ob auch über sie der Geist der Kühnheit gekommen wäre, nimmt er Abschied von ihr und wirft sich mit Alabanda und seinen Gefährten in die Kämpfe auf dem Peloponnes. Hölderlin hatte für diese Passagen die zeitgenössischen Berichte vom griechischen Aufstand gegen die türkische Fremdherrschaft im Zusammenhang des Russisch-Türkischen Krieges von 1770 studiert, ohne freilich eine realistische Darstellung des Geschehens anzustreben.

Er lässt Hyperion in Briefen an Diotima seine Erlebnisse schildern, die zunächst von euphorischen Gefühlen bestimmt sind: *Aus den spartanischen Wäldern, da wird, wie ein Adler, der alte Landesgenius stürzen mit unsrem Heere, wie mit rauschenden Fittigen*. (MA I, 707)

In den Berichten von Chandler und Choiseul-Gouffier, seinen wichtigsten Quellen, hatte Hölderlin von den Massakern gelesen, welche die »albanischen Horden« im Dienste der Osmanen unter den Griechen anrichteten, doch auch von dem höchst unrühmlichen Betragen der griechischen Freiheitskämpfer. So sei, hieß es bei Choiseul-Gouffier, der General Orlow von der russischen Schutzmacht genötigt gewesen, die sogenannten griechischen Freiheitskämpfer »zu verabschieden und als Räuber wegzujagen, die nicht für die gemeine Freiheit zu streiten, sondern ihre Mitbrüder zu plündern gekommen waren«. (Zit. n. KA 2, 936)

An diesem erbärmlichen Geschehen lässt Hölderlin seinen Hyperion teilnehmen, der danach vollkommen desillusioniert an Diotima schreibt: *Es ist aus, Diotima! unsre Leute haben geplündert, gemordet, ohne Unterschied … In der Tha!t es war ein außerordentlich Project, durch eine Räuberbande mein Elysium zu pflanzen.* (MA I, 720)

Hyperion ist enttäuscht, nicht nur von den Leuten, mit denen er sich verbunden hat, sondern auch von sich selbst, dass ihn seine Ideale blind für die Erbärmlichkeit der Menschen gemacht haben. Am Ende muss ihn Alabanda sogar vor der Mordlust der eigenen Kumpane retten. Hyperion schämt sich vor Diotima und stürzt sich in weitere Kämpfe, doch nur, um dort den Tod zu suchen. Er überlebt. Noch einmal lebt die innige Freundschaft mit Alabanda auf, der trotz Enttäuschung an der Welt des revolutionären Handelns festzuhalten gewillt ist, wenngleich er befürchten muss, dass ihm die revolutionären Kumpane, in einem Bund der Rache vereint, nach dem Leben trachten könnten. Alabanda ahnt, dass es eine *Reise nach dem Blutgericht!* (MA I, 742) werden könnte, wenn er dem Ruf der Mitverschworenen folgt. Doch das hindert ihn nicht, er bricht auf. In der Abschiedsszene lässt Hölderlin Alabanda als Fichteaner auftreten, als jemand, der sein Ich, seine Freiheit und seine Tathandlung ins Große treibt. *Ich fühl' in mir ein Leben, das kein Gott geschaffen, und kein Sterblicher gezeugt. Ich glaube, daß wir durch uns selber sind, und nur aus freier Lust so innig mit dem All verbunden.* (Ebd.)

Hölderlin war wohl aufgefallen, dass Alabanda bis dahin noch nicht so drastisch im Geiste Fichtes aufgetreten war, denn er lässt Hyperion konsterniert antworten: *So etwas hab' ich nie von dir gehört.* (Ebd.)

Hyperion will gerade wieder zu Diotima zurückkehren, da erhält er von ihr den langen Abschiedsbrief und kurz drauf die Nachricht von ihrem Tode. Sie sei aus ihrer kindlichen Übereinstimmung mit sich selbst aufgeweckt worden, schreibt sie, es seien nun auch in ihr neue Kräfte rege geworden, die das Gefäß ihres Lebens sprengen würden: *ist die Natur in mir durch dich, du Herrlicher! zu stolz geworden, um sichs länger gefallen zu lassen auf diesem mittelmäßigen Sterne?* (MA I, 747)

Diotima erinnert in diesem letzten Brief Hyperion noch einmal an seine eigentliche Aufgabe. Es ist ihr Vermächtnis an ihn: *Dir ist dein Lorbeer nicht gereift und deine Myrthen verblühten, denn Priester sollst du seyn der göttlichen Natur, und die dichterischen Tage keimen dir schon.* (MA I, 750)

Wenn Hyperion nach dem Tode Diotimas nach Deutschland reist, so erfüllt er den Auftrag, den sie ihm gegeben hatte. Dorthin soll er reisen, um das Dichten zu lernen. Was Hyperion über seinen Besuch in Deutschland zu berichten hat, kulminiert in der berühmten, oft zitierten Scheltrede, in die Hölderlin seinen ganzen Unmut darüber hineinlegt, dass ihm bis dahin die eigene Anerkennung als Dichter versagt geblieben ist. Diese Scheltrede steht auch in einem eklatanten Gegensatz zu dem gleichzeitig in Briefen und Gedichten geäußerten Glauben an die deutsche Mission als Kulturnation: *ich kann kein Volk mir denken, das zerrißner wäre, wie die Deutschen. Handwerker siehst du, aber keine Menschen, Denker, aber keine Menschen, Priester, aber keine Menschen … – ist das nicht, wie ein Schlachtfeld, wo Hände und Arme und alle Glieder zerstükelt untereinander liegen, indessen das vergoßne Lebensblut im Sande zerrinnt?* (MA I, 754f.)

Es geht nicht ohne Arbeitsteilung, das weiß sicherlich auch Hyperion, doch es kommt darauf an, dass jeder sein *Fach* mit *Geist* und *Liebe* ergreift, und genau daran fehlt es. Man ist an das *Nothwendigste* gekettet, ohne Sinn für das Freie und für den schöpferischen Überfluss. Man sei in Deutschland zwar fleißig, pflege Wissenschaft und Religion, doch sei man *tiefunfähig jedes göttlichen Gefühls*, und gänzlich unbekannt sei das *Glük der heiligen Grazien.* (MA I, 754) Letztlich läuft die ganze Scheltrede auf den Vorwurf hinaus, die Menschen seien *fühllos … für alles schöne Leben.* (MA I, 755)

Hölderlin wiederholt hier eine Klage, die Schiller wenige Jahre zuvor in seinen »Briefen zur ästhetischen Erziehung« geführt hatte: »Der Nutzen ist das große Idol der Zeit, dem alle Kräfte fronen und alle Talente huldigen sollen. Auf dieser groben Waage hat das geistige Verdienst der Kunst kein Gewicht, und, aller Aufmunterung beraubt, verschwindet sie von dem lärmenden Markt des Jahrhunderts.« (Schiller 5, 572) Diese Diagnose bezieht sich auf die bürgerliche Moderne überhaupt, nicht auf spezifisch deutsche Defizite, wie Hyperions Scheltrede glauben machen will.

Hölderlin lässt am Ende Hyperion aus Deutschland, dieser Stätte der Enttäuschung und Entmutigung, zurückkehren in sein griechisches Vaterland, und er wird dann wohl, dem Auftrag Diotimas folgend, sein weiteres Leben dem Dichten widmen, zumal nach dem Tode Alabandas die Verführung zur politischen Tat nicht mehr gegeben ist. Als Dichter hat Hyperion, seinem Selbstverständnis nach, bereits begonnen mit den Briefen an Bellarmin. Sie können gelesen werden als eine Geschichte, wie jemand zum Dichter wird. Der letzte Brief endet folglich mit dem Satz: *Nächstens mehr.* (MA I, 760)

Hyperion, darauf hatte ich anfangs hingewiesen, erzählt nicht nur seine Geschichte, er verwandelt sich auch beim Erzählen. Er ist am Ende ein anderer als am Anfang, als er seinen ersten Brief an Bellarmin nach der Heimkehr aus Deutschland schreibt. Er durchleidet immer noch dieses Auf und Ab zwischen Hochgefühlen und Verzweiflung, zwischen Augenblicken der Weite und der Wüste. *Ich denke nach*, schreibt er im zweiten Brief, *und finde mich, wie ich zuvor war, allein, mit allen Schmerzen der Sterblichkeit, und meines Herzens Asyl, die ewigeinige Welt, ist hin; die Natur verschließt die Arme, und ich stehe, wie ein Fremdling, vor ihr, und verstehe sie nicht.* (MA I, 615)

Beim Erzählen gerät er zwar immer wieder tief hinein in die jeweiligen Stimmungen und Befindlichkeiten, ein Sog ins einst Erlebte bemächtigt sich seiner, doch immer besser kann er sich dagegen behaupten. Er entdeckt eine übergreifende Ordnung, die es in den Augenblicken für ihn nicht gab. Das geschieht in den Erzählereinreden, mit denen der erzählende Hyperion sich deutlich trennt vom erzählten Hyperion. *Oder schau' ich auf's Meer hinaus und überdenke mein Leben, sein Steigen und Sinken, seine Seeligkeit und seine Trauer und meine Vergangenheit lautet mir oft, wie ein Saitenspiel, wo der Meister alle Töne durchläuft, und Streit und Einklang mit verborgener Ordnung unterein-*

anderwirft. (MA I, 652) Einmal macht er Bellarmin (und uns Leser) eigens auf den Unterschied zwischen Erzählzeit und erzählter Zeit aufmerksam: *Aber ich meine, du solltest sogar meinen Briefen es ansehn, wie meine Seele täglich stiller wird und stiller.* (MA I, 706)

Die Schilderung seiner Gefühle beim Empfang der Nachricht vom Tod Diotimas unterbricht Hyperion mit der Bemerkung: *du fragst, mein Bellarmin! wie jezt mir ist, indem ich diß erzähle? Bester! ich bin ruhig, denn ich will nichts besser haben, als die Götter. Muß nicht alles leiden? Und je trefflicher es ist, je tiefer! Leidet nicht die heilige Natur? O meine Gottheit! daß du trauern könntest, wie du seelig bist, das konnt' ich lange nicht fassen. Aber die Wonne, die nicht leidet, ist Schlaf, und ohne Tod ist kein Leben. Solltest du ewig seyn, wie ein Kind und schlummern, dem Nichts gleich?* (MA I, 751)

Ewigkeit ist für das Bewusstsein – nichts. Diesen Gedanken hatte Hölderlin zum ersten Mal in einem bereits zitierten Brief an Hegel formuliert, als er erklärte, Bewusstsein benötige immer ein Objekt, also eine Grenze, und deshalb könne das Grenzenlose, also das Ewige oder Absolute, von einem Bewusstsein nie erfasst werden. Dieser Gedanke war gegen Fichtes absolutes Ich gerichtet – *das absolute Ich ist (für mich) Nichts* (26. Januar 1795; MA II, 569) – und kehrt hier nun wieder in Hyperions Reflexion. Doch in diesem Zusammenhang handelt es sich nicht nur um ein philosophisches Gedankenkonstrukt, sondern um die existentiell bedeutsame Einsicht, dass auch die Götter vom Negativen berührt werden, dass auch sie Leid und Tod zu tragen haben. Dass also auch sie sterben. »Auch das Schöne muss sterben«, heißt es in Schillers ergreifender Elegie »Nänie«, und ganz ähnlich lässt Hölderlin Hyperion die für ihn ungeheuerliche Erwägung anstellen, dass auch die Götter sterben – ohne dass damit das Göttliche aus der Welt wäre. Das Göttliche oder die Götter sind ins irdische Geschehen hineingenommen, wie bei Jesus, der am Kreuze stirbt; doch anders als sonst in den monotheistischen Vorstellungen, für die es einen Gott jenseits der Welt gibt.

Anders auch, als Hyperions »Schicksalslied« es darstellt, jenes Gedicht, das den Augenblick der tiefsten Verzweiflung Hyperions zum Ausdruck bringt und eben nicht die schmerzliche Abgeklärtheit vom Ende, für die das Göttliche inzwischen zur schöpferischen umfassenden Natur gehört. Im »Schicksalslied« aber heißt es in Bezug auf die Götter: *Ihr wandelt droben im Licht / ... // Schiksaallos, wie der schlafende / Säugling, athmen die Himmlischen.* (MA I, 744f.)

Nichts weniger als ein Widerruf dieser dualistischen Sicht bedeutet das spätere ganzheitliche Verständnis. Im »Schicksalslied« heißt es: *Doch uns ist gegeben, / Auf keiner Stätte zu ruhn*, doch Hyperion schreibt am Ende: *Bester! ich bin ruhig.* (MA I, 751) Das markiert die neue Einsicht, die das Göttliche ins leidvolle Leben hineinnimmt, ohne es preiszugeben. Was bedeutet das?

Hölderlins Begriff des Göttlichen löst sich immer deutlicher von der christlichen Orthodoxie, die ihn von Hause aus geprägt hat. Das Göttliche ist für ihn ein Moment des in Schmerz oder Freude gesteigerten Lebens. »Verzückungsspitzen« (Nietzsche 7, 200) hat Nietzsche später diese Augenblicke der höchsten Intensität – und es kann sich nur um Augenblicke handeln – genannt. Sie sind ganz diesseitig, ganz gegenwärtig, und sie haben nichts von einer Vertröstung auf ein ominöses Jenseits. Von nun an werden die so verstandenen Götter und das Göttliche zum alles beherrschenden Thema Hölderlins für die letzten schöpferischen Jahre, die ihm noch bleiben.

Der Mutter gegenüber, die ihn ja weiterhin in jede sich bietende Pfarrstelle bringen will, legte er sich sein Verhältnis zum Christentum so zurecht, dass in ihm der Gott-Welt-Dualismus eigentlich überwunden sei in der Gestalt Christi, des menschgewordenen Gotts. Später wird bei Hölderlin Christus neben Dionysos figurieren. Eine so deutliche Sprache wagt er der Mutter gegenüber nicht. In einem zur Zeit der Arbeit am zweiten Buch des »Hyperion« geschriebenen Brief an die Mutter spricht er verächtlich von den *Theologen von Profession*, die mit ihrem *geist- und herztödtendem Geschwätz* den lebendigen Christus *zum leeren Gözenbilde machen.* (Januar 1799; MA II, 734f.)

In diesem Brief – sein ausführlichster überhaupt – lässt er einerseits behutsam sein für die Mutter anstößiges Verständnis von Religion durchblicken, andererseits verteidigt er ihr gegenüber zum ersten Mal ausdrücklich sein Dichtertum. Er nennt es seine *eigentümliche Neigung* (ebd., 736); alles andere sei im Vergleich dazu *unnatürliche Arbeit* und folglich sei dabei auch kein rechtes Gelingen.

Zu diesem Bekenntnis der Mutter gegenüber hatte sich Hölderlin wohl nicht zuletzt durch seinen »Hyperion« ermuntert gefühlt, denn dieser Roman ist eben auch die Geschichte von der Geburt eines Dichters. Hyperion fühlt sich von Diotima zum Dichter berufen, Hölderlin von Susette.

Den ersten Band des »Hyperion« schickte Hölderlin an Schiller und entschuldigte sein Schweigen in den zurückliegenden Monaten. *Von Ihnen*, schrieb er, *dependir' ich unüberwindlich*, und deshalb musste er versuchen, ihn zeitweilig zu *vergessen*, um während der Arbeit am Roman *nicht ängstig zu werden*. (20. Juni 1797, MA II, 655) Schiller habe sich damals für die »Thalia« des *Büchleins* angenommen, als es noch *dürr und ärmlich* war. *Ich hab' es mit freierer Überlegung und glüklicherem Gemüthe von neuem angefangen und bitte Sie um die Güte, es bei Gelegenheit durchzulesen, und mich durch irgend ein Vehikel Ihr Urteil wissen zu lassen*. (Ebd., 656)

Ein Urteil Schillers über diesen ersten Band des »Hyperion« ist nicht bekannt. Doch mit den beiden Gedichten, die Hölderlin diesem Brief beilegte – »Der Wanderer« und »An den Aether« –, gibt es ein Nachspiel.

Schiller, stets bereit, Hölderlin aufzumuntern und zu unterstützen, fühlte sich diesmal im Urteil über seine Gedichte unsicher. Er schickte sie, ohne den Autor zu nennen, an Goethe, um dessen Urteil zu erfahren. Goethe antwortete: Der Dichter habe offenbar »einen heitern Blick über die Natur« und »Talent« für verschiedene Versformen. »In beiden Gedichten sind gute Ingredienzien zu einem Dichter, die aber allein keinen Dichter machen. Vielleicht wäre es das Beste, wenn er einmal ein ganz einfaches idyllisches Faktum wählte und es darstellte, so könnte man eher sehen, wie es ihm mit der Menschenmalerei gelänge, worauf doch am Ende alles ankommt.« (28. Juni 1797; Goethe 8.1, 365) Trotzdem empfahl er die Veröffentlichung. Daraufhin bedankte sich Schiller für das nicht »ganz ungünstige Urteil«, nannte Hölderlins Namen und rückte sodann mit dem bemerkenswerten Geständnis heraus: »Aufrichtig, ich fand in den Gedichten viel von meiner eigenen sonstigen Gestalt, und es ist nicht das erste Mal, daß mich der Verfasser an mich mahnte. Er hat eine heftige Subjektivität und verbindet damit einen gewissen philosophischen Geist und Tiefsinn. Sein Zustand ist gefährlich ... Er lebt jetzt als Hofmeister in einem KaufmannsHause zu Frankfurth, und ist also in Sachen des Geschmacks und der Poesie bloß auf sich selber eingeschränkt und wird in dieser Lage immer mehr in sich selbst hineingetrieben.« (30. Juni 1797; ebd., 366) Goethes umgehende Antwort: »Ich will Ihnen nun auch gestehen, daß mir etwas von Ihrer Art und Weise aus den Gedichten entgegensprach, eine ähnliche Richtung ist wohl nicht zu verkennen ... indessen rekommandiert diese Gedichte ... eine gewisse Lieblichkeit, Innigkeit und Mäßigkeit und der Verfasser verdient wohl, besonders da Sie frühere Verhältnisse zu ihm haben, daß Sie das Mögliche tun um ihn zu lenken und zu leiten.« (1. Juli 1797; ebd., 367)

Tatsächlich mussten sich beide bei Versen wie *Bäche stürzten hier nicht in melodischem Fall vom Gebirge, / Durch das blühende Tal schlingend den silbernen Strom* (»Der Wanderer«) erinnert fühlen an Verse aus Schillers Elegie »Der Spaziergang«: »Frei empfängt mich die Wiese mit weithin verbreitetem Teppich, / Durch ihr freundliches Grün schlingt sich der ländliche Pfad«. (Schiller 1, 35)

Goethe hatte wenig Sinn für den hohen Stil und den großen Atem von Hölderlins Gedichten. Deshalb sein Rat, Hölderlin möge doch besser ein »einfaches idyllisches Faktum« wählen. Doch immerhin war er von dem »jungen Talent« so angetan, dass er Hölderlins Besuch in Frankfurt empfing, als er im Spätsommer 1797 bei seiner Reise in die Schweiz dort Station machte. Schiller hatte das Treffen aus der Ferne eingefädelt, und ihm erstattete Goethe den folgenden Bericht: »Gestern ist auch Hölterlein (sic!) bei mir gewesen, er sieht etwas gedrückt und kränklich aus, aber er ist wirklich liebenswürdig und mit Bescheidenheit, ja mit Ängstlichkeit offen. Er ging auf verschiedene Materien, auf eine Weise ein die Ihre Schule verriet ... Ich habe ihm besonders geraten, kleine Gedichte zu machen und sich zu jedem einen menschlich interessanten Gegenstand zu wählen.« (23. August 1797; ebd., 400) Da ist es wieder, dieses »idyllische Faktum« aus der Empfehlung Goethes in einem früheren Brief.

Hölderlin sei »etwas gedrückt« gewesen, so Goethes Eindruck bei dieser Begegnung. Das könnte damit zusammenhängen, dass in diesem Sommer für Hölderlin die Krise im Hause Gontard begann.

Die Hofmeisterstellung hatte ja immer etwas Prekäres. Lenz hatte eine Generation früher eine Tragikomödie darüber gemacht. Junge, akademisch ausgebildete Männer, meist aus ärmlichen kleinbürgerlichen Verhältnissen, die sich zu Höherem berufen fühlen, geraten in einen Konflikt mit der adligen oder großbürgerlichen Sphäre, in der sie ihre Erziehungsarbeit verrichten. Im günstigen Fall werden sie annähernd von Gleich zu Gleich behandelt. So war es bei Charlotte im Hause der Kalbs. Im ungünstigen Fall – und das war der häufigere – nahm man die Hofmeister als bessere Dienstboten. So war es bei dem Bankier Gontard. In den ersten Monaten machte sich das noch nicht so stark bemerkbar oder es wurde von den erotischen Hochgefühlen überspielt. Im Sommer 1797 deutete Hölderlin zum ersten Mal in seinen Briefen ein Unbehagen an. Am 10. Juli, da Hölderlin zu seiner Enttäuschung nicht zum Hochzeitstag der Marie Rätzer, der Freundin Susettes und ehemaligen Erzieherin ihrer Töchter, geladen war, obwohl er sich doch dem inneren Kreis der Familie zugehörig fühlen durfte, da klagte der Ausgeschlossene über seine Lage, *die mich am Ende fast erdrüken, die wenigstens den Sinn unwiderstehlich mir verfinstern muß.* (10. Juli 1797; MA II, 657) Deutlicher wird er nicht, auch nicht, wenn es im selben Brief aus ihm herausbricht: *Ich bin zerrissen von Liebe und Haß.* (Ebd., 658)

Der Mutter gegenüber spielte er die Schwierigkeiten einstweilen noch herunter. *Bei allen Schwierigkeiten*, schrieb er im August 1797, *die immerhin bei jedem Verhältnisse meiner Art sich häuffen, such' ich denn doch für jetzt nichts anders.* (MA II, 662) Im November, in einem Brief an den Bruder, wieder die Klagen. Zunächst gibt es da keinen direkten Bezug zum Hause Gontard, wenn er schreibt: *Aber wer erhält in schöner Stellung sich, wenn er sich durch ein Gedränge durcharbeitet, wo ihn alles hin und her stößt? Und wer vermag sein Herz in einer schönen Gränze zu halten, wenn die Welt auf ihn mit Fäusten einschlägt?* (MA II, 668) Doch da Hölderlin zuvor über die allzu zahlreichen Geselligkeiten im Hause Gontard geklagt hatte, wird deutlich, dass mit den anschließenden Bemerkungen über das *tausendfache Etwas der Gesellschaft*, worin nur der *Abgrund* des *Nichts* (ebd.) gähnt, das Leben bei den Gontards gemeint ist. Doch, wie gesagt, das sind alles Bemerkungen, die noch nicht direkt seine Situation im Hause Gontard zur Sprache bringen.

Das ist zum ersten Mal anders im Brief an die Mutter vom November 1797. Einerseits wird deutlich beschrieben, was ihm missfällt, andererseits wird mit erheblicher Raffinesse eine Mitteilung seines Liebesverhältnisses mit Susette umgangen. So viel Offenheit der Mutter gegenüber war für Hölderlin nicht möglich. Ihr gegenüber konnte er die ängstliche Rücksicht auf das sogenannte Schickliche nicht ablegen. Er schrieb also: *Sie fragen, was denn jetzt, im gegenwärtigen Augenblike, da ich schreibe, meine Gesinnung sei? Wenn ich aufrichtig reden soll, so muß ich Ihnen sagen, daß ich mit mir selbst im Streit bin. Von der einen Seite scheint … das gerechteste Bedürfniß meines Geistes zu erfordern, eine Lage zu verlassen, wo sich immer zwei Parthien für und gegen mich bilden, wovon die eine fast mich übermüthig und die andre sehr oft niedergeschlagen, trüb und manchmal etwas bitter macht.* (MA II, 673) Susette also die *Parthie*, die ihn *übermüthig* macht, und die andere, gegnerische *Parthie* wäre dann die des Hausherrn. Soll er das Haus verlassen, um dieser zerreißenden Spannung zu entkommen? Dass seine Liebesgefühle für Susette ihn einstweilen noch festhalten, kleidet er in die Worte: *Dann sind auch die Menschen, unter denen ich lebe, doch nicht so, dass ich es über mich bringen könnte, im Unfrieden zu scheiden, und auf eine sanfte Art fortzukommen, hält sehr schwer.* (Ebd., 674)

Einige Monate später, um den 27. September 1798, kam es dann zu jenem Eklat, in dessen Folge Hölderlin sofort das Haus verließ. Was genau vorgefallen war, lässt sich nicht genau rekonstruieren. Hölderlin hat in seinen erhaltenen Briefen keine Auskunft darüber gegeben. Es wird wohl eine herabwürdigende Bemerkung Gontards gegen Hölderlin gewesen sein. Eine explizite Eifersuchtsszene war es wohl nicht, dafür fühlte sich Gontard sozial zu überlegen. Gleichwohl gibt es Hinweise, dass er ärgerlich geäußert haben soll, der Hofmeister verbringe zu viel Zeit mit seiner Frau. Einige Jahrzehnte später notierte Varnhagen von Ense das Gerücht, Gontard habe dem »armen Dichter«, den er »im süßen Gespräch, unschuldigen gewiß, aber doch innigem, und dadurch verdächtigen« angetroffen, eine »Ohrfeige« gegeben. (St. A., 122)

Wenn auch unklar bleibt, was Gontard im Einzelnen geäußert haben mag, jedenfalls muss es von einer Art gewesen sein, die Susette veranlasste, Hölderlin zu bitten, das Haus sofort zu verlassen, was sie dann bereute, wie ihre ersten heimlichen Briefe an Hölderlin vom Oktober 1798 bezeugen. »Schon offt habe ich es bereut daß ich Dir beym Abschied den Rath gab auf der Stelle Dich zu entfernen, noch habe ich nicht begriffen aus welchem Gefühl ich so dringend Dich bitten mußte, ich glaube aber es war die Furcht, vor der ganzen Empfindung unserer Liebe, die zu laut in mir wurde bey diesem gewaltigen Riß, und die Gewalt welche ich fühlte machte mich gleich zu nachgiebig …« (MA II, 702f.)

Da war also durch das Auftreten Gontards ein »gewaltiger Riß« geschehen, und Susette fürchtete, sie könnte mit der »Empfindung unserer Liebe« nicht an sich halten, und bat Hölderlin, das Haus zu verlassen. Dass sie sich auch selbst beleidigt gefühlt hatte und ihr auch deshalb die Situation unerträglich wurde, davon ist zwar nicht die Rede, es lässt sich aber vermuten.

Hölderlin verließ das Haus, geradezu überstürzt, ohne sich vom Hausherrn zu verabschieden. Henry Gontard, der elfjährige Zögling Hölderlins, schrieb ihm einen traurigen Brief, den er mit der Bitte um

Weiterleitung zu Hegel trug, für den Hölderlin bei einer mit Gontards verwandten Familie eine Hofmeisterstelle gefunden hatte. Henry schrieb: »Lieber Hölder! Ich halte es fast nicht aus, daß Du fort bist … Der Vater fragte bei Tische, wo Du wärst, ich sagte, Du wärst fort gegangen … Die Mutter ist gesund, und läßt Dich noch vielmals grüßen, und Du möchtest doch recht oft an uns denken, sie hat mein Bett in die Balkonstube stellen lassen und will alles, was Du uns gelernt hast, wieder mit uns durchgehn. Komm' bald wieder bei uns, mein Holder; bei wem sollen wir denn sonst lernen.« (MA II, 699f.)

Wenig später verbot Gontard dem Sohn jeden weiteren Kontakt mit Hölderlin.

Hölderlin zog nach Homburg, in die Nähe seines Freundes Sinclair, der ihm Unterkunft in seinem Hause anbot. Doch weil er nicht *in eine gewisse Dependenz* geraten wollte (an die Mutter, Oktober 1798; MA II, 705), zog er es vor, alleine zu wohnen, bei dem Glasermeister Wagner in der Haingasse für 70 Gulden jährlich. *Ich wohne*, schrieb er der Schwester, *gegen das Feld hinaus, habe Gärten vor dem Fenster und einen Hügel mit Eichbäumen, und kaum ein paar Schritte in ein schönes Wiesthal. Da geh' ich dann hinaus …, steige auf den Hügel und seze mich in die Sonne, und sehe über Frankfurt in die weiten Fernen hinaus …* (März 1799; MA II, 749)

Dass er nach Frankfurt hinüberblickt, in die Richtung von Susette – das schreibt er nicht.

ELFTES KAPITEL

Mit Sinclair nach Rastatt. Neue Freunde. Revolutionäre Erwartungen. »Empedokles«. Alles auf eine Karte setzen, politisch und persönlich. Vereinigungsmystik und Politik. Die dramatische Form geht verloren, der politische Anlass auch. Das Eigene im »Empedokles«. Zeitschriftenprojekt – gescheitert. Der heimliche Briefwechsel mit Susette. Aussichtslosigkeit.

Hölderlin verließ das Haus Gontard und zog nach Homburg in die Nähe seines Freundes Sinclair zu einem Zeitpunkt, da sich wieder einmal, wie so oft in dieser Epoche der Umbrüche, grundlegende politisch-gesellschaftliche Veränderungen anzukündigen schienen, diesmal in Württemberg, an dessen Schicksal Hölderlin besonderen Anteil nahm.

Das Reich hatte zu einem Friedenskongress in die badische Kleinstadt geladen, nachdem Preußen 1795 in Basel und Österreich 1797 in Campo Formio einen Separatfrieden mit der französischen Siegermacht geschlossen und in geheimen Zusatzartikeln linksrheinische Gebiete der französischen Siegermacht zugestanden hatten. Es sollte in Rastatt um territoriale Entschädigung für die Fürsten gehen, die »Seelen« und Land einbüßen würden. Die Mittel dazu boten die Säkularisierungen der Kirchen- und Klostergüter. Es würden, so stand zu erwarten, neue Grenzen gezogen werden. Die einen konnten mit Gebietserweiterungen rechnen, andere, besonders die kleinen bis winzigen Fürstentümer wie etwa Hessen-Homburg, das der frischgebackene Regierungsbeamte Sinclair in Rastatt vertrat, mussten um ihre Existenz fürchten.

Für das Herzogtum Württemberg aber stand in dieser Situation noch etwas anderes auf dem Spiel. Württemberg hatte seit dem 16. Jahrhundert eine Verfassung, die den »Ständen«, also vor allem den protestantischen Prälaten, den städtischen Magistraten und der bürgerlichen Oberschicht (der »Ehrbarkeit«), Mitbestimmungsrechte zugestand, vor allem bei den Finanzen. Die französischen Reparationsforderungen veranlassten 1797 den württembergischen Herzog Friedrich II., den Landtag einzuberufen, um sich das nötige Geld bewilligen zu lassen. Der Landtag war schon lang nicht mehr einberufen worden, deshalb bekam dieses Ereignis eine besondere Bedeutung weit über die Landesgrenzen hinaus. Überall in Deutschland blickten die Freunde der Republik und der Demokratie nach Württemberg in der Hoffnung, dass die »ständischen« Freiheiten, die der Landtag verkörperte, zum Ausgangspunkt werden könnten für die Durchsetzung »bürgerlicher« Freiheiten. Man begann sogar von einer Republik zu träumen und hoffte, die französische Regierung würde demokratische Umwälzungen unterstützen.

Diese Hoffnungen hegten auch einige Delegierte der altständischen Vertretung, die in Rastatt neben den herzoglichen Beamten eigene Verhandlungen mit den französischen Stellen führten. Der Ludwigsburger Bürgermeister Baz, auch ein Freund von Sinclair, war der umtriebige Mittelpunkt der demokratisch ambitionierten Kreise. Die Erwartungen waren hochgespannt, einige Monate im Winter 1798/99 sah es so aus, als könnten in Württemberg noch große Dinge geschehen, wie etwa in der Schweiz, wo ja mithilfe französischer Waffengewalt 1798 die »Helvetische Republik« gegründet worden war.

Die allgemeine politische Erregung ergriff auch Hegel in Frankfurt, wo er einen Aufruf »An das Württembergische Volk« verfasste, der als Flugschrift gedruckt werden sollte. Darin heißt es: »Die ruhige Genügsamkeit an dem Wirklichen, die Hoffnungslosigkeit, die geduldige Ergebung in ein zu großes allgewaltiges Schicksal ist in Hoffnung, in Erwartung, in Mut zu etwas anderem übergegangen.« (Hegel 1, 268) Das »andere« wird nur vorsichtig angedeutet, eine Demokratisierung sollte es geben, ob im Rahmen des Herzogtums oder als Republik, bleibt offen. Hegel verzichtete schließlich auf die Veröffentlichung, Freunde in Stuttgart hatten ihm abgeraten. Gewiss hatte Hegel die Schrift auch mit Hölderlin besprochen. Der freundschaftliche Umgang der beiden hatte sich wieder intensiviert, da Hegel ja nun als Hofmeister ganz in der Nähe lebte.

Auch Hölderlin war im Herbst 1798, trotz des Liebesleids, von den politischen Ereignissen mitgerissen. Auch er hoffte auf eine politische Erneuerung in Württemberg und nahm deshalb gerne Sinclairs Einladung an, ihn im Dezember 1798 nach Rastatt zu begleiten. Dort lernte er ähnlich gesinnte junge Männer kennen, die in Jena auch bei Fichte gehört hatten und zum Freundeskreis Sinclairs gehörten, vor allem Muhrbeck und Böhlendorff, mit denen Hölderlin die nächsten Jahre innig verbunden bleiben wird.

Friedrich Muhrbeck aus Greifswald hatte auch bei Fichte Philosophie studiert und gehörte zum »Bund der freien Männer« in Jena; er reiste viel herum, vor allem zu den Brennpunkten der politischen Erneuerung; er war in der Schweiz gewesen, um die dortige politische Veränderung zu erleben, in Begleitung seines Freundes Casimir Ulrich Böhlendorff, aus Kurland stammend, auch ein ehemaliges Mitglied des »Bundes der freien Männer« in Jena. Böhlendorff war nicht nur ein politischer, sondern vor allem ein poetischer Geist, an den Hölderlin später die bedeutendsten seiner poetologischen Briefe schrieb. Er war ein schwärmerischer Mensch, der nur schwer im bürgerlichen Beruf Fuß fassen konnte. Er kehrte später nach Kurland zurück, wo er ein unstetes Wanderleben führte. 1825 nahm er sich das Leben.

Zurück aus Rastatt, schrieb Hölderlin an Sinclair: *Ich habe sehr an Glauben und Muth gewonnen, seit ich von Rastadt zurück bin.* (24. Dezember 1798; MA II, 722) Er bedankte sich bei ihm für die neu gewonnenen Freunde, es sei für ihn wie ein Geschenk, das ihn *frohlocken* lässt, weil er endlich *auch noch andere rufen kann, zum Zeugniß gegen mein eigen zweifelnd Herz, das manchmal auf die Seite des ungläubigen Pöbel treten will und den Gott läugnen, der in den Menschen ist.* (Ebd.) Dieser *Gott* war für ihn in diesem Augenblick der Geist der Freiheit, der ihn in diesen Wochen beflügelte.

In der Neujahrsnacht 1798/99 erläuterte er in einem seiner ausführlichsten Briefe, die er je geschrieben hat, dem Bruder die Bedeutung und die Grenzen der Poesie in politisch erregten Zeiten. Poesie helfe zwar, *alles Menschliche an uns und andern in immer freieren und innigern Zusammenhang (zu) bringen, es sei in bildlicher Darstellung oder in wirklicher Welt*, doch wenn die Zeit zum Handeln gekommen ist, weil *das Reich der Finsterniß mit Gewalt einbrechen will, so werfen wir die Feder unter den Tisch und gehen in Gottes Nahmen dahin, wo die Noth am grösten ist, und wir am nöthigsten sind.* (MA II, 729)

Diesen Verzicht auf die Poesie zugunsten der politischen Praxis hatte Hölderlin auch zuvor immer dann erwogen, wenn die Situation es zu erfordern schien, etwa im November 1794, als er an Neuffer schrieb: *Wenn's sein mus, so zerbrechen wir unsere unglüklichen Saitenspiele, und thun was die Künstler träumten!* (MA II, 553)

Diesmal, Anfang 1799, schien es wirklich ernst zu werden. Sinclair und seine Freunde und mit ihnen Hölderlin erwarteten den Umsturz. Das war der Hintergrund für Hölderlins Andeutungen im Brief an die Mutter von Anfang März 1799: *Ich kann Ihnen dißmal nur wenig schreiben. Ich bin zu sehr okkupirt … Es ist wahrscheinlich, daß der Krieg … unser Wirtemberg nicht ruhig lassen wird. … Im Falle, daß die Franzosen glüklich wären, dürfte es vieleicht in unserem Vaterlande Veränderungen geben … Daß Sie unter gewissen möglichen Vorfällen kein Unrecht leiden, dafür würd' ich mit allen meinen Kräften sorgen, und vieleicht nicht ohne Nuzen.* (MA II, 746) Er deutet an, dass bei den zu erwartenden Ereignissen er nicht ganz ohne Einfluss sei.

In diesen Wochen der Revolutionserwartungen arbeitete Hölderlin an seinem »Empedokles«-Drama. Pierre Bertaux hat die Vermutung geäußert, Hölderlin habe mit diesem Stück eine Art Festspiel konzipiert für den Fall einer erfolgreichen revolutionären Umwälzung in Württemberg und er habe sich davon auch seinen Durchbruch als Theaterautor versprochen; auch die finanzielle Situation würde sich vielleicht verbessern. Die Arbeit an diesem Stück wäre demnach verbunden gewesen mit unmittelbaren politischen Revolutionserwartungen und der Hoffnung auf eine günstige Veränderung der persönlichen Lebenssituation.

Dafür spricht nicht nur das revolutionäre Pathos der ersten Fassung, wovon noch die Rede sein wird, sondern auch eine Bemerkung im Brief an die Mutter vom 28. November 1798, die zeigt, wie Hölderlin mit diesem Stück alles auf eine Karte setzen will: *meine jezige Arbeit soll mein lezter Versuch seyn, liebste Mutter, auf eignem Wege ... mir einen Werth zu geben; mislingt mir der, so will ich ruhig und bescheiden, in dem anspruchlosesten Amte, das ich finden kann, den Menschen nützlich zu werden suchen ...* (MA II, 714)

Das revolutionäre Pathos der ersten Fassung des Stückes kommt vor allem in der Szene zum Ausdruck, als die Bürger von Agrigent Empedokles, den sie zuvor vertrieben hatten, wieder in die Stadt zurückholen wollen. Sie wünschen, dass er ihr König sei. Empedokles antwortet: *Diß ist die Zeit der Könige nicht mehr ... Schämet euch / Daß ihr noch einen König wollt ... / ... Euch ist nicht / Zu helfen, wenn ihr selber euch nicht helft.* (MA I, 818, V 1325, 1336–1340) Nach dieser Ermahnung, sich auf die eigenen Kräfte zu besinnen, verkündet Empedokles sein politisches Vermächtnis:

So wagts! Was ihr geerbt, was ihr erworben,
Was euch der Väter Mund erzählt, gelehrt,
Gesez und Bräuch, der alten Götter Nahmen,
Vergeßt es kühn ...
... dann reicht die Händ'
Euch wieder, gebt das Wort und theilt das Gut ...
... jeder sei,
Wie alle, wie auf schlanken Säulen, ruh
Auf richt'gen Ordnungen das neue Leben ...
... dann ladet euch ...
Das freie Volk zu seinen Festen ein, ...
(MA I, 821 f.; Vs. 1411–1442)

Freiheit, Gleichheit, Brüderlichkeit – diese Grundforderungen der Französischen Revolution klingen an. Und doch, so politisch es hier auch zugeht, die Gestalt des Empedokles steht bei Hölderlin nicht nur für die Aktualität des politischen Freiheitskampfes. Die Vorgeschichte dieses Dramenversuchs »Der Tod des Empedokles« reicht einige Jahre zurück.

Von Waltershausen aus hatte Hölderlin am 10. Oktober 1794 an Neuffer geschrieben, er freue sich auf den Tag, an dem er endlich mit »Hyperion« fertig sein würde, weil er sich dann an eine Arbeit machen könnte, die ihm *beinahe noch mehr am Herzen liegt*, und das sollte ein Stück werden über den – *Tod des Sokrates.* (MA II, 550) Wann genau er den Plan aufgab, wissen wir nicht. Jedenfalls war nach dieser ersten Mitteilung nie mehr davon die Rede. Das Thema wäre jedenfalls sehr populär gewesen.

Im 18. Jahrhundert, das unter den Aufklärern das »sokratische« hieß, gehörte es sich für einen Autor, der etwas auf sich hielt, den Tod des Sokrates wie auch immer zum Thema zu machen. Sokrates als Märtyrer der Wahrheit, als Tugendheld, der so lebte, wie er lehrte, als Aufklärer im Kampf gegen Fanatismus und Engstirnigkeit, als Held des Glaubens an die Unsterblichkeit der Seele, kurz: Sokrates als die heidnisch-antike Alternative zu Jesus. Dieses Feld wurde eifrig bestellt, vielleicht gerade deshalb verzichtete Hölderlin schließlich auf die Realisierung dieses Vorhabens. Warum aber nach dem Verzicht auf den Tod des Sokrates jetzt »Der Tod des Empedokles«?

Empedokles hatte im Unterschied zu Sokrates am Ende des 18. Jahrhunderts keinen besonders guten Ruf. Die wenigen überlieferten Fragmente seines Philosophierens weisen ihn zwar als einen der vorsokratischen Naturphilosophen aus; doch was Diogenes Laertius, Hölderlins einzige Quelle, sonst noch über ihn zu berichten weiß, lässt ihn fragwürdig erscheinen. Einerseits lehnt er die ihm angetragene Königswürde ab, andererseits überhöht er sich zum Gott. Man habe ihm eine »tragische Großsprecherei« zum Vorwurf gemacht, heißt es bei Diogenes Laertius. Auch das Ende des Empedokles, sein freiwilliger

Sturz in den Feuerschlund des Ätna, sei, so Diogenes Laertius, nur ein Gerücht, das Empedokles womöglich selbst in Umlauf gebracht hätte, denn es gebe Berichte, wonach er auf dem Peloponnes friedlich verstorben sei. Nach einer anderen Überlieferung sei Empedokles beim Wagenrennen tödlich verunglückt. Diesen Berichten fügt Diogenes Laertius noch eigene spöttische Verse hinzu: »Auch du weihtest dich einst, Empedokles, himmlischem Feuer, / Läuternd in lodernder Glut deinen vergänglichen Leib; / Nicht als ob du absichtlich hinab in den Ätna dich stürztest, / Nein, du suchtest Versteck; dabei versankst du hinein.« (Diogenes Laertius II, 146)

Solche spöttischen Untertöne haben Hölderlin nicht beirrt. Er war fasziniert, ohne Vorbehalt. An den Bruder schrieb er im August 1797: *Ich habe den ganz detaillierten Plan zu einem Trauerspiel gemacht, dessen Stoff mich hinreißt.* (MA II, 661) Dieser *Plan*, der sich erhalten hat – man nennt ihn den »Frankfurter Plan« –, gibt genaue Auskunft darüber, was Hölderlin an diesem Stoff faszinierte und was er zunächst daraus zu machen beabsichtigte.

Auf fünf Akte war das Stück angelegt. Der erste Akt führt Empedokles im Kreise der Familie und der Bürgerschaft von Agrigent vor. Es gibt *Aergerniß*, das sich zuspitzt und Empedokles veranlasst, sich aufs Land, in die Einsamkeit, zurückzuziehen. Im zweiten Akt suchen ihn die Schüler und Freunde auf, unter ihnen vor allem der *Liebling* (später heißt er Pausanias), die ihn ohne Erfolg bereden, zurückzukehren. Im dritten Akt kommen Frau und Kinder. Auf ihre *zärtlichen* Bitten und auf die Nachricht hin, in der Stadt sei man dabei, ihm eine Statue zu errichten, kehrt Empedokles nach Agrigent zurück und wird im Triumph empfangen. Im vierten Akt erlangen die *Neider* die Oberhand, und Empedokles entschließt sich, *durch freiwilligen Tod sich mit der unendlichen Natur zu vereinen* – durch einen Sprung in den Feuerschlund des Ätna. Der fünfte Akt schildert die Vorbereitungen dazu und Empedokles' Abschied von seinem *Liebling*. Der Sprung in den Ätna wird nicht dargestellt. Nur die aus dem Feuerschlund hinausgeschleuderten *Schuhe des Meisters* werden am Ende unter dem Volk herumgereicht, das sich versammelt hat, um *den Tod des großen Mannes zu feiern.* (MA I, 763–766)

Hölderlin selbst hat schon im Entwurf den möglichen Konstruktionsfehler des Stücks genannt: Es gibt keinen wirklichen Konflikt, der Empedokles in den Freitod treibt, sondern sein Entschluss steht eigentlich von vorneherein fest. Er möchte sterben, genauer: *sich mit der unendlichen Natur vereinen.* Darauf sinnt er, dafür sucht er Anlässe. In der Beschreibung des fünften Aktes heißt es ausdrücklich: *Die zufälligen Veranlassungen zu seinem Entschlusse fallen nun ganz für ihn weg und er betrachtet ihn, als eine Nothwendigkeit, die aus seinem innersten Wesen folge.*

Das genau ist es, was Hölderlin an dieser Figur fasziniert: das *innerste Wesen* eines Menschen, der, wie zuvor schon Hyperion, die Verschmelzung mit der *unendlichen Natur* anstrebt.

Das *innerste Wesen* dieses Menschen schildert Hölderlin so: *Empedokles, durch sein Gemüth und seine Philosophie schon längst zu Kulturhaß gestimmt, zu Verachtung alles sehr bestimmten Geschäffts, alles nach verschiedenen Gegenständen gerichteten Interesses, ein Todtfeind aller einseitigen Existenz, und deswegen auch in wirklich schönen Verhältnissen unbefriedigt, unstät, leidend, blos weil sie besondere Verhältnisse sind und, nur im großen Akkord mit allem Lebendigen empfunden ganz ihn erfüllen, blos weil er nicht mit allgegenwärtigem Herzen innig, wie ein Gott, und frei und ausgebreitet, wie ein Gott in ihnen leben und lieben kann, blos weil er, so bald sein Herz und sein Gedanke das Vorhandene umfaßt, ans Gesez der Succession gebunden ist.* (MA I, 763)

Der *Kulturhaß* des Empedokles: Er ist verfeindet mit dem Grundprinzip der bürgerlichen, vielleicht sogar jeder Gesellschaft, nämlich dem Prinzip der Arbeitsteilung. Jeder geht seinem besonderen Geschäft nach und muss deshalb einseitig werden. Empedokles ist der *Todtfeind aller einseitigen Existenz.* Er ist damit Feind ebenjener Verhältnisse, die Hyperion in seiner Scheltrede gegen die Deutschen gegeißelt hatte: *Handwerker siehst du, aber keine Menschen, … ist das nicht, wie ein Schlachtfeld, wo Hände und Arme und alle Glieder zerstü-*

kelt untereinander liegen, indessen das vergoßne Lebensblut im Sande zerrinnt? (MA I, 755)

Die Gesellschaft als toter Mechanismus ohne inneres Leben und der Einzelne dazu verurteilt, ein Rädchen und Schräubchen zu sein. Dagegen empört sich Empedokles ebenso wie Hyperion und eben auch Hölderlin selbst. Der *Kulturhaß* des Empedokles ist fundamental, er richtet sich gegen die wirklichen *Verhältnisse …, blos weil sie besondere Verhältnisse sind*, letztlich also steht das Endliche überhaupt unter Anklage, vor dem Hintergrund des Unendlichen.

Hölderlin ist dieser *Kulturhaß* des Empedokles durchaus auch vertraut, wenngleich er sich bei ihm zumeist moderater äußert, beispielsweise als Kritik an der von ihm als typisch deutsch empfundenen *bornirten Häuslichkeit* (MA II, 725), doch kennt er auch die fundamentalistische Verführungskraft jenes Kulturhasses, wie ihn Empedokles verkörpert. Für diesen Kulturhass wird auf dem Hintergrund des Wunsches nach mystischer Vereinigung alles Irdische zum Gräuel. So aber eignet sich Empedokles nicht als Dramenfigur. Er ist zu fertig, und mit der von ihm abgelehnten äußeren Welt ist er auch fertig. Es fehlt der wirkliche Konflikt, denn die Spannung zwischen dem Unendlichen und dem Endlichen reicht nicht. Es musste etwas hinzukommen. Und schließlich kam auch einiges hinzu.

Der »Frankfurter Plan« wurde nicht realisiert, stattdessen arbeitet Hölderlin bis etwa zum Frühjahr 1799 eine zweiaktige Fassung aus, die noch auf drei Akte – doch wohl nicht auf die ursprünglich konzipierten fünf – gebracht werden sollte. Im Sommer und Herbst des Jahres entstanden einige Erweiterungen und Veränderungen der ersten Fassung. Kurz vor Abbruch des ganzen Projekts skizzierte er dann noch den undeutlichen Umriss eines ganz neuen Stückes, das nie realisiert wurde.

Im Vergleich zum »Frankfurter Plan« war die erste Fassung vom Frühjahr 1799 bereits ein ganz anderes Stück.

Ein Empedokles, wie er im ersten Akt der ersten Fassung auftritt, war im »Frankfurter Plan« nicht vorgesehen. Es ist ein Empedokles voller Selbstzweifel, die Inspiration hat ihn verlassen. Es ist *öde* in ihm, leer, die Quellen des göttlichen Lebens in ihm sind versiegt, *vertroknet bin / Ich nun.* (MA II, 779; Vs. 295 f.) Deshalb ist auch sein Charisma verschwunden, und deshalb kann er die Bürger von Agrigent nicht mehr in seinen Bann ziehen, und deshalb lassen sie sich von dem Politiker Kritias und dem Priester Hermokrates gegen ihn aufwiegeln.

Was bei Empedokles zum inneren Zusammenbruch geführt hat, wird nicht dramatisch in actu vorgeführt, sondern episch und elegisch von Empedokles erinnert und in langen Monologen vorgetragen. Es geht um eine Hybris, deren er sich schuldig gemacht hat:

> *… du hast*
> *Es selbst verschuldet, armer Tantalus*
> *Das Heiligtum hast du geschändet, hast*
> *Mit frechem Stolz den schönen Bund entzweit*
> *Elender! als die Genien der Welt*
> *Voll Liebe sich in dir vergaßen, dachtst du*
> *An dich und wähntest karger Thor, an dich*
> *Die Gütigen verkauft, daß sie dir*
> *Die Himmlischen, wie blöde Knechte dienten!*
> (MA I, 779; Vs. 313–321)

Nicht, dass er sich selbst zum Gott ausgerufen hat, ist das Problem – das werfen ihm nur seine Gegenspieler vor –, vielmehr geht es darum, dass er die in ihn eingeströmten göttlichen Kräfte als Selbstbesitz behandelt und für seine persönlichen, eigensüchtigen Zwecke instrumentalisiert hat (*daß sie dir / Die Himmlischen, wie blöde Knechte dienten*). Er hat sich das Göttliche oder die göttliche Natur – für ihn dasselbe – zu unterwerfen versucht. Von ferne klingt hier wieder die Kritik an Fichtes selbstherrlichem Ich an, die in der zweiten Fassung deutlich hervortritt:

alles kann ich meistern.
Wie meiner Hände Werk, erkenn ich es
Durchaus, und lenke, wie ich will
Ein Herr der Geister, das Lebendige.
Mein ist die Welt, und unterthan
Sind alle Kräfte mir.
(MA I, 856f.; Vs. 497–502)

Wer alles kann, der schafft sich auch seine Götter selbst: *was sind / Die Götter und ihr Geist, wenn ich sie nicht / Verkündige – nun! sage, wer bin ich?* (MA I, 857; Vs. 509–511) Der Nachteil ist nur, dass diese selbstgeschaffenen Götter einen nicht mehr wie ein umgreifendes *Seyn* erfüllen können. Wer nur von sich selbst erfüllt ist, ist zur Leere verdammt. Empedokles ist infolge der Hybris der Selbstmächtigkeit von diesem Schicksal gezeichnet. So begegnen wir ihm im ersten Akt, und so war er, wie gesagt, im »Frankfurter Plan« nicht vorgesehen.

Ebenfalls anders als im »Frankfurter Plan« spielt in der ersten Fassung das Verlangen nach Vereinigung mit der unendlichen Natur im Feuerschlund des Ätna zunächst noch keine Rolle. Das ändert sich erst im zweiten Akt. Empedokles hat sich mit seinem *Liebling* Pausanias in die Gegend des Ätna zurückgezogen, noch ist er entmutigt, von allen guten Geistern verlassen. Dann beim Trinken aus einem Brunnen geschieht die plötzliche Wandlung – äußerlich vollkommen unmotiviert und darum auch gänzlich undramatisch. Stattdessen die schlichte Regiebemerkung: *Von hier an muß er wie ein höhers Wesen erscheinen, ganz in seiner vorigen Liebe und Macht.* (MA I, 810; zu Vs. 1085)

Von diesem Moment an ist Empedokles, dieses *höhere Wesen*, ganz auf den Todessprung in den Ätna ausgerichtet. Doch es kommt zu politischen Komplikationen, und hier wirkt die aktuelle politische Situation auf das Dramengeschehen ein. Empedokles, der Mystiker, wird politisiert. Was sich Hölderlin dabei gedacht hat, entwickelt der gleichzeitig geschriebene Aufsatz »Die tragische Ode«.

Empedokles ist in seinem Verlangen nach mystischer Einheit mit

Gott oder der »Natur« ganz allein. Die mystische Einheit vollzieht sich in ihm und nur für ihn. *Diß Gefühl gehört vieleicht zum höchsten, was der Mensch erfahren kann.* (MA I, 869) Das aber ist doch zu wenig, es ist zu subjektivistisch gedacht, wie Hölderlin anmerkt. Die mystische Versöhnung muss eine allgemeine werden, sie muss die gesellschaftlich-politische Situation umgreifen und verwandeln. Andernfalls würde der Mystiker sich ein Gelingen für den eigenen, aparten Genuss abzweigen, vorzeitig also und ohne Rücksicht auf die anderen – und das darf nicht sein, es ist eigensüchtig und ungerecht. Für diesen Subjektivismus der aparten Erlösungserfahrung wählt Hölderlin den Ausdruck: *der glükliche Betrug der Vereinigung.* (MA I, 870) Betrogen werden diejenigen, die nicht an der Vereinigung teilnehmen können. Wer ein Glück erfährt, während die Welt insgesamt noch im Argen liegt, auf den fällt ein Schatten der Schuld. Man sollte also danach trachten, möglichst viele einzubeziehen. Deshalb das Vermächtnis des Empedokles an die Bürger von Agrigent: Sie sollen ihre Republik in Freiheit, Gleichheit und Brüderlichkeit begründen. Die mystische Einheit wird vergesellschaftet, säkularisiert und politisiert. Die Republik ist die alltägliche Form der sonntäglichen Erlösung. Deshalb streift der republikanische Aufruf des Empedokles ans Sakrale. Das *reale Übermaas der Innigkeit* (MA I, 871) wird in das lebbare Maß einer gesellschaftlichen Übereinkunft übersetzt. Ehe er im Ätna die mystische Erfüllung sucht, postuliert Empedokles eine verbesserte irdische Ordnung.

Das ändert aber nichts daran, dass die gesellschaftliche Befreiung noch aussteht, wenn Empedokles sich in den Ätna stürzt. Das lenkt die Aufmerksamkeit noch einmal auf die Frage: Welche Bedeutung hat sein Tod, außer der, dass er für sich selbst die Vereinigung mit *der unendlichen Natur* sucht? Er ist ein Opfer. Er kommt zu früh, und deshalb geht er unter. Der Tod des Empedokles ist ein *Vorschein* (MA I, 875), er antizipiert in der individuellen *höchsten Innigkeit* (ebd.) etwas Allgemeines, das erst noch kommt.

Jesus, die Verkörperung der Liebe, wird gekreuzigt. Er ist im eminenten Sinne ein Opfer. Aber Empedokles? Würden ihn die Agrigenter getötet haben, dann wäre auch er geopfert worden. Er aber geht freiwillig in den Tod, der für ihn kein Ausgang, sondern ein Durchgang ist: *am Tod entzündet mir / Das Leben sich* … (MA I, 833; Vs. 1792 f.)

Und doch – trotz dieser Freiwilligkeit besteht Hölderlin darauf, dass Empedokles eine *tragische Person* ist und geopfert wird. Der Opfersinn bei Empedokles erschließt sich nur in der geschichtsphilosophischen Reflexion des Tragödienaufsatzes: Empedokles ist zu früh, die Allgemeinheit kann ihm noch nicht folgen. Die allgemeine Versöhnung ist noch nicht an der Zeit. Empedokles ist ein Vorläufer, der dem Gang der Geschichte zum Opfer fällt, denn geschichtsphilosophisch gilt: Auch wer zu früh kommt, wird bestraft. Im Stück allerdings wird dieser Gedanke sakral und pathetisch formuliert:

Es offenbart die göttliche Natur
Sich göttlich oft durch Menschen.
Doch hat der Sterbliche, dem sie das Herz
Mit ihrer Wonne füllte, sie verkündet,
O laßt sie dann zerbrechen das Gefäß,
Damit es nicht zu andrem Brauche dien',
(MA I, 827; Vs. 1617–1622).

Der *tragische Dichter*, schreibt Hölderlin, *verläugnet … seine Person*, auch dann, wenn er seine *tiefste Innigkeit … ausdrükt.* (MA I, 866 f.) Diese Bemerkung im Tragödienaufsatz deutet an, dass die Kunstform der Tragödie zwar unter einem Objektivitätsanspruch steht, dass Hölderlin aber sehr wohl darin Eigenes zur Sprache bringen will. Was ist das Eigene?

Es ist der an Empedokles dargestellte Wechsel zwischen den göttlichen Augenblicken und der öden Alltäglichkeit, zwischen Fülle und Leere also, die Hölderlin vertraut war und unter der er litt.

Es ist die Politisierung der Versöhnungsmystik, die Hölderlin zum Republikaner macht und die er in seinen Protagonisten projiziert.

Zum Eigenen gehört schließlich auch ein am Schicksal des Empedokles abgehandeltes religiöses Grundproblem. In der ersten Fassung tritt der Priester als klerikaler Machtmensch auf, der die religiösen Energien bewirtschaftet und instrumentalisiert zu Herrschaftszwecken. Hier findet Hölderlin feindselige Worte gegen die klerikalen Theologen, unter denen er selbst im Stift einst gelitten hat. Erst in der zweiten Fassung taucht dann die andere Frage auf: Wie viel Göttliches, wie viel Transzendenz verträgt der Mensch? Der Priester tritt jetzt nicht nur als klerikaler Machtmensch auf, sondern als ein Weiser, der erklärt: *Nicht gegenwärtig werden / Darf Göttliches vor ihnen.* (MA I, 841; Vs. 13 f.) Die Botschaft hier ist nicht etwa die Forderung, das Göttliche verschwinden zu lassen oder zu leugnen, sondern es zu wahren im ritualisierten, geformten, indirekten Bezug – *ins Lied / Gehüllt*, wie es in der »Feiertags«-Hymne heißt. (MA I, 263; Vs. 59f.) Dass Hölderlin bei der Verteidigung des Indirekten und der Warnung vor dem Zuviel der Direktheit auch in eigener Sache spricht, zeigen dunkle Andeutungen in seinen Briefen, etwa wenn er an Böhlendorff schreibt, es ergehe ihm wie einem, *dem mehr von Göttern ward, als er verdauen konnte …* (MA II, 914) Dieses Thema wird uns noch beschäftigen.

Als am 16. März 1799 der französische General Jourdan bekannt gab, dass französische Truppen revolutionäre Bewegungen in Württemberg nicht unterstützen würden, und als deshalb die Freunde eines republikanischen Umsturzes ihre kühnen Erwartungen enttäuscht sahen, hatte das auch für Hölderlins Arbeit am »Empedokles« Folgen. Eine Revolution in Württemberg würde man also mit diesem Stück nicht feiern können. Die Arbeit stockte. Sie stockte aber auch, weil für Hölderlin der Stoff, zunächst von ihm als hochdramatisch empfunden, seine dramatische Form zu verlieren begann. Von Entwurf zu Entwurf dünnt das Stück dramentechnisch aus. Im Entwurf zur Fortsetzung der dritten Fassung vermerkt Hölderlin am Rande: *lyrisch oder episch?*, dann *heroischelegisch* und dann *heroischlyrisch* und *lyrisch heroisch* (MA I, 902 f.) – »dramatisch« kommt nicht vor. Hölderlin wird sich zwar an einer Sophokles-Übersetzung versuchen, doch ein eigenes Stück nahm er sich nicht mehr vor. So wurde aus dem Untergang des »Empedokles« der Aufgang der großen Hymnen und Elegien in Hölderlins letzten schöpferischen Jahren.

»Empedokles« versprach auch keine interessanten Honorare. Die Ersparnisse schmolzen dahin. Es musste etwas geschehen. Während er wieder Ausschau nach Hofmeisterstellen hielt, unternahm er noch einmal, zum letzten Mal, den Versuch, von der Literatur zu leben und nicht nur für sie.

Im Sommer 1799 entwarf er den Plan eines *humanistischen Journals*, das literarische und literaturtheoretische Beiträge enthalten sollte. Solche literarischen Journale schossen damals aus dem Boden, weil es dafür ein Publikum gab und Verleger und Autoren sich davon Einkünfte versprechen konnten. Hölderlins Zeitschrift sollte »Iduna« heißen. Iduna ist der Name einer Göttin der nordischen Mythologie. Ihr sind die Äpfel der Unsterblichkeit anvertraut, und wem sie ihre Gunst schenkt, verjüngt sich oder bleibt jung. »Iduna« stand also für Erneuerung, Verjüngung der Literatur. Hölderlin ließ sich anregen von Herder, der drei Jahre zuvor in den »Horen« unter dem Titel »Iduna oder der Apfel der Verjüngung« ein Gespräch veröffentlicht hatte über die Belebung der Literatur durch Mythologie. Hölderlins Titel war also durchaus programmatisch gemeint.

Über Neuffer wandte sich Hölderlin an den Stuttgarter Verleger Steinkopf, der sich für das Projekt erwärmen konnte, allerdings darauf drang, publikumswirksame Autoren zu gewinnen. Hölderlin verbrachte die Monate Juni und Juli 1799 damit, an Goethe, Humboldt, Schiller, Schelling und andere werbende Briefe zu schreiben. Schelling gegenüber erläuterte er sein Projekt am ausführlichsten und sehr philosophisch. Es gehe darum, schreibt er, den *Bildungstrieb* wieder zu erwecken, der in Gefahr ist, in einer materiell dominierten und aufs Nützliche gerichteten Kultur zu verkümmern. Das habe ihn auf die Idee einer Zeitschrift gebracht, die geeignet sein könnte, das Poetische und die Poeten aus der Vereinzelung herauszuführen, indem mehr auf das *Vereinigende und Gemeinschaftliche* (MA II, 792) gesehen würde.

Hölderlin spielt hier auf die im »Systemprogramm« von den Freunden entwickelte Idee an, einen neuen gemeinschaftsbildenden Mythos zu schaffen.

Man merkt diesem Brief an den Freund an, wie unwohl sich Hölderlin in der geschäftsmäßig werbenden Rolle fühlte. Die umständliche Erläuterung des Projektes sollte nicht, so schreibt er, den Eindruck erwecken, er würde dem Freund *gewissermaaßen Rechenschaft schuldig* sein, und fügt die kleinlaute Vermutung hinzu, *daß ich das Zutrauen, das Du ehemals in meine philosophischen und poëtischen Kräfte zu sezen schienst, jezt … nicht mehr in dem vorigen Grade besize.* (MA II, 793)

Schelling antwortete freundschaftlich und versprach, Beiträge zu liefern. Die meisten anderen aber sagten ab, auch Schiller, der ihm überhaupt von diesem Projekt abriet: »Die Erfahrungen, die ich als Herausgeber periodischer Schriften sei 16 Jahren gemacht, da ich nicht weniger als 5 verschiedene Fahrzeuge auf das klippenvolle Meer der Literatur geführt habe, sind so wenig tröstlich, daß ich Ihnen als ein aufrichtiger Freund nicht rathen kann, ein Ähnliches zu thun.« (MA II, 805)

Im Herbst 1799 musste sich Hölderlin das Scheitern des Projektes eingestehen. Er überließ es Steinkopf, es weiterzuverfolgen. Falls doch etwas daraus würde, rechnete er darauf, eigene Arbeiten dort herausbringen zu können, womöglich den fragmentarischen »Empedokles«.

Die Enttäuschung saß tief. In einem Briefentwurf an Susette vom September 1799 schilderte er ihr das Demütigende der Geschichte: *Das Project mit dem Journale … scheint mir scheitern zu wollen. Ich hatte für meine Wirksamkeit und mein Auskommen und meinen dasigen Aufenthalt in Deiner Nähe mit so viel Hofnung darauf gerechnet … Ich hatte einen sichern anspruchslosen Plan entworfen; mein Verleger wollte es glänzender haben; ich sollte eine Menge berühmter Schriftsteller, die er für meine Freunde hielt, zu Mitarbeitern engagiren, und wenn mir gleich nichts Gutes bei diesem Versuche ahndete, so ließ ich Thor mich doch bereden, um nicht eigensinnig zu scheinen, und das liebe allgefällige Herz hat mich in einen Verdruß gebracht, den ich Dir laider! schreiben muß, weil wahrscheinlich meine zukünftige Lage, also gewissermaaßen das Leben, das ich für Dich lebe, davon abhängt. Nicht nur Männer, deren Verehrer mehr als Freund ich mich nennen konnte, auch Freunde, Theure! … – ließen mich bis jetzt – ohne Antwort … und ich lebe nun volle 8 Wochen in diesem Harren und Hoffen, wovon gewissermaaßen meine Existenz abhängt … Schämen sich denn die Menschen meiner so ganz? … Jeder, der in der Welt sich einen Nahmen macht, scheint ja dem ihrigen einen Abbruch zu thun; sie sind dann schon nicht mehr so einzig und allein die Gözen; kurz, es scheint mir bei ihnen, die ich mir ungefähr als meines gleichen denken darf, ein wenig Handwerksneid mitunter zu walten.* (MA II, 824f.)

Das ist einer der drei Briefentwürfe an Susette, die sich erhalten haben. Gefunden haben sich nur einige Briefe Susettes, geschrieben in den anderthalb Jahren zwischen dem Oktober 1798, als Hölderlin das Haus Gontard überstürzt verließ, und dem Frühjahr 1800, als der Umzug nach Stuttgart anstand.

Während dieser Zeit galt die Vereinbarung, sich wenigstens einmal im Monat zu treffen und dabei auch Briefe auszutauschen. Hölderlin sollte jeweils am ersten Donnerstag des Monats von Homburg nach Frankfurt hereinkommen und zu einer bestimmten Uhrzeit Posten beziehen in der Nähe des Hauses, wo ihn Susette vom Fenster ihres Zimmers aus sehen und ihm durch Bewegung der Gardinen signalisieren konnte, ob die Luft rein sei für ein kurzes Stelldichein in der Nähe des Hauses, von Büschen und Bäumen verborgen. Anfangs waren die beiden noch unvorsichtig gewesen. Einmal hatte Susette einen Zeitpunkt genannt, zu dem der Geliebte über eine Hintertreppe direkt ins Zimmer Susettes gelangen konnte. Doch das war bemerkt worden, und Susette hatte Ärger bekommen. Ihre Vorsicht und Angst nahmen zu. Immer schwieriger wurde es, die Treffen zu arrangieren. Dazu kam, dass beide diese Heimlichkeiten als unwürdig empfanden, auch als perspektivlos. Da beide aber einstweilen nicht von solchen Treffen lassen wollten, quälten sie sich. Es war kein Glück dabei. Nach einem dieser Treffen schrieb Susette: »Du bist würklich gekommen! … hast doch nicht um meinentwillen Dich einer Freude beraubt? … Ich weis nicht ich bin so ängstlich ich meine immer wir möchten verrathen werden, und die Hindernisse die schon jetzt fast nicht zu zwingen sind sich noch vermehren … Sahest Du nicht blaß aus? Du wirst doch nicht krank gewesen seyn? Du erhälst Dich ich weiß es um meinent willen – – – Und versagst Dir auch keine Freude, die sich Dir dar biethet, Du suchest sie nicht? aber Du weisest sie auch nicht unfreundlich von Dir! … Leb wohl Leb wohl nahe oder ferne doch immer bey mir. Und so mit mir verwebt bist Du, daß nichts Dich von mir trennen kann …« (MA II, 858)

So geht das immerfort. Sie beschwört die Nähe, beteuert, dass der Geliebte in ihrem Herzen wohne, dass nichts sie trennen könne, auch wenn die »Welt« es nicht zulassen will. Dann wieder bäumt sich alles in ihr auf, weil sie ihre Liebe nicht offen leben darf. Sie sei ganz alleine, schreibt sie, »mit meiner edeln Liebe im Herzen, empört daß diese nichts gelten sollte indeß, Eitelkeit und armseliges Wesen, sein Fortkommen in der Welt findet«. (MA II, 839)

Die großen Gefühle sollen also für die Welt verborgen bleiben, das ist schlimm genug, doch noch schlimmer ist die Angst, in der Verborgenheit könnten die großen Gefühle verkümmern: »vor meinem Sinne ist alles Schwarz, und das Schrecklichste wäre wenn unter dem harten Schicksaal, unsere zarte Liebe auch erstickte, wenn es endlich dumpf werden müßte in unserer Brust, unser Leben dahin wäre, und doch trostloses Bewustseyn uns übrig bliebe.« (MA II, 744)

Sie möchte den Geliebten festhalten und zugleich loslassen, auch wenn das über ihre Kräfte geht: Er soll für sein weiteres Fortkommen bloß keine Rücksicht auf sie nehmen. Wenn sich ihm irgendwo eine Chance eröffnet, soll er zugreifen, doch er soll nicht eine Stelle annehmen, nur um in der Welt oder gar vor ihr als etwas zu gelten. Er habe so etwas nicht nötig, er dürfe nie vergessen, ein wie »kostbarer Mensch« er sei.

Als Hölderlin im Sommer 1799 wieder einmal erwog, nach Jena in die Nähe Schillers zurückzukehren und sich dort an der Universität um eine Dozentur zu bewerben, unternahm Susette mit einer Freundin eine Reise nach Thüringen und besucht dabei auch Schiller in Jena. Es sei ihr »sonderbar wehmütig« in Schillers Gartenhaus zumute gewesen, schreibt sie an Hölderlin, sie habe dort nur kurz verweilt. Auch ihr ergehe es wie ihm: »In dieser schönen Seele mochte ich nicht klein mich spiegeln.« Eigentlich wollte sie bei Schiller ein gutes Wort für ihren Geliebten einlegen, doch sie bekam kein Wort heraus. Sie war zu eingeschüchtert. Sie hatte aber auch Vorbehalte gegen Hölderlins Pläne, denn sie war eifersüchtig. Jena war für sie verbunden mit irgendeiner Liebschaft Hölderlins, von der nicht deutlich wird, welche gemeint ist. Hat ihr Hölderlin etwas von der Kirms erzählt, hat sie von dem Gerücht gehört, Charlotte von Kalb sei in ihren Hofmeister verliebt gewesen, oder hat sie dem anderen Gerücht Glauben geschenkt, das von einer Liebschaft Hölderlins mit Sophie Mereau weiß? Wie auch immer, Susette flehte Hölderlin an: »Kehre nicht dahin zurück, woher Du mit zerrißnen Gefühlen in meine Arme Dich gerettet.« (MA II, 832)

Wie Hölderlin Susettes Ängste beschwichtigt hat, wissen wir nicht. Doch auch er hatte Eifersuchtsgefühle geäußert, etwa gegenüber Susettes Hausfreund Zeerleder, als der wieder einmal bei den Gontards zu Besuch war. Susette versuchte, Hölderlins Ängste zu zerstreuen: »Ich beteure Dir noch einmal. Er war mir nie mehr als Bruder, und Freund! Und kann mir nie mehr werden.« (MA II, 835)

Diese kleinen Eifersuchtsszenen, so quälend sie sein mochten, gaben der Beziehung zwischen den beiden immerhin eine Wirklichkeit, die sonst daraus zu verschwinden drohte, indem sie sich gänzlich in Imagination auflöste.

Seit ungefähr Februar 1800 war Hölderlin entschlossen, Homburg zu verlassen. Das Liebespaar hatte sich darauf verständigt, dass irgendeine Lösung gefunden werden musste. Nach allen Zeugnissen, die wir haben, ist von den beiden nie erwogen worden, aus dem bisherigen Lebenskreis auszubrechen und ein gemeinsames Leben zu versuchen. Das lag für beide offenbar jenseits des Horizontes des Wünschbaren, auch nur Vorstellbaren – für Hölderlin, der seiner Mutter und den Geschwistern diese Beziehung verheimlichte und sie auch vor den Freunden möglichst verbarg; und für Susette, die auch durch die Kinder unauflöslich mit ihrer Lebenswelt verbunden blieb.

Die einzige Lösung war die räumliche Trennung.

Der wohl letzte Brief Susettes vom 5. März 1800 endet mit den Worten: »Ich kann nicht weiter schreiben, Lebe wohl! Lebe wohl! Du bist unvergänglich in mir! und bleibst so lang ich bleibe. —« (MA II, 860)

ZWÖLFTES KAPITEL

Hölderlin bleibt im Verborgenen. Sein Dichten aber öffnet sich gewaltig. Der begnadete Sommer 1800 in Stuttgart bei Landauer. Komm! ins Offene, Freund! Die großen Hymnen und Elegien. »Der Gang aufs Land«. »Menons Klagen um Diotima«. »Der Archipelagus«. »Brod und Wein«.

Noch immer lebt Hölderlin im Verborgenen.

Was ihn eigentlich angeht und umtreibt, kann nicht frei ausgelebt werden. Das gilt für die Liebesgeschichte mit Susette: *ihr schuffet euch einst ihr Einsamen liebend / Nur von Göttern gekannt eure geheimere Welt.* (MA I, 201) Diese geheimere Welt, die so wunderbar sich in der Poesie entfaltet, kann doch nicht das Verlangen stillen, mit dieser Liebe wirklich zur Welt zu kommen. Von den Göttern gekannt zu sein genügt nicht.

Zur Welt gekommen ist Hölderlin auch als Poet noch nicht so richtig. Zwar ist er sich seines Dichtertums gewiss und hat inzwischen sogar den Mut, es gegenüber der Mutter zu bekennen und zu verteidigen, doch noch fehlt die öffentliche Anerkennung. Nur der kleinere Teil seiner Gedichte ist bis dahin veröffentlicht. A.W. Schlegel war einer der wenigen, der Hölderlins Bedeutung ahnte und in einer Rezension seine Hochachtung zum Ausdruck brachte. Der »Hyperion« hatte nur wenige Leser gefunden und außer im privaten Umkreis keine Resonanz gefunden. Der hochambitionierte »Empedokles« blieb unvollendet in der Schublade. Nicht einmal den Freunden hat er, soviel wir wissen, die Entwürfe und Fragmente mitgeteilt. Nicht nur seine große Liebe, auch seine Poesie gehört also zu jener *geheimeren Welt*, die vielleicht von den Göttern, nicht aber von den Menschen hinreichend *gekannt* wurde.

Zweimal hatte er im Jahre 1799 erklärt, es hänge sein weiteres Schicksal davon ab, ob ihm etwas so gelänge, dass auch davon Notiz genommen und er auch sein Auskommen daraus gewinnen würde. Das war beim »Empedokles« so, wo er gescheitert war. Das war auch beim Zeitschriftenprojekt so. Der Mutter hatte er darüber geschrieben: *Nemlich, im Falle er* (= der Zeitschriften-Plan) *fehlschlüge, so würde diß für meine Ruhe, die mir so theuer ist, und für die Gedult, mit der ich mich unter den menschlichen Verhältnissen sehe, eine fast zu starke Probe seyn, denn, wie gesagt, ich fühle, daß ich noch etwas stärker werden muß, um mich derlei Demüthigungen auszusetzen, die mir wenigstens auf einige Zeit die Lust und die rechte Kraft, unter den Menschen etwas zu fördern, nehmen würden. Und ich darf ihnen wohl gestehen, liebste Mutter! daß eben hierauf mein Leibes- und Seelenwohl, wenn ich so sagen darf, in hohem Grade beruht.* (29. Januar 1800; MA II, 852)

Mit dem Scheitern dieser beiden Projekte, »Empedokles« und »Iduna«, war für Hölderlin also klar, dass es einen schriftstellerischen Erfolg einstweilen nicht geben würde. Dass er für eine größere Öffentlichkeit nicht existent war und dass sich daran wohl auch nichts ändern würde. Eine *Demüthigung*, an der er schwer zu tragen hatte. Die ihn aber noch nicht völlig niederschlägt.

Zum Glück gab es Freunde und Bekannte, die ihm Mut machen. *Wenn ich das Urtheil von Männern und Freunden höre, über mich und meine Sachen*, heißt es in einem Brief an die Mutter, *so möchte ich, bei aller Demuth … doch auch manchmal fragen, warum ich mich in der bürgerlichen Welt so herum behelfen müsse.* (23. Mai 1800; MA II, 868) In diesem Brief kündigte Hölderlin seine Übersiedlung nach Stuttgart an. Er traue sich zwar inzwischen zu, dass er seine *schriftstellerischen Arbeiten immer so ununterbrochen würde fortsezen können*, doch wisse er nun auch, dass es besser sei, sich nicht *einzig … darauf zu verlassen.* Hölderlin hatte während der letzten Monate in Homburg wieder damit begonnen, nach Hofmeisterstellen Ausschau zu halten. Im Januar 1800 hatte er den Besuch des Stuttgarter Tuchhändlers Christian Landauer bekommen, der bei einer Geschäftsreise nach Frankfurt die Gelegenheit ergriff, den Landsmann Hölderlin, dessen »Hyperion« er bewunderte, zu besuchen. Er empfahl ihm auch im Namen des Verlegers Steinkopf, nach Stuttgart überzusiedeln. Dort werde er einen Kreis von Menschen finden, die ihn zu schätzen wüssten.

Die beiden hatten schnell Vertrauen zueinander gefasst, denn Landauer bot Hölderlin eine Wohnung in seinem Hause an. Landauer war in diesen Tagen aus geschäftlichen Gründen auch beim Bankier Gontard eingeladen, und Susette hatte Hölderlin davon berichtet: »Vor acht Tagen waren Landsleute von Dir bey uns zu Tische, es war mir nicht anders als müßten diese Dich gesehen haben, und ich fühlte darum mich recht wohl in ihrer Gesellschaft, auch ihre Sprache war mir gefällig und ich meinte immer wenn sie allein mit mir wären würden sie von Dir sprechen, wie gerne hätte ich das gewollt mit Menschen die Dich kennen und Dich schätzen wie ich.« (30. Januar 1800; MA II, 855) Die gewünschte Situation – allein mit Landauer – ergab sich nicht, und so konnte Susette nur vermuten, dass eine Übersiedlung Hölderlins nach Stuttgart von den »Landsleuten« offenbar betrieben wurde. Das ängstigte sie einerseits, andererseits aber beruhigte es sie auch, denn Stuttgart, schreibt sie, sei ja fast nur eine »Spazierfahrt« entfernt. »Weiter gehst Du doch nie von mir? – Nie ganz?« (Ebd.)

Auch Susette fasste, ebenso wie Hölderlin, schnell Vertrauen zu Landauer, denn im März kam ihr der Gedanke, »ob wir künftig im Nothfall nicht durch den Herrn Landauer Nachricht voneinander bekommen könnten«. (MA II, 860) Landauer kam in der Folgezeit noch einige Mal nach Frankfurt, auch ins Haus Gontard, doch ob die Verbindung in dem von Susette gewünschten Sinne genutzt wurde, wissen wir nicht.

Christian Landauer war im gleichen Alter wie Hölderlin und führte ein geselliges Haus in Stuttgart, wo vor allem Künstler, Schriftsteller und Gelehrte verkehrten. Es wurde dort musiziert, vorgelesen und politisch debattiert. Landauer gehörte auch zum Kreis der württembergischen Revolutionsfreunde und geriet deshalb später auch ins Fadenkreuz der polizeilichen Ermittlungen. Er war ein warmherziger, hilfsbereiter, musischer Mensch, der zu jedem Geburtstag so viele Gäste einlud, wie er Jahre zählte. Zum 31. Geburtstag dichtete ihm Hölderlin ein Geburtstagskarmen, das mit der Strophe beginnt: *Sei froh! du hast das gute Loos erkoren, / Denn tief und treu ward eine Seele dir; / Der Freunde Freund zu seyn, bist du geboren, / Diß zeugen dir am Feste wir.* (MA I, 328)

Bis Ende des Jahres 1800 lebte Hölderlin in Stuttgart im Hause des neu gewonnenen Freundes, vielleicht der treueste, den er überhaupt gefunden hatte, weniger schwankend in seinen Stimmungen und weniger einnehmend als Sinclair und wohl auch uneigennütziger. Hölderlin gewann ein solches Vertrauen zu ihm, dass er seiner Schwester kurz vor seiner Abreise in die Schweiz Ende 1800 schreiben konnte: *An Landauer sollst Du den Mann finden, der meine Bruderstelle in meiner Abwesenheit vertritt.* (11. Dezember 1800; MA II, 881)

Hölderlin bezog eine geräumige Wohnung in Landauers Haus, die mit Möbeln eingerichtet war, die Hölderlin von Nürtingen nach Stuttgart hatte schaffen lassen. Offenbar rechnete er damit, hier länger bleiben zu können. Er wollte bezahlte Privatstunden geben in Philosophie, Poetik und in den alten Sprachen. Landauer, wie immer hilfsbereit, half dabei, Interessenten zu gewinnen, allerdings mit geringem Erfolg. Ein regelrechter Kursus oder eine Art Privatvorlesung kam nicht zustande. Das Vorhaben, Landauers Kinder zu unterrichten, war wohl nur ausgedacht worden, um Hölderlin vor dem Zugriff des Konsistoriums zu bewahren. Es blieben also die Geldsorgen.

Und doch waren es glückliche Sommer- und Herbstmonate im Hause Landauers, vor allem deshalb, weil Hölderlin einen Schaffensrausch erlebte wie noch nie zuvor. Es war, als hätte das Scheitern bei den Öffentlichkeits-Projekten einen schöpferischen Trotz wachgerufen. Als hätten ihn die Niederlagen zu sich selbst zurückgebracht. In diesem Stuttgarter Sommer und Herbst 1800 entstanden großen Hymnen, Elegien und Oden und alle in dem neuen, zugleich freien und feierlichen Stil, der unverwechselbar war und endlich nicht mehr an Schiller erinnerte. In diesen Wochen erwachte, von Bedenken und Kleinmut unbehindert, das Genie in ihm. Es wurde ihm gewährt, was er im Gedicht »An die Parzen« sich erbeten hatte: *Nur Einen Sommer gönnt, ihr Gewaltigen! / Und einen Herbst zu reifem Gesange mir.* (MA I, 188)

Es entstanden oder wurden konzipiert in diesen Monaten unter anderem die große Elegie »Menons Klagen um Diotima«, der Abschiedsgesang auf Susette; die hymnische Hexameter-Dichtung »Der Archipelagus«, eine glanzvolle Vergegenwärtigung des Geistes und der Geschichte des mittelmeerischen Kulturkreises, der Wiege des Abendlandes; die Elegie »Brod und Wein«, eine Beschwörung der Motive vom Auf- und Untergehen des Göttlichen, seine Epiphanien und Verdüsterungen; die fragmentarische Hymne »Wie wenn am Feiertage ...«, die das Drama des religiösen Dichters in der götterlosen Zeit zum Thema hat, ein Werk, das Hölderlin als den Dichter des Dichtens zeigt; die Hymnen »Heidelberg«, »Stutgard« und »Der Nekar«, die den Genius loci dieser Räume zur Sprache bringen und mit der eigenen Lebensgeschichte verknüpfen; und nicht zuletzt jene Liebeserklärung an Landauer, die mit den geflügelten Worten beginnt: *Komm! ins Offene, Freund!* (MA I, 308)

»Der Gang aufs Land« ist diese unvollendete, aus Distichen, also Verspaaren, gefügte Elegie überschrieben. Anlass ist das Richtfest eines Gasthauses vor den Toren der Stadt, bei dem Hölderlin zusammen mit Landauer zugegen war. Ein gewöhnliches Ereignis, doch es bekommt eigentümlichen Glanz. Im Entwurf gibt es Verse, die dann entfielen: *Aber fraget mich eins, was sollen Götter im Gasthaus? // Dem antwortet, sie sind, wie Liebende, feierlich seelig, / Wohnen bräutlich sie erst ...* Warum also nicht Götter im Gasthaus, denn sie sind bei den Liebenden, im *Offenen*, sie sind überall, wo es lebendig zugeht, was dann allerdings zur Folge hat: *auch Götter bindet ein Scniksaal.* (MA I, 310) Sie sind hineinverwoben in die Angelegenheiten der Menschen, sie verleihen ihnen Glanz, Tiefe und Bedeutsamkeit.

Unterwegs zu diesem Gasthaus, wo das Richtfest gefeiert werden soll, ist das Wetter und die Stimmung noch trüb: *und fast will / Mir es scheinen, es sei, als in der bleiernen Zeit.* (MA I, 308; Vs. 5f.) Allmählich wird es heller, außen und innen, durch den Zuspruch der Landschaft und des Lichtes und infolge des Tuns und Sagens:

Darum hoff ich sogar, es werde, wenn das Gewünschte
Wir beginnen und erst unsere Zunge gelöst,
Und gefunden das Wort, und aufgegangen das Herz ist,
Und von trunkener Stirn' höher Besinnen entspringt,
Mit der unsern zugleich des Himmels Blüthe beginnen,
Und dem offenen Blik offen der Leuchtende seyn.
(MA I, 309; Vs. 13–18)

Es ist eine Bewegung des Öffnens, die sich hier vollzieht unter dem *Lächeln* der Götter, spürbar bis hinein in den Bau der Verse, die zuerst streng und dann beschwingt wirken: In den ersten Strophen umschließen die Verspaare in der Regel jeweils einen Satz, was den Eindruck des Abgemessenen bewirkt; in der letzten Strophe ist es dann ein einziger Satz, der über sechs Verse hinschwingt:

Aber schön ist der Ort, wenn in Feiertagen des Frühlings
Aufgegangen das Thal, wenn mit dem Nekar herab
Weiden grünend und Wald und all die grünenden Bäume
Zahllos, blühend weiß, wallen in wiegender Luft,
Aber mit Wölkchen bedekt an Bergen herunter der Weinstok
Dämmert und wächst und erwarmt unter dem sonnigen Duft.
(Ebd.; Vs. 35–40)

In der freundschaftlichen Atmosphäre, die Landauer und seine Freunde schufen, fand Hölderlin die Kraft und den Abstand, das zuvor begonnene große Abschiedsgedicht für Susette zu vollenden: »Menons Klagen um Diotima«. Es wurde veröffentlicht, obwohl es sehr persönlich gefärbt war.

»Menon« ist der Titel des Dialogs, in dem Platon seine Lehre der Wiedererinnerung entwickelt. Dort wird die Erinnerung, die ein Leben vor dem gegenwärtigen aufscheinen lässt, verstanden als Hinweis auf die Unsterblichkeit der Seele. So soll auch die Erinnerung an Diotima in eine Sphäre jenseits der Zeit hinüberleiten. Eine poetische Beschwörung des Unvergänglichen. Die Elegie endet mit den Versen:

> *Dort, wo die Musen, woher Helden und Liebende sind.*
> *Dort uns, oder auch hier, auf thauender Insel begegnen,*
> *Wo die Unsrigen erst, blühend in Gärten gesellt,*
> *Wo die Gesänge wahr, und länger die Frühlinge schön sind,*
> *Und von neuem ein Jahr unserer Seele beginnt.*
> (MA I, 295; Vs. 126–130)

Die Abfolge der Jahre ist zyklisch, deshalb sind es auch die Jahre mit Diotima, wiederkehrend in neuen Zyklen, und so kann von Neuem *ein Jahr unserer Seele* beginnen. Im Gedicht, diesem Mausoleum der Unvergänglichkeit, wo *die Gesänge wahr, und länger die Frühlinge schön sind.*

Die Elegie beginnt mit dem Hier und Jetzt, mit der Schilderung der Irrgänge, die auf Schritt und Tritt Erinnerungen wachrufen, wonnevolle und schmerzliche, denn alles spricht von Diotimas Abwesenheit. Ein Schweigen, das auf die Natur übergreift, deren Zuspruch ausbleibt. Doch so bleibt es nicht. Der Trauernde beginnt sich zu öffnen und wird allmählich empfänglich für einen rätselhaften Zuspruch: *aber ein Freundliches muß / Fernher nahe mir seyn, und lächeln muß ich und staunen, / Wie so seelig doch auch mitten im Laide mir ist.* (MA I, 291; Vs. 26–28)

Die Elegie besteht aus neun Strophen, von denen jeweils drei zu einer Triade zusammengebunden sind, die eine Sinneinheit ergeben. Am Ende jeder Triade vollzieht sich der Aufschwung. Dort wird es hell, der düstere Horizont öffnet sich. Die Ahnung von Unvergänglichkeit stellt sich ein. Doch so schön und strahlend die Bilder sind, sie bleiben doch umwittert von Gefahr und Düsternis. Vielleicht auch sind sie gerade deshalb so schön, weil sie das Bedrohliche zum Hintergrund haben. Das wird nirgendwo so deutlich wie bei den schönsten Versen in der vierten Strophe, genau in der Mitte des Gedichtes:

> *Aber wir, zufrieden gesellt, wie die liebenden Schwäne,*
> *Wenn sie ruhen am See, oder, auf Wellen gewiegt,*
> *Niedersehn in die Wasser, wo silberne Wolken sich spiegeln,*
> *Und ätherisches Blau unter den Schiffenden wallt,*
> *So auf Erden wandelten wir. Und drohte der Nord auch,*
> *Er, der Liebenden Feind, klagenbereitend, und fiel*
> *Von den Aesten das Laub, und flog im Winde der Reegen,*
> *Ruhig lächelten wir, fühlten den eigenen Gott*
> *Unter trautem Gespräch …*
> *Aber das Haus ist öde mir nun, und sie haben mein Auge*
> *Mir genommen, auch mich hab' ich verloren mit ihr.*
> (MA I, 292; Vs. 43–51, 53–54)

Den *eigenen Gott* in sich zu fühlen bedeutet noch nicht, auf der sicheren Seite zu sein, denn, wie wir wissen, *auch Götter bindet ein Schiksaal.* (MA I, 310; Vs. 53)

Ein schwer erträglicher Wechsel zwischen der Anwesenheit und der Abwesenheit des Göttlichen. Wer die Anwesenheit gespürt hat, der wird die Abwesenheit als Selbstverlust erfahren müssen. Dann wächst die inwendige Wüste, und es bleibt nur der Glaube an die Wiederkehr des Erfüllenden. Was kann man tun? Es bleibt nur die poetische Beschwörung. Im Wort lebt, was in der Zeit sich verlor.

Das könnte allerdings so verstanden werden, als sei es die Eigenmacht der Einbildungskraft, die alles bewirkt, doch das wird mit dem Hinweis auf den *eigenen Gott* zurückgewiesen. In der Subjektivität wirkt eine objektive Macht oder das *Sein*, wie diese Macht beim philosophierenden Hölderlin heißt. Im Gedicht führt diese Macht das Wort. Das ist mehr als nur eine Beschreibung dieser Macht, das ist sie selbst.

Zusammen mit »Menons Klagen« schickte Hölderlin im Frühjahr

1801 den gewaltigen Hexameterhymnus »Der Archipelagus« an einen Bekannten in Jena, der ihm einen Verlag dafür vermittelte.

Der »Archipelagus« war bereits in Homburg begonnen worden, doch vollendet wurde er erst im schöpferischen Elysium bei Landauer. »Archipelagus« bezeichnet nach dem damaligen Sprachgebrauch das Ägäische Meer mit seiner Inselwelt. Der panoramatische Blick des Gedichtes geht noch weit darüber hinaus und umfasst die ganze mittelmeerische Welt; in ihrer Mitte Griechenland, seine Geschichte, seine Kultur, seine Götter. Auch hier, wie in »Menons Klagen«, eine Suche nach der verlorenen Zeit, ihre beschwörende Vergegenwärtigung, die Klage über die Armut der Gegenwart und schließlich ein Hymnus auf die vergegenwärtigende Kraft der Poesie. Die Heimholung des Verlorenen und die Euphorie eines neuen Anfangs, der aus dem Uralten entspringt.

Der Archipelagus – das Meer, die Erde, der Himmel, die Luft, also alles, was er umschließt – wird in diesem Gedicht angesprochen als Genius, der Natur, Kultur und Geschichte dieses Raumes in sich versammelt. Es ist die Vergegenwärtigung eines weltgeschichtlichen Gelingens, das von der Gunst der Natur und der Götter getragen war, die schmerzliche Erinnerung an den Niedergang, die Erwartung, dass mit der Überwindung einer entfremdeten Welt dieser Augenblick des großen Gelingens auf neuer Stufe wiederkehren möge.

Der erste Teil des Gedichtes ist ein Hymnus auf die Natur des Archipelagus: *Immer, Gewaltiger! lebst du noch und ruhest im Schatten / Deiner Berge, wie sonst; mit Jünglingsarmen umfängst du / Noch dein liebliches Land und deiner Töchter, o Vater! / Deiner Inseln ist noch, der blühenden, keine verloren.* (MA I, 295; Vs. 9–12)

Keine dieser Inseln ist verloren gegangen, aber die Kultur, die hier erblühte. Dem Aufstieg und Untergang des klassischen Athen ist der zweite Teil des Gedichtes gewidmet. Der Hymnus wird zum Epos. Im Mittelpunkt die Perserkriege: auf der einen Seite geknechtete Völkerschaften, auf der anderen Seite Menschen, stolz auf ihre Individualität und ihr freies Gemeinwesen. So werden die Gegensätze geschildert, und unübersehbar zeichnet sich der gegenwärtige Frontverlauf zwischen dem freien Frankreich und den Mächten des alten Europa ab. Die Griechen: … *leuchteten dort nicht / Sonst vom Dache der Burg herab die Göttergestalten? / Rauschte dort die Stimme des Volks, die stürmischbewegte, / Aus der Agora nicht her …?* (MA I, 296; Vs. 67–70) Sie stürmen direkt von der Agora, dem heiligen Ort der Demokratie, gegen die Perser, die sie unterwerfen wollen: *Denn des Genius Feind, der vielgebietende Perse, / Jahrlang zählt' er sie schon, der Waffen Menge, der Knechte, / Spottend des griechischen Lands …* (MA I, 298; Vs. 86–88) Das Volk der Freien gegen das Volk der *Knechte*. Auf der einen Seite die Kühnheit, die das Eigene verteidigt, auf der anderen Seite der *Waffen Menge*. Athen behauptet sich, wird dann aber doch zerstört. In der Epoche des Perikles wird es neu und noch schöner aufgebaut. Der griechische Genius gewinnt wieder Blüte und Kraft.

Doch auch der Genius hat seine Zeit. Jetzt zeugen nur noch die Ruinen von ihm, so die melancholische Betrachtung zu Beginn des dritten Teils:

> *O die Kinder des Glüks, die frommen! wandeln sie fern nun*
> *Bei den Vätern daheim und der Schiksaalstage vergessen*
> *Drüben am Lethestrom und bringt kein Sehnen sie wieder,*
> *Sieht mein Auge sie nie? ach! findet über den tausend*
> *Pfaden der grünenden Erd', ihr göttergleichen Gestalten!*
> *Euch das Suchende nie, und vernahm ich darum die Sage,*
> *Darum die Sprache von euch, daß immertrauernd die Seele*
> *Vor der Zeit mir hinab zu euern Schatten entfliehe?*
> (MA I, 301; Vs. 200–207)

Die Flucht zu den Schatten vor einer Gegenwart, die von allen guten Geistern verlassen ist. Es folgt die Beschreibung der entfremdeten Welt der Moderne, darin Hyperions Scheltrede gegen die Deutschen anklingt:

Aber weh! es wandelt in Nacht, es wohnt, wie im Orkus,
Ohne Göttliches unser Geschlecht. Ans eigene Treiben
Sind sie geschmiedet allein und sich in der tosenden Werkstatt
Höret jeglicher nur und viel arbeiten die Wilden
Mit gewaltigem Arm, rastlos, doch immer und immer
Unfruchtbar, wie die Furien, bleibet die Mühe der Armen.
(MA I, 302; Vs. 241–246)

Der *Geist der Natur* (MA I, 303; Vs. 251) ist zwar noch da, er weht auch *in neuer Zeit*, doch man verhärtet sich gegen ihn, *indeß ein immerlebender Frühling / Unbesungen über dem Haupt den Schlafenden dämmert.* (Ebd.; Vs. 255 f.)

Dieser gewaltige Hymnus, reich an elegischen und epischen Tönen, endet mit der Vision der großen Versöhnung. Soll diese wirklich werden, dürfen die schöpferischen Kräfte der Erneuerung nicht *unbesungen* bleiben. Die Poesie muss sich einmischen. Sie allein versteht das Wechseln und das Werden der *Göttersprache*. Doch wenn es schlimm kommt, wenn einstweilen keine Aussicht auf einen neuen Tag besteht, hilft die Poesie, sich nicht gemein zu machen, zu widerstehen und auszuharren: … *und wenn die reißende Zeit mir / Zu gewaltig das Haupt ergreifft und die Noth und das Irrsaal / Unter Sterblichen mir mein sterblich Leben erschüttert, / Laß der Stille mich dann in deiner Tiefe gedenken.* (MA I, 304; Vs. 293–296)

Es gehört zu Hölderlins Verborgenheit, dass die Elegie »Brod und Wein« – für mich eines der vollkommensten und schönsten Gedichte Hölderlins – zu seinen Lebzeiten nicht erschienen ist. Nur die erste Strophe wurde unter dem Titel »Der Weingott« mit der Zueignung »An Heinze« (= Heinse) veröffentlicht.

So wie »Der Archipelagus« ein Hymnus mit elegischen Tönen ist »Brod und Wein« eine Elegie mit hymnischen Tönen. Im Hymnus wird gefeiert, was den einzelnen Menschen überragt, das Erhabene in der Natur, in der Gemeinschaft und der Liebe; letztlich ist es das Göttliche. Die Elegie indes gibt dem Schmerz und der Trauer Ausdruck, wenn das, was der Hymnus feiert, sich entzieht oder untergeht. Der Hymnus feiert das Anwesende, die Elegie gedenkt des Abwesenden. Wie der Hymnus elegisch wird, wenn ihm das Gefeierte entgleitet, so wird die Elegie hymnisch, wenn ihr die Vergegenwärtigung der Entschwundenen gelingt. Solches geschieht in diesem elegischen Wunderwerk »Brod und Wein«.

Am Ende des »Archipelagus« steht der Wunsch, das *Wechseln und das Werden*, diese *Göttersprache*, in seiner Tiefe verstehen zu wollen. Und genau das ist das Thema von »Brod und Wein«, der Wechsel des Göttlichen in der Abfolge von Tag und Nacht, von Offenbaren und Verbergen, von Anwesenheit und Abwesenheit.

Es handelt sich um eine andere Geschichte der Aufklärung. Wenn sich dem Menschen die Götter entziehen, wird es dunkel, und er sieht überall in Natur und Geschichte nur sich selbst und seinesgleichen. Dann wird es eng, banal und grausam. Der Mensch kann den Menschen nicht aushalten ohne einen offenen Horizont. Die angeblich aufgeklärten Zeiten sind nicht die hellen Zeiten und schon gar nicht die erfüllten. Der Mensch muss noch von etwas anderem als sich selbst in Anspruch genommen werden. Dieses »Andere« ist für Hölderlin das *Göttliche* oder die *Himmlischen* oder *die Götter* und oft auch einfach *Geist* oder *Natur*. Die Geschichte kennt zahlreiche Erscheinungsformen des Göttlichen. Christus und die christliche Symbolwelt ist eine davon. Die schönste ist für Hölderlin die griechische. Doch jede Gestaltwerdung des Göttlichen hat ihre Zeit und verschwindet wieder. Es gibt das Göttliche, aber in wechselnder Gestalt. Und manchmal verschwindet es auch vollständig, wenn auch nicht für immer. Gegenwärtig, so Hölderlin, durchleben wir die Zeit der *Götternacht*. Es bleibt dann nur zu hoffen, dass es wieder einmal Tag wird. Hölderlin versteht sich als ein Dichter, der die Erinnerung an den Göttertag bewahrt und zugleich Ausschau hält nach den Anzeichen des Tagesanbruchs.

»Brod und Wein« beginnt mit dem stillen, friedlichen Übergang des Abends – des Feierabends – in die Nacht, die sich geheimnisvoll und erhaben ankündigt, doch noch nichts Bedrohliches hat. Diese in sich ruhig gesammelte erste Strophe eröffnet zwar das folgende Ganze, ist aber selbst bereits ein Ganzes, so dass Hölderlin offenbar mit einer separaten Veröffentlichung unter dem Titel »Die Nacht« einverstanden war. Clemens Brentano war einer der wenigen, der diese Verse gelesen und darüber geurteilt hat: »Niemals ist vielleicht hohe betrachtende Trauer so herrlich ausgesprochen worden … Ich halte sie (= »Die Nacht«) für eines der gelungensten Gedichte überhaupt.« (St.A. 7.2, 407)

Nun also diese erste Strophe:

Rings um ruhet die Stadt; still wird die erleuchtete Gasse,
Und, mit Fakeln geschmükt, rauschen die Wagen hinweg.
Satt gehn heim von Freuden des Tags zu ruhen die Menschen,
Und Gewinn und Verlust wäget ein sinniges Haupt
Wohlzufrieden zu Haus; leer steht von Trauben und Blumen,
Und von Werken der Hand ruht der geschäfftige Markt.
Aber das Saitenspiel tönt fern aus Gärten; vieleicht, daß
Dort ein Liebendes spielt oder ein einsamer Mann
Ferner Freunde gedenkt und der Jugendzeit; und die Brunnen,
Immerquillend und frisch rauschen an duftendem Beet.
Still in dämmriger Luft ertönen geläutete Gloken,
Und der Stunden gedenk rufet ein Wächter die Zahl.
Jezt auch kommet ein Wehn und regt die Gipfel des Hains auf,
Sieh! und das Schattenbild unserer Erde, der Mond
Kommet geheim nun auch; die Schwärmerische, die Nacht
kommt,
Voll mit Sternen und wohl wenig bekümmert um uns,
Glänzt die Erstaunende dort, die Fremdlingin unter den
Menschen
Über Gebirgeshöhn traurig und prächtig herauf.
(MA I, 372)

Eine Stadt, die sich zur Ruhe begibt, noch erfüllt von den Freuden des Tages, zufrieden und satt. Wenn der Lärm des Tagesgeschäfts nachlässt, ist ein fernes Saitenspiel zu hören, das ebenso wie die Turmuhr auf den Abend einstimmt. Ein Übergang. Dreimal *kommt* etwas. Ein Wehen kommt auf, der Mond kommt, und schließlich kommt die Nacht. Dreifach wird sie benannt: die *Schwärmerische*, die *Erstaunende*, die *Fremdlingin*. Eine feierliche, ehrfurchtsvolle Begrüßung. Was wir der Nacht an Bedeutung beilegen, etwa wenn wir von ihr schwärmen oder wenn sie uns in Erstaunen versetzt oder uns fremd erscheinen mag, das gibt die Nacht von sich her uns zurück. Sie ist selbst die Schwärmerische, die Erstaunende, die Fremdlingin. Das ist nicht nur unsere Einbildung, das ist sie selbst. Sie wird nicht nur mit dichterischer Metaphorik zum Leben erweckt, sie hat selbst ein eigenes Leben, und zwar so sehr, daß von ihr gesagt werden kann, sie sei *wohl wenig bekümmert um uns*.

Die erste Strophe ist das Tor in diese Nacht. In der zweiten Strophe nimmt uns diese Nacht auf. Jetzt ist sie das undurchdringliche Dunkel des Schicksals, in das wir verwoben sind. In dieser Nacht verbirgt sich *die Gunst der Hocherhabnen*, bei der *niemand / Weiß von wannen und was einem geschiehet von ihr.* (Ebd.; Vs. 19–20) So weiß man wohl auch nicht, ob es wirklich eine Gunst ist, *und darum / Ist noch lieber, wie sie, dir der besonnene Tag.* (Ebd.; Vs. 23 f.) Man strebt an die Sonne und muss doch die Nacht ertragen lernen. Man kann sie nicht vermeiden, doch sollt man von ihr etwas fordern:

Aber sie muß uns auch, daß in der zaudernden Weile,
Daß im Finstern für uns einiges Haltbare sei,
Uns die Vergessenheit und das Heiligtrunkene gönnen
Gönnen das strömende Wort, das, wie die Liebenden, sei,
Schlummerlos und vollern Pokal und kühneres Leben,
Heilig Gedächtniß auch, wachend zu bleiben bei Nacht.
(MA I, 374; Vs. 31–36)

Vergessen sollte man die quälenden Tagesreste, doch offen sein für das *Heiligtrunkene*, das Inspirierende, das sich wohl eher in stiller Nacht als am lauten Tag ereignet. Auch das *strömende Wort* braucht den Schutz der Nacht, weil es aus dem Unbewussten hervorkommt.

Die dritte Strophe vertieft sich in die Nacht, bis ein neuer, anderer Tag zu dämmern beginnt. Angekündigt wurde er mit dem *Heilig Gedächtniß* in der vorigen Strophe. Es ist die Erinnerung an den fernen, vergangenen Göttertag des Griechentums: *Göttliches Feuer auch treibet, bei Tag und bei Nacht, / Aufzubrechen. So komm! daß wir das Offene schauen.* (Ebd.; Vs. 40f.)

Von hier, Mitte der dritten Strophe, bis zum Ende der sechsten Strophe geschieht die elegische und zugleich hymnische Vergegenwärtigung dieses vergangenen Göttertages. Und dann ist es mit ihm auch wieder vorbei. Wieder wird es Nacht. Diese Götternacht und das Ausschauhalten nach Spuren und Zeichen einer kommenden Aufhellung – das sind dann die Themen der letzten drei Strophen.

Zurück zur dritten Strophe, an deren Ende Dionysos als *kommender Gott* seinen ersten Auftritt hat:

Drum an den Isthmos komm! dorthin, wo das offene Meer rauscht
Am Parnaß und der Schnee delphische Felsen umglänzt,
Dort ins Land des Olymps, dort auf die Höhe Cithärons,
Unter die Fichten dort, unter die Trauben, von wo
Thebe drunten und Ismenos rauscht, im Lande des Kadmos,
Dorther kommt und zurük deutet der kommende Gott.
(Ebd.; Vs. 49–54)

Dionysos ist, wie bekannt, der Gott des Weines, des Rausches, der Inspiration, des Exzesses, der Poesie, der Künste überhaupt. Die sterbliche Semele wollte nach der Liebesnacht mit Zeus diesen sehen, doch das ist Sterblichen nicht vergönnt. Sie wurde von einem Blitz, in den Zeus sich hüllte, erschlagen. Ihre Leibesfrucht blieb unversehrt: Dionysos. Das Blitzartige aber ist ihm geblieben: sein plötzliches Erscheinen, das Lichterlohe in der Berührung, der Geistesblitz der Inspiration. Er ist ein unruhiger, unsteter Gott. Er ist der kommende Gott, weil er immer unterwegs ist, von Ost nach West, begleitet von seiner trunkenen Schar. Dionysos ist auch der Gott, der noch aussteht, auf den man wartet; Schelling, der ihn, zusammen mit Hölderlin, einst im Stift auch für sich entdeckt hatte, nennt ihn später in der »Philosophie der Offenbarung« den Gott des »Advents« schlechthin. Ein Gott, dessen Wesenszug eben das Kommen ist.

Ein Jahrhundert vor Nietzsche hat Hölderlin die ungeheure kulturstiftende Bedeutung dieses Gottes erkannt. Dieser kommende Gott bringt nicht kontemplative Ruhe, mystische Versenkung, sondern erregt Leidenschaft. Wem der kommende Gott nahe kommt, der steht in Flammen. *Göttliches Feuer auch treibet* (ebd.; Vs. 40), heißt es in »Brod und Wein«.

Im Geiste des Dionysos bilden sich heiße Gemeinschaften, die gefährlich werden können, nach innen verzehrend und nach außen zerstörend. Deshalb gibt es da noch die alles durchdringende göttliche Naturmacht des »Äther«, die Heinse als eigentliche Kraftquelle der griechischen Religiosität gerühmt hatte. Vielleicht hat Hölderlin ihm deshalb diese »Elegie« gewidmet. Hölderlin nennt den »Aether« als Macht des Ausgleichs zur dionysischen Überwältigung, die so beschrieben wird: *Wo ist das schnelle? wo brichts, allgegenwärtigen Glüks voll / Donnernd aus heiterer Luft über die Augen herein.* (MA I, 376; Vs. 63 f.) Wie hilfesuchend folgt darauf die Anrufung: *Vater Aether! So riefs und flog von Zunge zu Zunge / Tausendfach, es ertrug keiner das Leben allein; / Ausgetheilet erfreut solch Gut und getauschet, mit Fremden, / Wirds ein Jubel …* (Ebd.; Vs. 65–68)

Dionysos ist der Plötzliche, der den Einzelnen ergreift; der Äther aber gewährt Dauer und Halt, in seinem Geiste wird ausgeteilt und getauscht und Zusammengehörigkeit begründet und gefestigt.

In den mittleren Strophen wird bilderreich und gedankenschwer der Vorgang geschildert, wenn es Tag wird unter den Menschen, indem die *Himmlischen* sich unter sie mischen.

Zunächst sind die Menschen eher scheu, verschlossen. Es braucht Mut, sich zu öffnen und sich erfüllen zu lassen. Wenn das aber geschieht, beginnt das Wunder jener Kultur, die heute immer noch das Maß gibt: *Drum in der Gegenwart der Himmlischen würdig zu stehen, / Richten in herrlichen Ordnungen Völker sich auf / Untereinander und baun die schönen Tempel und Städte / Vest und edel, sie gehn über Gestaden empor* – (MA I, 378; Vs. 95–98)

Und hier nun der Bruch, wie das jähe Erwachen aus einem Traum, es ist alles vorbei:

Aber wo sind sie? wo blühn die Bekannten, die Kronen des Festes?
Thebe welkt und Athen; rauschen die Waffen nicht mehr
In Olympia, nicht die goldnen Wagen des Kampfspiels,
Und bekränzen sich denn nimmer die Schiffe Korinths?
Warum schweigen auch sie, die alten heilgen Theater?
Warum freuet sich denn nicht der geweihete Tanz?
(Ebd.; Vs. 99–104)

Am Ende dieser sechsten Strophe, ehe die Götternacht zum Thema wird, die überraschende Wendung, die Anlass zu zahlreichen Interpretationen und raunenden Kommentaren gegeben hat. Nach der Klage über das Ausbleiben der Gotteszeichen heißt es nämlich: *Oder er* (Gott) *kam auch selbst und nahm des Menschen Gestalt an / Und vollendet und schloß tröstend das himmlische Fest.* (Ebd.; Vs. 107)

Gemeint ist offenbar Christus, und bemerkenswert ist: Er ist nicht der Anfang einer neuen Epoche, sondern das Ende der alten; er gehört noch als Letzter zum griechischen Göttertag. Noch zwei Mal taucht er auf, zuerst als *stiller Genius, himmlisch / Tröstend, welcher des Tags Ende verkündet' und schwand* (MA I, 380; Vs. 129f.) und zuletzt als *Fakelschwinger des Höchsten / Sohn, der Syrier.* (MA I, 382; Vs. 155f.)

Christus ist hier nicht der Gekreuzigte, sondern der Stifter des Abendmahls, Brot und Wein, ein Nachfahre des Dionysos, weshalb in der letzten Strophe nicht ganz deutlich wird, ob Christus oder Dionysos gemeint ist, wenn es heißt, er sei *Allzeit froh, … / Weil er bleibet und selbst die Spur der entflohenen Götter Götterlosen hinab unter das Finstere bringt.* (KA 1, 291; Vs. 145–148)

Einstweilen nur Zeichen, eine *Spur*, noch nicht die reale Gegenwart. Gegenwärtig gilt, dass die *Himmlischen* uns *schonen …, Denn nicht immer vermag ein schwaches Gefäß sie zu fassen, / Nur zu Zeiten erträgt göttliche Fülle der Mensch.* (MA I, 378; Vs. 112–114)

Was tun inzwischen?

Es gibt in dieser Elegie eine Ratlosigkeit, die nicht das lösende Wort findet, einen Zweifel, der sich nicht abwehren lässt, eine Unruhe, die nicht beschwichtigt werden kann: *Indessen dünket mir öfters / Besser zu schlafen, wie so ohne Genossen zu seyn, / So zu harren und was zu thun indeß und zu sagen, / Weiß ich nicht und wozu Dichter in dürftiger Zeit?* (Ebd.; Vs. 119–122)

Brod und Wein

An
Heinze

1

Rings um ruhet die Stadt; still wird die erleuchtete Gasse,
Und, mit Fakeln geschmükt, rauschen die Wagen hinweg.
Satt gehn heim von Freuden des Tags zu ruhen die Menschen,
Und Gewinn und Verlust wäget ein sinniges Haupt
Wohlzufrieden zu Haus; leer steht von Trauben und Blumen,
Und von Werken der Hand ruht der geschäfftige Markt.
Aber das Saitenspiel tönt fern aus Gärten; vieleicht, daß
Dort ein Liebendes spielt oder ein einsamer Mann
Ferner Freunde gedenkt und der Jugendzeit; und die Brunnen
Immerquillend und frisch rauschen an duftendem Beet.

Still in dämmriger Luft ertönen geläutete Gloken,
Und der Stunden gedenk rufet ein Wächter die Zahl.
Jezt auch kommet ein Wehn und regt die Gipfel des Hains auf,
Sieh! und das Schattenbild unserer Erde, der Mond
Kommet geheim nun auch; die Schwärmerische, die Nacht kommt,
Voll mit Sternen und wohl wenig bekümmert um uns,
Glänzt die Erstaunende dort, die Fremdlingin unter den Menschen
Über Gebirgeshöhn traurig und prächtig herauf.

2

Wunderbar ist die Gunst der Hocherhabnen und niemand
Weiß von wannen und was einem geschiehet von ihr.
So bewegt sie die Welt und die hoffende Seele der Menschen,
Selbst kein Weiser versteht, was sie bereitet, denn so
Will es der oberste Gott, der sehr dich liebet, und darum
Ist noch lieber, wie sie, dir der besonnene Tag.
Aber zuweilen liebt auch klares Auge den Schatten
Und versuchet zu Lust, eh' es die Noth ist, den Schlaf,
Oder es blikt auch gern ein treuer Mann in die Nacht hin,
Ja, es ziemet sich ihr Kränze zu weihn und Gesang,
Weil den Irrenden sie geheiliget ist und den Todten,
Selber aber besteht, ewig, in freiestem Geist.
Aber sie muß uns auch, daß in der zaudernden Weile,
Daß im Finstern für uns einiges Haltbare sei,
Uns die Vergessenheit und das Heiligtrunkene gönnen,
Gönnen das strömende Wort, das, wie die Liebenden, sei,
Schlummerlos und vollern Pokal und kühneres Leben,
Heilig Gedächtniß auch, wachend zu bleiben bei Nacht.

3

Auch verbergen umsonst das Herz im Busen, umsonst nur
Halten den Muth noch wir, Meister und Knaben, denn wer
Möcht' es hindern und wer möcht' uns die Freude verbieten?
Göttliches Feuer auch treibet, bei Tag und bei Nacht,
Aufzubrechen. So komm! daß wir das Offene schauen,
Daß ein Eigenes wir suchen, so weit es auch ist.
Fest bleibt Eins; es sei um Mittag oder es gehe
Bis in die Mitternacht, immer bestehet ein Maas,
Allen gemein, doch jeglichem auch ist eignes beschieden,
Dahin gehet und kommt jeder, wohin er es kann.
Drum! und spotten des Spotts mag gern frohlokkender Wahnsinn,
Wenn er in heiliger Nacht plözlich die Sänger ergreift.
Drum an den Isthmos komm! dorthin, wo das offene Meer rauscht
Am Parnaß und der Schnee delphische Felsen umglänzt,
Dort ins Land des Olymps, dort auf die Höhe Cithärons,
Unter die Fichten dort, unter die Trauben, von wo
Thebe drunten und Ismenos rauscht im Lande des Kadmos,
Dorther kommt und zurük deutet der kommende Gott.

4

Seeliges Griechenland! du Haus der Himmlischen alle,
Also ist wahr, was einst wir in der Jugend gehört?
Festlicher Saal! der Boden ist Meer! und Tische die Berge,
Wahrlich zu einzigem Brauche vor Alters gebaut!
Aber die Thronen, wo? die Tempel, und wo die Gefäße,
Wo mit Nectar gefüllt, Göttern zu Lust der Gesang?
Wo, wo leuchten sie denn, die fernhintreffenden Sprüche?
Delphi schlummert und wo tönet das große Geschik?
Wo ist das schnelle? wo brichts, allgegenwärtigen Glüks voll
Donnernd aus heiterer Luft über die Augen herein?

Vater Aether! so riefs und flog von Zunge zu Zunge
Tausendfach, es ertrug keiner das Leben allein;
Ausgetheilet erfreut solch Gut und getauschet, mit Fremden,
Wirds ein Jubel, es wächst schlafend des Wortes Gewalt
Vater! heiter! und hallt, so weit es gehet, das uralt
Zeichen, von Eltern geerbt, treffend und schaffend hinab.
Denn so kehren die Himmlischen ein, tiefschütternd gelangt so
Aus den Schatten herab unter die Menschen ihr Tag.

5

Unempfunden kommen sie erst, es streben entgegen
Ihnen die Kinder, zu hell kommet, zu blendend das Glük,
Und es scheut sie der Mensch, kaum weiß zu sagen ein Halbgott,
Wer mit Nahmen sie sind, die mit den Gaaben ihm nahn.
Aber der Muth von ihnen ist groß, es füllen das Herz ihm
Ihre Freuden und kaum weiß er zu brauchen das Gut,
Schafft, verschwendet und fast ward ihm Unheiliges heilig,
Das er mit seegnender Hand thörig und gütig berührt.
Möglichst dulden die Himmlischen diß; dann aber in Wahrheit
Kommen sie selbst und gewohnt werden die Menschen des Glüks
Und des Tags und zu schaun die Offenbaren, das Antliz
Derer, welche, schon längst Eines und Alles genannt,
Tief die verschwiegene Brust mit freier Genüge gefüllet,
Und zuerst und allein alles Verlangen beglükt;
So ist der Mensch; wenn da ist das Gut, und es sorget mit Gaaben
Selber ein Gott für ihn, kennet und sieht er es nicht.
Tragen muß er, zuvor; nun aber nennt er sein Liebstes,
Nun, nun müssen dafür Worte, wie Blumen, entstehn.

6

Und nun denkt er zu ehren in Ernst die seeligen Götter,
Wirklich und wahrhaft muß alles verkünden ihr Lob.
Nichts darf schauen das Licht, was nicht den Hohen gefället,
Vor den Aether gebührt müßigversuchendes nicht.
Drum in der Gegenwart der Himmlischen würdig zu stehen,
Richten in herrlichen Ordnungen Völker sich auf
Untereinander und baun die schönen Tempel und Städte
Vest und edel, sie gehn über Gestaden empor –
Aber wo sind sie? wo blühn die Bekannten, die Kronen des Festes?
Thebe welkt und Athen; rauschen die Waffen nicht mehr
In Olympia, nicht die goldnen Wagen des Kampfspiels,
Und bekränzen sich denn nimmer die Schiffe Korinths?
Warum schweigen auch sie, die alten heilgen Theater?
Warum freuet sich denn nicht der geweihete Tanz?
Warum zeichnet, wie sonst, die Stirne des Mannes ein Gott nicht,
Drükt den Stempel, wie sonst, nicht dem Getroffenen auf?
Oder er kam auch selbst und nahm des Menschen Gestalt an
Und vollendet' und schloß tröstend das himmlische Fest.

7

Aber Freund! wir kommen zu spät. Zwar leben die Götter,
Aber über dem Haupt droben in anderer Welt.
Endlos wirken sie da und scheinens wenig zu achten,
Ob wir leben, so sehr schonen die Himmlischen uns.
Denn nicht immer vermag ein schwaches Gefäß sie zu fassen,
Nur zu Zeiten erträgt göttliche Fülle der Mensch.
Traum von ihnen ist drauf das Leben. Aber das Irrsaal
Hilft, wie Schlummer und stark machet die Noth und die Nacht,
Biß daß Helden genug in der ehernen Wiege gewachsen,
Herzen an Kraft, wie sonst, ähnlich den Himmlischen sind.

Donnernd kommen sie drauf. Indessen dünket mir öfters
Besser zu schlafen, wie so ohne Genossen zu seyn,
So zu harren und was zu thun indeß und zu sagen,
Weiß ich nicht und wozu Dichter in dürftiger Zeit?
Aber sie sind, sagst du, wie des Weingotts heilige Priester,
Welche von Lande zu Land zogen in heiliger Nacht.

8

Nemlich, als vor einiger Zeit, uns dünket sie lange,
Aufwärts stiegen sie all, welche das Leben beglükt,
Als der Vater gewandt sein Angesicht von den Menschen,
Und das Trauern mit Recht über der Erde begann,
Als erschienen zu lezt ein stiller Genius, himmlisch
Tröstend, welcher des Tags Ende verkündet' und schwand,
Ließ zum Zeichen, daß einst er da gewesen und wieder
Käme, der himmlische Chor einige Gaaben zurük,
Derer menschlich, wie sonst, wir uns zu freuen vermöchten,
Denn zur Freude, mit Geist, wurde das Größre zu groß
Unter den Menschen und noch, noch fehlen die Starken zu höchsten
Freuden, aber es lebt stille noch einiger Dank.
Brod ist der Erde Frucht, doch ists vom Lichte geseegnet,
Und vom donnernden Gott kommet die Freude des Weins.
Darum denken wir auch dabei der Himmlischen, die sonst
Da gewesen und die kehren in richtiger Zeit,
Darum singen sie auch mit Ernst die Sänger den Weingott
Und nicht eitel erdacht tönet dem Alten das Lob.

9

Ja! sie sagen mit Recht, er söhne den Tag mit der Nacht aus,
Führe des Himmels Gestirn ewig hinunter, hinauf,
Allzeit froh, wie das Laub der immergrünenden Fichte,
Das er liebt, und der Kranz, den er von Epheu gewählt,
Weil er bleibet und selbst die Spur der entflohenen Götter
Götterlosen hinab unter das Finstere bringt.
Was der Alten Gesang von Kindern Gottes geweissagt,
Siehe! wir sind es, wir; Frucht von Hesperien ists!
Wunderbar und genau ists als an Menschen erfüllet,
Glaube, wer es geprüft! aber so vieles geschieht,
Keines wirket, denn wir sind herzlos, Schatten, bis unser
Vater Aether erkannt jeden und allen gehört.
Aber indessen kommt als Fakelschwinger des Höchsten
Sohn, der Syrier, unter die Schatten herab.
Seelige Weise sehns; ein Lächeln aus der gefangnen
Seele leuchtet, dem Licht thauet ihr Auge noch auf.
Sanfter träumet und schläft in Armen der Erde der Titan,
Selbst der neidische, selbst Cerberus trinket und schläft.
(KA 1, 285–291)

DREIZEHNTES KAPITEL

*Die Wonnen der Gewöhnlichkeit. »Abendphantasie«.
Hauptwil. Vaterländisches. Der revolutionsfromme Hölderlin.
Der Friede von Lunéville. Zeitenwende, Eschatologisches.
»Friedensfeier«. Die Geburt eines Gedichtes
aus einem anderen. »Wie wenn am Feiertage ...«
und »Hälfte des Lebens«. »Heimkunft«.
Hilferuf an Schiller. »Sie können mich nicht brauchen.«*

Hölderlin verlebte eine schöpferische Zeit bei Landauer im Kreise der Freunde. Gerade weil er sich, in Augenblicken der Inspiration, vom *Göttlichen* ergriffen fühlte, brauchte er dringend die wohltuende, tragende Alltäglichkeit, die er dort fand. Auf ihr kann ein Segen liegen. Die *Blitze* des Dionysos erfordern zum Ausgleich den *Vater Aether*. Das Gedicht »Mein Eigentum«, um diese Zeit entstanden, entwickelt diesen Zusammenhang: *Es leuchtet über vestem Boden / Schöner dem sicheren Mann sein Himmel. // Denn, wie die Pflanze, wurzelt auf eignem Grund / Sie nicht, verglüht die Seele des Sterblichen ...* (MA I, 237f.)

Es gibt Gedichte Hölderlins, welche die Wonnen der Gewöhnlichkeit und die Sehnsucht danach mit unvergesslichen Worten zum Ausdruck bringen, etwa die »Abendphantasie«:

*Vor seiner Hütte ruhig im Schatten sizt
Der Pflüger, dem Genügsamen raucht sein Heerd.
Gastfreundlich tönt dem Wanderer im
Friedlichen Dorfe die Abendgloke.*

Wohl kehren izt die Schiffer zum Hafen auch,
In fernen Städten, fröhlich verrauscht des Markts
Geschäfft'ger Lärm; in stiller Laube
Glänzt das gesellige Mahl den Freunden.

Wohin denn ich? Es leben die Sterblichen
Von Lohn und Arbeit; wechselnd in Müh' und Ruh'
Ist alles freudig; warum schläft denn
Nimmer nur mir in der Brust der Stachel?

Am Abendhimmel blühet ein Frühling auf;
Unzählig blühn die Rosen und ruhig scheint
Die goldne Welt; o dorthin nimmt mich
Purpurne Wolken! Und möge droben

In Licht und Luft zerrinnen mir Lieb' und Laid!
Doch, wie verscheucht von thöriger Bitte, flieht
Der Zauber; dunkel wirds und einsam
Unter dem Himmel, wie immer, bin ich –

Komm du nun, sanfter Schlummer! zu viel begehrt
Das Herz; doch endlich, Jugend! verglühst du ja,
Du ruhelose, träumerische!
Friedlich und heiter ist dann das Alter. (MA I, 230f.)

In solcher Gestimmtheit konnte Hölderlin in einem Brief an die Mutter sogar seinen Frieden machen mit der Aussicht, womöglich doch dereinst auf einer Pfarrstelle zu hocken, oder er konnte, in einem Brief an die Schwester, voller Dankbarkeit auf einen Besuch bei der Mutter und den Geschwistern zurückblicken wie auf ein Elysium, das er aber kaum aushielt bei längerem Aufenthalt. Warum eigentlich? Warum hält er den ersehnten Frieden, die Wonnen des Gewöhnlichen auf die Dauer nicht aus, bei der Familie nicht, doch auch nicht bei den Freunden?

Auch in Stuttgart nämlich, bei Landauer, wurde er bald unruhig. Rückblickend versuchte er, in einem Brief an Landauer, die innere Unstimmigkeit bei äußerer Harmonie zu erklären: *Ich meinte immer, um im Frieden mit der Welt zu leben, um die Menschen zu lieben und die heilige Natur mit wahren Augen anzusehen, müsse ich mich beugen, und, um anderen etwas zu seyn, die eigene Freiheit verlieren.* (Februar 1801; MA II, 894)

Auch im äußerlichen Wohlsein mit der Familie oder mit Freunden fühlte er sich entfremdet, aus dem eigenen Mittelpunkt gerissen. Die Neigung zu anderen empfand er als eine Art, sich zu *beugen*. Die innere Freiheit ging ihm dabei verloren. Er möchte sich hingeben und doch bei sich bleiben. *Ich fühl es endlich*, heißt es weiter in dem Brief an Landauer, *nur in ganzer Kraft ist ganze Liebe … Je sicherer der Mensch in sich und je gesammelter in seinem besten Leben er ist, und je leichter er sich aus untergeordneten Stimmungen in die Eigentliche wieder zurükschwingt, um so heller und umfassender muß auch sein Auge seyn, und Herz haben wird er für alles, was ihm leicht und schwer und groß und lieb ist in der Welt.* (Ebd., 894f.)

Hölderlin schrieb dies von Hauptwil in der Schweiz, bei Sankt Gallen, wo er seit Anfang des Jahres 1801 bei der Familie des Großkaufmanns von Gonzenbach wieder eine Hofmeisterstelle bekleidete. Er bleibe dann doch nicht länger in Stuttgart, finanzielle Gründe hatten ihn Ausschau halten lassen nach einem neuen Unterkommen. Er suchte Ruhe, Einkehr bei sich selbst, wollte zurückschwingen in das *Eigentliche*, wie es in dem Brief an Landauer heißt, der sich wundern mochte, da er mit Recht doch den Eindruck gewonnen hatte, dem Freund sei wohl unter Freunden. Das war ja auch so, aber doch nur eine Weile.

Die ersten Briefe aus Hauptwil waren euphorisch. Die Menschen sind freundlich, zuvorkommend, besonders der Hausherr wird hervorgehoben, ein *ehrwürdiger Mann*. In seinen Schilderungen häuften sich die Ausdrücke *still* und *ruhig*. Sein *Geschäfft* bereitete ihm ja inzwischen keine sonderliche Mühe; diesmal waren es Mädchen, die beiden jüngsten Töchter, die er zu unterrichten hatte. Er war entzückt von *so viel unschuldige(m) Frohsinn.* (An die Mutter, 24. Januar 1801; MA II, 889)

Zu Hause hatte man ihm nicht zugeraten, diese Stelle anzunehmen. Die Mutter selbstverständlich wollte ihn immer noch in eine Pfarrstelle bringen, doch auch die Freunde in Stuttgart hatten abgeraten. Deshalb bemühte sich Hölderlin, in den ersten Briefen aus Hauptwil den Eindruck zu erwecken, es gut getroffen zu haben und ganz mit sich in Übereinstimmung zu sein. *Indessen verlasse ich mich darauf, daß ich mit gutem Gewissen lebe und meine Pflicht thue*, heißt es in einem Brief an die Schwester. (23. Februar 1801; MA II, 892)

Zur guten Stimmung trug bei dem politisch wachen Hölderlin auch bei, dass mit dem Frieden von Lunéville im Februar 1801 der zweite Koalitionskrieg zu Ende ging, der besonders den deutschen Südwesten mit Durchmärschen, Einquartierungen, Raubzügen und Kämpfen stark in Mitleidenschaft gezogen hatte. Hölderlin setzte große Hoffnungen in diesen Frieden, er spürte eine Wende in der Tiefe der Zeit. In diesem historischen Augenblick war ihm so, als würde es endlich Tag in der Götternacht. *Ich glaube, es wird nun recht gut werden in der Welt. Ich mag die nahe oder die längstvergangene Zeit betrachten, alles dünkt mir seltne Tage, die Tage der schönen Menschlichkeit, die Tage sicherer, furchtloser Güte, und Gesinnungen herbeizuführen, die eben so heiter als heilig, und eben so erhaben als einfach sind.* (An die Schwester, 23. Februar 1801; ebd.)

Bei vielen Zeitgenossen waren damals große Hoffnungen geweckt worden auf eine dauerhafte europäische Friedensordnung, und zwar deshalb, weil die französische Vormacht besiegelt erschien und die Aura, die Napoleon inzwischen umgab, auf ganz Europa auszustrahlen begann. Er galt als Erbe der Revolution und zugleich als ihr Überwinder, wodurch er Sympathie und Bewunderung in gegensätzlichen politischen Lagern gewann. Gleichwohl waren es recht nüchterne Hoffnungen. Mit einem Himmel auf Erden rechnete man nicht. Bei Hölderlin indes war das anders. Seine Hoffnungen waren überschwänglich, wie die zitierte Passage im Brief an die Schwester deutlich macht. Noch stärker kommen sie zum Ausdruck im Brief an den Bruder, geschrieben in der Silvesternacht, kurz vor Abschluss des Friedensvertrags: *Nicht daß irgend eine Form, irgend eine Meinung und Behauptung siegen wird, diß dünkt mir nicht die wesentlichste seiner Gaaben. Aber daß der Egoismus in allen seinen Gestalten sich beugen wird unter die heilige Herrschaft der Liebe und Güte, daß Gemeingeist über alles in allem gehen, und daß das deutsche Herz in solchem Klima, unter dem Seegen dieses neuen Friedens erst recht aufgehn, und geräuschlos, wie die wachsende Natur, seine geheimen weitreichenden Kräfte entfalten wird, diß mein' ich, diß seh' und glaub' ich, und diß ists, was vorzüglich mit Heiterkeit mich in die zweite Hälfte meines Lebens hinaussehn läßt.* (MA II, 883 f.)

In dieser Zeit entstanden die ersten Entwürfe zu der Hymne »Friedensfeier«, die nie abgeschlossen wurde und die die größte und letzte der Hymnen ist in der Reihe der *vaterländischen Gesänge*, wie Hölderlin diese *Sangesart* nannte.

Vaterland – das ist für Hölderlin zunächst einmal die Region, in der er aufgewachsen ist mit den Menschen, die so sprechen wie er und mit denen er Gewohnheiten, Brauchtum, Religion und kulturelle Traditionen teilt. Die Landschaften gehören dazu, für Hölderlin ganz besonders. In ihrer jeweils eigentümlichen Schönheit verkörpern sie ihm etwas Geistiges. Deshalb können sie auch, wie im Hymnus »Der Nekar« oder »Der Rhein« oder »Heidelberg« und »Stutgard« hymnisch angerufen werden. Es ist der »Genius« der Landschaft oder des Ortes, dessen verbindende und versammelnde Kraft beschworen und zur Sprache gebracht wird. Diese Fülle von lebensweltlichen Bedeutsamkeiten gehört zum Vaterland, das man sich keinesfalls als beengenden Raum vorstellen darf. Es ist das Weite in der Nähe. Vaterländisch ist deshalb auch das Verlangen nach Ferne, bei Hölderlin ist das vor allem Griechenland, das Traumland der Antike, oder Frankreich, das Traumland von Revolution und Republik. Doch auch die exotische Ferne der Reisebücher, die er fleißig liest, zieht ihn gewaltig an. Vaterland ist: nicht die politische Nation Deutschland, die es noch nicht gab, sondern der landsmannschaftliche Verbund, der Stamm, von dem man herstammt und dessen Schicksal man nicht nur teilen, sondern auch mitbestimmen möchte.

Doch ist Vaterland nicht nur ein vor- oder überpolitischer Begriff, er konnte durchaus auch mit konkret politischen Forderungen verknüpft sein. Das wird besonders deutlich in jenem berühmten und wegen des späteren nationalistischen Missbrauchs auch leider berüchtigten Gedicht aus der Reihe der *vaterländischen Gesänge* mit dem Titel »Der Tod fürs Vaterland«, das Ende 1799 im Druck erschien.

Du kömmst, o Schlacht! Schon woogen die Jünglinge
Hinab von ihren Hügeln, hinab in's Thal,
Wo kek herauf die Würger dringen,
Sicher der Kunst und des Arms, doch sichrer

Kömmt über sie die Seele der Jünglinge,
Denn die Gerechten schlagen, wie Zauberer,
Und ihre Vaterlandsgesänge
Lähmen die Kniee der Ehrelosen.

O nimmt mich, nimmt mich mit in die Reihen auf,
Damit ich einst nicht sterbe gemeinen Tods!
Umsonst zu sterben, lieb' ich nicht, doch
Lieb' ich, zu fallen am Opferhügel

Für's Vaterland, … (MA I, 225f.)

Welchem Vaterland soll hier das Leben geopfert werden? Ist es das württembergische Herzogtum, in welchem es dem Landesvater erlaubt ist, seine Landeskinder als Soldaten zu verkaufen? Dass dieses Vaterland nicht gemeint ist, macht ein Entwurf deutlich, der wohl deshalb nicht in der Druckfassung erschien, weil er zu deutlich war und den Autor in Schwierigkeiten gebracht hätte. In diesem Entwurf lauten die ersten Verse:

O Schlacht fürs Vaterland,
Flammendes blutendes Morgenroth
Des Deutschen, der, wie die Sonn, nun endlich erwacht
Mit siegendem Leben
Die Gespensterfeindin

Der nun nimmer zögert, der nun
Länger das Kind nicht ist,
Denn die sich Väter ihm nannten,
Diebe sind sie,
Die den Deutschen das Kind
Aus der Wiege gestohlen
Und das fromme Herz des Kinds betrogen,

Wie ein zahmes Thier, zum
Dienste gebraucht. (MA I, 184)

Die sogenannten Landesväter sind *Diebe*, und die euphemistisch Landeskinder genannten Untertanen sind *betrogen* und werden zu einem unwürdigen *Dienst* gebraucht.

Es ist für Hölderlin ein anderes Vaterland, für das es sich zu kämpfen und sogar zu sterben lohnt, und das ist das republikanische. Deshalb ist das Gedicht auch in seiner endgültigen Fassung durchzogen von Anspielungen auf die Marseillaise. Die *Kinder des Vaterlandes* sind die »enfants de la patrie«, und auch das Wort von den *Würgern* der Freiheit taucht in der Marseillaise auf; wenn es bei Hölderlin heißt, die *Vaterlandsgesänge lähmen die Kniee der Ehrlosen*, deutet das hin auf die in zeitgenössischen Berichten geschilderte einschüchternde Wirkung dieses revolutionär-republikanischen Schlachtengesangs.

Das Gedicht »Der Tod fürs Vaterland« ist nicht mehr und nicht weniger als ein Kampflied für die Republik, schwungvoll und doch auch opferselig und sogar todessehnsüchtig. Der Sänger möchte zu den *Helden* und zu den *Dichtern aus alter Zeit* gehören, die ihr Herz und ihr

Leben etwas Größerem, als sie selbst sind, aufgeopfert haben. Der Opferkult kann martialische Züge annehmen, bei Hölderlin aber zeigt er eher fromme, pietistische Züge, wie sich in den schwelgerisch ausgemalten Bildern der Versammlung der Seligen unter den Opferhügeln zeigt: *Zu euch / Ihr Theuern! komm' ich, die mich leben / Lehrten und sterben, zu euch hinunter!* Wenn es heißt: *brüderlich ists hier unten*, klingt zwar die pietistische Brüdergemeinde an, doch auch der feurige Geist der republikanischen »fraternité«. Hölderlin ist revolutionsfromm. (MA I, 226)

Diese Ode entstand zu einer Zeit, als Hölderlin, wie bereits dargestellt, vom jakobinischen Terror ebenso abgestoßen war wie von der französischen Kriegsführung, die inzwischen zum imperialen Eroberungskrieg übergegangen war. Doch er blieb seinen revolutionären Idealen treu, wie diese Ode zeigt, die das Todesopfer für ein Vaterland besingt, das nicht das gegenwärtige, sondern das erst noch zu erkämpfende ist.

Zu den vaterländischen Gesängen gehört auch die Ode »Gesang des Deutschen«, ebenfalls um 1799/1800 entstanden. Hier ist das Thema die deutsche Kulturnation, die noch ohne politische Form ist, doch im *Stillen* und in der *Tiefe* einer Zukunft entgegenwächst, die im Zeichen des Friedens und der *Musen* stehen wird:

Nun! sei gegrüßt in deinem Adel, mein Vaterland
...
Noch säumst und schweigst du, sinnest ein freudig Werk,
Das von dir zeuge, sinnest ein neu Gebild,
Das einzig, wie du selber, das aus
Liebe geboren und gut, wie du, sei –

Wo ist dein Delos, wo dein Olympia,
Daß wir uns alle finden am höchsten Fest? –
...
(MA I, 248; Vs. 49, 53–58)

Die Tradition zur Antike nicht abreißen zu lassen gehört für Hölderlin offenbar zum geschichtlichen Auftrag der deutschen Kulturnation. Die beschwörende Erinnerung an die universalhistorische Mission der Verbindung von Antike und Moderne empfindet Hölderlin als seinen Beitrag zum großen Fest der Versöhnung, das er heraufdämmern sieht. Etwas Eschatologisches geschieht. Welches Glück, es erleben zu dürfen! Für einen Augenblick sind die sonstigen Bekümmernisse und Anliegen vergessen. In diesem Sinne konnte er auch später an seinen Verleger Wilmans schreiben: *Übrigens sind Liebeslieder immer müder Flug ...; ein anders ist das hohe und reine Frohloken vaterländischer Gesänge.* (Dezember 1803; MA II, 927)

Im Frühjahr 1801, nach dem Frieden von Lunéville, schien für Hölderlin also dieser historische Augenblick der Versöhnung nahe zu sein, und aus diesem Gefühl entstanden die ersten Entwürfe zum großen Hymnus »Friedensfeier«.

Der Hymnus in seiner späteren Ausgestaltung wird über das Vaterländisch-Politische weit hinausgehen und sich erheben zur Feier eines eschatologischen Ereignisses, verstanden als Versöhnung aller im Streit liegenden Lebensmächte und aller daran beteiligten Götter. Das Ende der Geschichte, die Erscheinung des Gottes über den Göttern. In den ersten Entwürfen indes ist die Anknüpfung an den wirklichen Friedensschluss noch sehr deutlich:

Versöhnender der du nimmergeglaubt
Nun da bist, Freundesgestalt mir
Annimmst Unsterblicher, aber wohl
Erkenn ich das Hohe
Das mir die Knie beugt,
Und fast wie ein Blinder muß ich
Dich, himmlischer (Bote) fragen wozu du mir,
Woher du seiest, seeliger Friede!
(MA I, 356 u. 359; Vs. 1–8)

Dieser Hymnus gilt dem *Fürsten des Fests.* (MA I, 362; Vs. 15) Wer aber ist dieser Fürst? Gewiss ist es Bonaparte, der Sieger des Krieges; doch ist es auch ein Gott, der alle Kriege beendet: *wo aber / Ein Gott noch auch erscheint … // nicht unverkündet ist er; / Und einer, der nicht Fluth noch Flamme gescheuet, / Erstaunet, da es stille worden, umsonst nicht, jezt, / Da Herrschaft nirgend ist zu sehn bei Geistern und Menschen.* (Ebd., Vs. 22–28)

Der Hymnus verläuft sich in einem Labyrinth geschichts- und religionsphilosophischer Visionen, Dionysos taucht auf, Christus und über allen der *stille Gott der Zeit*, der doch mit ansehen muss, wie der Natur, dieser *Mutter*, ihre Kinder geraubt werden von einem Widersacher, bei dem nicht ganz klar wird, wer oder was es ist, das hier wirkt. Es läuft auf eine Gigantomachie der elementaren Seinsmächte hinaus. Hier einen Anhalt des Friedens zu finden ist die Hoffnung über allen Hoffnungen. So weit gelangt der Hymnus nicht. Er bricht ab mit Versen, die angesichts des allgegenwärtigen Hasses nur noch das Gedeihen im Dunkeln benennen.

So hast du manches gebaut,
Und manches begraben,
Denn es haßt dich, was
Du, vor der Zeit
Allkräftige, zum Lichte gezogen.
Nun kennest, nun lässest du diß;
Denn gerne fühllos ruht,
Bis daß es reift, furchtsamgeschäfftiges drunten.
(MA I, 366; Vs. 149–156)

Mit diesen Versen bricht das Fragment ab. Ein helles Thema, ein dunkler Text. Das hat Hölderlin selbst bemerkt, denn er schreibt in einer Vorbemerkung des zu seinen Lebzeiten nie veröffentlichen Gedichtes: *Ich bitte dieses Blatt nur gutmüthig zu lesen. So wird es sicher nicht unfaßlich, noch weniger anstößig seyn. Sollten aber dennoch einige eine solche Sprache zu wenig konventionell finden, so muß ich ihnen gestehen: ich kann nicht anders.* (MA I, 361)

Der Friede von Lunéville wird immerhin so lange halten, wie Hölderlin an diesem Hymnus gearbeitet hat. Vollendet hat er »Die Friedensfeier« zwar nicht, doch war ihm dabei, wie er an seinen Bruder schrieb, sein *deutsches Herz* aufgegangen.

In jener Periode der vaterländischen Gesänge und der Vorahnung des Friedens, um 1800 also, arbeitete Hölderlin noch an einem anderen, ebenfalls nicht vollendeten Hymnus, worin die Vision der Zeitenwende verbunden ist mit einer Bestimmung der Rolle des Dichters darin. Es ist der Augenblick, da nach dem nächtlichen Gewitter am Morgen wieder Ruhe einkehrt und die Natur zu gelassener Schönheit erwacht.

Wie wenn am Feiertage, das Feld zu sehn
Ein Landmann geht, des Morgens, wenn
Aus heißer Nacht die kühlenden Blize fielen
Die ganze Zeit und fern noch tönet der Donner,
In sein Gestade wieder tritt der Strom,
Und frisch der Boden grünt
Und von des Himmels erfreuendem Reegen
Der Weinstok trauft ...
(MA I, 262; Vs. 1–8)

Das beginnt wie eine Idylle, doch nur für einen Augenblick; in der Atmosphäre von Stille, Sammlung und Wachsein, wird umso deutlicher bemerkbar, welche Kräfte sich regen und schöpferisch ins Ungeheure drängen:

Die Natur ist jezt mit Waffenklang erwacht,
Und hoch vom Aether bis zum Abgrund nieder
Nach vestem Geseze, wie einst, aus heiligem Chaos gezeugt,
Fühlt neu die Begeisterung sich,
Die Allerschaffende wieder.

Und wie im Aug' ein Feuer dem Manne glänzt,
Wenn hohes er entwarf; so ist
Von neuem an den Zeichen, den Thaten der Welt jezt
Ein Feuer angezündet in Seelen der Dichter.
(Ebd.; Vs. 23–31)

Das Schöpferische der Natur und das Schöpferische im menschlichen Geist entsprechen sich, beide Male entstehen Ordnungen, aus *heiligem Chaos gezeugt*. Doch ist der schöpferische Geist Gefahren ausgesetzt. Hölderlin greift wieder zurück auf den Mythos des Dionysos, der den Blitz des Zeus im Leibe der Semele überlebte und dadurch selbst zu einem Blitz werden kann, der ins gewöhnliche Leben einschlägt, entflammend und begeisternd das eine Mal, vernichtend und verzehrend das andere Mal. Der Dichter braucht also Mut, sich seinen Inspirationen auszusetzen und zu überlassen:

Doch uns gebührt es, unter Gottes Gewittern,
Ihr Dichter! mit entblößtem Haupte zu stehen,
Des Vaters Stral, ihn selbst, mit eigner Hand
Zu fassen und dem Volk' ins Lied
Gehüllt die himmlische Gaabe zu reichen.
(MA I, 263; Vs. 56–60)

Die folgenden Verse schildern, wie die Gewalt des Göttlichen den Dichter unversehrt lässt, wenn er *reinen Herzens* ist. Dann aber bricht der Entwurf mit einem: *Doch weh mir! wenn von …*, und nach einigen Leerzeilen im Manuskript, noch einmal *Weh mir!*. Danach wieder eine Lücke. Die anschließende fragmentarische Strophe, mit der dieser Hymnus abbricht, enthält die ominösen Verse: *Und sag ich gleich,* (Lücke) / *Ich sei genaht, die Himmlischen zu schauen, / Sie selbst, sie werfen mich tief unter die Lebenden / Den falschen Priester, ins Dunkel …* (Ebd.; Vs. 61–71)

Der Dichter als *falscher Priester* ins Dunkel geworfen – es muss etwas mit ihm geschehen sein, oder er muss etwas getan haben, das nach der Sequenz: *Doch weh mir! wenn von …* nicht zur Sprache kommen will, jedenfalls nicht im Gedicht. Nur der Prosaentwurf gibt Andeutungen:

Aber wenn von
selbstgeschlagener Wunde das Herz mir blutet
und tief verloren
der Frieden ist, u. freibescheidenes Genügen,
Und die Unruh, und der Mangel mich treibt zum
Überfluss des Göttertisches …
(KA 1, 665)

Es ist die Anspielung auf Tantalus, der sich an den Göttertisch drängte und dem, wie es im Brief an Böhlendorff vom 4. Dezember 1801 heißt, *mehr von Göttern ward, als er verdauen konnte* (MA II, 914), und der deshalb in den Hades geworfen wurde. Das Hybris-Motiv, das bereits im »Hyperion« eine Rolle spielt und dann auch im »Empedokles«, klingt an. In diesem Hymnus »Wie wenn am Feiertage …« wollte oder konnte Hölderlin es nicht weiter ausführen, er ließ die Lücke.

Nun aber geschieht etwas Bemerkenswertes, das sich in der handschriftlichen Textfassung rekonstruieren lässt. Aus der Lücke des unvollendeten Hymnus wächst ein anderes Gedicht heraus, gewiss eines der vollkommensten und schönsten in deutscher Sprache. Um das *Weh mir* herum notiert Hölderlin Stichworte wie *Die Rose* und *holde Schwester!*. Und drängt die folgenden Versfragmente in den knappen Raum, links:

Wo nehm' ich, wenn es Winter ist,
Die Blumen, und in der Mitte: *und trunken von*
Küßen tunkt ihr
das Haupt in heilignüchterne kühle
Gewäßer.

Wir werden also Zeuge der allmählichen Verfertigung des Gedichtes »Hälfte des Lebens«, aus der Lücke der Hymne heraus, anknüpfend an das *Weh mir*, eine Klage, die dann in das andere Gedicht hinüberwandert und dort genau die Mitte und den Wendepunkt markiert zwischen der lebensvollen beredten Schönheit einerseits und dem Bild der Erstarrung und Sprachlosigkeit andererseits. Wie bei Tantalus handelt es sich auch um einen Höllensturz. Zu dicht am Göttlichen, dann die Erstarrung als Strafe. Die Schönheit als des Schreckens Anfang.

Mit gelben Birnen hänget
Und voll mit wilden Rosen
Das Land in den See,
Ihr holden Schwäne,
Und trunken von Küssen
Tunkt ihr das Haupt
Ins heilignüchterne Wasser.

Weh mir, wo nehm' ich, wenn
Es Winter ist, die Blumen, und wo
Den Sonnenschein,
Und Schatten der Erde?
Die Mauern stehn
Sprachlos und kalt, im Winde
Klirren die Fahnen. (MA I, 445)

Bedrohliches von innen her, Verwirrung, Erstarrung, Sprachlosigkeit, spürte Hölderlin immer wieder; in den Gedichten, wie eben in der »Hälfte des Lebens«, kommt solches zur Sprache. Es zeigt sich auch in den Fragmentierungen und Abbrüchen, wie in der Hymne »Wie wenn am Feiertage …«. Auch in den Briefen ist manchmal davon die Rede. Im Frühjahr 1801, nach den zunächst euphorischen Nachrichten aus Hauptwil, heißt es etwa in einem Brief an Landauer: *Überhaupt ists seit ein paar Wochen ein wenig bunt in meinem Kopfe.* (MA II, 896)

Vielleicht war diese zeitweilige Verwirrung der wirkliche Grund, weshalb er wenig später, Mitte April, das Haus Gonzenbach verließ. Offiziell jedoch wurde in einem noblen, von freundschaftlicher Hochachtung zeugenden Brief des Hausherrn eine familiäre Umdisposition als Grund der Trennung angegeben.

Wieder zu Fuß, vorbei am östlichen Bodensee über Lindau und die Schwäbische Alb, wanderte Hölderlin heimwärts. Es ging ihm offenbar wieder besser, nimmt man die Elegie »Heimkunft«, die kurz nach der Ankunft in Nürtingen entstand, auch als Reflex der Stimmung von unterwegs. Er ist wieder ganz bezaubert von der landschaftlichen Schönheit um den Bodensee herum und der Heimat, in die er zurückkehrt: *Wie ers liebet, und jezt wieder ein Leben beginnt, / Anmuth blühet, wie einst, und gegenwärtiger Geist komt, / Und ein freudiger Muth wieder die Fittige schwellt.* (MA I, 320; Vs. 34–36)

Er widmete dieses Gedicht ausdrücklich den *Verwandten*, bei denen er sich in den ersten Wochen nach der Rückkehr wieder recht heimisch fühlte. Doch bald kehren die alten Sorgen wieder. Solange er ohne Anstellung war, konnte das Konsistorium nach ihm greifen und ihn auf eine Pfarrstelle setzen. Seine finanziellen Mittel waren erschöpft, der Mutter wollte er nicht auf der Tasche liegen, und so griff er noch einmal, zum letzten Mal, auf den alten Plan zurück, sich in Jena um eine Dozentur zu bewerben.

Am 2. Juni 1801 schrieb er Schiller in dieser Sache, was ihm gewiss nicht leichtgefallen war, denn der letzte Brief vom September 1799, worin er nach dem Scheitern des »Iduna«-Projektes schon einmal den Jena-Plan angedeutet hatte, war unbeantwortet geblieben. Diesmal fasst er sich ein Herz und spricht offener als sonst über seine Situation; sogar ein gewisser Stolz ist zu spüren, trotz aller beflissenen Ehrerbietung: *ich dachte, es sollte Ihnen nicht unangenehm seyn, zu sehen, daß mich der Druk der Umstände doch nicht ganz überwunden habe.* (MA II, 903) Gescheitert sei er mit dem Versuch, als freier Schriftsteller zu leben, und deshalb habe er als *Erzieher* gearbeitet, um nicht als *Vikar zu einem Landprediger* geschickt zu werden. Die subordinierte

Stellung als Hofmeister sei ihm aber auch nicht gut bekommen. Wenn man mit ihm zufrieden war, konnte er doch nicht mit sich zufrieden sein, weil er seine eigentliche Berufung verfehlte. Und wenn andere das bemerkten und ihn bedauerten, sei ihm deren Mitleid vollends unerträglich gewesen. Tapfer aber habe er der Gefahr der Resignation widerstanden. Würde er sich nicht dagegenstemmen, müsste es ein schlimmes Ende mit ihm nehmen, er würde nämlich – *alle Mitteilungsgaabe verlieren*!

Dieser Brief war auch ein Hilferuf, denn er offenbarte, dass das Leben auf der Kippe stand. Entweder es gelingt eine Wende, oder es droht das vollkommene Verstummen. Hölderlin wusste, dass er Schiller mit einer Verantwortung belastete, wenn er von ihm Hilfe für die lebensrettende Wendung erwartete: *So mag es Ihnen nicht ganz unwerth scheinen, in einem, der Sie ganz ehrt, eine neue Lebensfreude, die von Ihnen kam, aufgehen zu sehen.* Diese Lebensfreude könnte sich wieder einstellen, wenn er in Jena griechische Literatur unterrichten würde. Er sei gut darauf vorbereitet, schrieb er, wobei er sich sogleich für das Selbstlob entschuldigt. Er verweist auf seine langjährige Beschäftigung mit griechischer Literatur, die ihm *Freiheit* gegeben habe, um die lebendige Gegenwart der versunkenen Epoche, ihre *Geistesfülle* zu erfassen und zu vermitteln und sie vom *Dienst des Buchstabens* zu befreien. Es folgen Andeutungen von Einsichten in das Wesen des Unterschiedes zwischen antiker und gegenwärtiger Kultur, die er in diesem Brief nicht weiter entfaltet. Das wird er wenig später im Brief an Böhlendorff tun, wo vom spiegelverkehrten Verhältnis der beiden *Bildungskreise* die Rede ist: Das Griechentum war von Natur aus leidenschaftlich und erlernte das Besonnene, wohingegen unser Bildungskreis von Natur aus eher besonnen ist und das Leidenschaftliche erst erlernen muss. Doch, wie gesagt, diese Einsicht hält er Schiller gegenüber zurück aus Angst, bloß nicht zu unbescheiden zu erscheinen. Hölderlin wünschte sich Hilfe von Schiller, er wollte ihn aber keinesfalls belasten. Deshalb heißt es gegen Ende des Briefes: *Sollten Sie es* (= die Dozentur) *widerrathen, so bin ich ruhiger auf einem andern Weg, und werde sehen, wie ich mich aufrecht erhalte.* Ersichtlich der Versuch, den Ernst der geistigen Bedrohung, von der zuvor die Rede war, wieder vergessen zu machen.

Schiller hat auf diesen Brief wieder nicht geantwortet. Auch Niethammer, dem alten Freund aus Tübinger Zeit und jetzt Professor in Jena, schrieb er und bat um Hilfe bei der Bewerbung für Jena. Doch auch der antwortete nicht.

Es sind nicht nur, aber auch diese beiden Zurückweisungen, die Hölderlin in seinem Abschiedsbrief an Böhlendorff sagen lassen: *Aber sie können mich nicht brauchen.* (MA II, 914)

Ein Lichtblick: Im August 1801 kam vom Verleger Cotta die Nachricht, er beabsichtige im nächsten Frühjahr eine Sammlung der Gedichte herauszubringen. Um dafür Werbung zu machen, sollte Hölderlin ein sogenanntes Lieblingsgedicht für den Cotta'schen »Damenkalender« zur Verfügung stellen. Der Termin dafür war zu knapp angesetzt; die geplante Gedichtsammlung im folgenden Jahr kam dann auch nicht zustande, weil Hölderlin nicht im Lande war und sich nicht darum kümmern konnte. Was sich verhängnisvoll auswirkte, denn so blieb der Lyriker Hölderlin, obwohl es eine Reihe von Einzelveröffentlichungen gab, eigentlich doch noch unentdeckt. Das gilt allerdings nicht für den Kreis um die Schlegel-Brüder und Clemens Brentano, wo es ein literarisches Gespür gab für das Phänomen Hölderlin.

Hölderlin lebte nun wieder daheim in Nürtingen, wohin auch die Schwester mit ihren Kindern nach dem Tode des Mannes zurückgekehrt war. Das Leben zu Hause ließ ihn das eigene Scheitern noch stärker spüren. Er hatte sich, so kam es ihm vor, dort draußen in der Welt nicht bewährt. Darum war es ihm ganz recht, als von dort draußen, nämlich aus Bordeaux, ein neues Angebot kam.

Im Herbst 1801 vermittelte ein Stuttgarter Freund aus dem Landauer-Kreis Hölderlin die Hofmeisterstelle in Bordeaux beim hamburgischen Konsul Daniel Christoph Meyer. Das angebotene Jahresgehalt von annähernd 500 Gulden war das bisher höchste. Weniger attraktiv war für Hölderlin, dass es zu seinen Aufgaben gehören sollte, in der kleinen deutschen Kolonie gelegentlich zu predigen. Das wollte er auf keinen Fall, und so musste umständlich verhandelt werden, bis man ihm zugestand, er würde *vor der Hand von Predigen dispensirt.* (MA II, 910)

Hölderlin nahm das Angebot an. Er ließ sich damit doch wieder auf jene Rolle ein, von der er kurz zuvor Schiller geschrieben hatte, sie könnte für ihn verhängnisvoll werden. Nach seinem Entschluss schrieb er der Mutter von Stuttgart aus einige Zeilen, in denen seine tiefe Resignation mit lakonischer Ironie überspielt wird: *Ins abhängige Leben muß ich hinein, es sei, auf welche Art es wolle, und Kinder zu erziehen, ist jetzt ein besonders glükliches Geschäfft, weil es so unschuldig ist.* (Ebd.)

Es kam die Zeit des Abschiednehmens. Hölderlin tat es im Bewusstsein, es könnte für immer sein. Der Aufbruch, so kam es ihm vor, könnte den Abschied für immer bedeuten. Dem Bruder schrieb er: *So viel darf ich gestehen, daß ich in meinem Leben nie so vest gewurzelt war ans Vaterland, im Leben nie den Umgang mit den Meinigen so sehr geschätzt, so gerne zu erhalten mir gewünscht habe!* (MA II, 911) Es folgt die etwas rätselhafte Bitte, ihm alles zu vergeben, was hindern könnte, *dass es rein sei zwischen uns.* Sind es die Schuldgefühle, die ihn schon lange bedrücken, weil der Bruder eben keine akademische Ausbildung genießen durfte? Ist es das schlechte Gewissen darüber, dass er einerseits sich zur *Offenheit des Herzens* (ebd.) bekennt und sie einfordert, andererseits aber den Bruder längst nicht in alles einweiht, was ihm am Herzen liegt? Kein Wort zum Beispiel über Susette.

Dann der letzte, sehr gewichtige Brief vor der Abreise an den *theuren* Böhlendorff. Er nimmt sich die Zeit, dem Freund zuerst einmal ausführlich seine Gedanken über die Differenz zwischen antiker und vaterländischer Literatur zu entwickeln, um dann auf seine unmittelbar bevorstehende Abreise zu sprechen zu kommen. Trauer und Abschiedsschmerz sind zu spüren, doch auch Reiselust und Fernweh: *auf den Anblick des Meeres, auf die Sonne der Provence freue ich mich auch* (MA II, 913); schließlich ringt er sich, Goethes »Grenzen der Menschheit« frei zitierend, in einem kühnen Aufschwung dazu durch, etwas

Erhabenes in dieser Wende seines Schicksals zu entdecken: *O Freund! die Welt liegt heller vor mir, als sonst, und ernster, Ja! Es gefällt mir, wie es zugeht, gefällt mir, wie wenn im Sommer »der alte heilige Vater mit gelassener Hand aus rötlichen Wolken seegnende Blitze schüttelt«. Denn unter allem, was ich schauen kann von Gott, ist dieses Zeichen mir das auserkorene geworden. Sonst konnt' ich jauchzen über eine neue Wahrheit, eine bessere Ansicht deß, das über uns und um uns ist, jetzt fürcht' ich, daß es mir nicht geh' am Ende, wie dem alten Tantalus, dem mehr von Göttern ward, als er verdauen konnte.* Da ist sie wieder, diese bereits zitierte Wendung; sie gehört zu einem in den letzten Jahren häufig auftauchenden Motiv vom Gefäß, das bersten könnte unter der Gewalt der Inspiration. *Aber ich thue*, so fährt er fort, *was ich kann, so gut ichs kann, und denke, … daß es gottlos ist und rasend, einen Weg zu suchen, der vor allem Anfall sicher wäre, und daß für den Tod kein Kraut gewachsen ist.* (4. Dezember 1801; MA II, 914)

Nach diesen großen Worten noch einige herzergreifende: *Ich habe lange nicht geweint. Aber es hat mich bittre Thränen gekostet, da ich mich entschloß, mein Vaterland noch jezt zu verlassen, vieleicht auf immer. Denn was hab' ich lieberes auf der Welt? Aber sie können mich nicht brauchen.* (Ebd.)

VIERZEHNTES KAPITEL

Die Winterreise nach Bordeaux. Der Zauber des Ortes. Rätselhafte Abreise. Spekulationen. Unter den Schlägen des Apoll. Susettes Tod. Ankunft in Stuttgart und Nürtingen, verwirrt, verwahrlost. Raserei. Gegen die Mutter. Mit Sinclair nach Regensburg. Die »Patmos«-Hymne. »Andenken«.

Am 10. Dezember 1802 brach Hölderlin von Nürtingen auf, wie so oft zu Fuß. Eigentlich hatte er genügend Geld bei sich, um sich eine Reise mit der Kutsche leisten zu können, doch Hölderlin der Wanderer wollte es anders. Er nahm den verschneiten Weg über den Hochschwarzwald, an Freudenstadt vorbei. Beim Grenzübertritt in Straßburg gab es Schwierigkeiten. In Frankreich war es wieder einmal zu Unruhen gekommen. Es war die Zeit, da Bonaparte mit der Ernennung zum Konsul auf Lebenszeit vor der Machtergreifung stand. Polizei und Armee befanden sich im Alarmzustand, und es gab die Anweisung, Ausländer einstweilen an der Grenze zurückzuhalten, jedenfalls nicht nach Paris reisen zu lassen. Hölderlin, der über Paris zu reisen beabsichtigte, bekam erst nach zwei Wochen die Erlaubnis zur Weiterreise; allerdings durfte er nur den Weg über Lyon nehmen mit der Auflage, sich dort bei der Polizei zu melden. Wo Hölderlin die Wartezeit vor dem Grenzübertritt verbracht hat, ist unbekannt. Hat er vielleicht einen Abstecher nach Frankfurt gemacht?

Am 30. Dezember konnte er seine Reise fortsetzen, über Belfort ins Burgundische, längs der Doubs und der Saône, wo ihn Überschwemmungen aufhielten und zu Umwegen zwangen. In Lyon befremdete ihn das Gewühl der großen Stadt, er kam sich wie verloren darin vor. *Hier ists jezt so lebhaft*, schreibt er der Mutter in dem einzigen Brief von unterwegs, *daß man nur in innigem Angedenken an solche, die uns kennen und wohl auch gut sind, sich selber wiederfindet.* (9. Januar 1802; MA II, 915)

Von Lyon aus wählte er den Weg vorbei an Clermont und über die verschneiten Berge der Auvergne ins Périgord. Es war ein abenteuerlicher Fußmarsch, auf steilen, einsamen Wegen, den Unwettern ausgesetzt, durch Gegenden, die berüchtigt waren für die Räuberbanden, die dort ihr Unwesen trieben. Er hatte offenbar Schlimmes erlebt, über das er nur in Andeutungen sprechen konnte. Wie ein *Neugeborener* komme er sich vor, der *den Lebensgefahren* glücklich entronnen sei, so heißt es in dem am Tage seiner Ankunft in Bordeaux, am 28. Januar 1802, geschriebenen Brief an die Mutter, und weiter: *auf den gefürchteten überschneiten Höhen der Auvergne, in Sturm und Wildniß, in eiskalter Nacht und die geladene Pistole neben mir im rauhen Bette – da hab' ich auch ein Gebet gebetet, das bis jezt das beste war in meinem Leben und das ich nie vergessen werde.* (28. Januar 1802; MA II, 916)

Auf der letzten Wegstrecke im Périgord, das Tal der Isle hinunter, kamen dem Wanderer, von den überstandenen Abenteuer *gehärtet und geweiht*, dann schon laue Frühlingswinde entgegen. Und dann Ankunft in Bordeaux.

Der Empfang beim Konsul Meyer in Bordeaux ist herzlich, doch fühlt sich Hölderlin ein wenig eingeschüchtert durch die prachtvolle klassizistische Villa des reichen Weinhändlers: *Fast wohn' ich zu herrlich.* (Ebd.) Die erste Anspannung löste sich bald, ein paar Tage später notierte er in einem Nachtrag: *Der Anfang meiner Bekanntschaft, meiner Bestimmung ist gemacht. Er könnte nicht besser seyn. »Sie werden glüklich seyn«, sagte beim Empfange mein Konsul. Ich glaube, er hat Recht.* (MA II, 917)

Es gibt Zeitgenossen, die den überwältigenden Eindruck geschildert haben, die diese alte, stolze Handelsmetropole und die Magistrale des Weinbaus im beginnenden Frühling auf Besucher machte. Einer davon war Arthur Schopenhauer, der genau zwei Jahre später mit seinen Eltern im selben Haus, beim Konsul Meyer, Quartier bezog. Was Schopenhauer so eindringlich geschildert hat, wird Hölderlin auch erlebt haben, die Tage des legendären Karnevals, bei dem Hölderlins Lieblingsgott Bacchus oder Dionysos als Schutzheiliger des Weines seine obszönen Auftritte hat, überhaupt das Maskengetümmel auf den Boulevards, das Pfeifen, die Trommeln – all das kommt auch nachts nicht zur Ruhe, südliche Lebensfreude, Enthemmung, auch Gewalt – davon quillt die Stadt jetzt über. Bälle, Geselligkeiten überall, abends hängt ein Knoblauchdunst über den Straßen, und in den Kaminen brennt das würzige Rosmarinfeuer. Nachts in den Straßen und drunten im Hafen in den Toreinfahrten und bei den Lagerhäusern die Heerscharen leichter Mädchen. Von dem allen findet sich in Hölderlins Briefen und Berichten – nichts, nur die Verse: *An Feiertagen gehen / Die braunen Frauen daselbst / Auf seidnen Boden, / Zur Märzenzeit …* (MA I, 473 f.; Vs. 17–20) Doch war Bordeaux bei den Zeitgenossen so berühmt für seine pralle Lebenslust, dass Wilhelm Waiblinger später die durch nichts belegte Behauptung aufstellen konnte, Hölderlin sei in Bordeaux sittlich verwahrlost und deshalb, um wieder mit sich ins Reine zu kommen, geflohen.

Vielleicht war Hölderlin wirklich, wie Konsul Meyer ihm vorhergesagt hatte, eine Weile glücklich.

Doch zweieinhalb Monate später, am 10. Mai, ließ er sich einen Pass nach Straßburg ausstellen und nahm ein paar Tage später Abschied von diesen *vortrefflichen Menschen.* Ohne Streit und Misshelligkeiten, denn Konsul Meyer stellte ihm ein sehr gutes Zeugnis aus. Die wirklichen Gründe dieser überraschenden Abreise kennen wir nicht. Es gibt nur Spekulationen und Gerüchte, die mächtig ins Kraut schießen.

Vielleicht hatte man von ihm verlangt, ein Predigtamt bei der kleinen deutschen Kolonie wahrzunehmen, entgegen der Absprache. Das wäre ein vergleichsweise pragmatisches und undramatisches Motiv. Schelling hat später diese Version aufgegriffen und weitererzählt. Und dann gibt es, wovon bereits die Rede war, das von Waiblinger in Umlauf gebrachte Gerücht von der sittlichen Verwahrlosung. Ein anderes Gerücht kursierte auch schon damals; Karl Gok stützte sich darauf in der sehr viel später verfassten Biographie über seinen Halbbruder:

»Wahrscheinlich erhielt er von dem Gegenstande seiner Verehrung, seiner Diotima, die er seit der Trennung von Frankfurt nicht mehr gesehen, aber wie ein heilig Geheimnis tief in seiner Brust verwahrt hatte, ein Schreiben worin sie ihm von einer schweren Krankheit Nachricht gab, und mit einer Vorahnung ihres nahen Todes noch auf ewig von ihm Abschied nahm.« (St.A. 7.2, 201) Hölderlin sei nach Erhalt dieser Nachricht sofort aufgebrochen und habe dann unterwegs vom Tode Susettes erfahren. Pierre Bertaux hat an diese Version angeknüpft und sie spekulativ ausgebaut. Hölderlin habe sich also, so Bertaux, auf die Nachricht von Susettes schwerer Erkrankung hin sofort auf den Weg nach Straßburg gemacht, wo er am 7. Juni (laut Ausreisevisum) eintraf. Erst drei Wochen später wird er in Stuttgart eintreffen – für Bertaux ist das genau die Zeitspanne, während der Hölderlin von Straßburg aus nach Frankfurt reiste, um dort der sterbenden Susette nahe zu sein. Sie stirbt am 22. Juni. Ein paar Tage später dann trifft er in Stuttgart ein, tief gezeichnet vom Erlebten.

Es könnte so gewesen sein. Es würde vor allem erklären, was geschehen war während der ominösen drei Wochen zwischen dem Grenzübertritt in Straßburg und der Ankunft in Stuttgart in solcher zerrütteten Verfassung. Doch es spricht auch einiges dagegen, vor allem: Wenn Hölderlin von Bordeaux aufgebrochen sein sollte, um Susette noch lebend in Frankfurt anzutreffen, hätte er sich wohl beeilen müssen. Das aber hat er nicht getan. Er wählte den Weg über Paris, und wie aus einem Brief an Böhlendorff hervorgeht, nahm er sich sogar noch die Zeit, dort die *Antiquen* (MA II, 921) zu besuchen, also die neue Ausstellung jener antiken Kunstwerke, die Bonaparte in Italien zusammengeraubt hatte.

Warum Hölderlin den Aufenthalt in Bordeaux abgebrochen hat, wissen wir also nicht. Es könnte auch wieder eine Stimmungsschwankung gewesen sein, eine jähe Niedergeschlagenheit und innere Leere, die Vorboten des Zusammenbruchs, die ihm den Aufenthalt in Bordeaux unerträglich gemacht haben.

Über die Rückreise gibt es nur ein einziges, allerdings sehr eindringliches Dokument, nämlich den Brief an Böhlendorff vom November 1802, geschrieben zu einem Zeitpunkt, da die ersten Stürme von Raserei und Verwirrung sich einstweilen gelegt hatten. *Es war mir nöthig*, schreibt er lakonisch, *nach manchen Erschütterungen und Rührungen der Seele mich vestzusezen* … (Ebd.)

Welche *Erschütterungen* und *Rührungen* er hier meint, deutet er mit einigen Bemerkungen zu Erlebnissen und Erfahrungen bei der Reise an. Er hatte bei der Rückkehr die Vendée durchquert, wo wenige Jahre zuvor die Bauern sich gegen die Revolution erhoben hatten und in einem furchtbaren Racheakt niedergemacht worden waren. Er spürt noch das Nachbeben der Gewalt, und ohne die Eindrücke politisch zu bewerten, berührt ihn das Elementare: *In den Gegenden … hat mich das wilde kriegerische interessirt, das rein männliche, dem das Lebenslicht unmittelbar wird in den Augen und Gliedern und das im Todesgefühle sich wie in einer Virtuosität fühlt.* (Ebd.)

Dieses natürliche Heldentum berührt ihn, doch da ist auch noch die *traurige einsame Erde*, spärlich besiedelt von Menschen, die alle Härten des Lebens aushalten und den Sinn für seine *Schönheiten* bewahren. Darauf folgt jener häufig zitierte emblematische Satz: *Das gewaltige Element, das Feuer des Himmels und die Stille der Menschen, ihr Leben in der Natur, und ihre Eingeschränktheit und Zufriedenheit, hat mich beständig ergriffen, und wie man Helden nachspricht, kann ich wohl sagen, daß mich Apollo geschlagen.* (MA II, 920f.)

Es ist ein die Sinne verwirrender, auch zerstörender Schicksalsschlag, doch als ekstatisches Ereignis ist es auch eine Auszeichnung, wenn einen Apoll schlägt. Hölderlin lässt den Ausdruck in der Schwebe dieser doppelten Bedeutung.

Der von Apoll Geschlagene kam Ende Juni, ob nun von Frankfurt her oder anderswo herumirrend, in Stuttgart an, suchte sogleich das Haus von Landauer auf. Dort oder woanders traf Hölderlin auf den ihm noch von der Tübinger Zeit her bekannten Dichter Matthisson. Wilhelm Waiblinger schildert diese Begegnung, wie sie Matthisson später erzählt haben soll: Er sei ruhig im Zimmer gesessen, als sich plötzlich die Tür öffnete und ein Mann hereintrat, der ihm zunächst unbekannt schien. Ein entsetzlicher Anblick. »Er war leichenbleich, abgemagert, von hohlem, wildem Auge, langem Haar und Bart und gekleidet wie ein Bettler.« Die Gestalt steht wie erstarrt und ohne zu sprechen. Auf die ängstliche Frage, wer er denn sei, klammert sich der Fremde am Tisch fest mit seinen »häßlichen, ungeschnittenen Nägeln«, beugt sich vor und murmelt mit »dumpfer, geisterhafter Stimme«: Hölderlin. (Waiblinger, 296)

Sicherlich eine melodramatisch aufgeputzte Szene. Doch auch die Freunde und Bekannten in Stuttgart erschraken über das abgerissene, verwahrloste Äußere und die Anzeichen von Erschöpfung und dumpfer Niedergeschlagenheit.

Zunächst hielt es Hölderlin nur einige wenige Tage in Stuttgart. Er zog weiter nach Nürtingen, wo er jedoch auch nur wenige Tage blieb. Die Mutter war erschrocken und aufs Höchste beunruhigt, denn Hölderlin zeigte, wie sich Karl Gok später erinnerte, offenbar »deutlichste Spuren seiner Geisteszerrüttung«. (Zit. n. Chronik, 89) Er war voller Unruhe, es trieb ihn wieder zurück nach Stuttgart, in Erinnerung an den schaffensfrohen Sommer 1800 im Hause Landauers. Dort befand sich Hölderlin, als am 30. Juni 1802 der Brief von Sinclair mit der Nachricht vom Tode Susettes eintraf. Sinclair hatte den Brief an Landauer geschickt zur Weiterleitung nach Bordeaux, weil er Hölderlin noch dort vermutete. Auch das spricht gegen Bertaux' Konstruktion von Hölderlins Abstecher zur sterbenden Susette Gontard. Sinclair, der Freund, hätte davon sicherlich Kenntnis gehabt, wenn nicht durch Hölderlin selbst, dann durch den gemeinsamen Freund Ebel, der als Arzt Susettes Sterben begleitete.

Es spricht also manches dafür, dass Hölderlin zuerst durch den Brief Sinclairs vom Tode Susettes erfährt. Sinclair hatte sie, wie er schrieb, seit Hölderlins Trennung vom Hause Gontard nicht mehr gesehen, er kann deshalb nur nach Mitteilungen anderer, wahrscheinlich Ebels, die tröstliche Formulierung wählen: »Sie ist sich bis zuletzt gleich geblieben. Ihr Tod war wie ihr Leben.« (MA II, 919) Susette hatte den ganzen Winter über an gefährlichem Husten gelitten, es wurde sogar Schwindsucht vermutet. Dann waren die Kinder an Röteln erkrankt. Die überstanden es, doch die bereits geschwächte Susette, die sich angesteckt hatte, starb daran am 22. Juni 1802.

Sinclair verknüpfte die Todesnachricht und seine tröstenden Worte mit einem entschiedenen Vorstoß zur Erneuerung der Freundschaft, die in den letzten Homburger Jahren offenbar gelitten hatte – »Du kennst alle meine Fehler«, schrieb Sinclair. Er lud Hölderlin wieder nach Homburg ein, wie damals in Jena und später nach der Trennung von den Gontards. Diesmal war es eine besonders herzliche und fürsorglich ausgesprochene Einladung, fast ist es eine dringliche Bitte. »Ich lade Dich also ein, zu mir zu kommen und bei mir zu bleiben, so lange ich hier bin. Die möglichen Fälle, die meine Lage verändern würden, wollen wir gemeinschaftlich überlegen und beschließen, und wenn das Schicksal gebieten sollte, so werden wir als ein treues Paar seine Bahn gehen.« (Ebd.) Sinclair, immer noch Regierungsrat beim Landgrafen von Hessen-Homburg, hielt damals Ausschau nach einem Posten in einem bedeutenderen Fürstentum, deshalb deutete er mögliche Veränderungen an, doch würde das nicht hindern, als »treues Paar« zusammenzubleiben. Sinclair bot sogar an, Hölderlin von Bordeaux abzuholen.

Sinclair wird in der Folgezeit seine Einladung noch einige Male wiederholen. Doch Hölderlin reagiert darauf zunächst gar nicht, er ist zu niedergeschlagen und durcheinander, und als er etwas zur Besinnung gekommen war, zögerte er, weil er die zu große Nähe scheute und auch nicht in finanzielle Abhängigkeit vom Freund geraten wollte. Tatsächlich bot ihm Sinclair immer wieder Geld an, allerdings auf sehr noble Weise. Als Hölderlin im Sommer 1804 sich schließlich doch bereden lässt, wieder nach Homburg zu ziehen, veranlasst Sinclair seine Ernennung zum Hofbibliothekar mit einem Gehalt, das er aus eigener Tasche bezahlt, ohne dass Hölderlin davon weiß.

Zurück zu dem Augenblick, da Hölderlin Sinclairs Brief mit der Todesnachricht empfängt. Er war so verstört, dass er es in Stuttgart nicht mehr aushielt; er flüchtete wieder zurück nach Nürtingen, zu Mutter und Schwester. Dort wurde alles noch schlimmer. Waiblinger, der sich dabei möglicherweise auf einen Bericht Karl Goks stützte, schreibt: »In Nürtingen bei seiner Mutter angelangt, jagte er sie und sämtliche Hausbewohner in der Raserei aus dem Hause.« (Waiblinger, 296) Und man kann sich nun gut vorstellen, wie Mutter und Schwester auf der Straße stehen, erschrocken, beschämt, alarmiert, denn einen solchen Tobsuchtsanfall hatte es bis dahin nicht gegeben, bis dahin war Hölderlin für die Mutter der liebe Sohn, der nur leider nicht so wollte, wie sie wollte.

An diese Szene knüpfen sich auch Spekulationen. Was war denn genau geschehen, als Hölderlin wieder in Nürtingen auftauchte? Was genau hatte die Raserei ausgelöst?

Bertaux vermutet, Hölderlins Reisekiste sei von Bordeaux aus direkt nach Nürtingen gekommen, noch vor Hölderlin selbst. Die Mutter habe sie geöffnet und darin die Liebesbriefe von Susette gefunden, und überhaupt zum ersten Mal sei sie mit dieser Geschichte, die ihr zutiefst zuwider war, konfrontiert worden. Sie habe ihm bittere Vorwürfe gemacht, und darauf habe dann Hölderlin jede Fassung verloren.

Das könnte so gewesen sein. Es hat sich zwar inzwischen herausgestellt, dass es Landauer in Stuttgart war, der die Reisekiste in Empfang genommen hatte, doch er wird sie dann nach Nürtingen weitergeleitet haben; vielleicht dass sie dann wirklich vor Hölderlins zweitem Auftauchen in Nürtingen dort anlangte mit den üblen Folgen, die Bertaux beschrieben hat.

Die Familie erwog zunächst, Hölderlin einem Landpfarrer einstweilig zur Pflege zu übergeben, nahm aber schließlich doch Abstand davon, weil man befürchtete, Hölderlin würde glauben, er sei nun doch vom Konsistorium auf eine ihm verhasste Pfarrstelle gesetzt worden und würde darüber wohl erst recht in Raserei geraten. So blieb er vorerst im mütterlichen Haus. Ein Arzt wurde hinzugezogen. Die Angehörigen begannen zu lernen, dass es das Beste für Hölderlin war, ihn auf liebevolle Weise in Ruhe zu lassen. Was ihm besonders wohltat, war, wenn ein der Familie empfohlener »talentierter junger Mensch« herbeigerufen wurde, um ihm aus dem Homer vorzulesen. Das »sänftigte« die Erregungen ganz »wunderbar«. (St. A. 7.2, 223) Dieser »junge Mann«, der so beruhigend aus Homer vorlesen konnte, war übrigens ein Vorfahre von Max Planck.

Ende September 1802 war Hölderlin so weit wieder im Gleichgewicht, dass er die Einladung annahm, Freund Sinclair auf seiner Amtsreise nach Regensburg zur Reichsdeputation zu begleiten. Sinclair versicherte später, er habe »nie größere Geistes- und Seelenkraft als damals« bei Hölderlin gefunden. (Zit. n. Chronik, 90) Das steht allerdings im Widerspruch zu einer anderen Aussage Sinclairs im Zusammenhang des Hochverrats-Prozesses im Jahre 1805. Dort erklärte er, sicherlich um den Freund zu schützen: »Es ist bekannt, dass Hölderlin schon seit drei Jahren an Wahnsinn leidet und mich schon in Regensburg bei Serenissimo meo in dem Zustand besuchte.« (Zit. n. Kirchner, 161) In diesem Zusammenhang erwähnte Sinclair auch, dass man in Regensburg drei Ärzte habe konsultieren müssen. Was den Eindruck der wiederhergestellten »Geistes- und Seelenkraft« Hölderlins nahelegte, waren wohl die intensiven Gespräche mit dem »Serenissimus«, dem Landgrafen von Hessen-Homburg, der mit seinem Regierungsrat sich in Regensburg aufhielt, um beim dortigen Länderschacher eine Vergrößerung des winzigen landgräflichen Territoriums zu erwirken. Hölderlins Gespräche mit dem Landgrafen aber drehten sich nicht um Fragen der Gebietserweiterung, sondern um das Schicksal der christlichen Religion, die der pietistisch fromme Landgraf durch die aufgeklärte Bibelkritik und den Geist der Säkularisierung schwer bedroht sah. Aus diesem Grund hatte der Landgraf an Klopstock als den »Homer und Nestor unserer Poesie« geschrieben und darum gebeten, den wahren Geist des Christentums noch einmal zu besingen, wie er das ja schon im »Messias« so wunderbar getan habe. Da sich aber inzwischen die Situation geändert habe – »die heutigen Philosophen, Aufklärer, Aufräumer verwässern die Schrift und die Theologie« –, käme es wohl darauf an, »ihre exegetischen Träume zu Boden zu werfen«. (Zit. n. KA 1, 970) Klopstock hatte darauf geantwortet, dass ihn die Bitte zwar ehre, er sich aber – aus Altersgründen – nicht mehr imstande fühle, sie zu erfüllen.

Wahrscheinlich hatte Hölderlin von diesem Vorgang erfahren, und ob er nun vom Landgrafen ausdrücklich darum gebeten wurde oder nicht, jedenfalls begann Hölderlin noch in Regensburg an der »Patmos«-Hymne zu arbeiten, zu der es bereits Entwürfe gab und die er dem Landgrafen widmen wollte. Die erste Reinschrift fertigte er Anfang 1803 an und ließ sie durch Sinclair dem Landgrafen zu dessen 55. Geburtstag überreichen, der sie »mit Dank und Freude« (MA II, 923) aufnahm. Ob der diese Hymne im Pindar'schen Stil – freie Rhythmen, triadischer Aufbau: dreimal drei Strophen – auch verstanden hat, bleibt dahingestellt, denn diese Hymne macht es einem nicht leicht, und Hölderlin selbst hatte auch große Mühe damit. Die Mutter schilderte in einem Brief an Sinclair, wie Hölderlin sich häufig nicht »gut genug gestimt glaubt« (MA III, 611), um das umfangreiche Gedicht zu vollenden. Was er dann dem Landgrafen schickte, war denn auch nur eine erste Fassung. Drei weitere Fassungen werden folgen. Alle blieben sie ungedruckt.

Der Hymnus ist anspielungsreich und bildungsschwer; die Syntax der Sätze wird häufig gesprengt, oft stockt der sprachliche Fluss, umso mitreißender die Passagen, wo er in Bewegung gerät.

Hölderlin lässt sich durchaus auf das vom Landgraf vorgegebene Thema ein, nämlich auf die Belebung des christlichen Geistes gegen die aufklärerische Erstarrung und Entzauberung. Doch wie schon in »Brod und Wein« wird christlicher Geist und Christus selbst im Kontext einer geistigen Entwicklung gedeutet, die auch die Antike umfasst.

Patmos, eine der Kleinasien vorgelagerten griechischen Inseln, war in römisch-antiker Zeit eine Sträflingsinsel. Der christlichen Legende nach war der Apostel Johannes dorthin geflüchtet, und in einer Grotte geschah ihm die »Offenbarung«, die apokalyptische Vision vom Ende der Welt. Diese Vision spielt in Hölderlins Hymne kaum eine Rolle. Johannes, für Hölderlin zugleich der Apostel, Evangelist und Verfasser der »Offenbarung«, steht für einen Christusglauben, der von der körperlichen Präsenz des Göttlichen zur vollkommenen Vergeistigung übergegangen ist. »Patmos« ist über weite Strecken eine Art Reisebericht durch die religiösen Welten und ihre Geschichte, von der Antike über die Erscheinung Christi, die christliche Nachfolge bis zur gegenwärtigen Götternacht mit ihren plötzlichen Aufhellungen da und dort – Epiphanien, die zu Hoffnung Anlass geben, wobei dann dieser Hymnus selbst durchaus auch als eine solche Epiphanie zu gelten hätte. Das kommt am Ende des Hymnus zum Ausdruck, wo die fortwirkende Kraft des Wortes, ja sogar des *Buchstabens*, beschworen wird:

> *... der Vater aber liebt,*
> *Der über allen waltet*
> *Am meisten, daß gepfleget werde*
> *Der veste Buchstab, und bestehendes gut*
> *Gedeutet. Dem folgt deutscher Gesang.*
> (MA I, 453; Vs. 222–226)

Doch genügt das? Es bleiben Zweifel: *Zu lang, zu lang schon ist / Die Ehre der Himmlischen unsichtbar.* (Ebd.; Vs. 212f.)

Die erste Station der Reise sind die Orte und Zeiten, da die Himmlischen noch sichtbar unter den Menschen lebten, es ist, wie immer bei Hölderlin, das Traumland des griechischen Altertums. *Nah ist / Und schwer zu fassen der Gott. / Wo aber Gefahr ist, wächst / Das Rettende auch* (MA I, 447; Vs. 1–4), so beginnt der Hymnus, und das markiert den geistigen Ausgangspunkt der Reise. Das Rettende mag etwas Künftiges sein, es liegt aber auch in der Erinnerung an eine große Vergangenheit. Das lyrische Ich begibt sich, eingeladen und geführt von seinem Genius, auf die Suche nach der verlorenen Zeit:

... da entführte
Mich schneller, denn ich vermuthet
Und weit, wohin ich nimmer
Zu kommen gedacht, ein Genius mich
Vom eigenen Hauß'. ...
(Ebd.; Vs. 16–20)

Ein Anklang an den Beginn von Dantes »Göttlicher Komödie«. Die Hymne »Patmos« berichtet ebenfalls von einer Himmel- und Höllenfahrt.

Zuerst der Himmel: *Ein stilles Feuer; aber im Lichte / Blüht hoch der silberne Schnee; / Und Zeug unsterblichen Lebens.* (MA I, 448; Vs. 38–40) Die griechischen Tempel, umstanden von Zedern und Lorbeer, die *göttlichgebauten Paläste* (ebd.; Vs. 45) unter der Sonne. Alles ist noch hell, ein Göttertag.

Und dann Patmos, der Ort der Zeitenwende, das Einkehren in die *dunkle Grotte* (ebd.; Vs. 56) des Johannes. Die Erinnerung an Jesu Anwesenheit. Die Ausstrahlung seiner Liebe. Der Abschied beim Abendmahl. Der Tod am Kreuz wird übergangen: *Drauf starb er. Vieles wäre / Zu sagen davon.* (MA I, 449; Vs. 88 f.) Der schwer erträgliche Bruch: der Entzug der Sichtbarkeit. Schon die ersten Jünger mussten den Verzicht lernen, den Abschied vom Angesicht.

Von nun an gibt es die Wahrheit nur noch im Geiste. Um dieses »Nur noch« dreht sich das ganze Gedicht, zwischen Hoffnung, Zweifel und Verzweiflung. Genügt, nach der Götterdämmerung der Antike, die Vergeistigung, diese christlich-spirituelle Form der Anwesenheit? Hält man es mit ihr aus in der Nacht? Nur dann, so die zaghafte Antwort, wenn es einen Zusammenhalt gibt, doch wehe, wenn *Sie sich nicht fassen können / Einander.* (MA I, 451; Vs. 141 f.) Die Einsamkeit nimmt zu, es löst sich das Band zwischen den Menschen auf, sie werden zerstreut und zerstreuen sich:

Doch furchtbar ist, wie da und dort
Unendlich hin zerstreut das Lebende Gott.
Denn schon das Angesicht
Der theuern Freunde zu lassen
Und fernhin über die Berge zu gehn
Allein …
(MA I, 450; Vs. 121–126)

Es ist paradox: Das Göttliche, eigentlich das Allumfassende, hat sich zurückgezogen, und wenn es doch erscheint, so trifft es Einzelne, die alleine, ohne Gemeinde, die Last des Himmlischen nicht tragen können. Und deshalb gilt: *Es warten aber / Der scheuen Augen viele / Zu schauen das Licht. Nicht wollen / Am scharfen Strale sie blühn.* (MA I, 452; Vs. 186–189)

In der vorletzten Strophe spricht Hölderlin den Landgrafen direkt an: *Denn Eines weiß ich, / Daß nemlich der Wille / Des ewigen Vaters viel / Dir gilt.* … (Ebd.; Vs. 200–203)

Und Hölderlin selbst, wie steht es mit seinem Vertrauen in den Willen des *ewigen Vaters*? Vielleicht geben die anschließenden Verse die Antwort: *Still ist sein Zeichen / Am donnernden Himmel. Und Einer stehet darunter / Sein Leben lang.* … (Ebd.; Vs. 203–205)

Auch wenn Christus zusammen mit seinen *Brüdern*, den griechischen Göttern, in der Erinnerung lebt, es bleibt nur ein Warten unter einem donnernden Himmel, wo die *Zeichen* doch eigentümlich *still* bleiben.

Ungefähr zur selben Zeit oder kurz danach entstand »Andenken«, jenes Gedicht, das anders als die »Patmos«-Hymne zu einer ergreifenden Deutlichkeit findet. Ein Wunderwerk. Es ist eines der letzten, noch hellen Gedichte. Was danach kommt, hat einen dunklen Zauber, nur da und dort jäh von Geistesblitzen erhellt.

ANDENKEN.

Der Nordost wehet,
Der liebste unter den Winden
Mir, weil er feurigen Geist
Und gute Fahrt verheißet den Schiffern.
Geh aber nun und grüße
Die schöne Garonne,
Und die Gärten von Bourdeaux
Dort, wo am scharfen Ufer
Hingehet der Steg und in den Strom
Tief fällt der Bach, darüber aber
Hinschauet ein edel Paar
Von Eichen und Silberpappeln;

Noch denket das mir wohl und wie
Die breiten Gipfel neiget
Der Ulmwald, über die Mühl',
Im Hofe aber wächset ein Feigenbaum.
An Feiertagen gehn
Die braunen Frauen daselbst
Auf seidnen Boden,
Zur Märzenzeit,
Wenn gleich ist Nacht und Tag,
Und über langsamen Stegen,
Von goldenen Träumen schwer,
Einwiegende Lüfte ziehen.

Es reiche aber,
Des dunkeln Lichtes voll,
Mir einer den duftenden Becher,
Damit ich ruhen möge; denn süß
Wär' unter Schatten der Schlummer.

Nicht ist es gut,
Seellos von sterblichen
Gedanken zu seyn. Doch gut
Ist ein Gespräch und zu sagen
Des Herzens Meinung, zu hören viel
Von Tagen der Lieb',
Und Thaten, welche geschehen.

Wo aber sind die Freunde? Bellarmin
Mit den Gefährten? Mancher
Trägt Scheue, an die Quelle zu gehn;
Es beginnet nemlich der Reichtum
Im Meere. Sie,
Wie Mahler, bringen zusammen
Das Schöne der Erd' und verschmähn
Den geflügelten Krieg nicht, und
Zu wohnen einsam, jahrlang, unter
Dem entlaubten Mast, wo nicht die Nacht durchglänzen
Die Feiertage der Stadt,
Und Saitenspiel und eingeborener Tanz nicht.

Nun aber sind zu Indiern
Die Männer gegangen.
Dort an der luftigen Spiz'
An Traubenbergen, wo herab
Die Dordogne kommt,
Und zusammen mit der prächt'gen
Garonne meerbreit
Ausgehet der Strom. Es nehmet aber
Und giebt Gedächtniß die See,
Und die Lieb' auch heftet fleißig die Augen,
Was bleibet aber, stiften die Dichter.
(MA I, 473–475)

Das Gedicht ist in mehrfacher Hinsicht vom Motiv der Bewegung geprägt. Es ist zum einen die Bewegung des Andenkens. Denken – an etwas, hier die Erinnerung an die Zeit in Bordeaux. Das geistige Zurückgehen also: *Geh aber nun und grüße / Die schöne Garonne …* Es ist, als wäre auch dieses geistige Zurückgehen von einem guten Rückenwind beflügelt: *Der Nordost wehet.*

Doch wo die Bewegung des Erinnerns bei den erinnerten Bildern innehält, kommt sie doch nicht zur Ruhe. Denn auch in der erinnerten Welt ist alles in Bewegung, das Strömen und Wehen durchzieht das ganze Gedicht. Es zieht den Erinnernden zurück, und in den erinnerten Bildern zeigt sich ein Hinausstreben, am stärksten in den letzten beiden Strophen. Die einen streben zurück zur *Quelle*, die anderen scheuen das. Sie brechen auf, stechen in See, suchen die Ferne. Die einen suchen den Ursprung, die anderen sind bei den Entsprungenen. Das Meer verspricht ihnen *Reichtum.* Sie sind unterwegs, ausgesetzt den Gefahren, der Einsamkeit, und wie Schiffbrüchige unter dem *entlaubten Mast* harren sie aus. Und doch: Umgetrieben, fortgetrieben, von Untergang bedroht, bringen sie zusammen das *Schöne der Erd'*. Die letzte Strophe ruft noch einmal den Hafen von Bordeaux auf, von dort laufen die Schiffe aus in Richtung Indien, Hölderlins Märchenland der Kindheit. Der Blick geht weit hinaus und von der *luftigen Spiz'* der *Traubenberge* auch weit hinunter, wo die Dordogne und die Garonne mächtig herabströmen und schließlich ins Meer münden. Das Meer selbst aber ist auch in unaufhörlicher Bewegung. Ihr Rhythmus sind die Gezeiten, die wunderbar in das Bild gefasst sind: *Es nehmet aber / Und giebt Gedächtniß die See.* Die erhabene Bewegung des Elementaren, im Vergleich dazu der Trippelschritt des bloß Menschlichen: *Und die Lieb' auch heftet fleißig die Augen …*

Der Grundzug also ist die Bewegung, das Hin und Her der Gezeiten, Aufbruch und Ankunft, das Unterwegssein, die lockende Ferne. Nichts bleibt an seinem Ort, und die Zeit strömt. Wenn doch ein Augenblick der Ruhe eintritt, die sich das lyrische Ich wünscht, dringt auch dorthin die Bewegung vor als Gespräch, worin wieder die ganze

Bewegtheit der Welt zur Sprache kommt: *zu hören viel / Von Tagen der Lieb', / Und Thaten welche geschehen.* Bei so viel Gehen und Vergehen wirkt der letzte Vers wie ein Triumph: *Was bleibet aber, stiften die Dichter.* Sie sind das Andenken zu jedem Aufbruch. Im Unabsehbaren bringen sie zusammen das *Schöne der Erd'.*

Hölderlin war in seinen letzten Jahren, da er noch voll bei Sinnen war, immer stärker fasziniert von den Berichten großer Entdeckungsfahrten und abenteuerlicher Reisen in ferne Länder. Während seines zweiten Aufenthaltes in Homburg, als er die Stelle eines landgräflichen Hofbibliothekars versah, ohne dabei zu arbeiten, nutzte er immerhin die Gelegenheit, in den dort reichlich vorhandenen Büchern über exotische Fernen zu lesen. In dieser Zeit entwarf er auch einen Hymnus über Kolumbus, der mit dem Vers beginnt: *Wünscht' ich einer der Helden zu seyn / Und dürfte frei … / … es bekennen / So wär' es ein Seeheld.* (MA I, 425; Vs. 1–4)

FÜNFZEHNTES KAPITEL

Querfeldein nach Murrhardt, zu Schelling.
Hölderlins Sophokles-Übersetzungen. Das Fremde wird fremder.
Umsiedlung nach Homburg. Verhängnisvolle Tafelrunden in Stuttgart.
Die Denunziation Blankensteins. Sinclairs Verhaftung.
Hochverratsprozess. Hölderlin im Fadenkreuz. »Ich will kein Jacobiner seyn!«. Hölderlin zerstört das Klavier. Abtransport.

Hölderlin lebt seit dem Sommer 1802 wieder in Nürtingen bei der Mutter. Er war ruhiger geworden, arbeitete an seinen Sophokles- und Pindar-Übersetzungen. Kamen Stunden der Erregung, holte man den Arzt oder einen Wärter, der manchmal die Nacht über blieb. Er hatte wenig Umgang, schrieb kaum noch Briefe. Die Mutter beobachtete ihn mit Sorge und verhielt sich hinhaltend gegenüber Sinclairs wiederholt geäußertem Wunsch, Hölderlin zu sich nach Homburg zu holen. In devotem Ton schrieb sie an Sinclair und schilderte ihm den Zustand ihres Sohnes als ziemlich hoffnungslos. Er würde nur »lästig« sein, keinesfalls wolle sie die »Großmuth, u. Freundschaft« des Freundes missbrauchen. Andererseits wisse sie, dass Hölderlins Aufenthalt zu Hause bei ihr und der Schwester auf Dauer auch nicht hilfreich sei: »bey uns benglichen Frauenzimer« fehle es Hölderlin an Aufmunterung, »da wir nicht imstande sind ihn zu unterhalten, u. zu zerstreuen«. Sie merke, dass die Aussicht, künftiges Frühjahr vielleicht doch nach Homburg zu reisen, ihn aufrichtet, deshalb könne man durchaus an dem Plan festhalten. (20. Dezember 1802; MA III, 610f.)

Im Jahre 1803 gingen noch weitere Briefe zwischen Sinclair und der Mutter hin und her. Sinclair drängt, und die Mutter zögert. Sinclair warnte, man dürfe Hölderlin nicht wie einen Irren behandeln, auch nicht fahrlässig oder mit besten therapeutischen Absichten. Das sei sogar die größte Gefahr. Er kenne seinen Freund gut genug, um zu wissen, dass er »ein viel zu fein fühlendes Wesen (ist), als daß er nicht auch das geheimste Urtheil das man über ihn fällt, im Innern des Herzens lesen sollte: und um wie bekümmerter muß dieses ihn nicht machen.« (MA III, 615) Die Mutter beteuert im Sommer 1803 ihren Glauben, dass nur noch Gott und der Freund dem »unglücklichen Sohn« helfen könnten. Doch nachdem er den ganzen Winter über Vorfreude auf Homburg gezeigt habe, sei jetzt bei ihm gar nicht mehr davon die Rede. Und sie möchte nun von sich aus die Homburg-Pläne bei ihm nicht wieder ansprechen, um den Eindruck zu vermeiden, er falle ihr »lästig« und sie wolle ihn loswerden. (MA III, 617f.)

In diesem Sommer 1803 war es, dass Hölderlin, als er hörte, Schelling sei bei seinen Eltern im nahen Murrhardt zu Besuch, sich auf den Weg machte, um dort nach sechs Jahren den alten Freund wiederzutreffen. Schelling schilderte diese Wiederbegegnung später so: »ohne Begleitung, zu Fuß, »queerfeldein wie durch Instinct geführt«, sei Hölderlin bei ihm angelangt. »Es war ein trauriges Wiedersehn, denn ich überzeugte mich bald daß dieses zart besaitete Instrument auf immer zerstört sey. Wenn ich einen Gedanken anschlug, der ihn ehmals ansprach, war die erste Antwort immer richtig und angemessen, aber mit dem nächsten Wort war der Faden verloren. Aber ich habe an ihm erfahren, wie groß die Macht angeborner, ursprünglicher Anmuth ist. Während 36 Stunden, die er bei uns im Ganzen verweilte, hat er nichts unschickliches, nichts seinem früheren, edlen und anstandsvollen Wesen widersprechendes weder gethan noch geredet. Es war ein schmerzlicher Abschied auf der Landstraße.« (An Gustav Schwab, 11. Februar 1847; MA III, 612f.)

Das ist die Erinnerung an eine Begegnung, die mehr als vierzig Jahre zurücklag. Die Schilderung, die Schelling damals unmittelbar danach im Brief an Hegel gab, betonte das Abstoßende und ließ durchblicken, dass Hölderlin womöglich sein Irresein simuliere: »Sein Anblick war für mich erschütternd: er vernachlässigt sein Äußeres bis zum Ekelhaften und hat, da seine Reden weniger auf Verrückung hindeuten, ganz die äußeren Manieren solcher, die in diesem Zustande sind, angenommen.« (An Hegel, 11. Juli 1803; MA III, 619) Schelling, der zu diesem Zeitpunkt in Würzburg lehrte, fragte in diesem Brief bei Hegel in Jena an, ob der nicht etwas für Hölderlin tun könne. Freilich müsste, »wer sich seiner annehmen wollte«, bei ihm den »Hofmeister« machen. Hätte man aber erst »über sein Äußeres gesiegt, so wäre er nicht weiter zur Last, da er still und in sich gekehrt ist«. (Ebd., 619f. In Hegels Antwort spürt man, dass er sich Hölderlin eher vom Leibe halten möchte. Hölderlin sei »über die Periode hinaus«, antwortete Hegel, »in welcher Jena eine positive Wirkung auf einen Menschen haben kann«. Aber ganz möchte er ihn doch nicht fallen lassen: »Ich hoffe, dass er noch immer ein gewisses Zutrauen in mich setzt, das er sonst zu mir hatte, und vielleicht ist dieses fähig, etwas bey ihm zu vermögen, wenn er hieher kommt.« (Hegel an Schelling, 16. August 1803; MA III, 620)

Hölderlin kam nicht mehr nach Jena.

Im folgenden Jahr, 1804, hatte Sinclair mit seinem nachhaltigen Drängen endlich Erfolg. Sinclair hatte dem Freund die Hofbibliothekar-Stelle beim Landgrafen angeboten (dass er sie aber aus eigener Tasche finanzieren wollte, hatte er verschwiegen). Für das finanzielle Auskommen in Homburg wäre damit gesorgt, schrieb er der Mutter. (MA III, 633) Diese bedankte sich für die »herablassende Gewogenheit mit welcher Sie wiederholt meinem l.(ieben) unglücklichen Sohn beehrten«, gab aber zu bedenken, dass Hölderlins »Verstandes Kräfte sehr geschwächt« seien und dass wohl eine »baldige Entlassung« aus dem Amte »zu befürchten« sei. Dieser »Stoß« könnte für das »Ehrgefühl« ihres Sohnes zu stark sein und ihn vollends in die Verwirrung treiben. (MA III, 625f.)

Sinclair konnte ihre Bedenken zwar nicht zerstreuen, doch gab die Mutter schließlich nach und ließ ihren Sohn, besorgt und vielleicht auch ein wenig erleichtert, im Juni 1804 ziehen.

In den Monaten zuvor hatte Hölderlin Auftrieb bekommen dadurch, dass der Verleger Friedrich Wilmans durch die Vermittlung Sinclairs dafür gewonnen wurde, Hölderlins Sophokles-Übersetzungen herauszubringen. Hölderlin, der sonst fast keine Briefe mehr schrieb, unterhielt mit Wilmans eine rege Korrespondenz, die Hölderlins Genugtuung über diese Veröffentlichung zum Ausdruck bringt. Wie jemand, der sich seiner Sache sicher ist, erläuterte Hölderlin dem Verleger sein Übersetzungskonzept: *Ich hoffe, die griechische Kunst, die uns fremd ist … dadurch lebendiger, als gewöhnlich dem Publikum darzustellen, daß ich das Orientalische … mehr heraushebe, und ihren Kunstfehler, wo er vorkommt, verbessere.* (28. September 1803; MA II, 925)

Was Hölderlin hier das *Orientalische* nennt, bedeutet ihm, wie er im bereits zitierten Brief an Böhlendorff vom 2. Dezember 1802 ausführlicher erläutert hatte, das Leidenschaftliche, das *Feuer vom Himmel*, das Wilde, sogar *Barbarische*, das in Winckelmanns Antike von »edler Einfalt und stiller Größe« allzu sehr geglättet worden war. Selbstbewusst versprach Hölderlin dem Verleger, die wahre Natur der Sophokles-Tragödien überhaupt erst zum Vorschein zu bringen. Er traut sich sogar zu, die *Kunstfehler*, nämlich die artifiziellen Überformungen des Ursprünglichen, beseitigen zu können. (MA II, 924f.)

Offenbar hatte Schelling bei der Begegnung in Murrhardt Hölderlin versprochen, die Sophokles-Übertragung dem Weimarer Theater zur Aufführung anzubieten. Das erwähnte Hölderlin Wilmans gegenüber, um auch damit für seine Unternehmung zu werben. Schelling aber wird wohl kaum etwas für Hölderlins Übersetzung getan haben, denn nach dem letzten Zusammentreffen in Würzburg, wo Hölderlin und Sinclair auf dem Weg nach Homburg Station machten, schrieb er an Hegel, Hölderlin befinde sich zwar »in einem besseren Zustande als im vorigen Jahr, doch noch immer in merklicher Zerrüttung. Seinen verkommenen geistigen Zustand drückt die Übersetzung des Sophocles ganz aus.« (14. Juli 1804; MA III, 631)

Hölderlin übersetzte die beiden Tragödien »Oedipus der Tyrann« und »Antigonae«, die in zwei Bänden 1804 herauskamen. Die griechischen Vorlagen, die er benutzte, waren fehlerreich, was den Sinn verdunkelte. Indem Hölderlin sich bemühte, ihn aufzuhellen, wurde er noch dunkler, und so irrte er noch weiter vom Original ab. Originell aber waren seine Übersetzungen stets. Norbert von Hellingrath, der Anfang des 20. Jahrhunderts zum ersten Mal Hölderlins Übersetzungswerk umfassend würdigte, fasste sein Urteil so zusammen: »Eine seltsame Mischung von Vertrautsein mit der griechischen Sprache und lebhaftem Erfassen ihrer Schönheit und ihres Charakters mit Unkenntnis ihrer einfachsten Regeln und gänzlichem Mangel grammatischer Exaktheit … Nicht leicht war einem andern die tote Sprache so vertraut und lebendig, nicht leicht einem andern, der einen so beträchtlichen Teil der hellenischen Literatur beherrschte, die griechische Grammatik und aller philologische Apparat so fremd.« (Zit. n. KA 2, 1327)

Hölderlins Übersetzung vermeidet jede klassizistische Glättung; das Fremde der Antike wird noch fremder, das Ferne noch ferner. Das alles aber nicht im Geiste der historistischen Distanzierung, sondern als Annäherung an eine elementare Urgewalt, die sich, so Hölderlin, in der Antike zeigte und unterirdisch in uns fortlebt. In der Begegnung mit diesen Dramen sollen wir aus unserer gewohnten Mitte herausgetrieben und in *exzentrische Begeisterung* versetzt werden. Wer in diese Dramenwelt tief eintaucht, der soll sich am Ende nicht mehr wiedererkennen. Bei Hölderlin selbst mag es so geschehen sein. Ergreifend die große Klage des Oedipus, wenn die Angst wächst, in den Wahnsinn fortgerissen zu werden:

Nachtwolke mein! Du furchtbare
Umwogend, unaussprechlich, unbezähmt,
Unüberwältiget! o mir! o mir!
Wie fährt in mich zugleich
Mit diesen Stacheln
Ein Treiben und Erinnerung der Übel!
(MA II, 301; Vs. 1345–1350)

Auffällig aber ist, wie Hölderlin einerseits auf das Überwältigende der antiken Dichtung setzt, andererseits in den Kommentaren das Technische, das raffiniert Gemachte herausstreicht, das *gesezliche Kalkul*, wie er es nennt. (MA II, 309) Ist es schon ungeheuer, so hat es doch Methode.

Im Sommer 1804 fand Hölderlins Umzug nach Homburg statt.

Dort geriet er in eine schlimme Geschichte, die Kirchner rekonstruiert hat und die zum endgültigen Zusammenbruch führte. Sie begann in Stuttgart, wohin Sinclair gekommen war, um Hölderlin abzuholen und nach Homburg mitzunehmen.

Sinclair wurde begleitet von Blankenstein, seinem aktuellen Freund, vielleicht auch Liebhaber. Ein geistvoller, hübscher, gewinnender junger Mann von einundzwanzig Jahren und doch, wie sich bald herausstellte, eine zwielichtige Figur, die Sinclair und Hölderlin ins Unglück stürzen wird. Aron Levi oder Anton Leopold Wetzlar oder Alexander Blankenstein, wie sein Name nach der christlichen Konversion lautete, hatte bereits als Siebzehnjähriger außerordentliches Talent für raffinierte, auch betrügerische Finanzprojekte bewiesen. Nach Homburg kam er Ende 1803 direkt aus einem Gefängnis in Frankfurt, wo er wegen Betrügereien eingesessen hatte. Im Handumdrehen gewann der junge Mann in Homburg den Landgrafen und Sinclair für die Gründung einer Lotterie, die das kleine Ländchen von seinen Finanzproblemen befreien sollte. Außer Blankenstein selbst und seinem Helfer, dem Advokaten Euler, hatte wohl keiner der Beteiligten das Projekt wirklich durchschaut. Es brachte dem Land nicht die erhofften Gewinne, füllte aber Blankenstein und seinem Gehilfen die Taschen.

Die Betrügereien waren noch nicht aufgedeckt, und noch glaubte Sinclair an die Freundschaft mit Blankenstein, als es im Juni 1804 in Stuttgart zu jenen verhängnisvollen Tafelrunden mit Mitgliedern des Landtags kam. Es waren damals politisch erregende Tage, denn der Konflikt zwischen dem inzwischen zum Kurfürsten avancierten Herzog und der landständischen Vertretung hatte sich verschärft. Man befürchtete einen Staatsstreich des Kurfürsten gegen den Landtag.

Bei diesen Tafelrunden waren neben Sinclair der Ludwigsburger Bürgermeister und Exponent der radikalen Opposition Baz dabei, sowie andere republikanisch gesinnte landständische Vertreter, allesamt gute Bekannte Sinclairs noch aus Tübinger oder Jenaer Zeit. Hölderlin war am 12. Juni und dann am 19. Juni, vor der Weiterreise in Richtung Homburg, auch mit von der Partie und eben auch – Blankenstein.

Man glaubte frei sprechen zu können, und so erging man sich, befeuert vom Wein, in kühnen und radikalen Plänen, bei denen Sinclair und Baz das große Wort führten. Am besten wäre es, so hieß es, den Kurfürsten und seinen Minister Wintzingerode zu beseitigen. Sinclair ging ins Detail und erörterte ausführlich die Möglichkeiten eines Anschlags. Man geriet in Hochstimmung und stieß an auf die großen Revolutionäre der Vergangenheit und schwelgte in Erinnerungen an die eigenen revolutionär gestimmten Tage einst in Tübingen und bei den studentischen »Orden« in Jena. Um eine ernsthafte Verschwörung handelte es sich bei diesen wortradikalen Tafelfreuden gewiss nicht. Es folgte politisch auch nichts daraus. Der Kurfürst löste wenig später die landständische Vertretung ohne sonderliche Gegenwehr auf. Wenn also die Tischgespräche auch keine praktischen Ergebnisse zeitigten, so hatten sie für die Beteiligten doch fatale Folgen.

Zurück in Homburg, entdeckte Sinclair nach und nach das betrügerische Treiben von Blankenstein. Es war für ihn eine schlimme Enttäuschung, denn mit diesem Mann hatte Sinclair noch vor einem halben Jahr ins Militärlager Napoleons nach Boulogne ziehen wollen, um von dort aus am damals geplanten Englandfeldzug teilzunehmen. Sinclair hatte sich demnach eine gemeinsame Zukunft mit Blankenstein vorstellen können, was übrigens ein eigentümliches Licht auf seine nachdrücklichen Einladungen an Hölderlin wirft. Diesem hatte er versprochen, dass er in Homburg »an der Brust« des Freundes werde »ausruhen« können (MA II, 919), während er doch gleichzeitig seinen Weggang von Homburg, womöglich zusammen mit Blankenstein, plante.

Nach der Entdeckung der Betrügereien Blankensteins handelte Sinclair sofort: Er forderte Anfang Januar 1805 eine umfassende Rechnungslegung der Lotterie, die Rückzahlung der Vorschüsse und drohte mit einem Prozess. Auf diese Weise in die Enge getrieben, begann Blankenstein seinen Rachefeldzug. Am 29. Januar richtete er folgendes Schreiben an den Kurfürsten von Württemberg: »Als Deutscher und Verehrer Ew. Churfürstl. Durchlaucht fühle und erachte ich mich verpflichtet, Höchstdenselben eine sehr wichtige Mittheilung zu machen, die hoffentlich die mörderische Plane einiger Schurken zu vereiteln im Stande sein wird.« (Zit. n. Kirchner, 65) Es folgt die Schilderung der abendlichen Gespräche zwischen Sinclair, Baz, Weishaar und anderen. Es wird besonders der Anteil Sinclairs herausgehoben: »Sinclair sprach damals davon, daß ein großer entscheidender Coup gewagt werden müsse.« (Ebd., 66) Es sei konkret davon die Rede gewesen, den Kurfürsten und seinen Minister Wintzingerode zu beseitigen. Man habe auch bereits Ausschau gehalten nach fähigen »Subjekten«, die man mit dieser Aufgabe betrauen könnte.

In einem weiteren Denunziationsschreiben vom 7. Februar 1805 fällt dann auch der Name »Hölderlin«. Der sei »von der ganzen Sache ebenfalls unterrichtet«. (Ebd., 71)

Die Denunziation hatte die beabsichtigte Wirkung. Der württembergische Kurfürst forderte vom Landgrafen die Auslieferung Sinclairs. Der sträubte sich zunächst, gab aber dann nach, und so wurde Sinclair am 26. Februar in seinem Hause verhaftet. Die alarmierte Mutter beruhigte er mit der Erklärung, er sei unschuldig, aber leichtsinnig gewesen. Er wurde nach Ludwigsburg geschafft, wo umgehend die strengen Verhöre stattfanden, bei denen Sinclair sich recht geschickt zu verteidigen wusste. Doch blieb er trotzdem über vier Monate in Haft, von denen er zwei in völliger Isolation verbrachte.

Inzwischen waren auch gegen Hölderlin Untersuchungen eingeleitet worden. Am 4. März 1805 wurde vom Oberamt und Dekanat in Nürtingen und einen Tag später vom Konsistorium in Ludwigsburg Auskunft gefordert über Hölderlins Betragen und Gemütsverfassung.

Das Konsistorium antwortete, Hölderlin habe zunächst den hohen Erwartungen entsprochen, »bis er endlich leider durch zu viele Geistes-Anstrengungen eine etwas schiefe Richtung bekam« (ebd., 210), doch bestünde wohl Aussicht auf »Geistes-Wiedergenesung«, vorausgesetzt, er bliebe nicht infolge des Rückzugs in die »Studierstube« seiner »lebhaften Phantasie« ausgeliefert.

Ähnlich äußerte sich das Oberamt und Dekanat von Nürtingen. Hölderlin sei, nach guten Anfängen im Stift, von seinem Hauptzweck abgekommen und habe sich in »Neben-Sachen« wie Poesie oder Übersetzungen aus dem Griechischen verloren und sei »ebd.durch, nemlich durch das überspannte Studiren in eine solche Verwirrung seines Gemüths gerathen, daß er ganz unbrauchbar worden«. (Ebd., 211)

Man holte auch ein Gutachten bei Doktor Müller aus Homburg ein, den Hölderlin bei seinem ersten Aufenthalt dort wegen »Hypochondrie« aufgesucht hatte. Gleichwohl betonte Müller, er kenne Hölderlin und seine Umstände nicht gut genug, um ein sicheres Urteil abzugeben. Und doch gibt er eines ab, nachdem er ihn, des Gutachtens wegen, einige Male aufgesucht hatte: »Wie erschrake ich aber als ich den armen Menschen so zerrüttet fande, kein vernünftiges Wort war mit ihm zu sprechen, und er ohnausgesetzt in der heftigsten Bewegung … Und nun ist er, so weit daß sein Wahnsinn in Raserey übergegangen ist, und daß man sein Reden, das halb deutsch, halb griechisch, halb Lateinisch zu lauten scheinet, schlechterdings nicht mehr versteht.« (St. A. 7.2, 337)

Diese Gutachten, die Geistesverwirrung oder Wahnsinn attestieren, sind allesamt mit dem Wissen verfasst, dass Hölderlin in Haft genommen werden könnte. Sie wollen ihn davor bewahren. Deshalb wird die Unzurechnungsfähigkeit betont. Tatsächlich befand sich Hölderlin in einem Zustand tiefer Schwermut, der Verwirrung, der Wut, der Verzweiflung und auch der Angst. Er war in der Stadt auffällig geworden, weil er lauthals und überall, wo er sich zeigte, auf der Straße und in den belebten Parkanlagen ausrief: »ich will kein Jakobiner seyn, fort mit allen Jacobinern!« (Kirchner, 211) Auffällig aber ist, dass dieses Verhalten einsetzte, noch ehe Sinclair verhaftet wurde und Hölderlin mit Recht befürchten musste, in die Untersuchungen hineingezogen zu werden. In Blankensteins Denunziation, die erst zu Sinclairs Verhaftung führte, ist von Hölderlins ständigem Ausruf »Ich will kein Jacobiner bleiben ...« bereits die Rede. (Vgl. ebd., 71) Also setzte Hölderlins ostentative Absetzung vom jakobinischen Milieu, insbesondere von Sinclair, schon vorher ein. Das mag auch erklären, weshalb Sinclair nach seiner Freilassung die Verbindung zu Hölderlin nach und nach vollständig abgebrochen hat.

Man stellte die Untersuchungen gegen Hölderlin schließlich ein, auch weil der Landgraf die Behörden in Stuttgart hatte wissen lassen, er wünsche, »daß die Auslieferung dieses Menschen ... umgangen werden könnte«. (Ebd., 138) Hölderlin blieb in dem zerrütteten Zustand, fast ohne Hilfe und sehr allein. Nur die Mutter von Sinclair kümmerte sich um ihn. Sinclair selbst war noch in Haft, und als er im Herbst 1805 freikam, blieb er nicht in Homburg, sondern zog sich zunächst nach Berlin zurück, um den Anfeindungen zu entgehen, die auch in Homburg gegen ihn gerichtet waren. Sinclair war nicht beliebt, weder bei den Bürgern noch bei den Kollegen. Er galt als arrogant und als zu sehr verbunden mit neumodischem »Zeug«. Es kann gut sein, dass sich in diesem Argwohn auch die Ablehnung seiner Homosexualität verbarg. Der Landgraf allerdings hielt weiter zu Sinclair wie auch zu Hölderlin.

Eine der Töchter des Landgrafs, die noch unverheiratete Auguste, hatte sich bei Hölderlins erstem Aufenthalt in Homburg in ihn verliebt und hatte ihm nun, bei seinem zweiten Aufenthalt, ein Klavier geschenkt, als Dank dafür, dass er ihr die Anfang 1804 erschienene Sophokles-Übersetzung gewidmet hatte. Auf diesem Klavier hatte Hölderlin unablässig gespielt, zunächst träumerisch, zart, elegisch. Dann aber, als die Verwirrung zunahm, heftig und wütend. Schließlich schlug er auf das Instrument ein, er zerstörte es. Briefe schrieb er nicht mehr, doch entwarf er Hymnenpläne, zu denen er Stichworte notierte. Die Phantasie ging ins Weite, nur weg von hier, ins Offene, in die Sehnsuchts-Ferne, zum Beispiel zur Südseeinsel Tinian, damals ein Synonym für das Paradiesische: *Süß ists, zu irren / In heiliger Wildniß.* (MA I, 471)

So lebte er noch eine Weile hin, still in sich gekehrt und bisweilen rabiat und wütend. Dem bisherigen Vermieter wurde er lästig, er musste in ein bescheideneres Quartier umziehen. Sinclair, im Frühjahr 1806 aus Berlin zurückgekehrt, hatte mit diesem letzten Umzug schon nichts mehr zu tun. Er war mit Verhandlungen über das weitere Schicksal Hessen-Homburgs befasst.

Es zeichnete sich ab, dass dieses kleine Land politisch wohl nicht überleben würde. So kam es auch, das Antichambrieren und Intrigieren bei französischen Stellen bis hinauf zu Napoleon half nichts: Gemäß der Rheinbundakte vom Juli 1806 ging die Landgrafschaft Hessen-Homburg in dem neu geschaffenen Großherzogtum Hessen-Darmstadt auf. Damit war – zunächst – die staatliche Selbstständigkeit beendet, und es konnte deshalb auch nicht mehr einen fürstlichen Hofbibliothekar geben. Am 3. August 1806 schrieb Sinclair an die Mutter:

»Die Veränderungen, die sich leider! mit den Verhältnissen des Herrn LandGrafen zugetragen haben …, nöthigen den Herrn LandGrafen zu Einschränkungen, und werden auch meine hiesige Anwesenheit wenigstens zum Theil aufheben. Es ist daher nicht mehr möglich, daß mein unglücklicher Freund, dessen Wahnsinn eine sehr hohe Stufe erreicht hat, länger eine Besoldung beziehe und hier in Homburg bleibe, und ich bin beauftragt Sie zu ersuchen, ihn dahier abhohlen zu lassen. Seine Irrungen haben den Pöbel dahier so sehr gegen ihn aufgebracht, daß bei meiner Abwesenheit die ärgsten Mishandlungen seiner Person zu befürchten stünden, und daß seine längere Freiheit selbst dem Publikum gefährlich werden könnte, und, da keine solchen Anstalten im hiesigen Land sind, es die öffentliche Vorsorge erfodert, ihn von hier zu entfernen.

Wie sehr mich es schmerzt, können Sie glauben, aber der Nothwendigkeit muß ein jedes Gefühl weichen …« (MA III, 643)

Sinclair überließ Hölderlin seinem Schicksal. Von diesem Augenblick an existierte für ihn der lebende Hölderlin nicht mehr. Aber er gehörte mit Susette zu den Ersten, bei denen Hölderlin in seinem Werk und als Mythos fortlebte. Er wird für Hölderlin leidenschaftlich werben und sorgfältig registrieren, wo sich Anzeichen der Anerkennung oder gar des Ruhmes zeigen. Der Homburger Prinzessin Marianne etwa schrieb er auf die Frage, wie es Hölderlin ergehe, mit stolzer Genugtuung: Die Gebrüder Schlegel, Tieck und Brentano seien inzwischen »die größten Bewunderer Hölderlins«. (Zit. n. Kirchner, 181)

Das schrieb er wenige Tage nachdem Hölderlin am 11. September 1806 frühmorgens von Sanitätern mit körperlicher Gewalt in einen Wagen verfrachtet und nach Tübingen in das Authenriet'sche Klinikum transportiert worden war. Hölderlin hatte sich heftig gewehrt, wohl weil er dachte, er würde, wie zuvor Sinclair, verhaftet werden. Er versuchte mehrmals aus dem Wagen zu springen, prügelte auf die Begleiter ein und kratzte sie mit seinen langen Fingernägeln blutig. Man wollte schon umkehren. Dann gab der Insasse schließlich doch Ruhe.

Unterwegs wurde Nürtingen nicht berührt. Hölderlin hat seine Mutter von da an wohl nie mehr gesehen. Erst viele Jahre später begann er wieder, ihr Briefe zu schreiben, einer wie der andere, förmlich, gebetsmühlenhaft. Die Beziehung war abgebrochen, auch innerlich.

SECHZEHNTES KAPITEL

In Autenrieths Psychiatrie. Beim Schreinermeister Zimmer. Im Turm, Zimmer mit Aussicht. Lebbarkeit. Immer noch ein schöner Mann. Briefe an die Mutter. Am Klavier, singen. Gedichte aus dem Stegreif. Wie verrückt? Die Hauptquellen: Varnhagen von Ense, Wilhelm Waiblinger und Christoph Schwab. Wenn die Phantasie sich auf Kosten des Verstandes bereichert. Hölderlins sanfter Tod.

Man hatte Hölderlin, um ihn nicht zu beunruhigen, glauben machen wollen, die Reise ginge nach Tübingen, um dort Ankäufe für die fürstliche Bibliothek zu tätigen. So wie er sich verhielt, wird er es nicht geglaubt haben. Wahrscheinlich befürchtete er, ins Gefängnis gebracht zu werden wie zuvor Sinclair. Dass seine Bestimmung das Autenrieth'sche Klinikum in Tübingen war, wird ihm wohl keiner gesagt haben. Am 15. September 1806 wurde er eingeliefert, und man behielt ihn dort bis zum 5. Mai 1807, genau 231 Tage.

Das Tübinger Klinikum – die Keimzelle der späteren Universitätskliniken – war erst anderthalb Jahre zuvor eingeweiht worden und bestand aus zwölf Zimmern mit zusammen fünfzehn Betten. Johann Heinrich Ferdinand Autenrieth war ein junger, aufstrebender Mediziner, an der Hohen Karlsschule in Stuttgart ausgebildet. Studienaufenthalte führten ihn nach Frankreich und Nordamerika, wo er das von Benjamin Franklin, dem Vater der amerikanischen Psychiatrie, begründete berühmte Hospital von Philadelphia besuchte. Durch diese Eindrücke war bei Autenrieth, der bisher über Themen wie die Seekrankheit geforscht hatte, das Interesse an den Seelenkrankheiten geweckt worden.

Die Psychiatrie steckte als Wissenschaft erst in den Anfängen, und Autenrieth selbst war in dieser Zeit der Anfänge ein Anfänger. Hölderlin war vermutlich der erste seelenkranke Patient, den er in der neu errichteten Klinik aufnahm. Autenrieth hatte seine Grundsätze von Johann Christian Reil übernommen, dem Vorkämpfer einer aufgeklärten Psychiatrie. Körperliche Züchtigung lehnte er ab. Durch »Überredung und Vernunftgründe« sollte der Kranke geheilt, zumindest »verbessert« werden. Es war an eine »moralische Diät« (St. A. 7.2, 363) gedacht. Wenn der Kranke nicht mehr ansprechbar war und in Raserei und Geschrei verfiel, wurde eine Ledermaske eingesetzt, die zwar nicht Autenrieths Erfindung war, doch mit seinem Namen verbunden blieb. Die Maske, mit Ausschnitten für die Augen und die Nase, wurde über das Gesicht gebunden, der Mund blieb durch ein mit Rehhaaren gefülltes Polster verschlossen. Man glaubte, auf diese Weise den Kranken beruhigen zu können. Die aufgeklärten Ärzte ließen sich dabei von einem Gedanken Kants aus der praktischen Anthropologie leiten, wonach die äußerliche Höflichkeit durchaus den innerlichen Menschen bessern kann, es mithin einen Weg von außen nach innen gibt; warum sollte dann die äußere Ruhigstellung der Gesichtszüge durch die Maske nicht auch eine innere Beruhigung bewirken? Der Einsatz der Maske galt also als humane Methode, ebenso die Einrichtung des sogenannten »Pallisadenzimmers«. Das hatte Autenrieth erfunden, um tobende Kranke nicht fesseln zu müssen. Man ließ dem Kranken den ganzen Raum, verkleidete nur die gefährlichen Teile, Fenster, Ofen und so weiter, mit Pallisaden aus Holz, eine Vorform also der Gummizelle. (Vgl. Peters, 47)

Aus den Krankenakten geht nicht hervor, ob Hölderlin mit diesen Methoden – Maske, Pallisadenzimmer – traktiert wurde. Jedenfalls stellte man ihn in den ersten Wochen unter »strenge Observanz«, keine Messer und Gabeln, nur Holzlöffel, und keinen Ausgang. Erst gegen Ende des Jahres wurden Spaziergänge empfohlen.

Hölderlins Erinnerungen an den Aufenthalt in der Klinik werden wohl traumatisch gewesen sein, denn immer wenn ihm später jemand begegnete, den er damit in Verbindung brachte, konnte er rasend werden.

Sein Zustand verbesserte sich nicht. So jedenfalls berichtete es der Schreinermeister Ernst Zimmer, der den »Hyperion« gelesen hatte – der ihm »ungemein wohl gefiel« – und nun davon hörte, dass der von ihm geschätzte Dichter in der Klinik untergebracht sei. »Ich besuchte Hölderlin im Clinikum«, so heißt es in Zimmers Schilderung dreißig Jahre später, »und Bedauerte ihn sehr, daß ein so schönner Herrlicher Geist zu Grund gehen soll. Da im Clinicum nichts weiter mit Hölderlin zu machen war, so machte der Canzler Autenrieth mir den Vorschlag Hölderlin in mein Hauß aufzunehmen, er wüßte kein pasenderes Lokal. Hölderlin war und ist noch ein großer Natur Freund und kan in seinem Zimmer daß ganze Näkerthal samt dem Steinlacher Thal übersehen. Ich willigte ein, und nahm ihn auf, jetzt ist es 30 Jahre daß er bei mir ist.« (St. A. 7.3, 134) Zimmer hatte das Haus kurz zuvor am Neckarufer errichtet, wobei Teile der Stadtmauer mit einem wiederhergestellten Turm einbezogen worden waren. In diesem Turm, in einem Zimmer mit schönem Rundblick, wurde Hölderlin einquartiert, und dort lebte er die zweite Hälfte seines Lebens, sechsunddreißig Jahre lang, bis zu seinem Tod. Es hatte seinen guten Grund, dass Zimmer ausdrücklich auf dieses Turmzimmer zu sprechen kommt, denn dieser helle Raum mit den Fenstern nach verschiedenen Richtungen hatte genau jene Atmosphäre des Offenen, die Hölderlin so liebte und die gewiss dazu beitrug, dass dieses lange Leben im Turm trotz allem doch ein lebbares war. Ein Student, der fünfzehn Jahre nach Hölderlins Tod dieses Turmzimmer bezog, beschrieb die Aussicht von dort aus so: »Das eine Fenster geht hinaus auf den reißenden zwischen Weidengebüsch dahin eilenden Neckar, auf die hinter ihm thronenden Alleen, aus welchen einige freundliche Häuser hervortauchen & die ganze Aussicht umkränzt vom blauen Saume der rauhen Alp.« (St. A. 7.2, 374) Der andere Blick geht hin über die Stadtmauer und die dicht daran gebauten Häuser entlang bis zu den Ausläufern des Schlossbergs. Dort hinaus sah Hölderlin, tagein, tagaus. Er ging im Zimmer hin und her und wanderte stundenlang in der Nähe des Hauses auf einem schmalen Weg entlang der Stadtmauer, auf und ab. Weiter hinaus wollte man ihn alleine nicht lassen, auch deshalb nicht, weil das »Gratial«, eine finanzielle Unterstützung durch das Konsistorium, daran gebunden war, dass Hölderlin stets unter Aufsicht blieb. Doch es kam immer wieder vor, dass Studenten den Turmbewohner besuchten und ihn in den schönen Jahreszeiten mit hinausnahmen in die umliegenden Weinberge. Manche haben ihre Stunden mit Hölderlin in unauslöschlicher Erinnerung behalten, etwa Wilhelm Waiblinger und Eduard Mörike, und Hesse, dessen Großvater Gundert den Turmbewohner noch kannte, hat später eine wunderbare Erzählung über einen dieser Sonnentage mit Hölderlin in den Weinbergen geschrieben, »In Pressels Garten« heißt sie.

Als Autenrieth seinen Patienten an Zimmer übergab, gab er ihm höchstens noch drei Jahre. Zunächst sah es auch danach aus, denn es kam noch recht häufig zu Anfällen von »Zorn und Raserei«, nach denen der Kranke in der Regel geschwächt für einige Tage darniederlag. Einmal, es war 1812, ging es ihm so übel, dass man mit dem baldigen Tod rechnete. Doch überstand er diese Krise, und er erholte sich wider Erwarten. Von da an blieb er körperlich gesund. Er war von stabiler Konstitution. Lange Jahre war er immer noch ein schöner Mann, mit feinen Gesichtszügen, hoher Stirn, schmalen Händen; doch musste man ihn drängen, sich die Fingernägel schneiden zu lassen. Bis in die letzten Jahre hatte er noch alle seine Zähne, erst spät begannen sie auszufallen. Dann wurden die Backen hohl, und er sah so alt aus, wie er war. Bis dahin aber hatte er sich noch immer etwas Jugendliches bewahrt, das besonders zum Vorschein kam, wenn er mit Zimmers studentischen Untermietern zusammensaß. Hier wurde er, wie auch sonst im Hause, hochgeachtet und liebevoll behandelt. Die Anfälle von »Raserei« wurden seltener und verschwanden fast ganz. Hölderlin lebte ruhig dahin, er schätzte die wohltuende Regelmäßigkeit, die von den Zimmers sorgfältig bewahrt wurde, da sie ein Gespür dafür hatten, was er benötigte. Hölderlin durfte in einer Atmosphäre von Verlässlichkeit leben. Auch der Preis für Kost, Logis und Pflege blieb über die Jahre fast derselbe, um 200 Gulden im Jahr, was nicht viel war, wenn man bedenkt, dass Hölderlin nach dem Tode der Mutter ein Vermögen von annähernd 10 000 Gulden besaß, von dem ihm ein erheblicher Teil eigentlich schon vorher zustand. Doch von Geldangelegenheiten, die ihn früher so bedrückt hatten, wollte er jetzt nichts mehr wissen. Die Erbschaftsstreitigkeiten zwischen dem Halbbruder und der Schwester teilte man ihm nicht mit, wie er überhaupt eher gereizt und wütend wurde, wenn man ihm mit seiner Verwandtschaft kam. Als Karl Gok ihn Anfang der zwanziger Jahre besuchte, erkannte ihn Hölderlin nicht, jedenfalls tat er so.

Es bedurfte vielen Zuredens von Seiten Zimmers, bis Hölderlin endlich 1812 bereit war, der Mutter zu schreiben, zwei- bis dreimal im Jahr jene förmlichen, oft fast wortgleichen, höflich-steifen und nichtssagenden Briefe, in denen er für Ermahnungen dankte und neue erbat, der Mutter Gesundheit wünschte und das eigene Wohlergehen betonte; und stets die Beteuerung, sie könne seiner Treue, Liebe und seines Gehorsams gewiss sein. Einige wenige dieser undatierten Briefe stechen aus der monotonen Reihe heraus. Einmal schrieb er über die Beschwerlichkeit des Schreibens. Er sagte nicht ausdrücklich, dass ihm diese Briefe eine Qual wären, doch er entschuldigte sich dafür, dass sie ihm solche Mühe bereiten. Deshalb wollte er auch immer so schnell zum Ende kommen, wofür er sich dann auch noch mit gewundenen Formulierungen entschuldigte:

> *Ich bitte Sie, daß Sie es nicht ungütig nehmen, daß ich Ihnen immer mit Briefen beschwerlich falle, die sehr kurz sind. Die Bezeugung von dem, wie man gesinnt sei, und wie man Antheil nehme an andern die man verehrt, und wie das Leben den Menschen hingehe, diese Art, sich mitzutheilen hat eine Beschaffenheit, wo man sich auf diese Art entschuldigen muß. Ich beendige den Brief schon wieder, und nenne mich*
>
> *Ihren*
> *gehorsamsten Sohn*
> *Hölderlin.* (MA II, 942)

Einmal deutete er an, dass er nicht aus eigenem Antrieb, sondern Zimmers wegen schreibt. Es ist der kürzeste Brief und lautet so:

Ich bin so frei, mich auf Erlaubniß des gütigsten Herrn Zimmers
gehorsamst zu empfehlen und nenne mich
Ihren
gehorsamsten Sohn
Hölderlin (MA II, 956)

In einem anderen Brief spukt die Erinnerung an die demütigende finanzielle Abhängigkeit von der Mutter. Vielleicht deshalb ist dieser Brief der verwirrteste.

Ich muß Ihnen wahrscheinlich diese Tage als in Gnaden so ferne
des Pabsts gar noch eine Visite machen. Daß diese Besuche
nicht getrübt werden, berühr' ich schriftlich einen glaublicheren
oder unglaublicheren Gegenstand, die so ferne wiederhohlt
scheinenden Reden vom Vermögen.
Haben Sie doch die Güte, dieses zusammenzubringen.
Ihr
wahrhaft gehorsamer Sohn
Hölderlin. (MA II, 955)

Die Briefe an die Mutter waren mit »Hölderlin« unterschrieben, nicht mehr wie früher »Ihr Fritz« oder »Ewig Ihr Fritz« oder »meiner liebsten Mamma Sohn«. Die Mutter, die eine Begegnung mied, hat ihm eifrig geschrieben, doch keiner dieser Briefe ist erhalten geblieben. Sie zählte nicht mehr zu den Menschen, die Hölderlin für sein Leben gebrauchen konnte. Als man ihm die Nachricht von ihrem Tod überbrachte, nahm er sie ungerührt zur Kenntnis. Es war keine Zäsur für das gewohnte Leben im Turm.

Mit der Sonne stand er auf, im Sommer also sehr früh, begann dann seine Wanderungen am Hause, ruhte sich aus auf einem Sofa, das ihm der Hauswirt nach einigen Jahren ins Zimmer gestellt hatte; so brauchte er sich tagsüber nicht ins Bett zu legen. Auf dieses Sofa bat er auch die Besucher, die bei ihm vorsprachen. Es wurden immer mehr, denn allmählich wurde er zu einer Sehenswürdigkeit. Wenn er alleine blieb, wanderte er auch nachmittags wieder ums Haus herum. Er machte sich viel Bewegung und sprach dabei. Er las auch, doch meistens nur in eigenen Werken, in den späteren Jahren vor allem im »Hyperion«, der 1822 nochmals verlegt worden war und der ihm im neuen Gewande, grünes Leinen, sehr gut gefiel.

Ein einziges Mal in all den Jahren äußerte er den Wunsch, an seinem Leben etwas zu verändern. Das war, als ihn eines Tages irgendwann in den zwanziger Jahren das Verlangen anwandelte, nach Frankfurt zu gehen. So hartnäckig hielt er eine Weile daran fest, dass man ihm die Stiefel wegnahm. Das erzürnte ihn sehr, und er legte sich tagelang ins Bett. Frankfurt – das war natürlich Diotima. In der Regel mied man das Thema, die Besucher waren rücksichtsvoll genug, es nicht zu erwähnen. Einer aber schnitt es doch an und erhielt eine bemerkenswerte Antwort: »Ach meine Diotima! Reden Sie mir nicht von meiner Diotima; dreizehn Söhne hat sie mir geboren: der eine ist Papst, der andere ist Sultan, der dritte ist Kaiser von Rußland usw. (er zählte an den Fingern ab). Darauf sagte er hastig und in vollständigem Bauerschwäbisch: ›und wisset Se, wies no ganga ist? Närret is se worde, närret, närret, närret.‹« (St. A. 7.3, 301)

Zimmer hatte für seinen Sohn ein Klavier angeschafft, und auf dem durfte auch Hölderlin spielen. Und das tat er häufig, manchmal stundenlang. Es waren bekannte Weisen, doch meistenteils waren es Improvisationen, Phantasien. Und er sang dazu. Waiblinger hörte ihn oft und hat es eindrucksvoll geschildert: »Er spielt noch richtig Klavier, aber höchst sonderbar. Wenn er dran kommt, so bleibt er Tage lang sitzen. Alsdann verfolgt er einen Gedanken, der kindisch simpel ist, und kann ihn viele hundertmal hindurchdrehn und dermaßen abspielen, daß man nichts mehr aushalten kann. Zudem kommt noch ein schnelles Aufzucken von Krampf, das ihn nöthigt, manchmal blitzschnell über die Tasten wegzufahren, und das unangenehme Klappen seiner langgewachsenen Nägel … Hat er eine Zeitlang gespielt, und ist seine Seele ganz weich geworden, so sinkt zumal sein Auge zu, sein Haupt richtet sich empor, er scheint vergehn und verschmachten zu wollen, und er beginnt zu singen. In welcher Sprache, das konnte ich nie erfahren, so oft ich es auch hörte, aber er thats mit überschwänglichem Pathos, und es schauderte einen in allen Nerven, ihn so zu sehen und zu hören. Schwermuth und Trauer war der Geist seines Gesanges: man erkannte einen ehemals guten Tenor.« (St. A. 7.3, 70)

Doch es war nicht nur »Schwermuth und Trauer« im Spiel, denn wenn die Studenten im Haus ihre feuchtfröhlichen Lieder sangen, dann sang er mit. Einmal bat er sogar Lotte Zimmer, die jüngste Tochter, zum Tanze. Überhaupt war Hölderlin, wenn man ihm nicht bedeutungsheischend, sondern unbefangen-alltäglich entgegenkam, gut zu haben und gab auch »vernünftige« Antworten. So hatte sich das Leben mit den Zimmers gut eingespielt und verlief recht entspannt. Auffällig war, dass es mit dieser Entspanntheit regelmäßig vorbei war, wenn, wie Zimmer berichtet, von der »gelehrten Welt« die Rede war oder jemand aus dieser Sphäre ihm begegnete. Als Conz, mittlerweile Professor in Tübingen und vormals Hölderlins Repetent am Stift, ihn mit »Herr Magister« begrüßte, grollte er noch mehrere Tage, denn er wollte mit »Fürstlicher Hofbibliothekar« angeredet werden, jedenfalls von den Leuten aus dem einschlägigen Milieu. Er selbst pflegte Besuchern gegenüber ein ausgefeiltes Komplimentenwesen, das ernsthaft schien, doch offensichtlich nicht ganz ernsthaft gemeint war, wie die Besucher fast übereinstimmend berichten. »Eure Majestät«, »gnädiger Herr«, »Hochwohlgeboren«, »Herr General«, »Baron« – so ging das in einem fort und dazu noch die anmutigen, rokokohaft-gezierten Verbeugungen und Kratzfüße. Auf diese Weise hielt er die Leute auf Abstand. Manche baten um ein Gedicht. Ein Besucher, es war kurz vor Hölderlins Tod, schildert eine solche Szene: »Mein letzter Besuch geschah im April 43. Weil ich im Mai Tübingen verließ, bat ich ihn um ein paar Zeilen zum Andenken. ›Wie Ew. Heiligkeit befehlen‹, sagte er, ›soll ich Strophen über Griechenland, über den Frühling, über den Zeitgeist?‹ Ich bat um ›den Zeitgeist‹. Nun trat er, und mit einem Auge voll jugendlichen Feuers, an seinen Stehpult, nahm einen Foliobogen und eine mit der ganzen Fahne versehene Feder heraus und schrieb, mit den Fingern der linken Hand die Verse auf dem Pult skandirend, und nach Vollendung jeder Zeile mit Kopfnicken ein zufriedenes deutliches ›Hm‹ ausdrückend, folgende Verse« (Johann Georg Fischer; St. A. 7.3, 295):

DER ZEITGEIST

Die Menschen finden sich in dieser Welt zum Leben,
Wie Jahre sind, wie Zeiten höher streben,
So wie der Wechsel ist, ist übrig vieles Wahre,
Daß Dauer kommt in die verschied'nen Jahre;
Vollkommenheit vereint sich so in diesem Leben,
Daß diesem sich bequemt der Menschen edles Streben.
Mit Unterthänigkeit
24. Mai 1748 *Scardanelli* (MA I, 934)

So unterschrieb Hölderlin in den späteren Jahren seine Gedichte, mit einem fiktiven Datum und mit Scardanelli oder Buonarroti, und er konnte auch im Gespräch, wenn man ihn mit »Hölderlin« ansprach, darauf bestehen, er heiße nicht Hölderlin, sondern Scardanelli oder Buonarotti. Natürlich hat er irgendetwas mit diesen Namen verbunden. Bei Buonarotti ist es offensichtlich, denn dieser war ein Mitverschworener des Babeuf beim geplanten Putsch gegen das Direktorium 1797 und als solcher bei den jakobinischen Freunden um Hölderlin damals in aller Munde. Eine Reminiszenz also aus revolutionärer Zeit.

Hölderlin schrieb gerne und unablässig. Zum Glück wurde bei den Zimmers nicht am Papier gespart. Es wurde auch auf die Rechnung für Kost, Logis und Pflege gesetzt. Leider ist das meiste, was in dieser Zeit entstand, vernichtet worden. Die wenigen Gedichte, die erhalten blieben, zeigen einen Geist, der bisweilen wie eine Spieluhr allgemeine

Weisheiten herunterleiert, doch immer wieder mit eigentümlichen, auch rätselhaften Wendungen überrascht, ein Geist, der dem augenblicklichen Natureindruck zugewandt bleibt und dem dabei Schönheiten gelingen, die Mörike bewunderte. Sein Lieblingsgedicht war eines, das ihm Hölderlin im Jahre 1823 zum Geschenk machte und das mit den Versen beginnt: *Wenn aus dem Himmel hellere Wonne sich / Herabgießt, eine Freude den Menschen kommt, / Daß sie sich wundern über manches* … Besonders die Schafe, die in diesem Gedicht geradezu gespenstisch da und dort auftauchen, hatten Mörike tief angesprochen:

Über dem Stege beginnen Schaafe

Den Zug, der fast in dämmernde Wälder geht.

… Da, auf den Wiesen auch
Verweilen diese Schaafe …

Gewässer aber rieseln herab und sanft
Ist hörbar dort ein Rauschen den ganzen Tag.
(MA I, 913f.; Vs. 8–9, 13f., 25f.)

In seinen ersten Jahren im Turm plante Hölderlin sogar noch einen Almanach, wofür er täglich eine Menge Papiers vollschrieb. Darunter die ergreifend schlichten Verse: *Das Angenehme dieser Welt hab ich genossen, / Die Jugendstunden sind, wie lang! wie lang! verflossen, / April und Mai und Julius sind ferne, / Ich bin nichts mehr, ich lebe nicht mehr gerne!* (MA I, 919)

Um dieselbe Zeit entstand ein Gedicht, das Hölderlin Ernst Zimmer widmete. Zimmer schilderte in einem Brief an Hölderlins Mutter, wie es zustande kam: »So sah Er bey mir eine Zeichnung von einem Tempel Er sagte mir ich solte einen von Holz so machen, ich versetze Ihm drauf daß ich um Brod arbeiten müßte, ich sey nicht so glüklich so in Philosofischer ruhe zu leben wie Er, gleich versetze Er, Ach ich bin doch ein armer Mensch, und in der nehmlichen Minute schrieb Er mir folgenden Vers mit Bleistift auf ein Brett

Die Linien des Lebens sind Verschieden
Wie Wege sind, und wie der Berge Gränzen.
Was Hir wir sind, kan dort ein Gott ergänzen
Mit Harmonien und ewigem Lohn und Frieden.«
(MA III, 649)

Als im Jahre 1826 die von Gustav Schwab und Ludwig Uhland besorgte Gedichtauswahl herauskam, war Hölderlin nicht sonderlich erbaut. Als man ihm sagte, Uhland und Schwab hätten doch gute Redaktionsarbeit geleistet, äußerte er unmutig, »er brauche diese Hilfe nicht, er selbst könne redigiren, was er gedichtet –«. (St. A. 7.2, 380) Diese Reaktion hatte damals manche überrascht, man hatte sie ihm nicht zugetraut. Man hielt ihn für verrückter, als er war.

Wie verrückt war er denn nun?

Pierre Bertaux hat die These aufgestellt und in einem umfangreichen Buch begründet, dass Hölderlin seelisch tief verletzt war und, enttäuscht über die mangelnde Resonanz seines Werkes und zermürbt vom materiellen Lebenskampf, sich zurückgezogen habe in ein inneres Asyl. Was man damals bis heute als seine Verrücktheit bezeichnet, sei Inszenierung und Maskierung gewesen.

Wer die These vom edlen Simulanten vertritt, zitiert zumeist aus einem Brief Sinclairs an Hölderlins Mutter vom 6. August 1804, geschrieben zu einem Zeitpunkt, als Hölderlin in Nürtingen jedenfalls bereits als krank galt: »nicht nur ich, sondern außer mir 6–8 Personen, die seine Bekanntschaft gemacht haben, sind überzeugt, daß das was Gemüths Verwirrung bei ihm scheint, nichts weniger, als das, sondern eine aus wohl überdachten Gründen angenommene Äußerungs Art ist.« (MA III, 633)

Etwas absichtsvoll Forciertes im Verhalten Hölderlins gab es sicherlich, etwa bei den Begrüßungs- und Verabschiedungsritualen mit den Kratzfüßen und »Hochwürden« und »Heiligkeiten«. Auch Schelling war schon aufgefallen, dass Hölderlin, wiewohl wirklich krank, doch auch die »äußeren Manieren« der »Verrückung« angenommen habe. (MA III, 619)

Doch eine solche Maskierung und Inszenierung, wie sie Bertaux unterstellt – ist sie, über beschränkte Situationen hinaus, die ganz zweite Lebenshälfte, sechsunddreißig Jahre lang, durchzuhalten? Wohl kaum.

Es gibt eindrucksvolle Schilderungen von Hölderlins Art, sich zu geben und zu sprechen, Versuche, die sich nicht mit der Etikettierung »Wahnsinn« begnügen, sondern genauer die Besonderheiten zu erfassen suchen und die hellen und die dunklen Seiten unterscheiden, den Wechsel zwischen Verwirrtheit und Geistesgegenwart.

Varnhagen von Ense war 1808 einer der ersten Besucher, der über seine Eindrücke schrieb. Wilhelm Waiblinger äußerte sich am Ende der zwanziger Jahre am ausführlichsten und in die Tiefe gehend. In den letzten Jahren war es Christoph Schwab, der Sohn des berühmten Gustav Schwab, der Hölderlins Vertrauen gewann und seine genauen Beobachtungen in einem Tagebuch vermerkte. Diese drei sollen zum Schluss hier etwas ausführlicher zu Wort kommen.

Varnhagen von Ense, der spätere Ehemann von Rahel Varnhagen, war ausgebildeter Mediziner, als er 1808 durch Vermittlung seines Freundes Justinus Kerner, der in Autenrieths Klinik assistierte, Hölderlin im Turm besuchte. »Der arme Hölderlin! … sein Wahnsinn ist nicht gerade gefährlich, nur darf man den Einfällen nicht trauen, die ihn plötzlich anwandeln könnten. Er raset nicht, aber spricht unaufhörlich aus seinen Einbildungen, glaubt sich von huldigenden Besuchern umgeben, streitet mit ihnen, horcht auf ihre Einwendungen, widerlegt sie mit größter Lebhaftigkeit, erwähnt großer Werke, die er geschrieben habe, andrer, die er jetzt schreibe, und all sein Wissen, seine Sprachkenntniß, seine Vertrautheit mit den Alten, stehen ihm hierbei zu Gebote; selten aber fließt ein eigenthümlicher Gedanke, eine geistreiche Verknüpfung, in den Strom seiner Worte …« (St. A. 7.2, 371)

Eine bemerkenswerte Feststellung: Sein ganzes »Wissen« stehe ihm zu Gebote und er sei im eigenen Werk noch zu Hause. Das ist Geistesgegenwart, die sich zutraut, Neues zu schaffen. Dazu kommt allerdings der unaufhörliche Redestrom, in dem Hölderlin treibt, ohne einen Halt zu finden. Auf diese Beobachtungen Varnhagens gestützt, wendet der Psychiater Uwe Henrik Peters den Begriff der »Schizophasie« auf Hölderlin an: Es würde sich bei Hölderlin, schreibt Peters im Anschluss an Kraepelin, um eine »ungemein auffallende Störung des sprachlichen Ausdrucks bei verhältnismäßig geringer Beeinträchtigung der übrigen seelischen Leistungen« handeln. (Peters, 71) Der Sprachkünstler wäre also an der Sprache erkrankt, die sich der kommunikativen Funktion verweigert und die er nicht mehr in der Gewalt hat mit der Folge, dass sie ihn mit sich fortreißt, weit weg von den anderen. Aus deren Perspektive muss er dann als zugleich zerfahren und autistisch in sich versunken erscheinen. Der Redezwang, auch im Selbstgespräch, wäre dann charakteristisch für jemand, der das gesteigerte Gefühl der Lebendigkeit vor allem aus der Sprache gewinnt und der deshalb auch in der Verwirrung an sie gefesselt bleibt.

Der zweite Bericht, der die Grundlage vieler Erörterungen und Analysen bildet, ist der von Wilhelm Waiblinger, der im Unterschied zu Varnhagen mit Hölderlin einige Jahre und nicht nur einen Tag Umgang hatte. Bei Waiblinger ist es nicht eine entfesselte Sprache, die Hölderlin fortreißt, sondern es ist vor allem das zerrissene Denken, das die Zusammenhänge zerstört und nicht erlaubt, etwas Bestimmtes längere Zeit festzuhalten. »Hölderlin ist unfähig geworden, einen Gedanken festzuhalten, ihn klar zu machen, ihn zu verfolgen, einen anderen ihm analogen anzuknüpfen, und so in regelmäßiger Reihenfolge durch Mittelglieder auch das Entfernte zu verbinden. Sein Leben ist, wie wir gesehen, ein ganz inneres … Es fällt ihm etwas ein, sey es eine Erinnerung, sey es vielleicht eine Bemerkung, die ihm ein Gegenstand der Außenwelt erweckt, er fängt an zu denken. Aber nun mangelt ihm alle Ruhe, alles Stäte und Feste, um zu erfassen, was nur wie in Dunst in ihm werden wollte …, die gesammte Welt des Geistes ist ihm Schein und Nebel, und sein ganzes Wesen ist ein entschiedener freylich schrecklicher Idealismus geworden … Gerieth er auch wirklich so weit mit dem Festhalten eines Begriffs oder einer Idee, so schwindelt ihm sogleich der Kopf, er verwirrt sich nur desto stärker … Und um sich aus diesem Schwindel, der ihn allzusehr beunruhigte, herauszumachen, verfiel er nun alsobald in ein Deliriren, er sagte Worte ohne Sinn und Bedeutung, gleichsam als ob sein Geist, allzusehr angestrengt durch jene zu lange Funktion des Denkens, sich erhohlen sollte, während der Mund Worte aussprach, bey denen jener nichts zu thun hatte … Statt einem Faden, der das Vielfache verknüpfen sollte, gehen ihrer so viele durcheinander und verlieren sich dergestalt in einem wüsten Gespinst, wie in einer Spinnwebe … Nun sind ihm aber … noch eine Menge sublimer metafisischer Gedanken im Kopf, es ist ihm ferner noch ein gewisser Sinn für poetischen Anstand, für originellen Ausdruck geblieben, und er äußert sich sofort dunkel und höchst abentheuerlich, gleich unfähig, seine dunstigen aufgestiegenen Geistesblasen festzuhalten oder jenen Erinnerungen eine neue Wendung oder eine klare Consistenz zu geben, als auf der andern Seite bemüht, durch eine noch in seiner Macht gebliebene ungewöhnliche Form und Ausdrucksweise wie mit Absicht seine Verlegenheit zu verdecken … Auf diese Art ist er immer mit sich selbst beschäftigt … (Er ist) gewöhnlich dergestalt in sich versenkt, daß er nicht die mindeste Aufmerksamkeit auf das hat, was außer ihm ist. Es ist eine unermeßliche Kluft zwischen ihm und der ganzen Menschheit … So würde er, wenn man ihm gesagt hätte, ich sey gestorben, mit großem Affekt gesagt haben: Herr Jesus, ist er gestorben! – Aber er hätte im ersten Moment nichts gefühlt und nichts gedacht … denn er kann sich anderer schlechterdings nicht mehr annehmen.« (St. A. 7.3, 75–77) So war es dann auch. Waiblinger starb 1830. Man sagte es Hölderlin. Als man später wieder darauf zu sprechen kam, gab er sich erstaunt, als hörte er es zum ersten Mal, »so, lebt er nimmer?«. (St. A. 7.3, 207)

Waiblinger sieht bei Hölderlin eine doppelte Abgeschlossenheit, eine nach außen und eine im Inneren. Nicht nur ist die Verbindung zur Außenwelt im Sinne eines Austausches abgerissen; getrennt ist er auch von der eigenen inneren Gefühlswelt und dem »Dunst« der schweifenden Vorstellungen: Er kann sie sich nicht aneignen, sie geschehen ihm, gehen durch ihn hindurch; das Denken kann sie nicht festhalten, ihnen keine Gestalt geben, sie zerfließen, entschwinden.

Was aber die innere Trennung betrifft, so wird sie nur dann quälend, wenn man versucht, sich selbst zu ergreifen, wie es die kommunikative Situation erfordert. In ihr – und nur in ihr – will man als ein in sich zentriertes Selbst erscheinen und bemerkt dann verzweifelt, dass einem die Mittel dazu fehlen. Jenseits dieser Situationen verschwindet jedoch der Zwang zur Selbstaneignung, man kann sich ganz einfach geschehen lassen. Dann verschwindet diese Trennung und mit ihr auch der quälende Wille zur Selbstaneignung. Man überlässt sich dem Strom. Von dieser Art waren diese unaufhörlichen Selbstgespräche, die Hölderlin mit sich führte. Sicherlich war auch etwas Zwanghaftes dabei, doch verweisen sie auch darauf, dass es Hölderlin inzwischen ganz gut bei sich aushielt. Das mag man Autismus nennen, vorausgesetzt, man versteht dessen Schutzfunktion: Er bewahrte nämlich Hölderlin davor, durch die Zumutungen des Sozialen vollends zerstört zu werden.

Waiblingers Porträt hebt die Bezugslosigkeit hervor und nähert sich dem Befund an, für den man später die Begriffe »Spaltungsirresein« oder »Schizophrenie« verwenden wird.

Der junge Christoph Schwab indes erlebte noch einen anderen, einen zugänglicheren Hölderlin.

Beim ersten Besuch, im Januar 1841, spielt Hölderlin Klavier, ganz in sich versunken. Schwab ist ergriffen davon, es kommen ihm die Tränen: »es schien ihm zu gefallen, daß ich so gerührt war«, notiert er im Tagebuch. (MA III, 666) Hölderlin hatte ein Gespür für das Unwillkürliche, Spontane im Verhalten der anderen. Darauf konnte er angemessen reagieren. Merkte er eine Absicht, war er verstimmt. Das hatte Schwab begriffen, im Unterschied zu vielen anderen Besuchern, und er richtete sein Verhalten dementsprechend ein. Er entkrampfte sich und erlaubte es Hölderlin, sich ebenfalls zu entkrampfen: »(Ich) gab mich in meinem Benehmen mit ungezwungenem freien Anstand.«

(MA III, 666f.) Schwab kommt auf den »Hyperion« zu sprechen, der auf der Fensterbank liegt. Er bittet Hölderlin, etwas daraus vorzulesen. Das behagte diesem offenbar nicht, denn er sprach nur unsinnige Worte, einigermaßen aufgeregt. Doch veränderte sich sein Verhalten sofort, als Schwab erklärt, er wolle ihm seine Lieblingsstellen zeigen. »Nach einer der schönsten Stellen suchte ich ziemlich lang; als ich blätterte, neigte er einmal sein Haupt ganz nah zu mir und auf seinem gebrochenen Auge glänzte ein sanfter Schimmer, der mich an die idealischen, verliebten Freundschaften im Stift und mit ihnen an den Dichter des Hyperion, der dieselben auf eine so himmlische Weise verklärt hat, erinnerte.« (MA III, 667) Schwab, der zu diesem Zeitpunkt selbst noch im Stift war, fühlt sich an eigene »verliebte Freundschaften« im Stift erinnert. Und das spürt Hölderlin, und deshalb verhält er sich in diesem Augenblick fast wie ein Verliebter. Auch noch am nächsten Tag. »Ich sprach von dem so schön männlich unter ihm hinrauschenden Fluß und den schönen Abenden, worauf er leis vor sich hinsagte: ›Du verstehst mich doch auch‹. Er redet einen aber nie mit Du an, sondern spricht blos vor sich hin, was er denkt. Als ich in seinem Hyperion las, sagte er vor sich hin: ›Guck nicht so viel hinein, es ist kannibalisch‹. Als ich ihn bat, mit mir auf den Sopha zu sitzen, sagte er: ›Bei Leib nicht, es ist gefährlich‹.« (Ebd.) Man geht gemeinsam im Zimmer auf und ab, Hölderlin schaut Schwab an und bemerkt: »Der Baron ist schön.« Vielleicht war das schon zu viel an Zuwendung, jedenfalls entzieht er sich nun. Schwab weiter: »Endlich als er mich durchaus forthaben wollte, sagte er sich als gemeinen Narren verstellend: ›Ich bin unser Herrgott‹, worauf ich endlich, als er noch die Thür aufmachte, unter Verbeugungen schied.« (Ebd., 668f.)

Das sind die wichtigsten zeitgenössischen Schilderungen, die Hauptquelle, woraus sich der breite Strom der späteren Theorien über den »Wahnsinn« Hölderlins speist. Doch am besten und bündigsten hat es immer noch der Schreinermeister Zimmer getroffen: »Hölderlin hat keine fixe Idee, er mag seine Fantasie auf Kosten des Verstandes bereichert haben.« (St. A. 7.3, 134)

Am 7. Juni 1843 schrieb Lotte Zimmer, die seit dem Tod ihres Vaters Hölderlin liebevoll umsorgte, an Karl Gok:

»Ich nehme mir die Ehre Ihnen die sehr traurige Botschaft zu ertheilen von dem sanften Hinscheiden Ihres geliebten Herr Bruders. seit einige Tage hatte er einen Chartharr u wir bemerkten eine besondre Schwäche an Ihm wo ich dann zu Profeßor Gmelin ging u Er eine Arznei bekam spielte diesen Abend noch u aß in unserem Zimmer zu Nacht nun ging Er ins Bett mußte aber wieder aufstehen u sagte zu mir Er könne vor Bangigkeit nicht im Bett bleiben nun sprach ich ihm doch zu u ging nicht von der Seite Er nahm kurz einige Minuten noch Arznei es wurde Ihm aber immer banger ein Haußherr war auch bey ihm u ein anderer Herr welcher Ihm gewacht hätte mit mir nun verschied Er aber so sanft ohne noch einen besondern Todeskampf zu bekommen meine Mutter war auch bey Ihm an das Sterben dachte freilich kein Mensch von uns Die Bestürzung ist nun so groß daß mirs übers Weinen hinaus ist, u denoch dem Lieben Vater im Himmel taußendmal danken muß daß Er kein Lager hatte, u unter taußend Menschen wenige so sanft sterben wie Ihr geliebter Herr Bruder starb.« (MA III, 674f.)

Am 10. Juni 1843 fand die Beerdigung statt, bei Sturm und Regen. Von den alten Freunden und Bekannten, von der Professorenschaft war keiner da. Doch hundert Studenten folgten dem Sarg. Hölderlins Zukunft hatte wohl doch schon begonnen.

SIEBZEHNTES KAPITEL

Romantiker entdecken Hölderlin. Bettine und Achim von Arnim. Brentano, Görres. Die treuen Schwaben, das Junge Deutschland. Die ersten Ausgaben. Der junge Nietzsche liest Hölderlin. Hellingrath und Stefan George entdecken Hölderlin. Der Durchbruch. Der Missbrauch. Heidegger liest Hölderlin. Nach 1945: Unendlicher Deutung voll!

Während Hölderlins letztem Jahr in Homburg 1805/06 bildete sich im benachbarten Frankfurt um Bettine Brentano (seit 1811 Bettine von Arnim) ein erster Kreis von Bewunderern Hölderlins, der davon wohl nichts mehr mitbekommen haben wird. Der erste Akt seiner Nachgeschichte zu Lebzeiten.

Bettine erzählt mehr als dreißig Jahre später in ihrem Buch über die Günderode, wie Sinclair im Winter 1805/06 bei ihr und den Freunden die Webetrommel gerührt habe für den »kranken Hölderlin« (B. v. A, Günderode, 428), von dem sie einige Gedichte kannte, die sie bewunderte. Ihr erster Impuls war, nach Homburg hinüberzugehen, um ihn zu pflegen. Sinclair habe sie ermuntert, erzählt sie, und habe ihr gesagt: »›ja wenn sie das könnten, er würde gesund werden, denn es ist doch gewiß, daß er der größte elegische Dichter ist, … ein heiliges Pfand Gottes von der Nation …, aber … keiner ahnt ihn und weiß was für ein Heiligtum in dem Manne steckt …‹« (Ebd., 229)

Bettine schrieb aus großem zeitlichen Abstand, deshalb bleibt offen, ob sie sich wirklich schon damals Hölderlin als Seelenführer erwählt hatte. Als sie das schrieb, 1840, war das jedenfalls so. Sie hatte Hölderlin für sich gefunden und war stolz darauf, und er blieb für sie von höchster Bedeutung, vor allem in religiöser Hinsicht. Bettine hatte die traditionell-konfessionelle Frömmigkeit verloren und bei den Romantikern, zumal bei Schleiermacher, die Religion jenseits von Konfession und Kirche kennen- und schätzen gelernt; in Hölderlin nun aber entdeckte sie eine Art wiedergekehrten Christus: Jener wurde gekreuzigt, dieser, der Dichter der griechischen Götter, war wahnsinnig geworden an der stumpfen, kalten Gesellschaft. Seine Seele sei zu »fein« organisiert gewesen, schreibt sie.

Glaubt man Bettines Darstellung, dann hätte sie die Jahre über einen halb religiösen Kult um Hölderlin getrieben. Auf den Dachstuhl sei sie gestiegen und habe Hölderlins Verse aus der Sophokles-Übersetzung hinaufgesungen in den Nachthimmel, »und da weiß ich, daß auch ich von der Muse berührt bin und daß sie mich tröstet«. (Ebd., 431) Von Hölderlin habe sie gelernt, schreibt sie, dass die Sprache göttlich ist; dass wir unsere geistige Existenz der Sprache verdanken; dass wir sie deshalb mit Ehrfurcht und Dankbarkeit behandeln sollten. In der Poesie zelebrieren wir diese Dankbarkeit. Poesie ist Gottesdienst.

Für Schwab und Uhland und die anderen, die zur selben Zeit in Schwaben die Erinnerung an Hölderlin wachhielten, war das alles zu überschwänglich, doch schätzten sie das Engagement von Bettine, die am Zustandekommen der ersten Ausgabe der gesammelten Gedichte Hölderlins von 1826 einigen Anteil hatte.

Bettines Bruder Clemens gehörte auch, wie bereits erwähnt, zu den frühen Bewunderern. Er nannte 1814 »Hyperion« eines der »trefflichsten Bücher der Nation, ja der Welt« (St. A. 7.2, 430) und empfahl Rahel Varnhagen die Lektüre. Sie benötigte diese Empfehlung allerdings gar nicht mehr, denn der Ehemann hatte ihr bereits in den höchsten Tönen davon gesprochen. Auch Achim von Arnim gehörte in den inneren Kreis der Hölderlin-Bewunderer. Er ermahnte 1815 im »Rheinischen Merkur« die Fürsten, bei der Wiederaufrichtung Deutschlands nach der Befreiung von Napoleon nicht noch einmal den Fehler zu machen, die »herrlichen teutschen Geister« wie bisher ohne Förderung und Unterstützung zu lassen, und verwies in diesem Zusammenhang auf das Beispiel Hölderlin: »Auch dieser Herrliche mußte in Armuth zum Wahnsinn erkranken.« Achim von Arnim, der Patriotismus und Sinn für Schönheit miteinander verbunden sehen wollte, zitierte aus dem »Hyperion« die Sätze: »Wo ein Volk das Schöne liebt, wo es den Genius in seinen Künstlern ehrt, da weht, wie Lebensluft, ein allgemeiner Geist, da öffnet sich der scheue Sinn, der Eigendünkel schmilzt, und fromm und groß sind alle Herzen und Helden gebiert die Begeisterung …« (St. A. 7.2, 436; KA 2, 171)

Es war der romantische Publizist Joseph Görres, der Achim von Arnim auf das Politische in Hölderlins Dichtung hinwies. Görres hatte 1802 eine Rezension des »Hyperion« veröffentlicht, die unbeachtet geblieben war. Dort untersuchte er den Zusammenhang zwischen romantischem Weltschmerz und Revolutionsenttäuschung bei Hyperion und ließ durchblicken, dass es ihm auch so ergangen sei wie jenem: »Wer je entrüstet war in seinem innersten Herzen über die Schlechtigkeit des Jahrhunderts, und die Verworfenheit der gezähmten und dressierten Menschen-Natur … der wird in Hyperion einen Bruder grüßen, erstaunt wird er seine ganze Vergangenheit in ihm umarmen.« (Zit. n. Hölderlin-Handbuch, 477)

Bei diesen frühen, noch vereinzelten Lobeshymnen ist ein mitleidsvoller Ton nicht zu überhören. Hölderlin – der Märtyrer; der arme Dichter mit den zu großen Gefühlen in den zu kleinen Verhältnissen – musste er nicht untergehen? In diesem Sinne rezensierte Görres auch die bei Wilmans 1805 erschienenen »Nachtgesänge« (darunter auch »Hälfte des Lebens«). Hölderlin gleiche einem Adler, heißt es am Ende der Rezension, der »krampfhaft mit den geknickten Flügeln (schlägt), die bösen Buben auf den Straßen hetzen ihn und jagen ihn, aber wer seine Zeit kennt, und ein Gemüth im Busen hat, sieht trauernd ihm nach, wenn er vorüberflattert, und noch immer zur Sonne hinan will«. (Zit. n. Hölderlin-Handbuch, 477)

Diese Tendenz, Hölderlin zu ehren, indem man die Verhältnisse geißelt, unter denen er wohl gelitten hat, wurde beim »Jungen Deutschland« in den vierziger Jahren vorherrschend. Der politisierte Zeitgeschmack bekräftigte Hölderlins Abrechnung mit den »Deutschen«

und setzte das traurige Schicksal des Poeten auf das Schuldkonto des »alten«, reaktionären Deutschland – ein Ansporn mehr, ihm endlich ein Ende zu bereiten. Man meinte, im Geiste Hölderlins zu handeln. Man fühlte sich in seiner Schuld. Mit dem eigenen politischen Einsatz für Republik und Freiheit wollte man die Schuld gegenüber dem armen, wahnsinnigen Poeten abtragen. Herwegh schrieb 1839: »Hölderlin, der eigentliche Dichter der Jugend, dem Deutschland eine grosse Schuld abzutragen hat, weil er an Deutschland zugrunde gegangen ist. Aus unsern jämmerlichen Zuständen, ehe noch unsere Schmach voll wurde, hat er sich in die heilige Nacht des Wahnsinns gerettet, er, der berufen war, uns voranzuschreiten, und uns ein Schlachtlied zu singen. Ach! Er hat sich umsonst gewünscht zu fallen am Opferhügel, zu bluten des Herzens Blut fürs Vaterland! Thatlos schmachtet er hin an den Ufern des heimatlichen Stroms, den er so oft verherrlicht; während ich mich berausche in seinen Liedern, hat er vielleicht vergessen, daß er jemals eines gedichtet.« (St. A. 3, 198)

Man kann also nicht behaupten, Hölderlin sei völlig vergessen worden. Er blieb im Hintergrund gegenwärtig, und bedenkt man, wie gering seine Resonanz vor dem Zusammenbruch gewesen war, so verminderte sich seine Präsenz durchaus nicht. Im Gegenteil. Unter der Asche blieb ein Glutkern. Dafür sorgten auch die treuen Schwaben, vor allem Ludwig Uhland, Gustav Schwab und sein Sohn Christoph sowie Justinus Kerner.

Ludwig Uhland und Gustav Schwab brachten 1826 die erste Gedichtsammlung heraus. Allerdings war die erste Initiative von dem rührigen preußischen Leutnant Heinrich von Diest ausgegangen, der in den Kreisen der Romantiker in Berlin auf den »Hyperion« hingewiesen worden war und der die Lektüre dieses Buches als die bedeutendste Erfahrung seines Lebens bezeichnete. Er setzte sich deshalb auch für eine Neuauflage des Romans bei Cotta ein und hatte Erfolg damit: »Hyperion« erschien in zweiter Auflage 1822, blieb allerdings so gut wie unbeachtet. Von Diest unternahm seit 1820 die ersten Versuche, das in verschiedenen Frauentaschenbüchern und Musenalmanachen Verstreute zu sammeln. Schwab und Uhland konnten darauf aufbauen, und als endlich der schmale, aber schmucke Band 1826 erschien, lebte der literaturbesessene, doch auch rauflustige Leutnant nicht mehr, er war im Duell getötet worden.

Die Ausgabe von 1826 enthielt nur einen Bruchteil der Gedichte Hölderlins. Uhland sprach von der »Lava dieser Hinterlassenschaft« (St.A. 7.2, 575), die gesichtet werden müsse, um das Präsentable herauszufinden. In einem Brief an Karl Gok erläuterte Uhland seine Auswahlkriterien. Es sei das weggelassen worden, was noch nicht genügend »Eigentümlichkeit« des Poeten beweise, also die frühen, noch stark vom Vorbild Schiller geprägten Gedichte. Weggelassen worden sei auch das Späte, »worin die Klarheit des Geistes schon bedeutend getrübt erscheint«. (St.A. 7.2, 567) Uhland gab zu, dass »die Grenzlinie schwerer zu ziehen sey«. Schwab und Uhland hatten sie jedenfalls ziemlich eng gezogen. Die »Patmos«-Hymne oder »Brod und Wein« und »Heimkunft« beispielsweise blieben draußen.

Eine zweite Auflage kam 1843 heraus, ergänzt um eine Biographie, die Gustav Schwab nach den Informationen Karl Goks zusammengestellt hatte. Hölderlin erlebte diese Ausgabe noch. Bei dem Exemplar, das man Hölderlin präsentierte, war die biographische Skizze allerdings herausgeschnitten.

Drei Jahre nach Hölderlins Tod brachte der Sohn Gustav Schwabs, Christoph Theodor, der ja bereits als Student das Vertrauen Hölderlins gewonnen hatte, eine zweibändige Ausgabe heraus, die bei weitem noch nicht alle bis dahin aufgefundenen Gedichte und Fragmente enthielt, aber doch einige der ästhetisch-theoretischen Texte, wie der »Grund zum Empedokles«, und unter den biographischen Dokumenten des zweiten Bandes neben einigen Briefen eine Sammlung von »Gedichten aus der Zeit des Irrsinns«. Diese wollte der Herausgeber nicht in den ersten, dem literarischen Werk vorbehaltenen Band aufnehmen, sie galten ihm als bloße Lebensdokumente. Die Sammlung von Gedichten aus der Zeit des »Irrsinns« reicht in die Jahre vor 1806 zurück – den Beginn des Wahnsinns datierte Christoph Schwab auf das Jahr 1802 – und enthält darum als Beispiele für »Irrsinns«-Dichtung manche der fragmentarischen Hymnen der Spätzeit, die ein halbes Jahrhundert später durch Hellingrath allerhöchstes Ansehen gewannen.

Eine weite Verbreitung erreichte diese Ausgabe nicht, auch nicht der ebenfalls von Christoph Schwab veranstaltete Auswahlband von 1874. Da aber Hölderlin-Gedichte seit der Jahrhundertmitte nun auch in Lesebüchern für die Schule auftauchten und seit den siebziger Jahren in »Meyers Groschenbibliothek der deutschen Classiker« und Reclams »Universalbibliothek«, stand Hölderlin zwar weiterhin hinter den sogenannten »Klassikern« weit zurück, doch völlig vergessen war er durchaus nicht. Von der Reclam-Ausgabe wurden bis Ende des Jahrhunderts immerhin mehrere Zehntausend Exemplare verkauft.

In einer dieser wohlfeilen, weit verbreiteten Ausgaben lernte der junge Nietzsche auf Schulpforta Hölderlin kennen und machte ihn für sich zur Leitfigur. In einem Aufsatz legte er sich mit dem gerade bei den Schulmeistern grassierenden Vorurteil über die sogenannten »Tollhäuslergedanken« (Nietzsche JN 2, 2) Hölderlins an. Der junge Nietzsche machte sich Hyperions Kritik an den Deutschen zu eigen. Es würden ihnen, schreibt er, bittere »Wahrheiten« gesagt, denn gerade auf hohem Kulturniveau drohe die Gefahr des Rückfalls ins »Barbarentum«. Und was ist das »Barbarische« an den Deutschen? Nietzsches Antwort, die er später ähnlich in der ersten »Unzeitgemäßen Betrachtung« geben wird, lautet: Es ist die freiwillige Einschränkung auf den »bloßen Fachmenschen, den Philister«. Für den jungen Nietzsche ist Hölderlin der Dichter des Heimwehs nach der verlorenen Fülle und Einheit, die es einst in der griechischen Antike gegeben haben soll. Hölderlin gilt ihm als König in einem noch unentdeckten Reich, und der Schüler fühlt sich mit einigem Stolz als Apostel, der das Licht in die Finsternis bringt, aber die Finsternis hat's nicht begriffen. Der korrigierende Lehrer notierte unter dem Aufsatz: »Ich muß dem Verfasser doch den freundlichen Rath ertheilen, sich an einen gesunderen, klareren, deutscheren Dichter zu halten.« (ebd. 2, 430)

Nietzsche wird den Rat seines Lehrers nicht befolgen, er wird weiter an Hölderlin festhalten und manche Anregung von ihm empfangen. Nietzsches Entdeckung der dionysischen Grundkraft in der griechischen Kultur, des Elementaren, Wilden und Vitalen an ihr – das vollkommene Gegenbild also zu Winckelmanns Antike – ist nicht zuletzt auch angeregt worden von Hölderlins Antike. Bei Hölderlin lernte Nietzsche den nichtakademischen Umgang mit den Göttern Griechenlands, und durch ihn erhielt er eine erste Vorstellung von jenen Lebensmächten, die sich in solchen Göttern verkörpern mochten.

Nietzsche las auch in den Briefen Hölderlins (im zweiten Band der Ausgabe von 1846). Ein Brief, und zwar der vom 24. Dezember 1798 an Sinclair, faszinierte ihn besonders, und er zitiert eine Passage in der zweiten »Unzeitgemäßen Betrachtung« (Vom Nutzen und Nachtheil der Historie für das Leben). Die zitierten Sätze lauten: *»ich habe auch hier wieder erfahren, was mir schon manchmal begegnet ist, dass mir nämlich das Vorübergehende und Abwechselnde der menschlichen Gedanken und Systeme fast tragischer aufgefallen ist, als die Schicksale, die man gewöhnlich allein die wirklichen nennt.«* (Nietzsche 1, 300; MA II, 722) Auch Theorien und Wahrheiten sind sterblich, kommen und vergehen im Strom der Zeit – das ist der Gedanke, den der junge Nietzsche aufgreift in einem Augenblick, da er sich verabschiedet vom Glauben an ewige Werte und dauerhafte geistige Substanzen. Nietzsche wird in dem Brief sicherlich weitergelesen und dort die Umrisse einer pluralen Ontologie gefunden haben, ein ziemlich kühnes Gedankenexperiment Hölderlins. Es sei, schrieb Hölderlin, *die erste Bedingung alles Lebens und aller Organisation, daß keine Kraft monarchisch ist im Himmel und auf Erden.* (MA II, 723) Alles läuft darauf hinaus, dass es Einzelheiten gibt, alles ist individualisiert, es gibt auch nicht den einen Gott über allem, sondern jeder hat seinen Gott in sich, überall ist der Mittelpunkt. Das sind Gedanken, die in Nietzsches Perspektivismus später mächtig widerhallen.

Wenn man Hölderlin in der zweiten Hälfte des 19. Jahrhunderts auch nicht vergessen hatte, so war doch der Zeitgeist, gegen den ja auch Nietzsche ankämpfte, einem poetischen Geist wie Hölderlin nicht gewogen.

Es ist schon erstaunlich, wie seit der Mitte des 19. Jahrhunderts, nach den idealistischen Höhenflügen des absoluten Geistes, plötzlich überall die Lust aufkam, den Menschen kleinzumachen. Es begann die Karriere der Denkfigur: »der Mensch ist nichts anderes als …« Für die Romantik hob bekanntlich die Welt zu singen an, wenn man nur das Zauberwort trifft. Die Poesie und Philosophie der ersten Jahrhunderthälfte war das hinreißende Projekt, immer neue Zauberworte zu finden und zu erfinden. Die vorherrschende prosaische Gesinnung der zweiten Jahrhunderthälfte aber hegte Misstrauen gegen das Romantische, Metaphysische oder sonst Überschwängliche. Der Realismus und wissenschaftlich fundierte Naturalismus der zweiten Jahrhunderthälfte brachte das Kunststück fertig, klein vom Menschen zu denken und doch Großes mit ihm anzustellen, wenn man denn die moderne wissenschaftliche Zivilisation, von der wir alle profitieren, »groß« nennen will. Jedenfalls begann im letzten Drittel des 19. Jahrhunderts die jüngste Moderne mit einer Gesinnung, der alles Überspannte und Phantastische zuwider war.

Der Siegeszug von Positivismus und Materialismus war durch kluge Einwände nicht aufzuhalten, vor allem deshalb nicht, weil ihm ein besonderes Metaphysikum beigemischt war: der Glaube an den Fortschritt. Wenn wir die Dinge und das Leben herunteranalysieren bis auf seine elementaren Bestandteile, dann werden wir, so lehrt dieser Glaube, das Betriebsgeheimnis der Natur entdecken. Wenn wir herausbringen, wie alles gemacht ist, sind wir imstande, es nachzumachen. Ein Bewusstsein ist hier am Werk, das allem auf die Schliche kommen will, auch der Natur, die man – im Experiment – auf frischer Tat ertappen muss, und der man, wenn man weiß, wie sie läuft, zeigt, wo es langgeht.

Nietzsche sprach mit Blick auf diese Epoche von der Verwandlung der Gesellschaft in ein Arbeitshaus. Noch weit über ihre praktische Bedeutung hinaus wurde Arbeit zum Bezugspunkt aller Bedeutsamkeiten und Wertschätzungen. Arbeit wurde zum neuen Heiligtum, eine

Art Mythos, der die Gesellschaft zusammenhält. Das Bild der großen Gesellschaftsmaschine, die den Einzelnen zum Rädchen und Schräubchen macht, okkupierte die Selbstdeutungen der Menschen und gab den Orientierungshorizont vor. Die Gesellschaft und die dominierende Geisteshaltung hatte sich also genau in jene Richtung entwickelt, die Hölderlin geahnt und befürchtet hatte: die *Götternacht*.

Doch gerade auch durch Nietzsche, den eine große Öffentlichkeit nach seinem Zusammenbruch 1890 zu entdecken begann, hatte sich die geistige Atmosphäre so gewandelt, dass sie auch die Wiederentdeckung Hölderlins begünstigte. Der Stimmungsumschwung betraf drei Aspekte: »Leben« als neues Zauberwort; die Rangerhöhung von »Jugend« und neureligiöses Experimentieren.

Nicht nur durch Nietzsche, aber durch ihn vor allem hatte das Wort »Leben« einen neuen Klang bekommen, geheimnisvoll und so verführerisch, dass manche, wie der Philosoph Rickert, vor der »bloß lebendigen Lebenszappelei« (Rickert, Die Philosophie des Lebens, 155) warnten. »Leben« wurde zu einem Zentralbegriff wie vormals »Sein«, »Natur«, »Gott« oder »Ich«, ein Kampfbegriff auch gegen den halbherzigen Idealismus der Pflicht im bürgerlichen Leben und gegen einen seelenlosen Materialismus. Es wiederholte sich der Protest von Sturm und Drang und Romantik. Leben – verstanden als Aufbruch zu fernen Ufern und zu sich selbst, zur eigenen schöpferischen Lebendigkeit. »Leben« wird die Losung auch der Jugendbewegung, des Jugendstils, der Neuromantik, der Reformpädagogik. Im Gründungsmanifest der einflussreichen Zeitschrift »Jugend« (1896), heißt es: »Jugend ist Daseinsfreude, Genußfähigkeit, Hoffnung und Liebe, Glaube an die Menschen – Jugend ist Leben, Jugend ist Farbe, ist Form und Licht.« (Zit. n. Glaser, 146) Kein Wunder, dass in dieser Zeitschrift auch Hölderlins Verse abgedruckt wurden. In diesen Jahren begann Hugo Höppner, der sich »Fidus« nannte, seine sonnenanbetenden nackten Figuren zu malen und lebensreformerische Siedlungsprojekte zu gründen. In diesen Kreisen las man Nietzsches »Zarathustra« und eben auch – Hölderlin.

Noch Mitte des Jahrhunderts wollte die bürgerliche Jugend alt aussehen. Damals galt Jugend als Mangel und das »Leben« als etwas Ernüchterndes, die Jugend sollte sich daran gefälligst die Hörner abstoßen. Nun aber musste das Alter sich rechtfertigen und stand unter dem Verdacht, abgestorben und erstarrt zu sein. Eine ganze Kultur, es ist die wilhelminische, wurde vor den »Richterstuhl des Lebens« (Dilthey) zitiert und mit der Frage konfrontiert: Lebt dieses Leben noch? Im Zeichen dieser Rangerhöhung von Jugendlichkeit wurde Hölderlin zum Ideal des schönen Jünglings verklärt.

Mit Jugendstil und Lebensphilosophie verbunden war auch eine neureligiöse Bewegung. Man wollte sich mit der großen »Entzauberung« durch Rationalisierung nicht abfinden und suchte Auswege aus dem »stählernen Gehäuse« (Max Weber) der Moderne. Auch hier hatte Nietzsche die Stichworte geliefert, denn er hatte nicht nur den Tod Gottes verkündet, sondern sich auch über die religiöse Einfallslosigkeit der Gegenwart mokiert mit der Frage: Warum immer noch kein neuer Gott!? Die neureligiösen Bewegungen entdeckten ihren Buddha, Zarathustra oder Dionysos, man hielt hier auch Ausschau nach neuen Offenbarungen. Hölderlin mit seinen Göttern passte durchaus in dieses geistige Umfeld. Wilhelm Dilthey, der akademische Präzeptor der Lebensphilosophie, schrieb 1905 in einem für Hölderlins Ansehen nun auch in der akademischen Welt bahnbrechenden Aufsatz: »Es ist ein alter Glaube, daß in unberührten Seelen die Götter sich kundtun und die Zukunft der Dinge offenbaren. Hölderlin lebte in solcher fromm behüteten Reinheit und in lauterer Schönheit des Wesens.« (Dilthey, 242)

In Hölderlin haben sich neue Götter kundgetan, erklärte also dieser Professor, ohne Ambitionen, daraus etwas machen zu wollen. Im Unterschied zu Stefan George, den die neuen Götter Hölderlins in Verzückung versetzten und der durchaus gewillt war, daraus etwas zu machen – für sich, aber auch für eine ganze neue Kultur, die er mit gehörigem Selbstbewusstsein stiften wollte. Sein »Kreis« sollt eine Vorform dafür sein.

Zu diesem Kreis gehörte Norbert von Hellingrath, der bei der Vorbereitung seiner Dissertation über Hölderlins Pindar-Übersetzung in der Stuttgarter Staatsbibliothek auf Teile des bisher noch unbekannten oder ausgeschiedenen Nachlasses stieß und dem in einer Art Bekehrungserlebnis das Spätwerk, das er hier fand, zur Offenbarung wurde. Es sei der »Beweis für das fast Unglaubhafte: daß noch unser kindlich wahrer Glaube die Götter herabrufen kann, daß die Sage, echtes mythisches Denken, unter uns Spätgeborenen noch nicht erstorben ist«. (Hellingrath, 60)

Der 1888 geborene Hellingrath hatte gleich nach der Entdeckung der Handschrift Hölderlins in Stuttgart im November 1909 eine Abschrift einiger Pindar-Übersetzungen an den befreundeten Karl Wolfskehl geschickt, der sie umgehend an George weiterleitete, und der fuhr nach München, um den auch äußerlich ansprechenden jungen Mann kennenzulernen. Eine Probe der Hölderlin'schen Pindar-Übertragungen erschien 1910 in den vom George-Kreis herausgegebenen »Blättern für die Kunst«.

Hellingrath arbeitete nun, von George ermuntert, an einer neuen Gesamtausgabe, deren wichtigster Band der vierte war, der die späten, bis dahin unveröffentlichten, zumeist fragmentarischen Hymnen enthielt. Diesen vierten Band, der eine Sensation werden sollte, bereitete Hellingrath 1913/14 in Heidelberg vor, wohin George ihn geholt hatte, um ihn in der Nähe zu haben.

George war wie elektrisiert. Die Ereignisse um die Vergötterung des Knaben Maximilian Kornberger, »Maximin«, lagen nunmehr zehn Jahre zurück (1902–1904, Tod Maximilians), und das Echo des Kultes hallte noch 1907 im »Siebenten Ring« nach. Das war alles also noch sehr lebendig. George hatte sich in diesem Zusammenhang ausdrücklich als Seher-Prophet inszeniert, und nun hatte er in Hölderlin, durch Hellingraths Entdeckungen, einen würdigen Vorgänger bekommen, so glaubte er. In Heidelberg, damals das Zentrum des Kreises, las man im Winter 1913/14 gemeinsam jene Fragmente, die Hellingrath nach und nach zum Vorschein brachte, und in diesen Monaten schrieb George seine berühmte »Lobrede« auf Hölderlin, die später in »Tagen und Taten« erschien, dort übrigens in unmittelbarer Nachbarschaft zu der »Vorrede zu Maximin«, Georges Gedenkschrift zum Tode des vergöttlichten Knaben. Hölderlin, so George, sei zum »quell der sprache« hinabgetaucht, habe den tief verborgenen deutschen Geist berührt und daraus Kraft gewonnen und es sei ihm gelungen, diesen Geist »aus barbarischer wirrnis und triebhaften gestürme zur hellenischen klarheit hinaufzuläutern«. (George 2, 300) Bei Hölderlin sei bereits zur poetischen Tat geworden, was für Nietzsche das Fundament einer kulturellen Erneuerung war, nämlich die Verknüpfung des Dionysischen und Apollinischen. Ein poetisches Großereignis, doch auch ein nationales. Hölderlin sei »mit seinen eindeutig unzerlegbaren wahrsagungen der eckstein der nächsten deutschen Zukunft und der rufer des Neuen Gottes«. (Ebd., 301) Was immer das nun im Einzelnen bedeuten mochte.

Geschrieben wurde dieser Text unmittelbar vor Ausbruch des Krieges, aber erst nach dem Krieg gab ihn George zur Veröffentlichung frei. Der »Neue Gott« sollte offenbar nicht als der Gott des gegenwärtigen Krieges missverstanden werden.

Norbert von Hellingrath, der, ehe er in den Krieg zog, eine vorgezogene, separate Ausgabe des vierten Bandes als Sonderdruck an den »Kreis« und andere ausgewählte Empfänger, beispielsweise Hofmannsthal, verschickte, hielt im Frühjahr 1915 in München während eines Genesungsurlaubs nach einem Reitunfall zwei Vorträge vor erlesenem Publikum, darunter Klages, Rilke und Wolfskehl: der eine über Hölderlins »Wahnsinn«, der andere über »Hölderlin und die Deutschen«.

In der deutschen Öffentlichkeit hatten bei Kriegsausbruch zahlreiche Intellektuelle, Künstler, Gelehrte den Krieg begrüßt und sich als das »Volk Goethes« bezeichnet. Gerichtet waren diese Aufrufe gegen die alliierte Propaganda, wo vom deutschen »Hunnensturm« und deutscher »Barbarei« die Rede war. An den Ausdruck »Volk Goethes« knüpfte Hellingrath an und gab mit der Umdeutung zum »Volk Hölderlins« dem Ganzen eine Wendung, die gar nichts mehr zu tun haben sollte mit Chauvinismus und trotzig-aggressiver Selbstbehauptung. Es ist nicht das offiziell-dominierende, sondern das »geheime Deutschland«, das in Hölderlin sich Ausdruck verschafft, erklärte Hellingrath. Er übernahm diesen Ausdruck von Wolfskehl, der ihn zum ersten Mal 1910 im Blick auf den George-Kreis verwendet hatte. Bei Wolfskehl war damit ein »besseres« Deutschland gemeint, ein anderes jedenfalls als das wilhelminisch auftrumpfende. Daran also knüpfte Hellingrath an und erklärte: »Ich nenne uns das ›Volk Hölderlins‹, weil es zutiefst im deutschen Wesen liegt, daß sein innerster Glutkern unendlich weit unter der Schlacken-Kruste, die seine Oberfläche ist, nur in einem geheimen Deutschland zutage tritt; sich in Menschen äußert, die zum mindesten längst gestorben sein müssen, ehe sie gesehen werden, und Widerhall finden; in Werken, die immer nur ganz wenigen ihr Geheimnis anvertrauen, ja den meisten ganz schweigen, Nicht-Deutschen wohl nie zugänglich sind; weil dieses geheime Deutschland so gewiß ist seines innern Wertes oder so unschuldig unbekannt mit der eigenen Bedeutung, daß es gar keine Anstrengung macht, gehört, gesehen zu werden. Und weil, wenn Goethe trotz seiner Größe und seiner wahren Glut zu solcher Breite des Daseins sich ausweiten durfte …, Hölderlin das gleichzeitige, größte Beispiel ist jenes verborgenen Feuers, jenes geheimen Reiches, jener stillen unbemerkten Bildwerdung des göttlichen Glutkerns.« (Hellingrath, 16)

In den Jahren, als Hellingrath den späten Hölderlin entdeckte, war auch die erste umfassende psychiatrische Untersuchung erschienen, Wilhelm Lange-Eichbaums »Hölderlin. Eine Pathographie« (1910). Darin war gerade der Teil des Werkes, der für Hellingrath zum Allerheiligsten gehörte, als schwer von »Dementia präcox« gezeichnet benannt worden. Hellingrath setzte das sehr zu, denn er fühlte sich auch persönlich dem Irrsinnsverdacht ausgesetzt. An seinen Doktorvater von der Leyen schrieb er: »alles feindliche des 19. Jahrhunderts quälte mich im täglichen verkehr: das schreckliche Buch eines psychiaters der nebenbei auch noch mir persönlich – denn ich habe manches mit

H(ölderlin) gemeinsam das ich vielleicht besser nicht hätte – aufs höflichste mit psychopathischer Minderwertigkeit und künftigem Irrenhaus begegnete«. (Zit. n. Hölderlin-Handbuch, 424)

So tief ihn die Angriffe auch verletzten, Hellingrath ließ sich nicht entmutigen, er verschärfte die Gegensätze noch und rückte dabei keinen Deut von seiner Position ab: »was dem andern nur noch katatonisches Wortgeklingel schien: darin sehen wir die letzte Reife und heilige Höhe des Dichters …« (Zit. ebd., 424)

Hellingrath erlebte den ganz großen Durchbruch Hölderlins mit dem Erscheinen des vierten Bandes der Gesamtausgabe Ende 1917 nicht mehr. Er fiel im Dezember 1916 vor Verdun.

Hölderlin war nun eine Ikone, für die Vaterländischen und für diejenigen, die sich dem geheimen, dem besseren Deutschland zugehörig fühlten. Claus Schenk von Stauffenberg etwa wurde im George-Kreis literarisch mit Hölderlin sozialisiert und bei der Hinrichtung am 20. Juli 1944 soll er gerufen haben: »es lebe das geheime Deutschland!«, nach anderer Überlieferung allerdings: »es lebe das heilige Deutschland!« (Karlauf, 32; Riedel, 5)

Vergessen wir nicht: Hölderlin hatte bei Herder gelernt, dass jedes Volk, jede Gemeinschaft eine sinnstiftende Mitte, einen belebenden Zusammenhang, einen »Genius« braucht und hat. Für Hölderlin waren diese so verstandenen Herder'schen »Volksgeister« – *Götter.* Und er war überzeugt, dass die wahrhaften Dichter die Verbindung herzustellen hätten zwischen dem Volk und seinen Göttern:

> *Doch uns gebührt es, unter Gottes Gewittern,*
> *Ihr Dichter! mit entblößtem Haupte zu stehen,*
> *Des Vaters Stral, ihn selbst, mit eigner Hand*
> *Zu fassen und dem Volk' ins Lied*
> *Gehüllt die himmlische Gaabe zu reichen.*
> (MA I, 263; Vs. 56–60)

Das war ein gewaltiger Anspruch, und für die besten Köpfe des Geheimen Deutschland hatte Hölderlin ihn eingelöst. Doch Hölderlin galt auch viel bei anderen, die in den zwanziger Jahren und noch fataler in nationalsozialistischer Zeit Hölderlin zum völkischen Autor verzerrten. Als hätte sein Gedicht vom »Tod fürs Vaterland« nicht einer künftigen deutschen Republik, dem Vaterland der Demokratie, gegolten. Als hätte er nicht ein Volk im Sinne gehabt, welches *das Schöne liebt, wo … der Eigendünkel schmilzt, und fromm und groß sind alle Herzen und Helden gebiert die Begeisterung.* (MA I, 757; Vs. 18–22)

Hölderlins hohe und zugleich sanfte Sangesart hat nicht verhindern können, dass man versuchte, mit Hölderlin zu trommeln. 1943 schickte man eine Feldauswahl in einer Auflage von 100 000 Exemplaren an die Ostfront. Es genügte den Propagandisten der Hinweis, dass für Hölderlin das Vaterland etwas Heiliges gewesen sei und er sich deshalb eigne als »der gute Kamerad unserer Männer«. (Zit. n. Hölderlin-Handbuch, 445)

Diese Feldauswahl war allerdings das Werk des Gründerkreises der »Großen Stuttgarter Ausgabe« (St. A.), der im Jahr des hundertsten Todestages von Hölderlin seine Arbeit aufgenommen hatte. Man ließ sich also einspannen, doch sonst leisteten die Gelehrten um Friedrich Beißner tadellose Arbeit und wussten sich weiterer ideologischer Vereinnahmungen zu erwehren. Gegenüber den Schikanen bei der Papierzuteilung und der Verteilung von Druckkapazität war man hilflos. Die Ausgabe, acht Bände unterteilt in fünfzehn Teilbände, wurde erst 1985 abgeschlossen. Sie liegt allen anderen Hölderlin-Ausgaben zugrunde, mit Ausnahme der sogenannten »Frankfurter Hölderlin-Ausgabe« von 1975 ff., die editorisch ganz eigene Wege gegangen ist: Jede Vorstufe wird – sogar als Faksimile der Handschrift – erfasst. Dokumentiert wird also nicht so sehr das Fertige, sondern die allmähliche Verfertigung eines Gedichtes, das eigentlich nie fertig werden kann. So lässt sich auch etwas aus Hölderlin gewinnen, nämlich die Geschichte einer unendlichen, nie ans Ziel kommenden Annäherung an einen absoluten Text.

Auf eine besondere Geschichte von unendlicher Annährung sei noch hingewiesen. Es ist die Geschichte, wie Heidegger mit Hölderlin umgeht. Der tiefsinnige Schwabe aus Meßkirch, auf den Spuren des Seins, fühlte sich dem tiefsinnigen Poeten aus Nürtingen, auf den Spuren der Götter, innig verbunden. Das ging so weit, dass Heidegger die Verbundenheit mythisch überhöhte. Hölderlin war in seiner »Ister«-Hymne dem Lauf der Donau *rükwärts* (MA I, 476) zum Ursprung gefolgt. Nicht ohne Stolz hatte Heidegger dann gesprächsweise darauf hingewiesen, dass dieser Ursprung, die Landschaft der jungen Donau, seine Heimat ist. Er kommt also von dorther, wohin Hölderlin sich zurückträumt.

Hatte Heidegger von Jugend an eine innige Beziehung zu Hölderlin, so brachte doch erst sein Scheitern als erster nationalsozialistischer Rektor in Freiburg 1934 ihn dazu, Hölderlin zum großen Thema seiner Lehre zu machen. Von da an datiert sein lebenslanges öffentliches »Zwiegespräch«, wie er es nannte.

Kurz bevor Heidegger im Wintersemester 1934/35 seine erste Hölderlin-Vorlesung über die Hymnen »Germanien« und »Der Rhein« hielt, hatte er an Jaspers geschrieben, »zwei Pfähle im Fleisch« würden ihn quälen, »die Auseinandersetzung mit dem Glauben der Herkunft und das Mißlingen des Rektorats«. (Heidegger/Jaspers, Briefwechsel, 157)

Heidegger wählte sich Hölderlin zum Helden, um dieses doppelte Problem bewältigen zu können, das des Glaubens und das der politischen Verfehlung. Mit Hölderlin gelang ihm beides. Hölderlin wurde ihm zu einem neuen »Führer«; er brauchte nicht mehr jemanden wie Hitler. Und Hölderlin war ihm ein »Führer« in ein neues Reich des Religiösen, das »Seyn«, das er nun mit Ypsilon schrieb, wie auch Hölderlin.

Heidegger näherte sich zunächst vor allem dem vaterländischen Hölderlin, den er »eine Macht in der Geschichte unseres Volkes« (Heidegger GA 39, 214) nannte, eine Macht allerdings, die noch nicht wahrhaft zum Vorschein gekommen sei. Das möchte Heidegger ändern.

Wie kann Dichten eine Macht werden, fragt Heidegger und antwortet mit einer ganzen Philosophie der kulturstiftenden Tat, die ein neues »Seyn« zu enthüllen vermag. Dichten, Denken, Politik haben gemeinsam, dass sie Werke von großer Mächtigkeit hervorbringen. Das Dichten gibt dem Leben die Stimmung, das Denken macht es bewusst, und die Politik gibt ihm die Ordnung des Zusammenlebens.

Was das Letztere betrifft, so hatte für Heidegger Hitler soeben die Ordnung des Zusammenlebens verändert und neu gestaltet, die er, Heidegger, als nationalsozialistischer Revolutionär begrüßt hatte. Doch dann hatte er gemerkt, dass er sich getäuscht hatte, dass die gesellschaftliche Wirklichkeit auf andere Weise anders geworden war, als er sich das vorgestellt hatte. Und hier kommt die Macht der Dichtung, und eben Hölderlin, ins Spiel. »Es kann sein, daß wir dann eines Tages aus unserer Alltäglichkeit herausrücken und in die Macht der Dichtung einrücken müssen, daß wir nie mehr so in die Alltäglichkeit zurückkehren, wie wir sie verlassen haben.« (Heidegger GA 39, 22)

Wo aber ist Heidegger, wenn er bei Hölderlin »einrückt«? Er ist, um es kurz zu sagen, im »Seyn« – in dem von Hölderlin und ihm selbst erschlossenen. Das verwandelt, und man wird dann als ein Verwandelter ins Alltägliche zurückkehren können. Es handelt sich, mit anderen Worten, um genau jenes Geschehen im Erlebnis des Schönen, das Rilke in dem Appell verdichtet: »du musst dein Leben ändern«.

So vertieft sich also Heidegger in Hölderlins Welt, die Naturbilder und poetischen Landschaften liebevoll nachzeichnend, doch auch raunend und weihevoll die Sentenzen umkreisend und immer darauf bedacht, dass er selbst, der Denker, im Spiel bleibt als der Einzige, der den Ball, den Hölderlin geworfen hat, auffangen kann. Gewiss wird man bei alledem auch in Hölderlin hineingezogen, doch mehr noch in Heidegger. Es geht bei Heideggers Deutungsspiel letztlich um Erlösung, um Heimkehr in eine Welt der geistigen Fülle, die sich nicht der Abschließung, sondern der offenen Weite verdankt. Heidegger nennt sie im Anschluss an Hölderlin »das Geviert« aus Erde und Himmel, Götter und Menschen. Hölderlins emphatische Rede vom *Offenen* hat

Heidegger bezaubert, und sie hat ihm wirklich geholfen, dem Bann der nationalsozialistischen Ideologie zu entrinnen. Denn das »Volk«, von dem Heidegger zwar weiterhin spricht, ist nun aber nicht mehr das »völkische«, sondern das Volk Hölderlins.

Wahrscheinlich gibt es keinen anderen großen Philosophen, der so wie Heidegger sein Denken mit dem Dichten eines Poeten verbunden hat. Ob das immer zum Vorteil Hölderlins war, ist allerdings fraglich.

Nachdem Hölderlin in der Zeit des Nationalsozialismus ganz offensichtlich ideologisch missbraucht worden war, rief Adolf Beck, der zum Mitarbeiterkreis der Stuttgarter Ausgabe gehörte, nach 1945 dazu auf, zurückzukehren »zur Auslegung und Exegese, zur Erschließung des Gedichtes als eines konkreten, in sich vollendeten und ruhenden Gebildes« (Zit. n. Hölderlin-Handbuch, 449). Doch Hölderlins Gedichte ruhen nicht so in sich selbst, dass sie nicht doch immer aufs Neue die Interpreten beunruhigen und zu weit ausgreifenden Sinnstiftungen im Anschluss an Hölderlin anregen. Der theologisch-religiöse und der philosophische Gehalt von Hölderlins Werk kommt dem entgegen. Hölderlins Wort vom *Dichter in dürftiger Zeit* veranlasste die großformatige geschichtsphilosophische Deutung, wonach dieser Dichter das »Heilige« poetisch vergegenwärtigt und damit als einer der Letzten die Erinnerung daran in einer transzendenzlosen Moderne bewahrt. Und da Hölderlin weitgehend unverstanden blieb und schließlich zusammenbrach, sah man ihn schließlich als Märtyrer im Untergang des religiös geprägten »Abendlandes«. Vor diesem numinosen Hintergrund höchster tragischer Bedeutsamkeit vollzog sich die im Einzelnen geistreich interpretierende, im Übrigen fleißige philologische, editorische und biographische Detailarbeit.

Die Rätselfigur Hölderlin stachelt bis heute die Literaturwissenschaft zu Höchstleistungen an, und zwar gerade weil Hölderlin im breiten Publikum kaum mehr gelesen wird und deshalb das Korrektiv einer unbefangenen, unmittelbaren und nichtakademischen Lektüre fehlt. So wird Hölderlin, zu bedeutsam fürs Vergessen, zum Anlass des Schaulaufens der jeweils aktuellen Methode, sei sie nun geschichtsphilosophisch, immanent, soziologisch, strukturalistisch oder dekonstruktivistisch. Irgendetwas lässt sich immer erbeuten. Hatte Hölderlin nicht selbst erklärt, sein Werk sei *unendlicher Deutung voll*?

Auch die Philosophen haben in den letzten Jahrzehnten, wie noch nie zuvor, Hölderlin für sich entdeckt, allen voran Dieter Henrich und dann auch Manfred Frank. Auf der sehr schmalen Basis der wenigen explizit philosophischen Texte Hölderlins haben sie höchst ausführliche Erörterungen angestellt, die Hölderlins Versuche zur Überwindung der subjektivistischen Aspekte in der Gründungsphase des Deutschen Idealismus zum Thema haben. Hölderlin, der über die Freundschaft mit Hegel und Schelling aktiv in diese Gründungsgeschichte verwickelt war, wurde zunehmend skeptisch gegenüber dem Furor, alles aus dem Bewusstsein heraus spinnen zu wollen. Der Grund im Bewusstsein wurde ihm zum Abgrund, er suchte nach dem tragenden Seinsgrund. Was in den ambitionierten philosophischen Interpretationen in der Regel aber nicht ganz deutlich wird: für Hölderlin war die Überwindung der philosophischen Selbstmächtigkeit zugleich ein Freiwerden für die Poesie. Wenn man die überaus subtilen Rekonstruktionen des philosophischen Denkens von Hölderlin nachvollzieht, wird erst so richtig deutlich, welche Knoten und Verkrampfungen sich im Kopfe Hölderlins gebildet haben mussten, die er letztlich nur durch Flucht aus der Philosophie in die Poesie lösen konnte. Was er dabei mitnahm – jenseits aller Subtilitäten – war die Erfahrung des Seins als eine Verbundenheit, die über das Bewusstsein hinausgeht und wohl besser in der Poesie zur Sprache kommen kann.

In den sechziger Jahren kam, angeregt vor allem durch den großen Pierre Bertaux, die politische Interpretation Hölderlins mächtig auf: Hölderlin als Jakobiner, der an den engen gesellschaftlichen und politischen Verhältnissen, der »deutschen Misere«, scheitern musste – eine These allerdings, die sich schon bei Lukacs in den dreißiger Jahren findet. Wieder der Märtyrer, wieder »Le pauvre Holterling«, wie ein die »Frankfurter Ausgabe« begleitendes, von D. E. Sattler herausgegebenes Periodikum hieß. Die »Frankfurter Ausgabe«, um nochmals auf sie zu sprechen zu kommen, entstand aus dem Geist eben dieser Politisierung, denn sie rekonstruiert nicht nur eindrucksvoll die allmähliche Verfertigung der Gedichte, sie präsentiert auch die ganze Textmaterie wie ein Schlachtfeld des Fragmentarischen, Unabgeschlossenen und der scheiternden Versuche. Über dem Ganzen liegt ein Hauch von Tragik mit der unterschwelligen Botschaft: so schaut es aus, wenn ein Genie an den deutschen Verhältnissen zuschanden wird! Ob man damit Hölderlins Intention gerecht geworden ist? Immerhin heißt es in Hölderlins Gedicht »An die Parzen«: *Doch ist mir einst das Heil'ge, das am / Herzen mir liegt, das Gedicht gelungen, // Willkommen dann, o Stille der Schattenwelt!* (MA I, 188) Hölderlin wollte und suchte den Abschluss, die vollendete Gestalt. Und oft genug gelang sie ihm auch, und er wollte auch nur mit dem Gelungenen hervortreten und in Erinnerung bleiben. In der »Frankfurter Ausgabe« aber muss er notwendig als ein Genie des Scheiterns erscheinen, ungeheuer faszinierend im Einzelnen, mitleiderregend im Ganzen und den Zorn weckend gegen üble politische und gesellschaftliche Verhältnisse, die dem poetischen Geist angeblich zum Verhängnis wurden.

Zur politisierten Rezeption seit den späten sechziger Jahren kam die psychiatrische. Michel Foucault hatte mit seinem Meisterwerk »Wahnsinn und Gesellschaft« die Aufmerksamkeit auf das »Andere der Vernunft« gelenkt. Der Wahnsinn bekam eine Aura, man entdeckte in ihm die dunkle Wahrheit über die sogenannten vernünftigen Verhältnisse. Freilich, seit Platon kennt man den »edlen Wahnsinn« der Poeten, doch seit Foucault hatte dieser uralte Diskurs eine neue Wende genommen. Was die bürgerliche Welt, die sogenannte Normalität, von sich wegrückt, also »verrückt«, kann nun als das Subversive gelten. Zu dem Jakobiner Hölderlin kam so auch noch der vom Wahnsinn gezeichnete wahrhaft Subversive. Auf diese Weise wurde das Revolutionäre bei Hölderlin noch tiefer gelegt, es betraf damit mehr als bloß den politischen Diskurs: da revoltiert vielmehr ein elementares Begehren am Grunde des Seins. Mit alledem war dafür gesorgt, dass Hölderlin geheimnisvoll bleibt.

Gottfried Benn hatte einst im Gedicht »Was schlimm ist« gespottet: »Einen neuen Gedanken haben, / den man nicht in einen Hölderlinvers einwickeln kann, / wie es die Professoren tun« (Benn 3, 280). Mit einer solchen Popularität ist es längst vorbei. Doch vergessen ist Hölderlin nicht. Er ist im kulturellen Gedächtnis geblieben. Als »Klassiker«. Doch er war vor allem – ein Priester der Poesie.

Es kann wirklich sein, dass ihm, wie er selbst von sich sagte, *mehr von Göttern ward, als er verdauen konnte.* Man muss aber befürchten, dass uns Nachgeborenen zu wenig von Göttern ward, um ihn noch angemessen verstehen zu können. Die Götternacht, von der Hölderlin sprach, die gibt es wirklich heutzutage, hierzulande.

Deshalb ist Hölderlin uns, bei aller Mythisierung oder gerade auch wegen ihr, ferngerückt. Erreicht er uns noch, und erreichen wir ihn? Schön wäre es.

Komm! ins Offene, Freund!

LITERATUR

Zitiert wird in der Regel nach der dreibändigen Münchner Hölderlin-Ausgabe, hg. von Michael Knaupp (Kurztitel: MA). Soweit Bezug auf in dieser Ausgabe nicht enthaltene Textversionen genommen wird, wird nach den entsprechenden anderen Ausgaben zitiert. Die im Buch verwendeten Kurztitel sind im Literaturverzeichnis in Klammern vor dem jeweiligen Nachweis angegeben.

(St. A.) Friedrich Hölderlin: Sämtliche Werke. Große Stuttgarter Ausgabe. Hg. v. Friedrich Beißner, Adolf Beck, Ute Oelmann. Stuttgart 1943–1985

(MA) Friedrich Hölderlin: Sämtliche Werke und Briefe. Hg. v. Michael Knaupp, München 1992 ff. (3 Bände)

(KA) Friedrich Hölderlin: Sämtliche Werke und Briefe. Hg. v. Jochen Schmidt, Frankfurt/M. 1992–1994 (3 Bände)

Friedrich Hölderlin: Sämtliche Werke. Frankfurter Ausgabe. Hg. v. Dietrich E. Sattler u. a. Frankfurt/M. 1975 ff.

(Hellingrath) Hölderlin. Sämtliche Werke. Besorgt durch Norbert von Hellingrath. Vierter Band. Berlin 1917

(Chronik) Adolf Beck (Hg.): Hölderlin. Chronik seines Lebens. Frankfurt 1975

(D 1) Musenalmanach fürs Jahr 1792. Hg. v. Gotthold F. Stäudlin. Stuttgart 1791.

(D 2) Poetische Blumenlese fürs Jahr 1793. Hg. v. Gotthold F. Stäudlin. Stuttgart 1792.

(D 27) Musenalmanach für das Jahr 1807. Hg. v. Leo Freiherrn von Seckendorf. Regensburg (o. J.)

(D 1826) Gedichte von Friedrich Hölderlin. Hg. v. Ludwig Uhland und Gustav Schwab. Stuttgart/Tübingen 1826.

(D 1829) (Ludwig Neuffer:) Nachtrag einiger Gedichte von Friedrich Hölderlin. Zeitung für die elegante Welt 1829.

(D 1846) Friedrich Hölderlin's sämmtliche Werke. Hg. v. Christoph Theodor Schwab. Zweiter Band. Nachlaß und Biographie. Stuttgart/Tübingen 1846.

(Hölderlins Diotima) Adolf Beck (Hg.): Hölderlins Diotima. Susette Gontard. Frankfurt/M. 1980

(Hölderlin-Handbuch) Johann Kreuzer (Hg.): Hölderlin-Handbuch. Leben – Werk – Wirkung. Stuttgart/Weimar 2002

(Wittkop) Gregor Wittkop (Hg.): Hölderlin. Der Pflegesohn. Texte und Dokumente 1806–1843 mit den neu entdeckten Nürtinger Pflegschaftsakten. Stuttgart/Weimar 1993

(B. v. A., Günderode) Bettine von Arnim: Die Günderode. Hg. v. Walter Schmitz. Frankfurt/M. 1986
(Benn) Gottfried Benn, Gesammelte Werke. Hg. v. Dieter Wellershoff. Wiesbaden 1960. (Bd. 3, S. 280)
(Diogenes Laertius) Diogenes Laertius: Leben und Meinungen berühmter Philosophen. Hg. v. Klaus Reich. Hamburg 1967 (Felix Meiner Verlag)
(Fichte, Von den Pflichten ...) Johann Gottlieb Fichte: Schriften zur Wissenschaftslehre. Werke I. Hg. v. Wilhelm G. Jacobs. Frankfurt/M. 1997
(George) Stefan George: Werke. Ausgabe in vier Bänden. München 1983
(Goethe) Johann Wolfgang Goethe: Sämtliche Werke nach Epochen seines Schaffens. Münchener Ausgabe (21 in 33 Bänden). Hg. v. Karl Richter u. a. München 1985–1998
(Hegel 1) Georg Wilhelm Friedrich Hegel: Werke in 20 Bänden. Hg. v. Eva Moldenhauer und Karl Markus Michel. Frankfurt/M. 1986.
(Hegel, Briefe) Georg Wilhelm Friedrich Hegel: Briefe von und an Hegel. Hg. v. Johannes Hoffmeister. Hamburg 1952 (3 Bände)
(Heidegger GA 39) Martin Heidegger: Gesamtausgabe. Bd. 39. Hg. v. Susanne Ziegler. Frankfurt/M. 1989.
(Heidegger/Jaspers, Briefwechsel) Martin Heidegger/Karl Jaspers: Briefwechsel 1920–1963. Hg. v. Walter Biemel und Hans Sauer. Frankfurt/M. 1990.
(Heinse) Wilhelm Heinse: Ardinghello und die glückseligen Inseln. Stuttgart 1973 (1787)
Johann Gottfried Herder: Werke. Hg. v. Wolfgang Pross. München 1984–2002
Friedrich Heinrich Jacobi: Über die Lehre des Spinoza in Briefen an Herrn Moses Mendelssohn. Hg. v. Marion Lauschke. Hamburg 2000
(Kant) Immanuel Kant: Werke. Hg. v. Wilhelm Weischedel. Wiesbaden 1957 (12 Bände)
(Kleist) Heinrich von Kleist: Sämtliche Werke und Briefe in vier Bänden. Hg. v. Ilse-Marie Barth u. a. Frankfurt/M. 1990
Friedrich Gottlieb Klopstock: Ausgewählte Werke. Hg. v. Karl August Schleiden. München/Wien 1987 (2 Bände)
(Nietzsche JN) Friedrich Nietzsche: Jugendschriften. Fünf Bände. Hg. v. Hans Joachim Mette. München 1994.
(Nietzsche) Friedrich Nietzsche: Sämtliche Werke. Kritische Studienausgabe in 15 Bänden. Hg. v. G. Colli, M. Montinari. München 1980
Novalis: Werke, Tagebücher und Briefe Friedrich von Hardenbergs. Hg. v. Hans-Joachim Mähl, Richard Samuel. München 1978–1987 (3 Bände)

Pindar: Oden (Griechisch/Deutsch). Stuttgart 1986 (Reclam)
(Schelling) Friedrich Wilhelm Joseph Schelling: Ausgewählte Schriften. Hg. v. Manfred Frank. Frankfurt/M. 1985 (6 Bände)
(Schiller) Friedrich Schiller: Sämtliche Werke. Hg. v. Peter-André Alt u. a. München/Wien 2004 (5 Bände)
(Schiller, Briefe) Friedrich Schiller: Briefe. Hg. v. Gerhard Frick. München/Wien 1955
(Schiller/Humboldt, Briefwechsel) Siegfried Seidel (Hg.): Der Briefwechsel zwischen Friedrich Schiller und Wilhelm von Humboldt. Berlin 1962.
(Schiller/Körner, Briefwechsel) Ludwig Geiger (Hg.): Briefwechsel zwischen Schiller und Körner. Stuttgart 1892.
Friedrich Schlegel: Dichtungen und Aufsätze. Hg. v. Wolfdietrich Rasch. München/Wien 1964
(F. Schlegel, »Kritische Schriften«) Friedrich Schlegel: Kritische Schriften. Hg. v. Wolfdietrich Rasch. München/Wien 1984
Baruch de Spinoza: Die Ethik. Hg. v. Otto Baensch. Hamburg 1976 (Felix Meiner Verlag)
(Steffens) Henrich Steffens: Was ich erlebte. München 1956 (1844)
(Tieck) Ludwig Tieck: Werke in vier Bänden. Hg. v. Marianne Thalmann. Darmstadt 1977.
(Vorländer, Quellentexte IV) Karl Vorländer: Philosophie der Neuzeit. Quellentexte. Bd. IV. Reinbek bei Hamburg 1966.
Wilhelm Waiblinger: Phäton. Roman über Hölderlin. Tübingen 1979 (Reprint)
(Waiblinger) Wilhelm Waiblinger: Mein flüchtiges Glück. Tagebücher, Briefe, Prosa. Berlin 1991
Johann Joachim Winckelmann: Geschichte der Kunst des Altertums. Darmstadt 1993

Sekundärliteratur

Theodor W. Adorno: Parataxis. In: Noten zur Literatur III. Frankfurt/M. 1965
Peter-André Alt: Hölderlins »Empedokles«-Projekt und die Diskussion des antiken Opferbegriffs im 18. Jahrhundert. In: Hölderlin-Jahrbuch 37, 2010/11
Karl Otmar Freiherr von Aretin: Reichstag, Rastatter Kongreß und Revolution. Das Wirken Isaaks von Sinclair und seiner Freunde am Ende des Heiligen Römischen Reiches. In: Hölderlin-Jahrbuch 22, 1980/81
Achim Aurnhammer: Stefan George und Hölderlin. In: Euphorion. Zeitschrift für Literaturgeschichte. Bd. 81, 1987
Adolf Beck: Die Gesellschafterin Charlottens von Kalb. Eine Episode im Leben Hölderlins. In: Hölderlin-Jahrbuch 10, 1957

Adolf Beck: Hölderlin als Republikaner. In: Hölderlin-Jahrbuch 15, 1967/68
Adolf Beck: Hölderlins Weg zu Deutschland. Fragmente und Thesen. Stuttgart 1982
Walter Benjamin: Zwei Gedichte von Hölderlin. In: Illuminationen. Ausgewählte Schriften. Frankfurt/M. 1977
Pierre Bertaux: Hölderlin und die Französische Revolution. In: Hölderlin-Jahrbuch 15, 1967/68
Pierre Bertaux: Friedrich Hölderlin. Frankfurt/M. 1981
Wolfgang Binder: Hölderlins Patmos-Hymne. In: Hölderlin-Jahrbuch 15, 1967/68
Wolfgang Binder: Hölderlin: Theologie und Kunstwerk. In: Hölderlin-Jahrbuch 17, 1971/72
Paul Böckmann: Hölderlin und seine Götter. München 1935
(Böhm) Wilhelm Böhm: Hölderlin. Halle 1928 (2 Bände)
Bernhard Böschenstein: Leuchttürme. Von Hölderlin zu Celan, Wirkungen und Vergleiche. Frankfurt/M. 1977
(Borcherdt) Hans Heinrich Borcherdt (Hg.): Schiller und die Romantik. Briefe und Dokumente. Stuttgart 1948.
Ursula Brauer: Isaac von Sinclair. Eine Biographie. Stuttgart 1993
E. M. Butler: Deutschland im Banne Griechenlands. Berlin 1948
Roberto Calasso: Die Literatur und die Götter. München/Wien 2003
Ernst Cassirer: Hölderlin und der deutsche Idealismus. In: Idee und Gestalt. Darmstadt 1971 (1924)
(Dilthey) Wilhelm Dilthey: Das Erlebnis und die Dichtung. Lessing. Goethe. Novalis. Hölderlin. Leipzig 1989
Manfred Frank: Hölderlin über den Mythos. In: Hölderlin-Jahrbuch 27, 1990/91
Manfred Frank: »Unendliche Annäherung«. Die Anfänge der philosophischen Frühromantik. Frankfurt/M. 1997
Michael Franz: Annäherungen an Hölderlins Verrücktheit. In: Hölderlin-Jahrbuch 22, 1980/81
Hans-Georg Gadamer: Hölderlin und George. In: Hölderlin-Jahrbuch 15, 1967/68
Hans-Georg Gadamer: Die Gegenwärtigkeit Hölderlins. In: Hölderlin-Jahrbuch 23, 1982/83
Ulrich Gaier: Über die Möglichkeit, Hölderlin zu verstehen. In: Hölderlin-Jahrbuch 17, 1971/72
(Gaier) Ulrich Gaier: Hölderlin. Tübingen/Basel 1993
(Glaser) Hermann Glaser: Sigmund Freuds Zwanzigstes Jahrhundert. Frankfurt/M. 1979.

(Gulyga) Arsenij Gulyga: Immanuel Kant. Frankfurt/M. 1985.
Friedrich Gundolf: Dichter und Helden. Heidelberg 1921.
Priscilla A. Hayden-Roy: Zwischen Himmel und Erde: Der junge Friedrich Hölderlin und der württembergische Pietismus In: Hölderlin-Jahrbuch 35, 2006/07
Hannelore Hegel: Isaak von Sinclair zwischen Fichte, Hölderlin und Hegel. Frankfurt/M. 1971
Martin Heidegger: Erläuterungen zu Hölderlins Dichtung. GA 4. Frankfurt/M. 1981
Martin Heidegger: Hölderlins Hymne »Andenken«. GA 52. Frankfurt/M. 1982
Martin Heidegger: Hölderlins Hymne »Der Ister«. GA 53. Frankfurt/M. 1984
Martin Heidegger: Hölderlins Hymnen »Germanien« und »Der Rhein«. Heidegger GA 39. Frankfurt/M. 1989
Norbert von Hellingrath. Hölderlin. Zwei Vorträge. München 1921
Dieter Henrich: Der Gang des Andenkens. Beobachtungen und Gedanken zu Hölderlins Gedicht. Stuttgart 1986
Dieter Henrich: Der Grund im Bewußtsein. Untersuchungen zu Hölderlins Denken (1794–1795). Stuttgart 1992
Dieter Henrich: Sein oder Nichts. Erkundungen um Samuel Beckett und Hölderlin. München 2016
Alexander Honold: Die Zeit der Himmlischen und ihr Empfang. Hölderlins astronomisches Werk. In: Hölderlin-Jahrbuch 35, 2006/07
Kurt Hübner: Die Wahrheit des Mythos. München 1985
Ilse Ilgner: »Von Erinnerung erbebt«. Zu Hölderlins Geschichtsbild in seinem Gedicht »Der Archipelagus«. In: Hölderlin-Jahrbuch 25, 1986/87
Christoph Jamme: »Jedes Lieblose ist Gewalt«. Der junge Hegel, Hölderlin und die Dialektik der Aufklärung. In: Hölderlin-Jahrbuch 23, 1982/83
Christoph Jamme/Helmut Schneider (Hg.): Mythologie der Vernunft. Hegels »ältestes Systemprogramm« des deutschen Idealismus. Frankfurt/M. 1984
Karl Jaspers: Strindberg und van Gogh (mit einem Kapitel über Hölderlin). München/Zürich 1977
Eberhard Jüngel: Die Wahrheit des Mythos und die Notwendigkeit der Entmythologisierung. In: Hölderlin-Jahrbuch 27, 1990/91
Hans Jünger: Mnemosyne und die Musen. Vom Sein des Erinnerns bei Hölderlin. Würzburg 1993
(Karlauf) Thomas Karlauf: Stefan George. Die Entdeckung des Charisma. München 2007
Thomas Karlauf: Stauffenberg. Portrait eines Attentäters. München 2019

Karl Kerényi: Hölderlin und die Religionsgeschichte. In: Hölderlin-Jahrbuch 8, 1954
(Kirchner) Werner Kirchner: Der Hochverratsprozeß gegen Sinclair. Ein Beitrag zum Leben Hölderlins. Frankfurt/M. 1969
Thomas Knubben: Hölderlin. Eine Winterreise. Tübingen 1912
Ralf Knübel: Hölderlins Leiden. Der poetische Prozess als Versuch der Selbstverständigung. In: Hölderlin-Jahrbuch 36, 2008/09
Max Kommerell: Der Dichter als Führer in der deutschen Klassik. Frankfurt/M. 1982 (1928)
H.A. Korff: Geist der Goethezeit. Darmstadt 1988 (1966) (4 Bände)
Karl Leonhard: Bedeutende Persönlichkeiten in ihren psychischen Krankheiten (mit einem Kapitel über Hölderlin). Berlin 1992
Georg Lukács: Hölderlins Hyperion. In: Goethe und seine Zeit. Berlin 1950
Bernhard Lypp: Poetische Religion. Hölderlins Kunstauffassung. In: Die Erschütterung des Alltäglichen. Kunst-Philosophische Studien. München 1991
Gunter Martens: Hölderlin-Rezeption in der Nachfolge Nietzsches. In: Hölderlin-Jahrbuch 23, 1982/83
Gerhard Mayer: Hölderlins »Hyperion« – ein frühromantischer Bildungsroman. In: Hölderlin-Jahrbuch 19/20, 1975–1977
Winfried Menninghaus: Hälfte des Lebens. Versuch über Hölderlins Poetik. Frankfurt/M. 2005
(Michel) Wilhelm Michel: Das Leben Friedrich Hölderlins. Darmstadt 1963 (1940)
Günter Mieth: Friedrich Hölderlin und Friedrich Schiller – Die Tragik einer literaturgeschichtlichen Konstellation. In: Hölderlin-Jahrbuch 28, 1992/93
Robert Minder: Hölderlin unter den Deutschen. In: Dichter in der Gesellschaft. Frankfurt/M. 1972
Momme Mommsen: Die Problematik des Priestertums bei Hölderlin. In: Hölderlin-Jahrbuch 15, 1967/68
Walter Muschg: Tragische Literaturgeschichte. (Zweite, erweiterte Auflage) Bern 1953
Rainer Naegele: Hermetik und Öffentlichkeit. Zu einigen historischen Voraussetzungen der Moderne bei Hölderlin. In: Hölderlin-Jahrbuch 19/20, 1975–1977
Walter F. Otto: Der Dichter und die alten Götter. Frankfurt/M. 1942
(Peters) Uwe Henrik Peters: Hölderlin. Wider die These vom edlen Simulanten. Hamburg 1982
Dirk von Petersdorff: Literatur und Alltag bei Hölderlin und Novalis. In: Hölderlin-Jahrbuch 34, 2004/05

Helmut Pfotenhauer: Dionysos. Heinse. Hölderlin. Nietzsche. In: Hölderlin-Jahrbuch 26, 1988/89
Paul Raabe: Die Briefe Hölderlins. Studien zur Entwicklung und Persönlichkeit des Dichters. Stuttgart 1963
Walther Rehm: Griechentum und Goethezeit. Geschichte eines Glaubens. Leipzig 1936
Walther Rehm: Brentano und Hölderlin. In: Hölderlin-Jahrbuch 2, 1947
(Rickert, Die Philosophie des Lebens) Heinrich Rickert: Die Philosophie des Lebens. Darstellung und Kritik der philosophischen Modeströmungen unserer Zeit. Tübingen 1920; 2. Aufl. 1922
(Riedel) Manfred Riedel: Geheimes Deutschland. Stefan George und die Brüder Stauffenberg. Köln/Weimar/Wien 2006
(Rosenkranz) Karl Rosenkranz: Georg Wilhelm Friedrich Hegels Leben. Darmstadt 1977 (1844)
Lawrence Ryan: Hölderlin und die Französische Revolution. In: Deutsche Literatur und Französische Revolution. Sieben Studien. Göttingen 1974
Lawrence Ryan: »So kam ich unter die Deutschen«. Hyperions Weg in die Heimat. In: Hölderlin-Jahrbuch 31, 1998/99
Rüdiger Safranski: Schiller oder Die Erfindung des Deutschen Idealismus. München/Wien 2004
Rüdiger Safranski: Romantik – Eine deutsche Affäre. München/Wien 2007
Rüdiger Safranski: Goethe. Kunstwerk des Lebens. München/Wien 2013
Gerhard Sander: Hölderlins Laufbahn als Schriftsteller. In: Hölderlin-Jahrbuch 24, 1984/85
Wolfgang Schadewaldt: Das Bild der exzentrischen Bahn. In: Hölderlin-Jahrbuch 6, 1952
Wolfgang Schadewaldt: Hölderlins Weg zu den Göttern. In: Hölderlin-Jahrbuch 9, 1955/56
Guido Schmidlin: Hölderlin und Schellings Philosophie der Mythologie und der Offenbarung. In: Hölderlin-Jahrbuch 17, 1971/72
Guido Schmidlin: »Die Psyche unter Freunden«. Hölderlins Gespräch mit Schelling. In: Hölderlin-Jahrbuch 19/20, 1975–1976
Jochen Schmidt: Der Begriff des Zorns in Hölderlins Spätwerk. In: Hölderlin-Jahrbuch 15, 1967/68
Jochen Schmidt: Die Geschichte des Genie-Gedankens in der deutschen Literatur, Philosophie und Politik 1750–1945. Band 1. Darmstadt 1988
Jürgen Söring: »Die göttlichgegenwärtige Natur bedarf der Rede nicht«. Wozu also Dichter? In: Hölderlin-Jahrbuch 30, 1996/97
Emil Staiger: Der Opfertod von Hölderlins Empedokles. In: Hölderlin-Jahrbuch 13, 1963/64

Peter Szondi: Hölderlin-Studien. Mit einem Traktat über philologische Erkenntnis. Frankfurt/M. 1970

Peter Szondi: Einführung in die literarische Hermeneutik. Band 5 (Schwerpunkt Hölderlin). Frankfurt/M. 1975

(Tilliette) Xavier Tilliette: Schelling. Biographie. Stuttgart 2004.

Paul Veyne: Glaubten die Griechen an ihre Mythen? Frankfurt/M. 1987

Barbara Vopelius-Holtzendorff: Familie und Familienvermögen Hölderlin-Gock. In: Württembergische Landesgeschichte, Bd. 13, Jg. 1954

(Wackwitz) Stephan Wackwitz. Friedrich Hölderlin. (2. Auflage) Stuttgart 1997

Gregor Wittkop: Hölderlins Nürtingen. Lebenswelt und literarischer Entwurf. Tübingen 1999

Stefan Zweig: Der Kampf mit dem Dämon. Hölderlin. Kleist. Nietzsche. Frankfurt/M. 1981

ZEITTAFEL

1770 Lauffen

20. März Geburt Hölderlins in Lauffen am Neckar als erstes Kind seiner Eltern Heinrich Friedrich Hölderlin und Johanna Christiana geb. Heyn. Taufe am folgenden Tag auf den Namen Johann Christian Friedrich.

1771

7. April Geburt der Schwester Johanna Christiana Friederike.
3. November Tod der Urgroßmutter Sutor.

1772

5. Juli Tod des Vaters nach Schlaganfall. Die ältere Schwester des Vaters, Elisabeth von Lohenschiold (geb. 1732) – ebenfalls verwitwet – zieht zu ihrer Schwägerin.
15. August Geburt der Schwester Maria Eleonora Heinrike.
25. September Tod des Großvaters Heyn.

1774

10. Oktober Heirat der Mutter mit Johann Christoph Gok. Umzug der Familie nach Nürtingen, wo ein Hof mit zweistöckigem Haus für 4500 Gulden erworben wird.

1775 Nürtingen

18. April Konfirmation.
18. August Geburt der Stiefschwester Anastasia Carolina Dorothea.
16. November Tod der Schwester Johanna Christiana Friederike.
19. Dezember Tod der Stiefschwester Anastasia Carolina Dorothea.

1776

Beginn des Besuchs der Nürtinger Lateinschule, ergänzt durch Privatunterricht zur Vorbereitung auf das Landexamen für die Aufnahme in eine der niederen evangelischen Klosterschulen Württembergs in Denkendorf oder Blaubeuren.
29. Oktober Geburt des Stiefbruders Carl Christoph Friedrich.

1777

11. Mai Tod der Tante Elisabeth von Lohenschiold. Hölderlin erbt ein Viertel ihres Vermögens; zusammen mit dem Erbe vom Vater und dem der zwei Jahre zuvor gestorbenen Schwester beläuft sich damit Hölderlins eigenes Vermögen auf 4400 Gulden, das von der Mutter bis zu ihrem Tod – in Pfandbriefen und Darlehen angelegt – verwaltet wird und aus dessen Zinsen (5 Prozent) sie die Unterhaltszuschüsse für Hölderlin finanziert.
16. November Geburt und Tod eines Stiefbruders (Anonymus).

1778

12. November Geburt der Stiefschwester Friederike Rosina Christiana.

1779

8. März Tod des Stiefvaters nach einer Lungenentzündung. Die Großmutter Heyn zieht zu ihrer Tochter.

1780

Beginn des Klavierunterrichts, später ergänzt durch Flötenunterricht.
September Erstes Landexamen in Stuttgart.

1782

Diakonus (»Helfer«) Nathanael Köstlin und Präzeptor Kraz erteilen täglich eine Stunde Privatunterricht.

1783

September Viertes und letztes Landexamen. Erste Bekanntschaft mit Schelling, der bei seinem Onkel Köstlin wohnt und ebenfalls die Lateinschule besucht.
20. Dezember Tod der Stiefschwester Friederike Rosina Christiana.

1784 Denkendorf

20. Oktober Eintritt in die niedere Klosterschule Denkendorf. Unterzeichnung einer Urkunde, womit der Alumne (d. i. Heimzögling) insbesondere verpflichtet wird, sich »auf keine andere Profession, dann die Theologiam zu legen«. Die Mutter legt eine Liste an, der »Ausgaben vor den L. Fritz. welche aber wan Er im gehorsam Bleibt nicht sollen abgezogen werden«, in die zunächst die Ausgaben seit 1776 eingetragen werden und die sie bis 1824 fortführt (s. 17. Februar 1828).

1785

21. März Lokation aufgrund der Zeugnisse des »Examen solenne« (d. i. feierliches Examen); Hölderlin erreicht den sechsten Platz, auf dem er mit einer Ausnahme bis zum Ende des Studiums bleibt.
November Erster erhaltener Brief. Wohl um diese Zeit auch Anlage der ersten erhaltenen handschriftlichen Sammlung von Gedichten.

1786 Maulbronn

18./19. Oktober Einzug von Hölderlins Promotion in die höhere Klosterschule Maulbronn. Bald darauf erste Bekanntschaft mit Louise Nast, der jüngsten Tochter des Klosterverwalters.
7./18. November Anlässlich eines Empfangs für den durchreisenden Herzog Karl Eugen von Württemberg trägt Hölderlin sein Huldigungsgedicht an dessen Gattin Franziska vor.
18. Dezember Erster erhaltener Stammbucheintrag.

1787

Januar Besuch von Louises Vetter Immanuel Nast in Maulbronn. Hölderlin beginnt nach seiner Abreise einen freundschaftlichen Briefverkehr mit ihm. Um diese Zeit auch Freundschaft mit Hiemer.
März Begeisterte Lektüre Ossians; des weiteren Klopstocks, Schillers, Schubarts, Youngs und Wielands.

Sommer Hölderlin ist mehrfach krank, wirft Blut aus. Besuch von Immanuel Nast.

1788 Tübingen

März In Wielands »Teutschem Merkur« erscheint Schillers Gedicht »Die Götter Griechenlandes«, Vorbild für Hölderlins hymnische Dichtung.
18. März Hölderlin reist nach Markgröningen zu seiner todkranken Tante Volmar und bleibt nach Ankunft der Mutter und der Schwester bis zum 7. April, die Tante stirbt am 18. April.
April Lektüre des »Don Carlos«.
2.–6. Juni Reise in die Pfalz.
Sommer Vermutlich Anlage des *Marbacher Quartheftes.*
21. Oktober Einzug von Hölderlins Promotion ins Tübinger Stift, gleichzeitig ziehen dort vom Stuttgarter Gymnasium Hegel und drei weitere Schüler ein. Die beiden ersten Jahre des Studiums sind der Philosophie gewidmet, die drei folgenden der Theologie. Professoren: Schnurrer (Ephorus), L. J. Uhland, Storr (Superattendenten); unter den Repetenten ab 1789: Bardili und Conz.
10. November Erste Erteilung der Quartalszeugnisse mit Lokation. Hölderlin ist noch der sechste.
3. Dezember Baccalaureat.
Ende des Jahres Beginn der Freundschaft mit Neuffer und Magenau, die bereits seit zwei Jahren im Stift sind.

1789

24. Februar Erster Druck eines (verlorenen) Gedichts Hölderlins anlässlich der Hochzeit von Heinrike Nast.
März/April Lösung von Louise Nast. Auch die Freundschaft mit Immanuel Nast schläft ein.
20./21. April Zu Ostern Besuch bei Neuffer in Stuttgart, dort auch bei Schubart und vielleicht bei Stäudlin.
14. Juli In Paris Sturm auf die Bastille, Beginn der Französischen Revolution.
Sommer Flötenunterricht bei Friedrich Ludwig Dulon.
5. November Herzog Karl Eugen mahnt bei einem Besuch im Stift die zum Teil republikanisch gesinnten Stiftler zu »strenger Ordnung und Gesetzlichkeit«.
November Hölderlin fasst den mit Rücksicht auf die Mutter jedoch bald wieder fallengelassenen Plan, wegen des »Druks« im Stift dort auszuscheiden, um Jura zu studieren. Ende des Monats fährt er für den Rest des Jahres nach Nürtingen.

1790

Anfang des Jahres Unter dem Einfluss des nach dem Konsistorialexamen im Stift hospitierenden Niethammer erste Beschäftigung mit der Philosophie Kants und Reinholds. Im Stift vertrat der Professor Flatt einen gemäßigten, der Repetent Diez einen radikalen Kantianismus.
9. März Wahrscheinlich erster »Aldermannstag« der Freunde Hölderlin, Magenau und Neuffer.
April Ankunft einer Deputation des Konsistoriums im Stift zur Ausarbeitung neuer Statuten. Von Seiten der Stiftler und Repetenten wird befürchtet, man werde ihnen »widersinnische, zwecklose Gesetze« aufzwingen.
Sommer Erste Bekanntschaft mit Elise Lebret, der Tochter des Kanzlers der Universität. Vorbereitung auf das Magisterium.
17. September Magisterexamen, damit Abschluss der ersten beiden, der Philosophie und Philologie gewidmeten Studienjahre im Stift. Lektüre: Winckelmann, Leibniz, Platon, Herder, Heinse, Bürger und Jacobi.
Oktober In Stuttgart Gespräch mit Stäudlin über Beteiligung an dessen künftigem »Musenalmanach fürs Jahr 1792«.
20. Oktober Schelling tritt schon mit 15 Jahren ins Tübinger Stift ein.
Ende des Jahres Beginn des schwierigen Liebesverhältnisses mit Elise Lebret.

1791

März In einem Brief an die Schwester Äußerung des Wunsches, einmal »Bücher schreiben zu können, ohne dabei zu hungern«.
19. April Anlässlich einer Reise mit Hiller und Memminger in die Schweiz Besuch bei Johann Kaspar Lavater in Zürich. Neben Hölderlins Eintrag in sein Fremdenbuch notiert Lavater: »NB.« Auf Hin- und Rückweg durchquert Hölderlin das Gebiet der oberen Donau.
September Stäudlins »Musenalmanach fürs Jahr 1792«, erscheint mit vier Gedichten Hölderlins. Nachdem Magenau bereits im Juli aus dem Stift ausgeschieden war, beendet auch Neuffer seine Studien.
Ende des Jahres Lektüre Rousseaus und Beschäftigung mit Astronomie. Subskription der Plutarch-Ausgabe von Hutten, die bei Cotta erscheint.

1792

März/April Neigung zu einer Unbekannten bei einem Besuch in Stuttgart. Bald darauf entsteht der erste Entwurf zum »Hyperion«.

20. April Frankreich erklärt Österreich den Krieg. Durch den Kriegseintritt Preußens im Juli kommt es zum Ersten Koalitionskrieg gegen Frankreich, der bis 1797 dauert.
Sommer Bekanntschaft mit Seckendorf. Hegel gilt in dieser Zeit als derber Jakobiner, Hölderlin neigt wohl eher den Girondisten zu.
September Auf Anstiftung Marats finden in Paris die Septembermorde statt.
20. September Kanonade von Valmy.
21. September Abschaffung des Königtums in Frankreich, Einführung der republikanischen Zeitrechnung (bis 1806).
9. Oktober Hölderlin nimmt an der Hochzeit der Schwester mit Breunlin in Nürtingen teil, er überreicht das von Hiemer angefertigte Pastellbild.
21. Oktober Besetzung von Mainz durch die Franzosen. Gefährdung Süddeutschlands.
19. November Dekret des Konvents: Frankreich bietet allen Völkern, die frei sein wollen, Brüderschaft und Hilfe.

1793

21. Januar Ludwig XVI. wird in Paris hingerichtet.
13. Mai Verkündung der neuen Statuten für das Stift in Gegenwart des Herzogs und der Herzogin.
23. Mai Charlotte von Kalb wendet sich an Schiller mit der Bitte um Hilfe bei der Suche nach einem neuen Hofmeister für ihren Sohn Fritz.
Juni Abschlussexamen von Hölderlins Promotion.
27. Juni Hölderlin trägt Friedrich Matthisson, der zusammen mit Neuffer und Stäudlin zu Besuch kommt, im Tübinger Stift die Hymne »Dem Genius der Kühnheit« vor.
13. Juli Ermordung Marats durch Charlotte Corday.
14. Juli Einem Gerücht zufolge Errichtung eines Freiheitsbaums auf einer Wiese vor Tübingen durch Stiftler, darunter Hölderlin, Hegel und Schelling.
September Bekanntschaft mit Isaac von Sinclair.
19. September Vorzeitiges Konsistorialexamen Hegels, der als Hofmeister nach Bern geht. Abschied von Hölderlin mit der Losung: »Reich Gottes!«
20. September Stäudlin empfiehlt in einem Brief an Schiller Hölderlin als Hofmeister bei der Familie von Kalb. Nach kurzem Besuch Hölderlins bei Schiller in Ludwigsburg am 1. Oktober leitet dieser die Empfehlung weiter.
Am 23. Oktober stimmt Frau von Kalb zu.
31. Oktober Hinrichtung der Führer der Gironde.
21./23. November Abschied von Magenau.

6. Dezember Konsistorialexamen in Stuttgart zum Abschluss der theologischen Studien als Voraussetzung für die geistliche Laufbahn. Probepredigt über Römer 5,10.
28. Dezember Ankunft in Waltershausen.

1794 Waltershausen

Januar Antritt der Hofmeisterstelle im Hause von Kalb in Waltershausen. Bekanntschaft mit dem Pfarrer des Ortes Johann Friedrich Nenninger und der Gesellschafterin Charlottes von Kalb, Wilhelmine Marianne Kirms. Der Unterricht für seinen Zögling Fritz wird von 9 bis 11 und von 15 bis 17 Uhr abgehalten.
20. März Bericht an Schiller über Hölderlins pädagogische Grundsätze; bald jedoch gestaltet sich das Verhältnis zu seinem Zögling schwierig. Vertiefte Kant-Lektüre, vor allem der »Kritik der Urteilskraft«.
8./9. Juni Reise mit der Familie von Kalb nach Völkershausen. Anschließend zu Fuß allein durch die Rhön bis Fulda.
Sommer Arbeit am »Fragment von Hyperion«.
28. Juli Hinrichtung Robespierres.
August Lektüre Fichtes; Charlotte von Kalb lässt sich die wöchentlich erscheinenden Vorlesungen zur Wissenschaftslehre zusenden.
November Reise mit Fritz von Kalb nach Jena. Besuche bei Schiller, wo Hölderlins erste Begegnung mit Goethe stattfindet. Bekanntschaft mit Sophie Mereau und häufiger Umgang mit Niethammer. Täglicher Besuch der Vorlesungen Fichtes, sicher auch Gespräche mit ihm.
Ende Dezember Mit Charlotte und Fritz von Kalb Übersiedlung nach Weimar. Besuch bei Herder, Zusammentreffen mit Goethe.

1795 Jena

Anfang Januar Nach Trennung im beiderseitigen Einvernehmen vom Hause von Kalb Rückkehr nach Jena. Erster Band von Goethes »Wilhelm Meisters Lehrjahre« erscheint.
9. März Schiller empfiehlt Cotta, den Verlag des »Hyperion« zu übernehmen. »Hyperions Jugend« entsteht seit Anfang des Jahres.
März Beginn der intensiven Freundschaft zu Isaac von Sinclair, in dessen Gartenhaus Hölderlin Anfang April einzieht. Bekanntschaft mit Böhlendorff, der dem Fichte nahestehenden Bund der freien Männer angehört.
27. März Hölderlins Mutter verkauft das Haus in Nürtingen, in dem sie aber noch bis zum Frühjahr 1798 einige Zimmer bewohnt.

25. April Tod Rosine Stäudlins, der Braut Neuffers.
25. Mai Eintrag Hölderlins in die Matrikel der Universität Jena. Um diese Zeit in Niethammers Haus Zusammentreffen mit Fichte und Friedrich von Hardenberg (Novalis), wobei aus philosophischer Sicht über Religion und Offenbarung gesprochen wird.
27. Mai Studententumult in Jena.
Juni Plötzlicher Aufbruch Hölderlins aus Jena. Auf der Reise nach Nürtingen trifft er in Heidelberg Ebel, der ihm vielleicht durch die Vermittlung Sinclairs eine Hofmeisterstelle im Hause Gontard in Frankfurt am Main in Aussicht stellt.

Nürtingen

Sommer Besuch bei Schelling in Tübingen. Wohl Beginn eines intensiven philosophischen Gesprächs. In der zweiten Jahreshälfte entsteht die vorletzte Fassung des »Hyperion«.
September Wiedersehen mit Neuffer und Magenau in Stuttgart. Zu dieser Zeit wohl erste Bekanntschaft mit Landauer.
Dezember Erneutes Treffen mit Schelling. Nach Bestätigung der Hofmeisterstelle Aufbruch nach Frankfurt, wo Hölderlin am 28. Dezember eintrifft.

1796 Frankfurt

Januar Antritt der Hofmeisterstelle im Hause Gontard in Frankfurt. Zuvor erster Besuch bei Sinclair in Homburg, dort auch Bekanntschaft mit Hofrat Jung. Hölderlins Jahresgehalt beträgt bei freier Kost und Logis 400 Gulden, das Verhältnis zu seinem neuen Zögling Henry ist von gegenseitiger Sympathie getragen.
April Schelling besucht auf dem Weg nach Leipzig Hölderlin in Frankfurt.
10. April Beginn des Italienfeldzuges unter General Bonaparte, in dessen Folge neue Republiken gegründet werden.
Mai Übersiedlung der Familie Gontard in ein gemietetes Haus auf der Pfingstweide im Osten der Stadt (heute in etwa das Gebiet um den Zoo).
Wohl bald keimt die Liebe zwischen Hölderlin und Susette Gontard auf. Die Reimhymne »Diotima« entsteht.
10. Juli Flucht der Gontards (ohne den Hausherrn) mit Hölderlin und Susettes Gesellschafterin Marie Rätzer vor den anrückenden Franzosen nach Kassel, wo man am 13. oder 14. ankommt. Dort Bekanntschaft mit dem am 25. eintreffenden Wilhelm Heinse. Besuch der Gemäldegalerie und des Fridericianums.

9. August Weiterreise nach Driburg, wo die ursprünglich nach Hamburg zur Familie Susettes geplante Flucht unterbrochen wird. Aufenthalt bis Mitte September. (Hegels »Eleusis. An Hölderlin« entsteht.)
8. September Sieg des Erzherzogs Karl Eugen von Württemberg über die französischen Truppen.
13. September Wahrscheinlich Rückreise nach Kassel, dort Aufenthalt bis Ende des Monats.
11./14. September Selbstmord Stäudlins im Rhein bei Kehl. Um diese Zeit geht Ebel nach Paris.
20. September Tod der Tochter (geb. Juli 1795) von Wilhelmine Kirms in Meiningen.
Herbst Die endgültige Fassung des ersten Bandes von »Hyperion« entsteht.
21. November Bitte an den Bruder um Übersendung der zwei »schwäbischen Almanache« (D1 und D2).

1797

Januar Hegel trifft in Frankfurt ein, um eine von Hölderlin bei der Familie Gogel im Jahr zuvor vermittelte Hofmeisterstelle anzutreten.
April Der erste Band des »Hyperion« erscheint. Karl Gok besucht Hölderlin über Ostern (16.) in Frankfurt.
22. April Ein Handstreich der französischen Kavallerie der Sambre-Maas-Armee auf die Bockenheimer Warte vor Frankfurt wird durch einen Kurier Bonapartes aufgehalten.
Mai Für den Sommer Umzug der Familie Gontard auf den Adlerflychtschen Hof im Norden der Stadt.
20. Juni Hölderlin sendet mit den Gedichten »An den Aether« und »Der Wanderer« den ersten Band des »Hyperion« an Schiller.
27. Juni Beginn eines brieflichen Austauschs zwischen Schiller und Goethe über Hölderlin.
August Erster Plan zum »Empedokles«. Die Elegie »Der Wanderer« erscheint in Schillers »Horen«.
22. August Letztes Zusammentreffen mit Goethe, der vor seiner dritten Reise in die Schweiz Station in Frankfurt macht.
Herbst Besuch Neuffers und Landauers in Frankfurt, bei dem Hölderlin Neuffer über Susette Gontard zugeflüstert haben soll: »Nicht wahr, eine Griechin?«
Oktober Bekanntschaft mit Siegfried Schmid aus Friedberg. Wohl um diese Zeit gibt Jung seine Ossian-Übersetzung zur Beurteilung an Hölderlin, der ihn zur Publikation ermuntert.
17. Oktober Friede von Campo Formio, der den Ersten Koalitionskrieg beendet.

Österreich stimmt der Abtretung des linken Rheinufers zu. Auf dem Rastatter Kongress (bis 1799) soll die Entschädigung der betroffenen Fürsten geregelt werden; er verläuft ergebnislos.
22. Dezember Geburt des zweiten Kindes der Schwester, Fritz; Hölderlin wird Pate in absentia.

1798

März Hölderlin denkt daran, von Frankfurt fortzugehen.
Sommer Hölderlin sendet epigrammatische Oden an Neuffer.
Juli Gedichtsendung an Schiller (»Dem Sonnengott« bis »An unsre großen Dichter«).
September Nach einem Streit verlässt Hölderlin das Haus Gontard. Sinclair verschafft ihm eine Unterkunft in Homburg.

Homburg

4./5. Oktober Erstes Wiedersehen mit Susette Gontard. Bis zum Weggang Hölderlins von Frankfurt im Juni 1800 treffen sich die beiden öfters heimlich und tauschen Briefe aus.
Oktober Hölderlin wird am Hamburger Hof vorgestellt. Prinzessin Auguste fasst eine schwärmerische Neigung zu ihm.
November Wahrscheinlich Abschluss der Arbeit am zweiten Band von »Hyperion«. Auf Einladung Sinclairs reist Hölderlin zum Rastatter Kongress, dort Bekanntschaft mit Fritz Horn, Muhrbeck, von Pommer-Esche und Schenk. Auf dem Kongress wird deutlich, dass Frankreich nicht die Absicht hat, Republiken auf deutschem Boden zu fördern.
6. Dezember Treffen mit Susette Gontard.
30. Dezember 73. Geburtstag der Großmutter Heyn, zu dem Hölderlin ein Gedicht verfasst.

1799

Januar Arbeit am ersten Entwurf zum »Empedokles«.
Februar Rückkehr Sinclairs mit Muhrbeck, den Hölderlin in Rastatt kennengelernt hatte. Rege Gespräche unter den dreien, wohl um aktuelle politische Fragen. Ausbruch des Zweiten Koalitionskrieges (bis 1802).
2. März A. W. Schlegels Rezension von Neuffers Taschenbuch auf 1799 erscheint, Hölderlins Gedichte werden lobend hervorgehoben.
11. März Treffen mit Susette Gontard.

5. April Treffen mit Susette Gontard.
April Aufenthalt Böhlendorffs in Homburg, der über Hölderlin schreibt, er sei »Republikaner im Geist und in der Wahrheit«.
9. Mai Treffen mit Susette Gontard.
Mai/Juni Arbeit am zweiten Entwurf zum »Empedokles«.
4. Juni Mitteilung des Plans zur »Iduna«, der in Jahresfrist wegen der mangelnden Teilnahmebereitschaft der »Männer mit Namen«, die der Verleger Steinkopf als Mitarbeiter fordert, aufgegeben wird.
Juni »Emilie vor ihrem Brauttag« entsteht.
5. September Treffen mit Susette Gontard.
Oktober Der zweite Band des »Hyperion« erscheint.
31. Oktober Treffen mit Susette Gontard.
7. November Treffen mit Susette Gontard, dabei Übergabe des zweiten Bandes von »Hyperion«.
9. November Bonaparte wird durch Staatsstreich erster Konsul.
28. November 23. Geburtstag der Prinzessin Auguste von Homburg. Hölderlin widmet ihr aus diesem Anlass ein Gedicht.
Dezember Arbeit am dritten Entwurf zum »Empedokles«, mit dem das *Stuttgarter Foliobuch* eröffnet wird.

1800

Januar Landauer, der sich aus geschäftlichen Gründen in Frankfurt aufhält, besucht Hölderlin in Homburg. Nach Aufgabe des »Empedokles« und des Journalplans wahrscheinlich Arbeit an den poetologischen Entwürfen.
6. Februar Treffen mit Susette Gontard.
2. März Tod des Schwagers Breunlin. Die Schwester zieht mit den Kindern zur Mutter nach Nürtingen.
Ostern Besuch in Nürtingen.
25. April Feldzug der Franzosen unter General Moreau nach Schwaben.
8. Mai Letztes Wiedersehen mit Susette Gontard in Frankfurt.
20. Juni Nach einem zehntägigen Aufenthalt in Nürtingen Übersiedlung nach Stuttgart in Landauers Haus.

Stuttgart

Juli Bei Landauer Bekanntschaft mit dessen Freunden Haug und Huber. Privatlektionen für Gutscher und Frisch. In der Folge Ausarbeitung zahlreicher Odenentwürfe und der Elegien sowie hexametrischer Entwürfe.
Dezember Emanuel von Gonzenbach bietet Hölderlin im Auftrag seiner Eltern

eine Hofmeisterstelle in Hauptwil in der Schweiz zur Erziehung seiner jüngeren Schwestern an. Hölderlin sagt zu.
11. Dezember Landauers 31. Geburtstag.
25. Dezember Waffenstillstand von Steyr mit Aussicht auf baldigen Frieden, nachdem Österreich am 3. Dezember bei Hohenlinden unterlag.
Winter Wahrscheinlich die Übertragung von »Pindars Siegesgesängen«.

1801

11. Januar Weihnacht in Nürtingen. Aufbruch nach Hauptwil von Stuttgart aus.

Hauptwil

15. Januar Antritt der Hofmeisterstelle im Hause Gonzenbach in Hauptwil.
9. Februar Friede von Lunéville: Friede von Campo Formio bestätigt.
11./13. April Trennung vom Hause Gonzenbach und Abreise nach Nürtingen.

Nürtingen

2. Juni In Briefen an Schiller und Niethammer äußert Hölderlin den Wunsch, in Jena Vorlesungen über griechische Literatur zu halten; bleiben unbeantwortet, der Plan wird aufgegeben. Um diese Zeit entstehen die ersten Gesänge.
6. August Huber teilt Hölderlin mit, dass Cotta bereit ist, seine Gedichte zu Ostern 1802 zu verlegen. Hölderlin legt dafür Reinschriften der Oden, Elegien und Gesänge an, die Ausgabe kommt aber nicht zustande.
Herbst Durch Ströhlin Vermittlung einer Hofmeisterstelle in Bordeaux.
Dezember Nachdem Hölderlin es sicher nicht versäumt hat, an Landauers 32. Geburtstag (11.) in Stuttgart zu sein, bricht er wohl am folgenden Tag nach Bordeaux auf. Er reist über Straßburg (15.–30.) und Lyon (9. Januar 1802).

1802 Bordeaux

28. Januar Antritt der Hofmeisterstelle im Hause des Konsul Meyer in Bordeaux, Beginn der Arbeit an der Übersetzung der »Trauerspiele des Sophokles«.
14. Februar Tod der Großmutter Heyn in Nürtingen.
10. Mai Ausstellung eines Passes von Bordeaux nach Straßburg. Trennung vom Hause Meyer im beiderseitigen Einvernehmen. Auf dem Rückweg nach Deutschland Aufenthalt in Paris, dort wahrscheinlich Besichtigung der »Antiquen« im Musée Napoléon.
7. Juni Erteilung des Ausreisevisums in Straßburg.

Mitte Juni Rückkehr zunächst nach Stuttgart, dann nach Nürtingen. Kurze Zeit darauf wieder nach Stuttgart.
22. Juni Tod Susette Gontards. Erneuter Aufbruch nach Nürtingen, wo Hölderlin für die nächsten zwei Jahre wohnt.
Sommer Behandlung bei Oberamtsphysikus Dr. Planck.
29. September Hölderlin reist auf Einladung Sinclairs zum Reichstag in Regensburg, dort Begegnung mit dem Landgrafen von Homburg und Wiedersehen mit Fritz Horn. Rückkunft in Nürtingen etwa Mitte Oktober. Um diese Zeit wahrscheinlich Anlage des *Homburger Folioheftes*.
20. Dezember Erster erhaltener Brief der Mutter an Sinclair.

1803

13. Januar Brief an Sinclair mit der Widmungshandschrift von »Patmos«, die am 30. des Monats dem Landgrafen zu dessen 55. Geburtstag überreicht wird.
25. Februar Reichsdeputationshauptschluss. In der Folge wird Württemberg Kurfürstentum.
14. März Tod Klopstocks.
3. Juni Friedrich Wilmans teilt Hölderlin mit, dass er den Verlag der Übersetzung der »Trauerspiele des Sophokles« übernehmen wolle. Hölderlin antwortet erst am 28. September.
Juni Wiedersehen mit Schelling in Murrhardt.
22. Juni Tod Heinses in Aschaffenburg.
Ende des Jahres Durchsicht einiger »Nachtgesänge« für Wilmans »Taschenbuch für das Jahr 1805«.

1804

14. April Wilmans übersendet Freiexemplare von »Die Trauerspiele des Sophokles«.
27. Mai Wilmans sendet 222 Gulden als Honorar.
11. Juni Sinclair reist über Würzburg, wo er Schelling aufsucht, nach Stuttgart, wo er mit dem Hamburgischen Hofkommissar Blankenstein, mit Baz, Weishaar und Seckendorf politische Gespräche führt.
19. Juni Teilnahme Hölderlins an einem Abendessen in diesem Kreis, in dem Sinclair wohl geäußert hat, die Auseinandersetzung der Landstände mit dem Kurfürsten müssten eine gewaltsame Lösung finden, was später zur Grundlage seiner Denunziation durch Blankenstein wird.

22. Juni Aufbruch Sinclairs mit Blankenstein und Hölderlin nach Homburg. In Würzburg am 24. letztes Zusammentreffen Hölderlins mit Schelling.

Homburg

7. Juli Sinclair bittet den Landgrafen, eine ihm seit 1802 zustehende Gehaltszulage für eine Stelle als Hofbibliothekar verwenden zu dürfen, die Hölderlin übernehmen soll. Die Regelung wird sofort getroffen, Hölderlin übt aber in der 16000 Bände umfassenden Bibliothek keine dienstliche Tätigkeit aus.
2. Dezember Sinclair nimmt in Paris an der Krönung Napoleons zum Kaiser teil. Seine Mutter, Frau von Proeck, betreut währenddessen Hölderlin.

1805

Januar Nach Sinclairs Rückkehr aus Paris überwirft sich dieser mit Blankenstein, der daraufhin in einem Brief an den Kurfürsten von Württemberg Sinclair der Verschwörung bezichtigt.
26. Februar Sinclair wird von württembergischen Beamten unter der Anschuldigung eines geplanten Anschlags auf den Kurfürsten abtransportiert.
27. Februar Beginn des Hochverratsprozesses in Ludwigsburg gegen Sinclair, Baz, Weishaar, Seckendorf und Blankenstein. Auch über Hölderlin werden Auskünfte eingeholt.
9. Mai Tod Schillers.
10. Juli Nach Entlassung aus der Untersuchungshaft kehrt Sinclair nach Homburg zurück.
29. Oktober Einzig erhaltener Brief der Mutter an Hölderlin.
24. November Besuch Seckendorfs, der nach seiner Haft des Landes Württemberg verwiesen wurde.

1806

1. Januar Kurfürst Friedrich von Württemberg nimmt die Königswürde an.
14. Januar Die Mutter beantragt beim Konsistorium eine Unterstützung für Hölderlin, die nach weiteren Anträgen schließlich am 4. November in einer Höhe von 150 Gulden bewilligt wird.
3. August Nachdem aufgrund der Rheinbundakte Hessen-Homburg dem zum Großherzogtum gewordenen Hessen-Darmstadt zugesprochen wird, sieht Sinclair keine Möglichkeit, Hölderlin weiter in Homburg zu behalten.
6. August Auf Napoleons Ultimatum hin legt Franz II. die Kaiserwürde nieder; dies bedeutet das Ende des Heiligen Römischen Reichs Deutscher Nation.

11. September Hölderlin wird nach Tübingen in das Autenriethsche Klinikum verbracht, wo er am 15. aufgenommen wird.

Tübingen

9. Oktober Der König gewährt auf Eingaben der Mutter hin eine Unterstützung von 150 Gulden jährlich. Im Klinikum führt Justinus Kerner Hölderlins Krankenbuch bis zum 21. Oktober.
November Seckendorfs Musenalmanach für 1807 (D27) erscheint ohne Wissen Hölderlins mit drei Gedichten von ihm.

1807

3. Mai Hölderlin wird als unheilbar aus dem Klinikum entlassen und dem Schreinermeister Ernst Zimmer zur Pflege übergeben, in dessen Haus Hölderlin bis zu seinem Tode das »Turmzimmer« bewohnt. Nachdem er dort anfangs anscheinend sehr viel geschrieben hat, von dem nur weniges überliefert ist, schreibt er in späteren Jahren nurmehr auf Bitte von Besuchern Gedichte.

1815

29. April Tod Sinclairs in Wien.

1820

Beginn der hauptsächlich von dem preußischen Leutnant Diest getragenen Bemühungen um eine Sammlung von Hölderlins Gedichten.

1821

Diest bittet Kerner um Mithilfe, der die Bitte an Karl Gok weiterleitet. An der Auffindung und Sammlung der Handschriften, Abschriften und Drucke der Gedichte Hölderlins beteiligen sich in der Folge Achim von Arnim, Fouqué, Hegel, Varnhagen von Ense, Haug, Kerner, Conz; Prinzessin Marianne von Preußen unterstützt die Arbeit. Ludwig Uhland und Gustav Schwab übernehmen die Herausgeberschaft.

1822

14. Mai Vertrag zwischen Carl Gock und Cotta über die zweite Auflage des »Hyperion«, die noch im selben Jahr erscheint, und über die Herausgabe der Gedichtsammlung.
3. Juli Erster Besuch Waiblingers bei Hölderlin.

1823

9. Juni Waiblinger nimmt Hölderlin erstmals mit auf sein gemietetes Gartenhaus am Österberg, was er den Sommer über wöchentlich wiederholt.
27. Juli Besuch Mörikes zusammen mit Lohbauer und Schreiner, die anschließend ein Portrait Hölderlins anfertigen.

1825

Bei einem weiteren Besuch Mörikes mit Schreiner entsteht angeblich ein zweites Porträt.

1826

7. Juni Erscheinen der »Gedichte«, herausgegeben von Ludwig Uhland und Gustav Schwab (D1826).

1828

17. Februar Tod der Mutter. Die Ausgabenliste der Mutter (s. 20. Oktober 1784) wird von Fritz Breunlin ergänzt; die Summe beläuft sich auf 10371 Gulden und 1 Kreuzer. Bei dem einsetzenden Erbstreit werden Hölderlin aus dem verbleibenden Erbe vom Nürtinger Oberamtspfleger Burckh 9000 Gulden zugesprochen.

1829

2. Juni Von Oberamtsarzt Dr. Uhland wird attestiert, dass Hölderlin »auch jetzt noch geisteskrank« sei; die von der Mutter 1806 beantragte Unterstützung wird daraufhin weiterhin ausgezahlt.
September Neuffer veröffentlicht in der »Zeitung für die elegante Welt« (D1829) fünfzehn Gedichte, die in der Sammlung von 1826 fehlen.

1830

17. Januar Waiblinger stirbt in Rom. Postum erscheint im folgenden Jahr seine Biographie »Friedrich Hölderlins Leben, Dichtung und Wahnsinn«.

1838

Juni Mörike erhält »einen Rummel Hölderlinscher Papiere«, der jedoch nicht überliefert ist.
18. November Tod Ernst Zimmers; seine Tochter Charlotte setzt die Betreuung fort.

1841

16. Januar Zweiter Besuch C.T. Schwabs, bei dem sich Hölderlin wohl erstmals »Scardanelli« nennt und ein Gedicht mit diesem Namen unterschreibt. In seinen letzten Lebensjahren häufen sich die Besuche Anteilnehmender und Neugieriger, die um Erinnerungsstücke von der Hand des Dichters bitten. Dabei entstehen die zahlreichen Jahreszeitengedichte, meist mit einem fingierten Datum und mit dem neuen Namen unterschrieben.
16. Februar Vertrag zwischen Gok und Cotta über eine zweite Auflage der »Gedichte« im Taschenformat.

1842

Frühjahr Besuch Louise Kellers, die Hölderlin für das Frontispiz der zweiten Ausgabe der »Gedichte« zeichnet.
November Zweite Ausgabe der »Gedichte« erscheint – mit Jahresangabe 1843.

1843

24. Januar Besuch L. Uhlands, A. Kellers und C.T. Schwabs; Schwab gibt nach Hölderlins Tod die erste Werkausgabe des Dichters (D1846) heraus.
Anfang Juni Hölderlins letztes Gedicht »Die Aussicht« entsteht.
7. Juni Tod Hölderlins um 11 Uhr nachts. Beerdigung am 10. Juni.

REGISTER

Personen:

Werk: